Daniil Charms · Alle Fälle

Daniil Charms

Alle Fälle

Das unvollständige Gesamtwerk in zeitlicher Folge

Herausgegeben und übersetzt von Peter Urban

Haffmans Verlag

Alle Fälle
vereinigt die Bände *Fälle* (Haffmans Verlag, 1982)
und *Fallen* (Haffmans Verlag, 1985).
Diese Neuausgabe versammelt erstmals und in einem Band alle
von Charms erreichbaren Prosatexte in chronologischer
Reihenfolge.
Nach- und Hinweise im Anhang.
Die dem Druck der Friedenauer Presse, Berlin,
entnommenen Texte aus *Geschichten von Himmelkumov
und anderen Persönlichkeiten* (1983) und aus
Die Kunst ist ein Schrank (Aus den Notizbüchern
1924–1940, 1992) erscheinen mit freundlicher
Genehmigung des Verlages.

Umschlagzeichnung
von Daniil Charms

Satz: Fotosatz Amann, Aichstetten
Herstellung: Presse-Druck Augsburg
ISBN 3 251 20188 3

INHALT

1934

1935

1936

1937

1938

1939

Fälle [1939]

WIE IVAN IVANOVIČ EINMAL WOLLTE UND WAS DARAUS GEWORDEN IST

Tylli gewidmet
und dem Ausrufe Zeichen

Ivan Ivanovič erzähl
Kika Koka Ku erzähl
Hier am Zaun erzähl

Du erzählst uns Eisenbahn
Warum du die Eisenbahn?
Nein wir wolln kein Eisenbahn

Lieber Nadel Dinnsunn da
Di da ka ku Dinnsunn da
Didelt um der Dinnsunn da

War einmal ein starker Mann
War ein Tischler dieser Mann
Schmiert mit Tischlerleim der Mann

Machte Stühle machte Tische
Machte mit dem Hammer Tische
Machte auch aus Nußbaum Tische

Und man nannte ihn Ivan
Wie den Vater schon – Ivan
Also hieß auch er Ivan

Und er hatte eine Frau
Keine Mutter, eine Frau
KEINE MUTTER EINE FRAU

Wie nun aber die heißt jetzt
Weiß ich einfach nicht mehr jetzt
Habe ich vergessen jetzt

Ivan Ivanyč zu ihr spricht
Sehr sehr klug er zu ihr spricht
*Küsse** mich er zu ihr spricht

Und die Frau zu ihm: du Schwein!
Du mein Ehemann und Schwein!
Scher dich fort du Schwein!

Das mit dir das will ich nicht
Mit dir tun das will ich nicht
Weil ich nein das will ich nicht

Ivan Ivanyč nahm sein Tuch
Und entfaltete das Tuch
Steckt es wieder ein das Tuch

Willst du nicht er zu ihr spricht
Was denn dann er zu ihr spricht
Ich fahr weg er zu ihr spricht

Und die Frau zu ihm: du Schwein!
Du mein Ehemann und Schwein!
Scher dich fort du Schwein!

---

* Anmerkung des Autors:
Im Original steht hier ein unanständiges Wort.

Ich bin nämlich nicht für dich
Nicht mehr kennen will ich dich
Spucken könnte ich auf dich

Ivan Ivanyč wurde dumm
Wurde unter anderm dumm
Dideldei er wurde dumm

Und die Frau trat ihm hierher
Holte aus und zack! hierher
Und dann noch einmal hierher

Haute ihm aufs Ohr danach
Schlug ihm Zähne aus danach
Haute nochmal drauf danach!

Ivan Ivanyč schnappt nach Luft
Schnappt ein bißchen so nach Luft
Schnap . . . p . . . p . . . p . . . pt nach Luft

Willst du nicht er zu ihr spricht
Was denn dann er zu ihr spricht
Ich fahr weg er zu ihr spricht

Und die Frau zu ihm: du Schwein!
Du mein Ehemann und Schwein!
Scher dich fort du Schwein!

Also fuhr und fuhr er weg
Mit der Droschke fuhr er weg
Mit der Bahn weit fuhr er weg

Und die Frau die Frau blieb hier
Und auch ich war hier
Beide warn wir hier

Daniil
Zatočnik (Charms)
1925 November

DIE GESCHICHTE RUCKRR APPRR

Andrej Semënovič Guten Tag, Petja.

Pëtr Pavlovič Guten Tag, Guten Tag. Guten Morgen. Wohin des Wegs?

Andrej Semënovič streckte Pëtr Pavlovič die Hand entgegen, doch Pëtr Pavlovič packten Andrej Semënovičs Arm und rissen daran so stark, daß Andrej Semënovič plötzlich ohne Arm dastand und vor Entsetzen die Flucht ergriff. Pëtr Pavlovič liefen Andrej Semënovič nach und riefen: »Mistkerl, ich habe dir den Arm abgerissen, aber warte, wenn ich dich kriege, reiße ich dir auch den Kopf ab!« Andrej Semënovič machte unversehens einen Satz und sprang über den Graben, Pëtr Pavlovič jedoch konnten den Graben nicht überspringen und blieben auf dieser Seite.

Andrej Semënovič Na? Hast du mich noch nicht gekriegt?

Pëtr Pavlovič Und hast du das hier gesehen? *Und er zeigte Andrej Semënovičs Arm.*

Andrej Semënovič Das ist mein Arm!

Pëtr Pavlovič Jawohl, mein Herr, Ihr Arm! Womit wollen Sie jetzt winken?

Andrej Semënovič Mit dem Taschentuch.

Pëtr Pavlovič Der ist wirklich gut! Steckt die eine Hand in die Tasche und hat nichts mehr, um sich am Kopf zu kratzen.

Andrej Semënovič Petja, machen wir es so: ich gebe dir etwas, und du gib mir meinen Arm zurück.

Pëtr Pavlovič Nein, den Arm gebe ich dir nicht zurück, zwecklos, darum zu bitten. Aber wenn du willst, gehen wir zu Professor Tartarelin, er wird dich heilen.

Andrej Semënovič machte einen Freudensprung und lief zu Professor Tartarelin.

ANDREJ SEMËNOVIČ Hochverehrter Professor, heilen Sie meinen rechten Arm. Mein Freund Pëtr Pavlovič hat ihn mir abgerissen und will ihn mir nicht zurückgeben.

Pëtr Pavlovič standen im Flur des Professors und lachten dämonisch. Unter den Arm geklemmt hielten er den Arm, den er voller Verachtung hielten, wie eine Portefeuille.
Nachdem er die Schulter von Andrej Semënovič untersucht hatte, steckte sich der Professor eine Zigarette in die Pfeife, rauchte sie an und brachte hervor:
– Dasch ischt eine schwere Verletschung.

ANDREJ SEMËNOVIČ Verzeihung, wie sagten Sie?
PROFESSOR Eine Verletschung.
ANDREJ SEMËNOVIČ Verletzung?
PROFESSOR Ja-ja-ja. Verletschung. Ver-letsch-schung!
ANDREJ SEMËNOVIČ Kein Wunder, wenn der Arm ab ist.

Im Vorzimmer war ein Lachen zu hören.

PROFESSOR Oh! Wasch ischt dasch?
ANDREJ SEMËNOVIČ Oh, nichts. Achten Sie nicht darauf.
PROFESSOR Ho! Mit dem gröschten Vergnügen. Wollen Sie, daß wir etwas lesen?
ANDREJ SEMËNOVIČ Aber Sie werden mich heilen?
PROFESSOR Ja-ja-ja. Erst lesen wir etwas, dann heile ich Sie. Setzen Sie sich.

Beide setzen sich.

PROFESSOR Soll ich Ihnen meine Wissenschaft vorlesen?
ANDREJ SEMËNOVIČ Bittesehr! Sehr interessant!
PROFESSOR Nur, ich habe sie in Versen dargelegt.

ANDREJ SEMËNOVIČ Das ist schrecklich interessant!

PROFESSOR Also, he-he, ich werde Ihnen von hier bis hier vorlesen. Das über die inneren Organe, und das hier über die Gelenke.

PËTR PAVLOVIČ *tritt ins Zimmer.*

Ruckrr apprr wustrr wustrr
ich trag einen fremden Arm
ruckrr apprr wustrr wustrr
wo ist der Professor Tartarelin?
Ruckrr apprr wustrr wustrr
wo ist die Sprechstundenuhr?
Wenn es die Berlocken sind
mit zwei Zeigern bis zum Boden
hat die Alte Frau von Uhr
wohl eine Parabel geflogen
ruckrr apprr wustrr wustrr
ich zerstört den Lauf der Uhr
als Ersatz – der Karabister
auf dem Teller ruckrr apprr
mit unendlich langem Arm
angepaßt dem Uhrenzeiger
von Minute zu Minute
nimmt er seinen Wahnsinnsweg
unterm Zifferblatt dem weißen
reißt der Wustrr auf das Maul
in den Schlafrock eingewickelt
thront der strenge Karabister
überwacht die Sprechsekunden
schaut gemessen in das Werk
daß die Zeit nur nicht verrückt spielt
wo ist der Professor Tartarelin
wo Andrej Semënyč Ruckrr
Einarm er den Ruckrr apprr
heilt der Ruckrr apprr wustrr

der den Arm ihm wieder anpaßt
heilmacht an die Finger nagelt
Ruckrr apprr wieder einschlägt
Ruckrr apprr wustrr reinhaut.

PROFESSOR TARTARELIN Also Sie haben diesen Bürger verstümmelt, Pëtr Pavlovič?

PËTR PAVLOVIČ Ich habe ihm den Arm aus der Manschette gerissen.

ANDREJ SEMËNOVIČ Und ist mir nachgerannt.

PROFESSOR Antworten Sie.

Pëtr Pavlovič lachen.

KARABISTER Guindalea.

PËTR PALYČ Karabister!

KARABISTER Guindalan.

PROFESSOR Erzählen Sie, wie das gekommen ist.

ANDREJ SEMËNOVIČ

Neulich ging ich über Land
und auf einmal seh ich Petja.
Ruhig kommt er mir entgegen
und als sähe er mich nicht
will er einfach weitergehen.
Da hab ich ihm zugerufen:
Petja Guten Tag mein Freund
hast du etwa nicht gesehen
daß ich dir entgegenkomme.

PËTR PAVLOVIČ

Aber das Zusammentreffen
von Ereignissen das herrscht
das seit je von Kindesbeinen
uns regiert wie kleine Kinder
quält uns hungers in der Wüste
peitscht uns aus in unserm Zimmer.

Professor So-so, das ist klar. Ein Zusammentreffen von Umständen. Das ist wahr. Ein Gesetz.

Da neigten sich Pëtr Pavlovič plötzlich vor und bissen dem Professor ein Ohr ab. Andrej Semënovič lief einen Polizisten holen, während Pëtr Pavlovič den Arm von Andrej Semënovič auf den Boden warfen, das abgerissene Ohr Professor Tartarelins auf den Tisch legten und unbemerkt über die Hintertreppe entkamen.
Der Professor lag auf dem Fußboden und stöhnte.
– Oh, oh, oh, tut das weh! – stöhnte der Professor. – Meine Wunde brennt saftet stark, wo ist der mitleidige Mensch, der meine Wunde auswäscht und sie mit Collodium behandelt!?

Es war ein wundervoller Abend. Hohe Sterne, am Himmel geordnet in ihren feststehenden Figuren, strahlten hernieder. Andrej Semënovič, aus voller Brust atmend, schleppte zwei Milizionäre zum Hause des Professors Tartarelin, wobei er seinen einen Arm schwenkte und erzählte, was vorgefallen war:
Der eine Milizionär fragte Andrej Semënovič:
– Was heißt der Stromer?
Andrej Semënovič gab seinen Kameraden nicht preis und sagte nicht einmal seinen Namen.
Da fragten beide Milizionäre Andrej Semënovič:
– Sagen Sie, kennen Sie ihn schon lange?
– Von Kindesbeinen an, als ich noch so war, – sagte Andrej Semënovič.
– Und wie sieht er aus? – fragten die Milizionäre.
– Sein Hauptkennzeichen ist sein schwarzer Bart, – sagte Andrej Semënovič.
Die Milizionäre blieben stehen, lockerten ihre Gurte und sangen mit weit offenem Mund, gedehnt, mit nächtlichen Stimmen:

Ach wie ist das interessant,
einstmals war er jung und zart,

als der Freund jedoch erwachsen,
trug er plötzlich einen Bart.

– Sie haben sehr schöne Stimmen, lassen Sie mich Ihnen danken, – sagte Andrej Semënovič und streckte den Milizionären in Ermangelung einer Hand seinen leeren Ärmel entgegen.
– Wir können auch über wissenschaftliche Themen sprechen, – sagten die Milizionäre im Chor.
Andrej Semënovič winkte mit dem leeren Ärmel ab.
– Die Erde hat sieben Ozeane, – begannen die Milizionäre.
– Die Physiker haben die Sonnenflecken untersucht und sind zu dem Schluß gelangt, daß es auf den Planeten keinen Sauerstoff gibt, weshalb dort auch kein Leben möglich ist.
– In unserer Atmosphäre gibt es einen Punkt, der jedes Zentrum hinwegfegt.
– Das englische Kremartorium Albert Einstein hat einen Mechanismus erfunden, danach ist alles und jedes relativ.
– Oh, liebe Herren Milizionäre! – bat Andrej Semënovič flehentlich, – laufen wir schnell, sonst bringt mein Freund den Professor Tartarelin noch ganz um.
Der eine Milizionär hieß Volodja, der andere Serëža. Volodja faßte Serëža an der Hand, Serëža faßte Andrej Semënovič am Ärmel, und zu dritt liefen sie los.
– Schaut mal, da rennen drei Pensionatstöchter! – riefen die Droschkenkutscher ihnen nach. Einer von ihnen traf Serëža sogar mit der Peitsche auf den Hintern.
– Warte, auf dem Rückweg zahlst du Strafe! – rief Serëža, ohne Andrej Semënovič loszulassen.
Beim Haus des Professors angelangt, sagten alle drei:

– Brrrr! –

und blieben stehen.
– Die Treppe hinauf, dritte Etage! – kommandierte Andrej Semënovič.
– Hoch! – riefen die Milizionäre und stürmten die Treppe hinauf.

Im Nu drückten sie mit der Schulter die Tür ein und stürzten in Professor Tartarelins Arbeitszimmer.

Professor Tartarelin saß auf dem Fußboden, und Professor Tartarelins Frau saß vor ihm und nähte dem Professor mit einem rosa Seidenfaden das Ohr an. Der Professor hielt eine Schere in der Hand und zerschnitt das Kleid über dem Bauch seiner Frau. Als der nackte Bauch zum Vorschein kam, rieb der Professor ihn mit der flachen Hand sauber und schaute hinein wie in einen Spiegel.

– Wo nähst du es denn hin? Siehst du nicht, daß das eine Ohr höher sitzt als das andere? – sagte der Professor.

Die Frau trennte das Ohr wieder ab und begann, es ein zweites Mal anzunähen.

Der nackte Frauenbauch heiterte den Professor sichtlich auf. Seine Schnurrbartenden stellten sich auf, und die Äuglein begannen zu lächeln.

– Katjenka, – sagte der Professor, – laß das, näh das Ohr nicht irgendwo an der Seite an, näh es mir lieber auf die Backe.

Katjenka, die Frau des Professors Tartarelin, trennte das Ohr geduldig ein zweites Mal ab und schickte sich an, es dem Professor auf die Wange zu nähen.

– Ach, kitzelt das. Ha-ha-ha, das kitzelt! – lachte der Professor, doch plötzlich, als er der beiden Milizionäre auf der Schwelle ansichtig wurde, verstummte er und wurde ernst.

Milizionär Serëža Wo ist hier das Opfer?

Milizionär Volodja Wem ist hier ein Ohr abgebissen worden?

Professor *im Aufstehen* Meine Herren! Ich, ein Mensch, der Gott sei Dank nun schon 56 Jahre lang die Wissenschaft studiert, stecke meine Nase nicht in fremde Angelegenheiten. Wenn Sie der Meinung sind, mir sei ein Ohr abgebissen worden, so irren Sie sich gewaltig. Wie Sie sehen, sind meine beiden Ohren heil und unversehrt. Ich gebe zu, das eine sitzt auf der Wange, aber das war mein freier Wille.

MILIZIONÄR SERËŽA Tatsächlich, beide Ohren sind vorhanden.
MILIZIONÄR VOLODJA Bei meinem Vetter sind die Augenbrauen unter der Nase angewachsen.
MILIZIONÄR Nicht die Augenbrauen, der Schnurrbart.
KARABISTER Fasfalakat.
PROFESSOR Die Sprechstunde ist zu Ende.
FRAU PROFESSOR Zeit zum Schlafengehen.
ANDREJ SEMËNOVIČ *tritt ein* Halb zwölf.
DIE MILIZIONÄRE *im Chor* Gute Nacht.
ECHO Schlafen Sie süß.

Der Professor legt sich auf den Fußboden, die übrigen legen sich ebenfalls hin und schlafen ein.

TRAUM

Leise rauscht der Ozean
Steile Klippen drohn au weia
Leise strahlt der Ozean
Menschen liegen in der Heia
Leise laufen übers Meer
Weiße Elefanten der Angst
Schlüpfrig glatt die Fische singen
Sterne falln vom Mond herab
Schwächlich steht ein kleines Haus
Angelweit die Türen offen
Warme Öfen es verspricht
Drinnen döst ein Milizionär.
Auf dem Dach schläft eine Alte
Frau auf ihrer krummen Nase
Rauschet leis im Wind ein Ohr
Flattern Haare ringsumher
Und im Baum ein Kuckuck sitzt
Schaut mit Brille in den Norden

Schau nicht lieber Kuckuck mein
Ganze Nächte in den Norden
Dort ist Wind der Karabister
Der die Zeit in Zahlen hütet
Und der Habicht Ruckrr wustrr
Der auf frische Beute lustert.

PËTR PAVLOVIČ Jemand nächtigt hier im Dustern
Tastend ahn ich Tisch und Stuhl
Stoße gegen die Kommode
Seh den Bergamottenbaum
Pflücke flugs die Birnen ab.
Was zum Teufel! das sind Ohren!
Wehe! laufe ich nach rechts
Steht vor mir ein Eichenwald
Laufe ich zurück und quer
Stoß ich gegen ein Skelett
Knie knicken ein Nicht weiter
Denke Tür – es ist der Ofen
Spring nach links – das ist das Bett
Hilfe! Helft mir! …

PROFESSOR *wacht auf* Hu, als hätt …
ANDREJ SEMËNOVIČ *springt auf* Uff! Ich habe geträumt, man hätte uns allen die Ohren abgerissen. *Er macht Licht.*

Wie sich herausstellt, waren, während alle schliefen, Pëtr Pavlovič eingetreten und hatten allen die Ohren abgeschnitten.

Anmerkung des Milizionärs Serëža:
– Der Traum ist in Erfüllung gegangen.

Es war einmal ein Mensch.
Er hatte eine Nase.
Er hatte also eine Nase, die aussah wie ein Mund.
Er hatte also eine Nase, die aussah wie ein Mund mit zwei Ohren.

ELENA IVANOVNA Was sagt man dazu, Fadej Ivanovič, dauernd regnet es.

PAPAŠA Ja, sprechen Sie nicht davon, Elena Ivanovna, die ganze Mahd verfault.

ELENA IVANOVNA Wir sitzen im Warmen und haben ein Dach überm Kopf, aber wer jetzt draußen sein muß? Wie?

PAPAŠA Wehe dem unbehausten Wanderer.

ELENA IVANOVNA Soll ich Ihnen Tee nachschenken?

PAPAŠA Gieß mir noch ein halbes Gläschen ein.

Pause. Papaša hat den Tee getrunken und ist eingeschlafen.

ELENA IVANOVNA Und Olga schreibt nicht.

PAPAŠA *murmelt etwas.*

ELENA IVANOVNA Sie schreibt nicht und schreibt nicht.

PAPAŠA Wie wer schreibt nicht?

ELENA IVANOVNA Ich sage, Olga schreibt nicht.

PAPAŠA Was heißt welche Olga?

ELENA IVANOVNA Na Olga! Wie, du kennst Olga nicht?

PAPAŠA Ach, Olga? Na, und was ist mit ihr?

ELENA IVANOVNA Na, sie schreibt nicht, sage ich.

PAPAŠA O je o je.

RACHTANOV *kommt vorbei* Und Sergej hat Olga einen Heiratsantrag gemacht. *Geht ab.*

ELENA IVANOVNA Sergej, was? Und sie? *Zu Papaša.* Hast du das gehört?

PAPAŠA Was?

ELENA IVANOVNA Sergej! Einen Heiratsantrag!

PAPAŠA Na, und er?

ELENA IVANOVNA Er – Olga.

PAPAŠA Die nicht schreibt?

ELENA IVANOVNA In die Ehe eintreten.

PAPAŠA O je o je.

ELENA IVANOVNA Was für eine Verwirrung.

RACHTANOV Kolja hat das Metallsofa eingedrückt. So.

ELENA IVANOVNA Halt halt wie das?

PAPAŠA *schnell* Entsetzlich entsetzlich was für eine Katastrophe sie haben das Metallsofa eingedrückt.

ELENA IVANOVNA Da vertraut man ihm das Metallsofa an, und er hat nichts Eiligeres zu tun, als es einzudrücken.

RACHTANOV *kommt vorbei und klatscht vorher und nachher in die Hände* Und Kolja hat am Dienstag das Haus aufgegessen.

ELENA IVANOVNA Auch das noch.

Er

EIN DING

Mama, Papa und das Dienstmädchen mit Namen Nataša saßen bei Tisch und tranken.
Papa war zweifellos ein Säufer. Mama sah sogar von oben auf ihn herab. Aber das hinderte Papa nicht daran, ein sehr guter Mensch zu sein. Er lachte äußerst gutmütig und kippelte auf dem Stuhl. Das Dienstmädchen Nataša, in Häubchen und Schürzchen, lachte die ganze Zeit unmöglich. Papa erheiterte alle mit seinem Bart, aber das Dienstmädchen Nataša schlug verlegen die Augen nieder, womit sie zum Ausdruck brachte, daß sie sich genierte.
Mama, eine großgewachsene Frau mit Hochfrisur, sprach mit Pferdestimme. Mamas Stimme posaunte durch das Eßzimmer, draußen in den anderen Zimmern widerhallend.
Nach dem ersten Gläschen verstummten alle für einen Augenblick und aßen Wurst. Ein wenig später fingen alle wieder zu sprechen an.
Plötzlich, völlig unerwartet, klopfte jemand an die Tür. Weder Papa noch Mama noch das Dienstmädchen Nataša konnten erraten, wer da an die Tür klopfte.
– Wie merkwürdig, – sagte Papa, – wer könnte da an die Tür klopfen?
Mama zog ein mitleidiges Gesicht und schenkte sich außer der Reihe ein zweites Glas ein, trank und sagte:
– Merkwürdig.
Papa sagte nichts Böses, sondern schenkte sich ebenfalls ein Glas ein, trank und stand vom Tisch auf.
Von Wuchs war Papa eher klein. Nicht zu vergleichen mit Mama. Mama war eine große, füllige Frau mit Pferdestimme, und Papa war einfach ihr Gatte. In Ergänzung zu allem übrigen hatte Papa Sommersprossen.
Er ging mit einem Schritt zur Tür und fragte:
– Wer ist da?

– Ich, – sagte eine Stimme hinter der Tür. Hier öffnete sich die Tür, und hereintrat das Dienstmädchen Nataša, ganz verlegen und rosig. Wie eine Blume. Wie eine Blume.

Papa setzte sich hin.

Mama trank noch einen.

Das Dienstmädchen Nataša und das andere wie eine Blume erröteten vor Scham. Papa sah sie an und sagte nichts Böses, sondern trank nur noch einen, ganz wie Mama.

Um das unangenehme Brennen im Mund zu vertreiben, öffnete Papa eine Konservendose mit Krebspastete. Alle waren sehr froh, sie aßen bis zum Morgen. Mama aber schwieg und saß still an ihrem Platz. Das war sehr unangenehm.

Als Papa sich anschickte, etwas zu singen, klopfte es ans Fenster. Mama sprang erschreckt auf und schrie, sie habe deutlich gesehen, wie von draußen jemand zum Fenster hereingeschaut hätte. Die anderen versicherten Mama, das sei unmöglich, da sich ihre Wohnung im zweiten Stock befinde, also niemand zum Fenster habe hereinschauen können, es sei denn ein Riese oder Goliath.

Aber es hatte sich in Mamas Kopf festgesetzt. Nichts auf der Welt hätte sie davon überzeugen können, daß niemand zum Fenster hereingeschaut hätte.

Um Mama zu beruhigen, schenkten sie ihr noch ein Glas ein. Mama trank das Glas. Papa schenkte sich ebenfalls eins ein und trank.

Nataša und das Dienstmädchen wie eine Blume saßen da, den Blick verlegen gesenkt.

– Ich kann keine gute Laune haben, wenn uns jemand von der Straße durchs Fenster beobachtet, – rief Mama.

Papa war verzweifelt, da er nicht wußte, wie er Mama beruhigen sollte. Er lief sogar nach draußen, um zu versuchen, von dort durchs Fenster wenigstens im *ersten* Stock zu schauen. Natürlich reichte er nicht hinauf. Aber Mama konnte das nicht im mindesten überzeugen. Mama hatte nicht einmal gesehen, wie Papa es nicht einmal bis zum Fenster im ersten Stock geschafft hatte.

Von all dem endgültig aus der Fassung gebracht, kam Papa wie der Wind ins Eßzimmer geflogen und trank zwei Gläser hintereinander ex, nachdem er auch Mama ein Glas eingeschenkt hatte. Mama trank das Glas, sagte aber, sie trinke nur zum Zeichen dafür, daß sie überzeugt sei, daß jemand zum Fenster hereingeschaut habe.

Papa schlug sogar die Hände zusammen.

– So, – sagte er zu Mama, trat ans Fenster und machte beide Flügel sperrangelweit auf.

Zum Fenster hereinzuklettern versuchte ein Mensch mit schmutzigem Hemdkragen und einem Messer in der Hand. Als Papa ihn sah, schlug er beide Fensterflügel zu und sagte:

– Niemand ist da.

Indes, der Mensch mit dem schmutzigen Kragen stand vor dem Fenster und schaute zum Zimmer herein, bekam das Fenster sogar auf und kam herein.

Mama war furchtbar aufgeregt. Sie bekam einen hysterischen Anfall, beruhigte sich aber, nachdem sie das von Papa dargebotene Glas getrunken und ein Stück Pilz gegessen hatte.

Bald kam auch Papa wieder zu sich. Alle setzten sich wieder zu Tisch und tranken weiter.

Papa zog die Zeitung hervor und drehte sie lange in den Händen und suchte, wo oben und wo unten war. Aber so sehr er auch suchte, er konnte es nicht finden, und darum legte er die Zeitung beiseite und trank einen.

– Schön, – sagte Papa, – aber die Gurken sind alle.

Mama wieherte unanständig, weshalb die Dienstmädchen schrecklich verlegen wurden und begannen, das Muster der Tischdecke zu betrachten.

Papa trank noch einen, packte auf einmal Mama und setzte sie aufs Vertiko.

Mamas üppige graue Hochfrisur löste sich auf, rote Flecken traten auf ihr Gesicht, und insgesamt war ihre Fresse ziemlich erregt.

Papa zog die Hosen hoch und setzte zu einem Trinkspruch an.
Aber da öffnete sich im Fußboden eine Luke, aus der ein Mönch geklettert kam.
Die Dienstmädchen waren so schrecklich verlegen, daß eins der beiden sich übergeben mußte. Nataša hielt ihrer Freundin die Hand vor die Stirn, um die Unschicklichkeit zu verbergen.
Der Mönch, der aus der Luke im Fußboden geklettert war, haute Papa eine mit der Faust aufs Ohr, daß es nur so krachte!
Papa taumelte auf einen Stuhl, ohne seinen Trinkspruch beendet zu haben.
Dann trat der Mönch auf Mama zu und versetzte ihr einen Stoß von unten, nicht mit dem Arm, nicht mit dem Bein.
Mama fing an zu schreien und um Hilfe zu rufen.
Aber der Mönch packte die beiden Dienstmädchen am Kragen, schüttelte sie in der Luft und ließ sie fallen.
Danach verschwand, von allen unbemerkt, der Mönch wieder im Fußboden und schloß über sich die Luke.
Sehr lange konnten weder Mama noch Papa noch das Dienstmädchen Nataša zu sich finden. Aber nachdem sie tief Luft geholt und sich wieder in Ordnung gebracht hatten, tranken alle ein Glas und setzten sich wieder zu Tisch, um von dem rohen Sauerkraut zu essen.
Dann tranken sie noch ein Glas und saßen, friedlich ins Gespräch vertieft.
Plötzlich lief Papa rot an und fing an zu brüllen:
– So! So! – brüllte Papa. – Ich bin also ein kleiner Fisch!? Ein Pechvogel, ja?! Ich bin nicht euer Gnadenbrotempfänger! Selber taube Nüsse!
Mama und das Dienstmädchen Nataša stürzten aus dem Eßzimmer und schlossen sich in der Küche ein.
– Scher dich fort, alter Säufer! Scher dich fort, Teufelshuf! – flüsterte Mama vor Entsetzen der nun endgültig verlegenen Nataša zu.
Papa indessen saß bis zum Morgen im Eßzimmer und brüllte, dann

griff er zu seiner Aktenmappe, setzte die weiße Schirmmütze auf und ging bescheiden ins Büro.

31. Mai 1929

An der Quaimauer unseres Flusses hatte sich eine sehr große Menschenmenge gesammelt. In den Fluß gefallen war der Regimentskommandeur Sepunov. Er verschluckte sich in einem fort, sprang bis zum Bauch aus dem Wasser, schrie und versank wieder im Wasser. Er schlug mit den Armen nach allen Seiten und schrie wieder um Hilfe.

Die Menge stand am Ufer und schaute mit finsterer Miene zu.

– Er geht unter, – sagte Kuzma.

– Klar geht er unter, – bestätigte ein Mann mit einer Schirmmütze.

Und tatsächlich, der Regimentskommandeur ging unter.

Die Menge begann sich zu verlaufen.

I

Eine Fliege durchschlug die Stirn eines vorüberlaufenden Herrn, flog ihm durch den Kopf und trat im Genick wieder aus. Der Herr, mit Namen Dernjatin, war überaus verblüfft: ihm war, als habe etwas in seinem Gehirn gepfiffen und als sei ihm im Genick ein Häutchen geplatzt, an welcher Stelle es ihn jetzt kitzelte. Dernjatin blieb stehen und dachte. »Was könnte das bedeuten? Ich habe doch ganz deutlich in meinem Gehirn ein Pfeifen gehört. Aber es kommt mir einfach nichts in den Sinn, das mir verstehen hülfe, was es wohl war. Auf jeden Fall eine höchst seltene Wahrnehmung, etwas wie eine Erkrankung des Kopfes. Aber ich will nicht weiter darüber nachdenken, sondern lieber weiterlaufen.« Damit lief Herr Dernjatin weiter, aber je weiter er auch lief, eine Wiederholung gab es nicht. Auf der blauen Straße vertrat sich Dernjatin den Fuß und wäre beinahe gefallen, er mußte sogar mit den Armen in der Luft balancieren. »Gut, daß ich nicht gefallen bin, – dachte Dernjatin, – sonst wäre mir die Brille zerbrochen, und ich hätte den Verlauf der Straße nicht mehr sehen können.« Weiter ging Dernjatin im Schritt, auf seinen Spazierstock gestützt. Indessen folgte eine Gefahr der anderen auf dem Fuße. Dernjatin hob an ein Liedchen zu singen, um seine finsteren Gedanken zu zerstreuen. Das Lied war lustig und harmonisch, so daß sich Dernjatin mitreißen ließ und darüber vergaß, daß er die blaue Straße entlangging, auf der um diese Tageszeit mit schwindelerregender Schnelligkeit Automobile fuhren. Die blaue Straße war sehr eng, und vor den Automobilen zur Seite zu springen war ziemlich schwierig. Deshalb galt sie als gefährlich. Vorsichtige Menschen gingen die blaue Straße immer in Todesängsten. Hier lauerte der Tod auf Schritt und Tritt, mal in Gestalt eines Automobils, mal in Gestalt eines Lastwagens, mal in Gestalt eines Fuhrwerks mit Steinkohle. Noch hatte sich Dernjatin nicht schneuzen können, als schon ein riesengroßes Automobil auf ihn zu raste.

Dernjatin rief: »Ich sterbe!« und sprang zur Seite. Das Gras teilte sich vor ihm, und er fiel in einen feuchten Graben. Das Automobil fuhr donnernd vorüber, über dem Dach hatte es die Flagge des Notstands gehißt. Die Insassen des Automobils waren davon überzeugt, daß Dernjatin verunglückt sei, und nahmen deshalb die Kopfbedeckung ab und fuhren barhäuptig weiter. »Haben Sie nicht gesehen, unter welche Räder dieser Passant geraten ist, unter die Vorder- oder die Hinterräder?« – fragte ein Herr, der einen Muff trug, d.h. eigentlich keinen Muff, sondern eine Kapuze. »Ich habe mir, – sagte dieser Herr immer wieder, – die Wangen und Ohrläppchen furchtbar erkältet, deshalb gehe ich immer in dieser Kapuze.« Neben dem Herrn saß in dem Automobil eine Dame mit einem interessanten Mund. »Ich fürchte, – sagte die Dame, – man wird uns unter Mordanklage stellen wegen dieses Passanten.« »Was? was?« – fragte der Herr und schob die Kapuze vom Ohr. Die Dame wiederholte ihre Befürchtung. »Nein, – sagte der Herr mit der Kapuze, – Mord wird nur in den Fällen bestraft, wenn der Ermordete aussieht wie ein Kürbis. Wir doch nicht. Wir doch nicht. Wir sind unschuldig am Tode dieses Passanten. Er selbst hat gerufen: ›Ich sterbe!‹ Wir sind lediglich Zeugen seines plötzlichen Todes.« Madame Anette lächelte mit ihrem interessanten Mund und sagte zu sich selbst: »Anton Antonovič, Sie ziehen sich immer geschickt aus der Affäre.« – Herr Dernjatin lag unterdessen im feuchten Graben, Arme und Beine von sich gestreckt. Und das Automobil war längst weitergefahren. Da begriff Dernjatin, daß er gar nicht gestorben war. Der Tod in Gestalt des Automobils war an ihm vorübergegangen. Er stand auf, reinigte seinen Anzug mit dem Ärmel, befeuchtete die Fingerspitzen mit Speichel und ging die blaue Straße weiter, um die Zeit einzuholen.

2

Die Familie Rundadar lebte in einem Hause am stillen Flusse Svirečki. Vater Rundadar, Platon Iljič, liebte Kenntnisse in den hohen Wissenschaften: der Mathematik der Dreifaltigen Philosophie, der Geographie des Gartens Eden, er liebte die Bücher des Vintvivek, die Lehre von den Todestrieben und die himmlische Hierarchie des Dionysius Aeropagita waren seine Lieblingswissenschaften. Die Tür des Hauses Rundadar stand allen Wanderern offen, die die heiligen Punkte unseres Planeten besucht hatten. Erzählungen von fliegenden Bergen, wie sie die Stromer von Nikitskie Sloboda mitbrachten, begegnete man im Hause Rundadar mit lebhafter und gespannter Aufmerksamkeit. Platon Iljič bewahrte lange Listen mit Einzelheiten von den Flügen großer und kleiner Berge auf. Von all diesen Flügen unterschied sich vor allem der Flug des Kapustinschen Berges. Bekanntlich hatte der Kapustinsche Berg nachts abgehoben, gegen 5 Uhr, wobei er eine Zeder mit der Wurzel ausriß. Von der Abflugstelle stieg der Berg nicht in sichelförmiger Flugbahn in den Himmel, wie alle anderen Berge, sondern in gerader Linie, die erst in der Höhe von 15–16 Kilometern über dem Erdboden geringen Schwankungen unterlag. Auch der Wind, der gegen den Berg wehte, flog durch ihn hindurch, ohne ihn von seiner Bahn abzubringen. So als habe der Berg, der aus Kieselsteinen bestand, die Eigenschaft der Undurchlässigkeit verloren. So zum Beispiel flog eine Dohle durch den Berg. Sie flog durch ihn hindurch wie durch eine Wolke. Dies haben mehrere Augenzeugen bestätigt. Zwar widersprach dies den Gesetzen der fliegenden Berge, aber Faktum bleibt Faktum, und Platon Iljič trug es in die Liste der Einzelheiten des Kapustinschen Berges ein. Täglich versammelten sich bei den Rundadars Ehrengäste und berieten über Gesetzmäßigkeiten der alogischen Kette. Unter den Ehrengästen waren: der Professor für Eisenbahnen Michail Ivanovič Dundukov, der Abt Mirinos II. und der Plecharisiast Stefan Dernjatin. Die Gäste versammelten sich im unteren Salon, setzten sich an einen langen Ausziehtisch, auf den Tisch wurde ein gewöhnlicher Trog mit Wasser gestellt. Während ihrer Unterhaltung spuckten die Gäste in den Trog: So war es Sitte in der Familie Rundadar. Platon Iljič saß da mit einer kleinen Knute in der Hand. Von Zeit zu Zeit befeuchtete er sie in dem Wasser und schlug damit auf einen leeren Stuhl. Das hieß »mit dem Instrument Lärm erzeugen«. Um neun Uhr erschien Platon Iljičs Frau, Anna Maljaevna, und geleitete die Gäste zu Tisch. Die Gäste aßen flüssige und feste Speisen, danach krochen sie auf allen vieren zu Anna Maljaevna, küßten ihr das Händchen und setzten sich zum Tee. Beim Tee erzählte Abt Mirinos II. einen Fall, der sich vor 14 Jahren ereignet hatte. Er, der Abt, saß einmal auf den Stufen vor seinem Hause und fütterte die Enten. Plötzlich kam eine Fliege aus dem Haus geflogen und schlug dem Abt vor die Stirn. Sie durchschlug die Stirn und flog durch seinen Kopf hindurch, trat im Genick wieder aus und flog ins Haus zurück. Der Abt blieb auf der Treppe mit einem glückseligen Lächeln sitzen, denn er hatte endlich mit eigenen Augen Das Wunder gesehen. Die übrigen Gäste schlugen, nachdem sie Mirinos II. angehört hatten, mit dem Teelöffel gegen Lippen und Adamsapfel, zum Zeichen dessen, daß der Abend beendet sei. Anna Maljaevna verließ den Raum, und der Herr Plecharisiast hielt eine Rede zum Thema »Die Frau und die Blumen«. Es kam auch vor, daß einige Gäste über Nacht blieben. Dann wurden einige Schränke verrückt, und auf die Schränke gebettet wurde Mirinos II., Prof. Dundukov schlief im Eßzimmer auf dem Konzertflügel, während Herr Dernjatin zu Rundadars Dienstmädchen Maša ins Bett schlüpfte. In der Mehrzahl der Fälle jedoch gingen die Gäste nach Hause. Platon Iljič persönlich schloß hinter ihnen die Tür ab und ging zu Anna Maljaevna. Auf dem Flusse Svirečki ruderten, Lieder singend, die Nikitinschen Fischer. Und unter dem Gesang der Fischer schlief die Familie Rundadar ein.

3

Herr Dernjatin kroch aus dem Graben und ging die blaue Straße, um die verlorene Zeit einzuholen. Die Lebensgefahr nahm mehr und mehr ab infolge dessen, daß auf diesem Straßenabschnitt weniger Verkehr war. Herr Dernjatin kam als Gast zu den bewußten

Rundadars. Im Salon der Rundadars waren bereits alle vollzählig versammelt. In dem Trog mit Wasser schwamm ein Papierschiff. Mirinos II. hatte eine blaue Mütze auf dem Kopf. Professor Dundukov saß mit aufgekrempelten Ärmeln da. Platon Iljič schwenkte die Peitsche. Herr Dernjatin setzte sich an den Tisch, spuckte in den Trog und ...

4

»Heute möchte ich Ihnen die von mir gesammelten Materialien über den dreifaltigen Aufbau der Welt und aller Dinge erläutern«, – sagte Platon Iljič Rundadar zu den versammelten Gästen. Es fehlte nur der Plecharisiast Dernjatin. Dafür saß Michail Ivanovič Dundukov da und blähte die Backen auf. »Ich weiß, – sagte Abt Mirinos II., – alle Dinge gleichen einem dreistöckigen Haus, und die Welt – das sind die drei Stufen zu Gottes Herberge.« – »Aber dann sagen Sie mir, worin besteht die Dreiteilung bei einem Stuhl? oder einem Tisch? oder hier bei diesem Trog?«

5

Platon Iljič Rundadar blieb in der Tür seines Eßzimmers stecken. Er stemmte sich mit den Ellbogen gegen die Pfosten, wuchs mit den Füßen auf der hölzernen Schwelle an, riß die Augen auf und stand da.

6

Herr Dernjatin, der bekannte Plecharisiast, beschloß, mitten in der Stadt Petersburg eine echte Pyramide zu errichten. Erstens kann man auf dieser Pyramide besser sitzen als auf dem Dach eines Hauses, und zweitens kann man in einer Pyramide ein Zimmer einrichten und dort sogar schlafen.

VARVARA MICHAJLOVNA PAVLINOVA.
ANTON ANTONOVIČ BARABAN.
VARVARA POLIKARPOVNA BARABAN.
VOLODJA KNUTIKOV.
APOLLON VALERJANOVIČ OBERNIBESOV.
FRANC IOANOVIČ DERIDASOV.
ELZELEZJA FJUFJUFOV.
BORIS IVANOVIČ GALKIN *(geschickt und einfallsreich).*

NINA Sie wissen! Ja? Sie wissen? Nein, haben Sie schon gehört? Ja?
VARVARA MICHAJLOVNA Was denn? Ja? Was denn?
NINA Nein, denken Sie nur! Varvara Michajlovna! Denken Sie nur!
VARVARA MICHAJLOVNA Was denn? Ja? Was denn?
NINA Stellen Sie sich vor, Varvara Michajlovna! Stellen Sie sich vor!
VARVARA MICHAJLOVNA Aber was denn? Was denn?
NINA Nein, hören Sie, Varvara Michajlovna! Ha-ha-ha.
VARVARA MICHAJLOVNA Aber ich höre ja, ich höre! Was ist denn?
NINA Ha-ha-ha! Jetzt ist sie die Königin!
VARVARA MICHAJLOVNA Was für einen Unsinn du redest!
NINA Wirklich, die Königin!
VARVARA MICHAJLOVNA Was für einen Unsinn du redest!
NINA Und das Unserer! Der Edle! Der alte Knaster! Auch er dahin!
VARVARA MICHAJLOVNA Wie wo dahin?
NINA Na immer dasselbe! An Elizaveta hat er sich gehängt!
VARVARA MICHAJLOVNA Wie an sie gehängt?
NINA Na verliebt hat er sich!
VARVARA MICHAJLOVNA Also wer hat sich verliebt?
NINA Na unser edler Aristokrat! Der alte Knacker, Obernibesov!
VARVARA MICHAJLOVNA Obernibesov?!
NINA Das ist ja der Witz, Obernibesov!

VARVARA MICHAJLOVNA Apollon Valerjanovič!

NINA Ja ja! Denken Sie nur!

VARVARA MICHAJLOVNA Ich verstehe einfach nicht, was soll an der schon dran sein? Warum sind alle, alle Männer verrückt geworden?

NINA Sehen Sie doch: Volodja Knutikov ist verrückt geworden! Sergej Ivanovič ist verrückt geworden!

VARVARA MICHAJLOVNA Was soll an der schon interessant sein – nichts!

NINA Eldygin ist verrückt geworden!

VARVARA MICHAJLOVNA Nichts an der ist interessant!

NINA Das ist ja der Witz! Nichts an der ist interessant!

VARVARA MICHAJLOVNA Ich verstehe einfach nicht, warum alle Männer verrückt geworden sind!

NINA So schön ist sie nun auch wieder nicht!

VARVARA MICHAJLOVNA Ich finde, sie ist einfach häßlich!

NINA Nichts an ihr ist interessant!

VARVARA MICHAJLOVNA Vollkommen uninteressant!

Es geht ein langer Mann und spielt Harmonika
ihm folgen vier und hören schweigend zu
doch weiter geht der Musikant und läßt die
Finger tanzen
und weiter folgen ihm die vier wie Tote schon
ein Zauberer ist er spielt immer nur das Eine
er geht zum Park die vier auch dort ihm folgen
Ich auf dem Bänkchen sitze höchstens einen Monat
du auf dem Bänkchen sitzest bis zur Butterwoche
er auf dem Bänkchen sitzt vier Feiertage lang
wir auf dem Bänkchen sitzen nah dem Flüßchen
ihr auf dem Bänkchen sitzt vom Flüßchen etwas
weiter weg
sie alle sitzen wie man sieht sie ruhen aus
zu ihren Häupten Schmetterlinge
zu ihren Häupten Brettermücken flattern

Die Gäste treffen ein.

VIERTER GAST Der Brei ist serviert.

GAST MIT FÄCHER Wen soll ich küssen, die Gastgeberin oder den Gastgeber?

DER KRÄTZEKRANKE GAST Ach du lieber Gott! ich habe meine Ärmel nicht dabei!

TATJANA NIKOLAEVNA He-he, ich habe heute so viel Mehl im Mund zusammengeschwafelt, daß ich beinahe daran erstickt wäre.

ONKEL VANJ O weh, die Jugend ist dahin!

GASTGEBER

Kommt meine Gäste an die Quelle
Hier ist der Quark und hier die Kelle

Hier habt ihr Salz und hier die Grippe
Hier habt ihr Nägel. Nehmt die Schippe.
Ach bin ich heiser.

Gäste Wir wollen nichts zu essen, tanzen wollen wir!

Gastgeberin Musiker! Eins! Zwei! ... drei!

Die Musiker springen mit Anlauf ins Wasser.

Gastgeberin Oh, so war das nicht gemeint.

Der krätzekranke Gast Was, wir sollen baden?

Acht Gäste im Chor Ja, wir auch, ja wirklich!

Acht Damen im Chor Ja, wir auch, ja wirklich!

Fürstin Manka-Dunka Ich, meine Herrschaften, habe überall Sommersprossen, sonst wäre ich eine Schönheit. Ehrenwort!

Gast Fëdor He-he, mit Vergnügen.

Soldat in Turnhose Gestatten Sie, Fürstin Manka-Dunka, daß ich Ihnen diesen Strauß Blumen überreiche.

Gast Fëdor Oder hier diesen Taschenkamm.

Soldat in Turnhose Oder hier dieses Stäubchen.

Gäste Ruhe! Ruhe! Zuhören! Gleich erzählt Ihnen Onkel Vanj einen Witz.

Onkel Vanj *klettert auf einen Stuhl* Ich habe in einem französischen Buch einen Witz gelesen. Soll ich ihn erzählen?

Gäste O ja, ja!

Tatjana Nikolaevna Unbedingt!

Onkel Vanj Ein kleines Mädchen brachte seinem armen Mütterlein ein Stück Pirogge mit Kohl und Zwiebeln. Die Pirogge war in reiner Tafelbutter gebacken und mit Kümmel bestreut.

Gäste Oh, ho-ho-ho-ho! Zum Totlachen! Ich kann nicht mehr!

Onkel Vanj Halt, das war noch nicht alles, die Geschichte geht noch weiter! Auf das Mädchen tritt ein guter Herr zu und schenkt ihm ein Goldstück und sagt: Hier, Mädchen, hast du ein Goldstück, bring es deinem armen Mütterlein.

GÄSTE Ha-ha-ha-! Hervorragend! Die hat er drangekriegt!

ONKEL VANJ Und das Mädchen, stellen Sie sich vor, es sagt: Ich bin Wäscherin.

GÄSTE Ha-ha-ha!

ONKEL VANJ Und der gute Herr zieht ein Klavier aus der Tasche.

GÄSTE Ha-ha-ha-ha.

FÜRSTIN MANKA-DUNKA. Oh, ich kann nicht mehr, ich habe schon Zahnschmerzen vor Lachen. Ehrenwort!

GASTGEBER So, und jetzt gehen wir alle schön nach Hause.

GASTGEBERIN Auf Wiedersehen, auf Wiedersehen, meine lieben Gäste!

GÄSTE Auf Wiedersehen, auf Wiedersehen. Wir gehen jetzt und stecken das Haus in Brand.

GASTGEBERIN Ach du heilige Mutter Gottes!

GASTGEBER Da hast du den Salat.

TETERNIK *kommt herein und begrüßt die Anwesenden* Guten Tag! Guten Tag! Guten Tag! Guten Tag!

KAMUŠKOV Pünktlich sind Sie ja nicht gerade. Wir warten schon ziemlich lange auf Sie.

GREK Ja, ja ja. Wir warten schon lange.

LAMPOV Also sag, warum kommst du so spät?

TETERNIK *schaut auf die Uhr* Komme ich denn zu spät? Ja, übrigens, ja ... Also gut!

KAMUŠKOV Schön. Ich fahre fort.

GREK Ja, ja, ja. Wirklich, weiter.

Alle setzen sich an ihre Plätze und verstummen.

KAMUŠKOV Ohne mehrmals von ein und demselben zu reden, will ich sagen: wir müssen einen Namen finden.

GREK und LAMPOV Hört hört!

KAMUŠKOV *äfft sie nach* Hört hört! Jawohl, wir müssen einen Namen finden. Grek!

Grek steht auf.

KAMUŠKOV Was hast du für einen Namen gefunden?

GREK »Nüwürsütät.«

KAMUŠKOV Der paßt nicht. Überleg doch, was soll das für ein Name sein? Klingt nach nichts, bedeutet nichts, ist dumm. – Wie stehst du eigentlich da? Stell dich hin, wie es sich gehört! – Also, jetzt sag: warum hast du diesen dummen Namen vorgeschlagen?

GREK Ja, ja, ja. Er paßt wirklich nicht.

KAMUŠKOV Du siehst es selber ein. Hinsetzen. – Leute, wir müssen einen guten Namen finden. Lampov!

Lampov steht auf.

KAMUŠKOV Was schlägst du für einen Namen vor?
LAMPOV Mein Vorschlag: »Krakowiak«, oder »Sülze«, oder »Mein Teuch«. Was? gefällt euch nicht? Na dann: »Der Gipfel von allem«, »Der Glyzerinvater«, »Mörser und Kerze«.
KAMUŠKOV *winkt ab* Hinsetzen! Hinsetzen!

26. Dezember 1929

1930

Es ging eine Straßenbahn, die unter dem Schein zweier Laternen einen Frosch versteckte. In ihrem Inneren ist alles zum Sitzen und zum Stehen eingerichtet. Makellos sei die Schlange, die nach ihr ansteht, und seien die Leute, die in ihr sitzen, wie auch die Leute, die zum Ausgang gehen. Unter ihnen begegnet man Tieren mancherlei Inhalts . Auch diejenigen, für die im Wagen der Platz nicht reichte, steigen in einen anderen Wagen. Aber hol sie doch alle der Teufel! Es geht nämlich darum, daß ein feiner Regen ging, aber nicht sofort klar wurde: war es ein Regen, war es ein Wanderer. Untersuchen wir dies im einzelnen: danach zu urteilen, daß, wenn man in der Jacke dasteht, diese binnen kurzer Zeit durchnäßt ist und am Körper klebt, – ging ein Regen. Aber danach zu urteilen, daß über dem Ruf: »Wer geht da?« im ersten Stockwerk ein Fenster aufgeht, in ihm ein Kopf erscheint, der wem auch immer gehören mag, nur keinem Menschen, der bis zu der Wahrheit vorgedrungen wäre, daß Wasser die Gesichtszüge erfrischt und veredelt, und wütend zurückbellt: »Dir ziehe ich gleich das hier (und bei diesen Worten erscheint in dem Fenster etwas, das Ähnlichkeit mit einem Kavalleriestiefel und einer Axt zugleich hat) zweimal drüber, dann weißt du es sofort!« – danach zu urteilen, ging eher ein Wanderer, wenn nicht gar ein Obdachloser; auf jeden Fall befand sich ein solcher irgendwo in der Nähe, möglicherweise hinter dem Fenster.

Schauen wir durchs Fenster: dort sehen wir Schienen, die in die eine und in die andere Richtung führen. In den Schienen fahren Straßenbahnen. In den Straßenbahnen sitzen Menschen und zählen an den Fingern ab, wieviel Fuß sie gefahren sind, denn der Fahrpreis wird nach Fuß bemessen. Jetzt schauen wir durchs Fernrohr: dort bemerken wir ein kleines Plättchen, mal hell, mal dunkel. Herrschaften, das ist kein Plättchen, sondern eine Kugel.
Zu dieser Zeit standen auf dem Wandbrett drei Gegenstände: eine Karaffe, ein Feuerball und ein Mensch mit dunkelblauer Krawatte.
Die Karaffe sagte: Herrschaften, schauen wir doch auf das beutsche Land.
Wohin? – fiel der Feuerball zu Boden.
Auf die Kugel, die durch das Fernrohr zu sehen ist, – sagte die Karaffe. – Diese Kugel ist die Erde.
Mensch: Ich bin ein Bewohner der Erde.
Feuerball: Ich bin ein Bewohner des Raums.
Karaffe: Und ich bin ein Bewohner des Paradieses.
Alle drei verfielen in Schweigen, und niemand ging an ihnen vorüber, noch ritt oder flog jemand vorüber.

Die Karaffe sagte:
O Em! O Me! O Mensch! Sage mir, wie lebt es sich bei euch? Was macht man so bei euch?
Der Mensch sagte, indem er den Mund öffnete:
Ich bin ein Mensch von der Erde. Ihr wißt das alle. Ich bin kein Beutscher. Ich bin Nachbar der Beutschen – ich bin Russe. Ich heiße Grigorjev. Wollt ihr, daß ich euch alles erzähle?
Aus dem Wasser kamen drei Bauern, stampften mit den Füßen auf und riefen:
Bitte! Bitte!

Der Mensch begann:
Ich komme also in die Kooperative und sage: Geben Sie mir diese Dose Sprotten. Und man sagt mir: Sprotten gibt es nicht, das sind leere Dosen. Ich sage zu ihnen: Und wozu müßt ihr uns für dumm verkaufen? Da bekomme ich zur Antwort: Das ist nicht unsere Schuld. – Wessen dann? – Schuld ist der Mangel an Lebensmitteln, weil die Kirgisen alles Hornvieh weggetrieben haben. – Und Gemüse? – fragte ich – Gibt es auch keins. Ausverkauft.
Schweige, Grigorjev.
Der Mensch schloß:

Ich Grigorjev also schwieg
seitdem trage ich ein Fernrohr
schaue in die Röhre schaue
seh der Zukunft Schornstein rauchen.

Aus

Ivan Petrovič Lundapundov hatte Appetit auf einen Apfel. Doch der Apfel glitt Ivan Petrovič aus der Hand. Ivan Petrovič bückte sich, um den Apfel aufzuheben, aber da schlug Ivan Petrovič etwas schmerzhaft gegen den Kopf. Ivan Petrovič schrie auf, hob den Kopf und sah, daß es der Apfel gewesen war. Er hing in der Luft.
Wie sich herausstellte, hatte jemand an der Decke eine lange Schnur befestigt, mit einem Haken am Ende. Der Apfel hatte sich auf den Haken gebohrt und war nicht zu Boden gefallen.

Morozov, Ugrozov und Zanozov kamen zu Ivan Petrovič Lundapundov.

Aleksandr Ivanovič Dudkin

Es ist schon 7 Uhr in der Frühe. Die Hähne haben längst gekräht.
Warum bin ich so früh aufgewacht?
Das ist mir noch nie passiert.
Aber was ist mit meinem Kopf? Er tut mir schrecklich weh.
Habe ich gestern getrunken? Nein ich habe nicht getrunken.
Aber warum tut mir der Kopf weh? Einfach so aus heiterem Himmel?
Das ist mir noch nie passiert.
Ich muß so schnell wie möglich aufstehn und mich waschen.
Es tut gut, den Kopf unter kaltes Wasser zu halten.
Ich muß Pelageja wecken, sonst denkt sie, ich würde noch schlafen.
Es war doch zu etwas gut, so früh aufzuwachen!
He, Pelageja! *Klopft an die Wand.* Pelageja!
Pelageja!
Verfluchtes Weib! Pennt sich eins und pennt. Nein ich nehme was Schweres einen Stiefel zum Beispiel und haue ihn gegen die Wand bis sie aufwacht.
Zum Teufel! Wo sind die Stiefel?
Was sagt man dazu? Ha, ha, ha. Ich kam nach Hause, hab sie ausgezogen, hier hingestellt, und jetzt sind sie nicht mehr da.
Oh! Die Hosen auch! So so so.
Aber was ist das nur? bin ich verblödet oder was?
Das ist mir noch nie passiert!
Also gut, lassen wir das. Überlegen wir.
Mir tut der Kopf weh. Das heißt ich bin sehr früh aufgestanden. Ich meine, mir tut der Kopf weh, das heißt ich habe gestern etwas getan. Nein. Ich bin sehr früh aufgestanden. Mir tut der Kopf weh. Das heißt ich habe die Stiefel verloren?

Wie dumm!
Ich habe die Stiefel verloren – das heißt mir tut der Kopf weh?
Genauso dumm!
Also gut: mir tut der Kopf weh, das heißt ich habe die Stiefel nicht verloren.
Aber ich habe sie doch verloren!
So vielleicht: mir tut der Kopf weh – das heißt ich habe die Stiefel weder so noch das.
Hm.
Vertrackte Geschichte!

II

Es klopft an die Tür.

DUDKIN Wer ist da?
STIMME Na ich, ich bins.
DUDKIN Wer? Petjka?
STIMME Aber ja, mach schnell auf!
DUDKIN Gleich. Warte einen Augenblick!
STIMME Schnell, schnell, ich muß dir was erzählen, da bist du platt! Hols der Teufel! Was ich da weiß ...

Im Eintreten.

Du schläfst noch?
DUDKIN Ist es schon spät? Sehr spät?
VALAAMOV Tsss ... sehr spät?? Aber zum Teufel mit der Zeit! Weißt du Dummkopf ...
DUDKIN Was? . . . .
. . . . Na? . . . . .
. . . . Was?
VALAAMOV Du, du ... du bist ein reicher Mann!

DUDKIN Was?

VALAAMOV Was heißt hier was?! Du hast 200 000 gewonnen!

Dudkin schaut Valaamov schweigend an.

VALAAMOV Was stehst du hier herum!? Dummkopf! Zieh dich an, wir gehen auf die Bank.

DUDKIN Ich habe nichts anzuziehen.

VALAAMOV Wie du hast nichts anzuziehen?

DUDKIN Ich kam gestern nach Hause, habe alles auf den Stuhl gelegt, und jetzt ist alles weg.

VALAAMOV Und wo ist es?

DUDKIN Ich weiß nicht.

VALAAMOV Zum Teufel, du hast 200 000 gewonnen! Schnell, gehen wir!

DUDKIN Aber was soll ich anziehen?

Valaamov und Dudkin auf der Vorderbühne.

VALAAMOV Du gehst, wie du bist!

DUDKIN Das geht nicht!

VALAAMOV Dann zieh meinen Anzug an!

DUDKIN Und du?

VALAAMOV Ich nehme deinen Mantel!

DUDKIN Dann nehme meinen Mantel lieber ich!

VALAAMOV Was macht das schon! Nimm deinen Mantel!

DUDKIN Und du gehst in deinem Anzug?

VALAAMOV Ich gehe in meinem Anzug.

DUDKIN *bekommt den Schlucken*

Ich möchte Ihnen einen Vorfall erzählen, der sich mit einem Fisch ereignet hat, oder eigentlich, genauer, nicht mit einem Fisch, sondern mit einem Menschen namens Patrulëv, oder eigentlich, noch genauer, mit Patrulëvs Tochter.
Beginnen wir direkt bei der Geburt. A propos Geburt: bei uns wurde auf dem Fußboden entbunden ... Oder erzählen wir das lieber später.
Offen gesagt:
Patrulëvs Tochter wurde an einem Sonnabend geboren. Bezeichnen wir diese Tochter mit dem lateinischen Buchstaben M!
Nachdem wir diese Tochter mit dem lateinischten Buchstaben M bezeichnet haben, stellen wir fest:

1. Zwei Arme, zwei Beine, besondere Anzeichen keine.
2. Die Ohren verfügen über dasselbe wie die Augen.
3. Laufen ist ein Zeitwort, das auf Fuß lautet.
4. Fühlen ist ein Zeitwort, das auf Hand lautet.
5. Einen Schnurrbart haben kann nur ein Sohn.
6. Mit dem Scheitel kann man nicht sehen, was an der Wand hängt.
17. Beachten Sie, daß nach der 6 die 17 kommt.

Um das Bild aufzufüllen, merken wir uns diese siebzehn Postulate.
Jetzt stützen wir uns mit der Hand auf das fünfte Postulat und schauen, was dabei herauskommt.
Wenn wir uns auf das fünfte Postulat mit einem Handwagen stützen würden oder mit dem Zucker oder einem naturfarbenen Band, so müßte man sagen: ja, und noch etwas.
Aber in Wirklichkeit stellen wir uns vor, und der Einfachheit halber vergessen wir auch gleich, was wir uns soeben vorgestellt haben.
Schauen wir jetzt, was dabei herauskommt.

Sie schauen hierhin, ich dagegen schaue hierhin, und herauskommt, daß wir beide dorthin schauen.
Oder, genauer gesagt, ich schaue dorthin, und Sie schauen in die andere Richtung.
Machen wir uns jetzt klar, was wir sehen. Dazu ist vollkommen ausreichend, daß man sich im einzelnen klarmacht, was ich sehe und was Sie sehen.
Ich sehe die eine Hälfte des Hauses, und Sie sehen die andere Hälfte der Stadt. Nennen wir das der Einfachheit halber Hochzeit.
Gehen wir jetzt über zu Patrulëvs Tochter. Ihre Hochzeit war, nun, sagen wir, dann und dann. Wenn die Hochzeit früher gewesen wäre, so würden wir sagen, die Hochzeit hätte vor der Zeit stattgefunden. Wenn die Hochzeit später gewesen wäre, so würden wir sagen »Welle«, weil die Hochzeit später stattgefunden hätte.
Alle siebzehn Postulate oder sogenannten Federn sind vorhanden.
Gehen wir jetzt über zum Weiteren.

Das Weitere ist dicker als das Vorausgegangene.
Der Wels ist dicker als ein Petroleumkocher.
Dicker als die Zwiebel ist die Schiffsschraube.
Das Buch ist dicker als das Heft,
und Hefte sind dicker als ein Heft.
Das ist ein Tisch, er ist dicker als das Buch.
Das ist die Decke, sie ist dicker als der Fußboden.
Dieser Tisch ist dicker als das Vorausgegangene,
und das Voraufgegangene ist länger als die Zwiebel.
Die Zwiebel ist kleiner als der Kamm,
wie auch der Hut, der kleiner als das Bett ist,
in dem man unterbringen kann
die Kiste mit den Büchern.
Aber die Kiste
ist tiefer als der Hut.

Der Hut ist weicher
als die Schiffsschraube.
Aber die Biene ist schärfer als der Ball.
Gleichermaßen schön
ist das, was hier auf dieser
wie auf jener Seite des Zauns wächst.
Dennoch ist das Buch biegsamer als die Suppe,
das Ohr biegsamer als das Buch.
Die Suppe ist flüssiger und fetter als der Kienspan
und schwerer als der Schlüssel.

Vereinigung
Haus mit Schnabel.
Kind mit Tatar.
Schiffsbaumeister im Petroleum.
Teller ohne Haare.
Krähe zwischen durchgehende Zahlen.
Pelz mit Krachen mit Namen Fofa.
Kolja in auswegloser Lage.
Rumäne aus dem Römertopf.
Der Engel Eršov.

Überlegung
Das ist keine Schmiede, sondern ein Eimer.
Das ist kein Reis, sondern ein Lineal.
Das ist kein Handschuh, sondern der Lagerverwalter.
Das ist kein Auge, sondern ein Knie.
Das bin ich nicht, der kam, sondern du.
Das ist kein Wasser, sondern Tee.
Das ist kein Nagel, sondern eine Schraube.
Und eine Schraube ist kein Nagel.
Fell ist keine Farbe.

Ein Mensch mit einem Arm ist kein Zimmer mit einem Fenster.
Pantoffeln sind keine Fingernägel.
Pantoffeln sind keine Nieren.
Genauso wenig wie Nasenlöcher.

Schlußfolgerungen
Die Tochter Patrulëvs des Vaters ist Patrulëvs Tochter.
Das heißt, auch Tochter Patrulëva ist Vater Patrulëvs Tochter.
Wenn das so ist, so ist auch Patrulëva Vaters Tochter.
Das heißt, auch die Tochter des Vaters Patrulëv.
Das ist die Tochter, und das der Vater Patrulëv.
Tochter Patrulëva, Vater Patrulëv.
Das heißt, der Vater der Patrulëva Tochter heißt Patrulëv.
Und niemand würde sagen, es wäre Petuchov.
Das wäre widernatürlich.

Patrulëvs Tochter ist unsere Tochter.

Bobrov aus dem Heim
Christoph Columbus
4 Halunken. Baronesse und Tintenfass

Bobrov *zeigt auf Christoph Columbus* Christoph Columbus.
Christoph Columbus *zeigt auf Bobrov* Bobrov.
Bobrov Wenn Sie sich für meine Erziehung interessieren, sage ich es. Ich sag es.
Christoph Columbus Ja, ja. Sagen Sie es, bitte.
Bobrov Dann sage ich es. Warum ein Geheimnis draus machen.
Christoph Columbus Sehr, sehr interessant!
Bobrov Also dann will ich es so sagen, meine Erziehung war was für eine? Eine Heimerziehung.
Christoph Columbus Heimerziehung.
Bobrov Aber Sie lassen mich nicht ausreden.
Christoph Columbus Aber bitte, bitte.
Bobrov Mein Vater gab mich in ein Heim. A --- *Er läßt den Mund offenstehen.*

Christoph hebt sich auf die Zehenspitzen und schaut Bobrov in den Mund.

Bobrov --- aber ich bin Kaufmann.

Christoph springt zur Seite.

Christoph Columbus E ... es hat mich nur interessiert, was Sie da ... da ... da ...
Bobrov Tja. Ich bin also im Herbst erzogen worden. Und verliebte mich in eine Baronesse und ein Tintenfaß.
Christoph Columbus Sie haben sich verliebt!

BOBROV Unterbrich mich nicht. Jawohl, verliebt.
CHRISTOPH COLUMBUS O Wunder.
BOBROV Unterbrich mich nicht. Jawohl, Wunder.
CHRISTOPH COLUMBUS Wie merkwürdig.
BOBROV Unterbrich mich nicht. Jawohl, merkwürdig.
CHRISTOPH COLUMBUS Sagen Sie nur!
BOBROV Wenn du, Christoph Columbus, noch ein Wort sagst …

Die Szene wechselt schnell.

Bobrov sitzt am Tisch und ißt Suppe. Seine Frau kommt herein im bloßen Hemd und mit einem Schirm.

BOBROV Wo willst du hin?
FRAU Dorthin.
BOBROV Wohin dorthin?
FRAU Na dorthin.
BOBROV Wohin dorthin oder dorthin?
FRAU Nein, nicht dorthin, sondern dorthin.
BOBROV Und was?
FRAU Wie was?
BOBROV Wo du hingehst?
FRAU Ich habe mich in die Baronesse und das Tintenfaß verliebt.
BOBROV Das ist gut.
FRAU Das ist gut, ja, aber Christoph Columbus hat in unsere Köchin ein Fahrrad hineingerammt.
BOBROV Aarme Küchün.
FRAU Die Ärmste sitzt in der Küche und schreibt einen Brief aufs Dorf, und das Fahrrad ragt nur so aus ihr heraus.
BOBROV Ja, ja. Das ist ein Fall. Ich weiß noch, bei uns im Heim im Jahr 1887 war auch so einer. Wir hatten einen Lehrer. Dem haben wir das Gesicht mit Terpentin vollgeschmiert und ihn in der Küche unter den Küchentisch gelegt.

FRAU Mein Gott, warum erzählst du das?
BOBROV Da war noch ein Fall.

Auftritt Der Wurstmensch

1931

I

Einmal ging Andrej Vasiljevič die Straße entlang und verlor seine Uhr. Bald darauf starb er. Sein Vater, ein buckliger älterer Mann, saß die ganze Nacht im Zylinder und preßte in der linken Hand das Spazierstöckchen mit dem hakenförmigen Griff. Verschiedene Gedanken besuchten seinen Kopf, unter anderen auch der: das Leben ist eine Schmiede.

2

Der Vater von Andrej Vasiljevič mit Namen Grigorij Antonovič oder, genauer, Vasilij Antonovič umarmte Marija Michajlovna und nannte sie seine Herrscherin. Sie jedoch blickte stumm und voller Hoffnung nach vorn und nach oben. Und da beschloß der grindige Bucklige Vasilij Antonovič, seinen Buckel zu beseitigen.

3

Zu diesem Zweck setzte Vasilij Antonovič sich in den Sattel und ritt zu Professor Mamaev.

Professor Mamaev saß in seinem Garten und las in einem Buch. Alle Bitten Vasilij Antonovičs beantwortete Professor Mamaev mit dem einen Satz: das hat Zeit.

Da ging Vasilij Antonovič und legte sich in die chirurgische Abteilung.

4

Die Operation begann. Aber sie endete mit einem Fehlschlag, weil eine barmherzige Schwester ihr Gesicht mit einem karierten Lappen bedeckt hatte, so daß sie nichts sah und die nötigen Instrumente nicht zureichen konnte. Und der Heilgehife hatte sich Mund und Nase verbunden, so daß er nicht atmen konnte und gegen Ende der Operation erstickte und tot zu Boden fiel.

Das Unangenehmste aber war, daß Professor Mamaev in der Eile vergessen hatte, das Laken von dem Patienten wegzuziehen, und ihm anstelle des Buckels etwas anderes wegschnitt – anscheinend den Hinterkopf. Während er den Buckel mit seinen chirurgischen Messern nur berührte.

5

Wieder zu Hause, konnte Vasilij Antonovič so lange keine Ruhe finden, bis die Spanier ins Haus eindrangen und der Köchin Andrjuška den Hinterkopf abhackten.

6

Nachdem er seine Ruhe wiedergefunden hatte, ging Vasilij Antonovič zu einem anderen Arzt, und der entfernte ihm den Buckel schnell.

7

Danach ging alles sehr einfach. Marija Michajlovna ließ sich von Vasilij Antonovič scheiden und heiratete Bubnov.

8

Bubnov liebte seine neue Frau nicht. Kaum hatte sie einmal das Haus verlassen, kaufte Bubnov sich einen neuen Hut und grüßte damit dauernd seine Nachbarin Anna Moiseevna. Aber auf einmal brach Anna Moiseevna sich einen Zahn ab und machte vor Schmerzen den Mund sehr weit auf. Bubnov verfiel in Nachdenken über seine Biographie.

9

Bubnovs Vater mit Namen Fy hatte sich verliebt in Bubnovs Mutter mit Namen Chnju. Einmal saß Chnju auf einer Steinplatte und pflückte Pilze, die an ihrem Rande wuchsen.
Aber Fy sagte unverhofft: »Chnju, ich will, daß uns ein Bubnov ge-

boren wird.« Chnju fragte: »Ein Bubnov? Ja, ja?« – »Sehr wohl, Euer Durchlaucht«, – antwortete Fy.

10

Chnju und Fy setzten sich nebeneinander und dachten an verschiedene komische Dinge und lachten sehr lange.

11

Schließlich gebar Chnju Bubnov.

Anton Gavrilovič Nemeckij läuft im Morgenrock durchs Zimmer. Er schwenkt eine Schachtel, zeigt mit dem Finger darauf und ist sehr, sehr froh. Anton Gavrilovič läutet das Glöckchen, der Diener tritt ein und bringt einen Topf mit Erde. Anton Gavrilovič holt eine Bohne aus der Schachtel und pflanzt sie in den Topf. Hierbei vollführt Anton Gavrilovič mit den Armen wundersame Verrenkungen. Aus dem Topf wächst ein Baum.

Wie merkwürdig, wie unaussprechlich merkwürdig, daß hinter der Wand, hier dieser Wand, auf dem Fußboden ein Mensch sitzt, die langen Beine in roten Stiefeln ausgestreckt, und mit einem bösen Gesicht.

Man bräuchte nur ein Loch in die Wand zu bohren und hindurchzuschauen, und sofort wäre sichtbar, wie dieser böse Mensch dasitzt. Aber es lohnt nicht, an ihn zu denken. Was ist er schon? Ist er nicht ein Teilchen jenes toten Lebens, das uns aus den eingebildeten leeren Räumen zugeflogen ist? Wer er auch sei – Gott mit ihm.

22. Juli 1931

Wir stehen immer beiseite, immer auf der anderen Seite des Fensters. Wir wollen uns nicht unter die anderen mischen. Uns gefällt unsere Position – auf der anderen Seite des Fensters – sehr gut.
Aus diesem Anlaß schreiben wir eine kleine Erzählung. Hier ist sie.
Es war einmal ein Mann, der hatte keinen Koffer, deshalb verwahrte unser Held seine wenigen Habseligkeiten in einem großen irdenen Topf. Eines Tages aber widerfuhr ihm diese Geschichte: er kaufte sich Sockenhalter und legte sie in den Topf, wobei er dachte: »Sollen sie erst mal dort drin liegen, zu Ostern ziehe ich sie an.« Einige Tage später griff unser Held in den Topf, ich glaube, auf der Suche nach einem Bleistift. Er schaut genau hin, in dem Topf liegen Sockenhalter. Unser Held staunte nicht schlecht und dachte bei sich: »Woher kommen diese Sockenhalter? Die habe doch nicht ich dort hineingelegt? Ist das eine Geschichte! Ich muß meinen Nachbarn fragen.« Und so ging er zu seinem Nachbarn. Der Nachbar aber war gerade dabei, sein Bett mit einem Kerzenhalter zu zertrümmern. Pëtr Ivanovič (das

MORGEN

Ja, heute habe ich von einem Hund geträumt.
Er leckte an einem Stein, lief dann zum Fluß hinunter und schaute ins Wasser.
Hat er dort etwas gesehen?
Warum schaut er ins Wasser?
Ich steckte mir eine Zigarette an. Und hatte nur noch zwei.
Ich rauche sie auf, dann habe ich keine mehr.
Und Geld auch keins.
Wo werde ich heute essen?
Zum Frühstück kann ich Tee trinken: ich habe noch Zucker und ein Brötchen. Aber keine Zigaretten mehr.
Und wo ich essen kann, weiß ich auch nicht.
Ich muß schnell aufstehen. Es ist schon halb drei.
Ich rauchte die zweite Zigarette und dachte darüber nach, wie ich heute zu einem Essen kommen würde.
Foma ißt um sieben Uhr im Haus der Presse. Wenn ich punkt sieben Uhr ins Haus der Presse gehe, Foma dort treffe und sage: »Hör zu, Foma, ich möchte, daß du mich heute zum Essen einlädst. Ich hätte heute Geld bekommen sollen, aber auf der Sparkasse war es noch nicht eingegangen.« Vielleicht kann ich den Professor um einen Zehner bitten. Aber der Professor wird sagen: »Ich schulde Ihnen Geld, und Sie wollen sich bei mir etwas borgen. Aber ich habe im Augenblick keine zehn. Ich kann Ihnen nur drei geben.« Oder nein, der Professor wird sagen: »Ich habe gerade nicht eine Kopeke.« Oder nein, der Professor wird es nicht so sagen, sondern so: »Hier haben Sie einen Rubel, mehr gebe ich Ihnen nicht. Gehen Sie und kaufen Sie sich Streichhölzer.«
Ich rauchte die Zigarette zu Ende und zog mich an.

Volodja hat angerufen. Tatjana Aleksandrovna habe von mir gesagt, sie wisse jetzt, was an mir von Gott komme und was von einem Dummkopf.

Ich zog die Stiefel an. Vom rechten Stiefel platzt der Absatz ab.

Heute ist Sonntag.

Sonntag 25. Oktober 1931

Ich gehe den Litejnyj entlang, an den Buchhandlungen vorbei. Gestern hatte ich um ein Wunder gebeten. Ja, ja, wenn jetzt ein Wunder geschähe.

Da fängt es an zu regnen, halb Regen, halb Schnee. Ich bleibe vor einer Buchhandlung stehen und schaue mir das Schaufenster an. Ich lese zehn Buchtitel und vergesse sie sofort wieder.

Ich greife in die Tasche nach den Zigaretten, aber mir fällt ein, daß ich keine mehr habe.

Ich setze ein überhebliches Gesicht auf und gehe schnell in Richtung Nevskij, mit dem Stock aufstoßend.

Das Haus Ecke Nevskij wird in einer widerwärtigen gelben Farbe gestrichen. Ich muß weiter. Die Entgegenkommenden rempeln mich an. Sie sind alle erst vor kurzem von den Dörfern gekommen und wissen noch nicht, wie man auf der Straße geht. Sehr schwierig, ihre schmutzigen Kleider und Gesichter zu unterscheiden.

Sie trampeln überallhin, schreien und drängeln.

Wenn sie sich aus Versehen anrempeln, sagen sie nicht »Verzeihung«, sondern brüllen sich Schimpfwörter zu.

Auf dem Nevskij ist auf den Trottoirs ein schreckliches Gewimmel. Auf der Straße ist es ziemlich ruhig. Ab und an fährt ein Lastwagen vorbei oder ein schmutzstarrender Leichtkraftwagen.

Die Straßenbahnen sind überfüllt. Die Leute hängen auf den Trittbrettern. In den Waggons wird unablässig geschimpft. Jeder sagt zu jedem »du«. Wenn sich das Türchen öffnet, strömt aus dem Wageninnern auf die Plattform ein warmer, stinkiger Geruch. Die Leute springen während der Fahrt auf und ab. Aber sie können es noch nicht und springen mit dem Hintern zuerst auf. Oft stürzt jemand ab und fliegt unter Heulen und Fluchen vor die Straßenbahnräder. Die Milizionäre pfeifen auf ihren Trillerpfeifen, halten die Straßenbahnen an und bestrafen diejenigen, die während der Fahrt abgesprungen sind. Doch sowie die Straßenbahn wieder anfährt, kommen neue Leute und springen während der Fahrt auf und ab, immer gegen die Fahrtrichtung.

Heute bin ich um zwei Uhr aufgewacht. Ich habe bis drei im Bett gelegen, außerstande aufzustehen. Ich habe meinen Traum durchdacht: warum der Hund in den Fluß geschaut und was er dort gesehen hat. Ich redete mir ein, es sei sehr wichtig: einen Traum bis zu Ende zu durchdenken. Aber ich konnte mich nicht erinnern, was ich weiter in meinem Traum gesehen hatte, und begann, an etwas anderes zu denken.

Gestern abend hatte ich am Tisch gesessen und viel geraucht. Vor mir lag das Papier, zum Schreiben. Aber ich wußte nicht, was ich schreiben sollte. Ich wußte nicht einmal, ob es ein Gedicht oder eine Erzählung oder eine Erörterung werden sollte. Ich habe nichts geschrieben und mich schlafen gelegt. Aber ich habe nicht lange geschlafen. Ich wollte herausfinden, was ich schreiben sollte. Ich zählte in Gedanken sämtliche Gattungen der Wortkunst auf, fand aber meine Gattung nicht heraus. Es hätte ein einziges Wort sein können, aber vielleicht hätte ich ein ganzes Buch schreiben sollen. Ich bat Gott um ein Wunder, damit mir endlich klar würde, was ich schreiben sollte. Aber ich bekam Appetit auf eine Zigarette. Ich hatte insgesamt noch vier Zigaretten. Es wäre gut, wenigstens zwei, nein, drei für morgen aufzuheben.

Ich setzte mich auf das Bett und steckte mir eine Zigarette an.

Ich bat Gott um irgendein Wunder.

Ja, ja, ein Wunder mußte es sein. Egal, was für eins.

Ich zündete die Lampe an und blickte mich um. Alles war wie früher. Aber in meinem Zimmer hätte sich auch nichts verändern sollen.

Verändern sollte sich etwas in mir.
Ich sah auf die Uhr. Drei Uhr und sieben Minuten. Schlafen würde ich also bis mindestens halb zwölf. Höchste Zeit zum Schlafen!
Ich löschte die Lampe und legte mich hin.
Nein, ich mußte mich auf die linke Seite legen.
Ich legte mich auf die linke Seite und versuchte einzuschlafen.
Ich schaue durchs Fenster und sehe, wie der Hauswart die Straße fegt.
Ich stehe neben dem Hauswart und sage zu ihm, daß man, bevor man etwas schreibt, die Wörter wissen muß, die man schreiben soll.
Über mein Bein hüpft ein Floh.
Ich liege mit geschlossenen Augen, das Gesicht im Kopfkissen, und bemühe mich einzuschlafen. Aber ich spüre den Floh hüpfen und verfolge ihn. Wenn ich mich bewege, flieht mich der Schlaf.
Aber jetzt muß ich den Arm heben und mit dem Finger die Stirn berühren. Ich hebe den Arm und berühre mit dem Finger die Stirn. Und weg ist der Schlaf.
Ich möchte mich auf die rechte Seite drehen, aber ich muß auf der linken liegen.
Jetzt läuft der Floh mir über den Rücken. Jetzt beißt er.
Ich sage: oh, oh.
Mit geschlossenen Augen sehe ich, wie der Floh über das Bettuch hüpft, sich in einer Falte verkriecht und still dort sitzt wie ein Hündchen.
Ich sehe mein ganzes Zimmer, aber nicht von der Seite, nicht von oben, sondern das ganze Zimmer von allen Seiten auf einmal. Alle Gegenstände sind orange.
Ich kann nicht einschlafen. Ich versuche, an nichts zu denken. Mir fällt ein, daß das unmöglich ist, und ich versuche, meine Gedanken nicht anzuspannen. Sollen sie denken, an was sie wollen. Und so denke ich an einen riesengroßen Löffel und erinnere mich an die Fabel von dem Tataren, der im Traum Brei sah, aber den Löffel vergessen hatte. Und dann sah er einen Löffel, vergaß aber… Ver-

gaß ... Vergaß ... Vergessen ... Jetzt habe ich vergessen, woran ich gedacht habe. Schlafe ich nicht schon? Um das zu überprüfen, öffne ich ein Auge.

Jetzt bin ich aufgewacht. Wie schade, ich war doch schon eingeschlafen und hatte vergessen, daß das so nötig war. Ich muß versuchen wieder einzuschlafen. Solche Anstrengungen, und alle umsonst. Ich gähnte. Es wurde mir langweilig, einzuschlafen.

Ich sehe den Ofen vor mir. In der Dunkelheit sieht er dunkelgrün aus. Ich schließe die Augen. Sehe aber weiter den Ofen. Er ist vollkommen dunkelgrün. Auch alle anderen Gegenstände im Zimmer sind dunkelgrün. Meine Augen sind geschlossen, aber ich klappe mit den Augendeckeln, ohne die Augen zu öffnen.

Der Mensch klappt mit den Augendeckeln auch mit geschlossenen Augen, – denke ich. – Nur, wenn er schläft, tut er das nicht.

Ich sehe mein Zimmer und sehe mich im Bett liegen. Ich bin zugedeckt bis fast über den Kopf. Kaum das Gesicht schaut noch heraus. Im Zimmer hat alles einen grauen Ton.

Das ist keine Farbe, sondern nur ein Farbschema. Die Sachen sind grundiert für die Farben. Aber die Farben weggenommen. Aber auch wenn die Tischdecke auf dem Tisch grau aussieht, sieht man doch, daß sie in Wirklichkeit blau ist, und dieser Bleistift ist, auch wenn er grau ist, in Wirklichkeit gelb.

– Ich bin eingeschlafen, – höre ich eine Stimme.

1931

DAS THEORETISCHE HEFT

DAS MASS DER DINGE

Lapoljanov

Ihr habt nur einen kleinen Fehler:
den Zoll versteckt ihr unterm Boden,
ihr pflegt und hegt ihn wie eine Blume
und pfeift im Falle der Gefahr.

Die Freunde

Der Zoll ist uns mehr als das Auge,
der Zoll ist unser Maß der Zählung,
er ist für uns im Raum die Basis,
uns Kämpfern für die gerade Figur.
An der Flüssigkeiten Hohlmaß
legen wir den Eichstrich an,
vergießen Tränen Tränen ohn Maß,
vermessen unseres Nachbarn Stirn
(er ist schließlich unser Birkhahn),
und mustern wir die Form der Spur,
berühren wir ihr Maß mit allen fünfen.
Und wollen wissen wir des kranken
Körpers Hitze – die Temperatur, nun
dann halten wir an ihn den Zoll
und kochen aus Bouillon ein Huhn.

Lapoljanov

Die Physiker halten den Zoll
für ein veraltetes Maß.
Bedeutend bequemer
mißt man die Gegenstände mit dem Säbel,
man kann es auch mit Schritten tun.

Professor Gurindurin

Sie haben unrecht, Lapoljanov.
Ich bin ein Mann der Wissenschaft

und kenne der Dinge Lage.
Mit Schritten mißt man Äcker,
mit dem Säbel den Körper des Menschen,
die Dinge aber mit der Gabel.

Die Freunde

Wir sind in der Wissenschaft Kinder,
doch wir wollen unsern Zoll.

Lapoljanov

Tod den altgedienten Maßen!
Tod den alten Wissenschaften!
Wind für runde Inseln!
Den Meter mittenentzwei!

Zimmermann

Nein nein, verzeiht.
Ich kenne die schräge Elle
und pfeif auf eure Hirngespinste!
Ich pfeife, sage ich, auf eure Tante Alma mater.
Die Elle ist
ein schräges Instrument
und gut geeignet anzulegen,
wo immer man sie braucht,
etwa beim Bauen eines Hauses
braucht man die Elle, der Ziegel Gewicht,
braucht Putz und Lehm und Stroh,
und ohne Hammer geht es nicht.

Professor Gurindurin

Doch wir, den Blick an die Decke gerichtet,
sprechen über das Maß der Dinge
auf den vielen Ebenen der Natur,
die aus der Energie
in ihren Grundstoff übergeht,
und unter ihm versteht
man unter uns sogar das Gas.

Die Freunde

Und unser Maß
das halten wir versteckt.
Der Zoll ist uns mehr als das Auge.

Lapoljanov

In den kleinsten Teilchen,
in den Elementen,
in den Engelchen,
in den Zentren der Körper,
in den fliegenden Kernen,
in der Spannung,
in den Hüllen,
in den Tiefen der Herzenslangeweile,
den Seifenblasen der logischen Wissenschaft
mißt man die Gegenstände
mit dem Keil, dem Schnabel und dem Reißzahn.

Professor Gurindurin

Sie haben unrecht, Lapoljanov.
Woher nehmen Sie den Unfug,
den Stuhl zu messen mit dem Keil,
den Tisch zu messen mit dem Schnabel,
den Topf zu messen mit der Lyra,
daß man das Haus verwechseln kann mit einem Eid.
Wir
Männer der Wissenschaft tragen den Meter,
Sie dagegen einen Säbel.

Lapoljanov

Meine Ansicht heute ist:
es gibt kein Maß.
Unser Denken ist statt dessen
eingeschlossen in den Gegenstand.
Alle Gegenstände leben auf
und verschönern so das Dasein.

Die Freunde

Wie sollten wir das nicht verstehen!
Doch auf dem Zollstock wir bestehen!

Lapoljanov

Verstockte Kerle seid ihr!

Professor Gurindurin

Ungebildete Banausen!

Zimmermann

Freunde, ihr könnt mich alle.

Aus

D. Charms
17.–21. Oktober 1929

DER SÄBEL

§ 1

Das Leben wird eingeteilt in Arbeitszeit und arbeitsfreie Zeit. Die arbeitsfreie Zeit bildet, schematisch, ein Rohr. Die Arbeitszeit füllt dieses Rohr.

Die Arbeit ist wie Wind,
sie fliegt ins leere Rohr.
Das Rohr mit träger Stimme singt,
und heulen hören wir das Rohr.
Und unser Körper, plötzlich leicht,
geht über in den schönen Wind;
und wir sind plötzlich doppelt:
rechts ein Arm –
links ein Arm,
rechts ein Bein –
links ein Bein,
Hüften Ohren Augen und Schultern
grenzen uns ab von den andern.
Wie Reime sind unsere Ränder,
glänzend mit stählerner Klinge.

§ 2

Arbeitsfreie Zeit ist ein leeres Rohr. In unserer freien Zeit liegen wir auf dem Sofa, rauchen und trinken viel, machen Besuche, reden viel, um uns voreinander zu rechtfertigen. Wir rechtfertigen unsere Handlungen, grenzen uns von den anderen ab und sagen, wir hätten ein Recht auf ein selbständiges Dasein. Da scheint uns, als besäßen wir alles, was sich außerhalb unser selbst befindet und von uns und allen anderen abgegrenzt ist, von uns und seinem (dem, von dem wir im gegebenen Augenblick sprechen) Raum (und sei er, sagen wir, auch nur mit Luft gefüllt), nennen wir Gegenstand. Der Gegenstand ist in

der selbständigen Welt von uns abgetrennt und beginnt, alles außer ihm Befindliche zu besitzen, so wie wir es besitzen.
Selbständig existierende Gegenstände sind durch die Gesetze logischer Reihen nicht mehr gebunden und springen im Raum, so wie wir. Den Gegenständen folgend, springen auch die Wörter in substantivischer Gestalt. Die substantivischen Wörter bringen Zeitwörter hervor und schenken ihnen die freie Wahl. Die Gegenstände führen, den substantivischen Wörtern folgend, Handlungen durch, frei wie ein neues Zeitwort. Neue Eigenschaften entstehen, und mit ihnen neue Eigenschaftswörter. So wächst eine neue Generation von Teilen der Rede heran. Die Rede, frei von logischen Bahnen, geht neue Wege, abgegrenzt von anderen Reden. Die Ränder der Rede glänzen ein wenig schärfer, damit sichtbar werde, wo das Ende und wo der Anfang ist, sonst wären wir völlig verloren. Diese Ränder fliegen, kleinen Windstößen gleich, ins leere Rohr der Zeile. Das Rohr beginnt zu klingen, und wir hören den Reim.

§ 3

Hurra! der Vers holt uns ein!
Wir sind nicht frei wie er.
Des Windes Stimme hör,
doch schwach und still sind wir.
Wo ist die Grenze unserer Körper,
wo sind unsere Hüften hell?
Wir sind unklar wie Tüll,
wir sind hülflos allemal.
Wörter und Reden erklingen,
die Gegenstände springen hinten nach,
wir schlagen uns in einer Schlacht –
wie würden wir den Sieg besingen!

Auf diese Weise werden wir in die Arbeit hineingezogen. Da bleibt nicht mehr die Zeit, ans Essen und an Besucher zu denken. Gespräche rechtfertigen unsere Handlungen nicht mehr. In Schlägereien rechtfertigt und entschuldigt man sich nicht. Hier ist jeder nurmehr für sich selbst verantwortlich. Er allein setzt sich aus eigenem Willen in Bewegung und geht durch die anderen hindurch. Alles, was außen ist, hört auf, in uns zu sein. Wir haben keine Ähnlichkeit mehr mit der uns umgebenden Welt. Die Welt fliegt uns in Gestalt einzelner Brocken in den Mund: Stein, Harz, Glas, Eisen, Holz usw. Treten wir an den Tisch, sagen wir: das ist ein Tisch, bin nicht ich, und deshalb hauen wir krach! mit der Faust auf den Tisch, und der Tisch fliegt in Stücke, wir hauen auf die Stücke, und die Stücke zerfallen zu Staub, wir hauen in den Staub, der Staub fliegt uns in den Mund, und wir sagen: das ist Staub, bin nicht ich, – und hauen krach! in den Staub. Aber der Staub hat keine Angst mehr vor unseren Schlägen.

§4

Da stehen wir und sagen: ich strecke einen Arm nach vorn, den anderen nach hinten. Ich ende also vor mir, wo mein Arm endet, und hinten ende ich ebenfalls dort, wo mein Arm endet. Oben ende ich mit dem Scheitel, unten mit den Fersen, seitlich mit den Schultern. Das bin ich. Und was außer mir, außerhalb meiner ist, bin ich nicht mehr. Nun, da wir uns vollständig abgetrennt haben, reinigen wir unsere Ränder, damit sichtbar wird, wo das Nicht-mehr-wir beginnt. Reinigen wir den untersten Punkt, die Stiefel, den höchsten Punkt – den Scheitel – markieren wir mit einer Mütze; an die Arme legen wir glänzende Manschetten, an die Schultern Epauletten. Jetzt auf einmal ist sichtbar, wo wir enden und wo alles andere beginnt.

§5

Das sind die drei Paare unserer Ränder:

1. Arm – Arm
2. Schulter – Schulter
3. Scheitel – Ferse.

§ 6

FRAGE Hat unsere Arbeit schon begonnen? Und wenn, worin besteht sie?

ANTWORT Unsere Arbeit wird sofort beginnen, und sie besteht in der Registratur der Welt, denn wir sind nicht mehr die Welt.

FRAGE Wenn wir nicht mehr die Welt sind, was sind wir dann?

ANTWORT Doch, wir sind Welt. D. h., ich habe mich nicht ganz richtig ausgedrückt. Wir sind noch Welt, aber wir sind allein für uns, und sie ist für sich.

Das muß ich erklären: es gibt Zahlen: 1, 2, 3, 4, 5, 6, 7 usw. Alle diese Zahlen bilden eine *Reihe* des Zählens und Rechnens. In ihr findet jede Zahl ihren Platz. Nur die 1 ist eine besondere Zahl. Sie kann abseits stehen, als Indikator für die Abwesenheit von Zählung. Die 2 dagegen ist die erste Vielzahl, und nach der 2 alle anderen Zahlen. Bestimmte Primitive können nur so zählen: eins und viel. So sind auch wir in der Welt so etwas wie eine Eins in der Reihe der Zahlen.

FRAGE Schön, und wie wollen wir die Welt registrieren?

ANTWORT So, wie die Eins alle übrigen Zahlen registriert, indem sie sich in sie hineinlegt und beobachtet, was dabei herauskommt.

FRAGE Aber registriert die Eins denn die anderen Zahlen?

ANTWORT Nehmen wir an, es wäre so. Aber das spielt keine Rolle.

FRAGE Seltsam. Und wie legen wir uns in die anderen, über die Welt verteilten Gegenstände hinein? Indem wir schauen, um wieviel länger, breiter und höher ein Schrank ist als wir? Meinst du das, ja?

ANTWORT Die Eins stellt sich uns dar als Zeichen in der Gestalt eines Stäbchens. Das Zeichen für Eins ist nur die bequemste Form zur Darstellung der Einheit Eins, wie jedes andere Zahlenzeichen. So sind auch wir nur die bequemste Form unserer Selbst.

Die Eins, die die Zwei registriert, ist nicht einzupassen in das Zeichen Zwei. Die Eins registriert die Zahlen mit Hilfe ihrer Eigenschaft. So müssen auch wir vorgehen.

FRAGE Aber was ist unsere Eigenschaft?

ANTWORT

Wer das Gehör verliert,
wird Tor,
wer die Nase verliert,
wird naß,
wer die Stimme,
stumm,
wer das Blond,
blind.

Die abstrakte Eigenschaft der Eins kennen auch wir nicht. Doch der Begriff der Eins existiert in uns als der Begriff von etwas, einer Einheit. Sagen wir einer Elle. Die Einheit Eins registriert die Zeit – d. h.: eine Elle hat Platz in zwei Ellen, ein Streichholz in zwei Streichhölzern usw. Solche Einheiten gibt es viele. So gibt es auch den Menschen nicht als einzigen, sondern zu vielen. Und Eigenschaften gibt es ebenso viele, wie es Menschen gibt. Und jeder von uns hat seine besondere Eigenschaft.

FRAGE Welche Eigenschaft habe ich?

ANTWORT Eben. Die Arbeit beginnt mit der Suche nach der eigenen Eigenschaft. Da wir uns dann mit dieser Eigenschaft wappnen müssen, nennen wir sie *Waffe*.

FRAGE Aber wie finde ich meine Waffe?

§ 7

Wenn keine Möglichkeit mehr ist,
den Ansturm der Sinne zu besiegen,
verläßt man stolz das Schlachtfeld
und tut sein friedliches Werk.
Friedliches Werk ist der Bau eines Hauses
aus Balken mithilfe der Axt.
Ich trat hinaus in die Welt taub vom Donner.
Der Säbel aber Rest des Krieges
schlägt pfeifend die Schwalben vom Dach

die Balken spaltet er nicht.
Wechselt man Werk oder Waffe?
Schlägt man den Feind oder baut ein Haus?
Oder zieht man dem Mädchen das Hemd aus
und bohrt ihm als Messer den Säbel ins Herz.
Ich Zimmermann mit dem Säbel bewaffnet
sehe im Haus meinen Feind.
Das Haus vom Säbel ins Herz getroffen
neigt mir zu Füßen die Hörner.
Das ist mein Säbel, mein Maß
mein Muß mein Mag und meine Megäre!

Zusatz

§ 8

Kozma Prutkov registrierte die Welt mithilfe des Eichamts, deshalb hatte er einen Säbel.*
Säbel hatten: Goethe, Blake, Lomonosov, Gogol, Prutkov und Chlebnikov. Hat man einen Säbel, kann man zu Werke schreiten und die Welt registrieren.

§ 9

Die Registratur der Welt.
(Maß ist der Säbel)**
Aus

Daniil Charms
19.–20. November 1929

* Kozma Prutkovs Traum: der nackte General. Gut, daß der General Epauletten hatte, aber schade, daß er Prutkov nicht seinen Säbel übergab.

** »Die Zeit – das Maß der Welt«. V. Chlebnikov.

ELF FESTSTELLUNGEN VON DANIIL IVANOVIČ CHARMS*

I. Feststellung

Die Gegenstände sind verloren gegangen.

II. Feststellung

Es war einmal: die Zahlenreihe beginnt mit der 2. Die Eins ist keine Zahl. Die Eins ist die erste und einzige Vollkommenheit. Die erste Vielzahl, erste Zahl und erste Abweichung von der Vollkommenheit ist die 2 (Pythagoreische Eins).

III. Feststellung

Stellen wir uns vor, die Eins sei die erste Zahl.

IV. Feststellung

Die neue Eins unterliegt dem Gesetz der allgemeinen Zahlen. Das Gesetz der Zahlen ist das Gesetz der Massen (Charms'sche Eins).

V. Feststellung

Das Gesetz der Eins ist falsch – ein solches Gesetz gibt es nicht. Es gibt nur das Gesetz der Massen.

VI. Feststellung

Der Gegenstand ist unbewaffnet. Er ist eine Hülse. Bewaffnet ist nur der Haufe.

VII. Feststellung

Das Gesetz der großen und kleinen Zahlen ist gleich. Der Unterschied ist rein quantitativ.

---

* Siehe: »Gegenstände und Figuren entdeckt von Daniil Ivanovič Charms«, 1927.

VIII. Feststellung

Mensch, Wort und Zahl unterliegen dem Einen Gesetz.

IX. Feststellung

Ein neues menschliches Denken hat sich in Bewegung gesetzt und hat zu fließen begonnen. Es ist fließend geworden. Das alte menschliche Denken sagt über das neue, es habe sich »gerührt«. Deshalb sind die Bolševiken für manch einen Wahnsinnige.

X. Feststellung

Ein Mensch allein denkt logisch; viele Menschen denken *fließend.*

XI. Feststellung

Obwohl ich einer allein bin, denke ich *fließend.*

Aus

18. März 1930

Ich schreibe erhabene Gedichte.

GEGENSTÄNDE UND FIGUREN, ENTDECKT VON DANIIL IVANOVIČ CHARMS

8. August 1927
Petersburg

1. Die Bedeutung jedes Gegenstandes ist vielfältig. Schaffen wir alle Bedeutungen außer einer ab, so machen wir allein dadurch den gegebenen Gegenstand unmöglich.
   Schaffen wir auch diese letzte Bedeutung ab, so schaffen wir die Existenz des Gegenstandes selbst ab.
2. Jeder Gegenstand (leblos und vom Menschen geschaffen) hat vier FUNKTIONALE Bedeutungen und eine FÜNFTE WESENTLICHE Bedeutung.
   Die ersten vier sind: 1) die darstellbare (geometrische) Bedeutung, 2) die zielgerechte, zweckbestimmte (utilitare) Bedeutung, 3) die Bedeutung der emotionalen Wirkung auf den Menschen, 4) die Bedeutung der ästhetischen Wirkung auf den Menschen.
   Die fünfte Bedeutung definiert sich durch das Faktum der Existenz des Gegenstandes selbst. Sie steht jenseits des Verhältnisses zwischen Gegenstand und Mensch und dient nur dem Gegenstand selbst. Die fünfte Bedeutung ist – der freie Wille des Gegenstandes.
3. Der Mensch, der mit dem Gegenstand in ein Verhältnis eintritt, erforscht dessen vier funktionale Bedeutungen. Mit ihrer Hilfe ordnet sich der Gegenstand im Bewußtsein des Menschen ein, wo er auch lebt. Würde der Mensch auf die Gesamtheit der Gegenstände mit nur drei der vier funktionalen Bedeutungen gestoßen, er würde aufhören, ein Mensch zu sein.
   Der Mensch indessen, der die Gesamtheit der Gegenstände beobachtet, die aller vier funktionalen Bedeutungen entkleidet sind, hört auf, Beobachter zu sein, und wird zu einem von ihm

geschaffenen Gegenstand. Sich selbst schreibt er die fünfte Bedeutung seiner Existenz zu.

4. Die fünfte wesentliche Bedeutung hat der Gegenstand nur außerhalb und jenseits des Menschen, d. h., wenn er Vater, Haus und den Boden unter den Füßen verliert. Ein solcher Gegenstand »SCHWEBT«.
5. Schwebend sind nicht nur Gegenstände, sondern auch: Gesten und Handlungen.
6. Die fünfte Bedeutung des Schrankes ist Schrank.
   Die fünfte Bedeutung des Laufs ist Lauf.
7. Die unendliche Vielzahl adjektivischer und komplizierter literarischer Definitionen des Schranks vereinigt sich in dem Wort »SCHRANK«.
8. Teilte man den Schrank in vier, den vier funktionalen Bedeutungen des Schranks entsprechende Disziplinen auf, so erhielten wir vier Gegenstände, die in ihrer Gesamtheit einen Schrank darstellen würden. Aber das wäre kein Schrank als solcher, und einem solchen synthetischen Schrank könnte man unmöglich die fünfte Bedeutung des Einen Schranks zuerkennen. Nur in unserem Bewußtsein zusammengesetzt, hätte er die vier wesentlichen Bedeutungen und die vier funktionalen. Und im selben Augenblick der Zusammensetzung würden außerhalb unser vier Gegenstände leben, die über je eine wesentliche und je eine funktionale Bedeutung verfügten. Stieße der Beobachter auf sie – wäre er kein Mensch mehr.
9. Der Gegenstand hat im Bewußtsein des Menschen vier funktionale Bedeutungen und die Bedeutung als Wort (der Schrank). Das Wort Schrank und der Schrank als konkreter Gegenstand existieren im System der konkreten Welt auf der gleichen Ebene wie andere Gegenstände, Steine und Leuchtkörper. Das Wort Schrank existiert im System der Begriffe auf der gleichen Ebene wie die Wörter: Mensch, Unfruchtbarkeit, Dichte, Übergang usw.
10. Die fünfte wesentliche Bedeutung des Gegenstandes im konkre-

ten System und im System der Begriffe ist unterschiedlich. Im ersten Falle ist sie der freie Wille des Gegenstandes, im zweiten – der freie Wille des Wortes (oder des Gedankens, der durch das Wort nicht ausgedrückt wird, aber wir beschränken uns hier auf die durch Wörter ausgedrückten Begriffe).

11. Jede beliebige Reihe von Gegenständen, die die Verbindung ihrer funktionalen Bedeutungen zerstört, bewahrt die Verbindung der wesentlichen Bedeutungen, fünf an der Zahl. Eine Reihe dieser Art ist keine menschliche Reihe, sondern ist ein Gedanke der gegenständlichen Welt. Betrachtet man eine solche Reihe als ganze Größe und als neu entstandenen synthetischen Gegenstand, so können wir diesem neue Bedeutungen zuerkennen, drei an der Zahl: 1) eine geometrische, 2) eine ästhetische und 3) eine wesentliche.

12. Überführt man diese Reihe in ein anderes System, so erhalten wir eine Wortreihe, die menschlich SINNLOS ist.

WÄLT

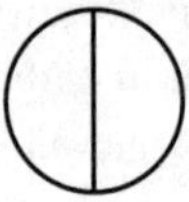

Ich sagte mir, ich sähe die Welt. Aber die ganze Welt war meinem Blick unzugänglich, ich sah nur Teile der Welt. Und alles, was ich sah, nannte ich Teile der Welt. Und ich beobachtete die Eigenschaften dieser Teile, und indem ich die Eigenschaften dieser Teile beobachtete, betrieb ich Wissenschaft. Ich begriff, daß es kluge Eigenschaften der Teile gibt und daß es dumme Eigenschaften derselben Teile gibt. Ich teilte sie ein und gab ihnen Namen. Und je nach ihren Eigenschaften waren die Teile der Welt klug und dumm.
Und es gab Teile der Welt, die denken konnten. Und diese Teile schauten auf die anderen Teile und auf mich. Und alle Teile waren einander ähnlich, und ich war ihnen ähnlich. Und ich sprach mit diesen Teilen der Welt.
Ich sagte: Teile Donner.
Die Teile sagten: Bündel der Zeit.
Ich sagte: Auch ich bin ein Teil dreier Umstürze.
Die Teile antworteten: Wir sind nur kleine Punkte.
Und auf einmal hörte ich auf, sie zu sehen, und dann auch die anderen Teile. Und ich erschrak, daß die Welt einstürzen könnte.
Doch da begriff ich, daß ich die Teile nicht einzeln sehe, sondern alles zugleich. Zuerst dachte ich, das sei das NICHTS. Doch dann begriff ich, daß dies die Welt war, und das, was ich früher gesehen hatte, die NICHT-Welt.
Und ich hatte immer gewußt, was die Welt war, aber was ich früher gesehen hatte, weiß ich jetzt auch nicht mehr.
Und als die Teile verlorengegangen waren, hörten ihre klugen

Eigenschaften auf, klug zu sein, und ihre dummen Eigenschaften hörten auf, dumm zu sein. Die ganze Welt hatte aufgehört, klug und dumm zu sein.

Da erst begriff ich, daß ich die Welt sehe, sowie ich aufgehört hatte, sie zu sehen. Ich erschrak bei dem Gedanken, daß die Welt eingestürzt war. Doch während ich so dachte, begriff ich, daß, wenn die Welt eingestürzt wäre, ich so nicht mehr denken würde. Und ich schaute hin, suchte nach der Welt, fand sie aber nicht.

Und dann war nichts mehr, wo man hätte hinschauen können.

Da begriff ich, daß, solange noch etwas war, wo man hatte hinschauen können – rings um mich Welt gewesen war. Jetzt dagegen gibt es sie nicht mehr. Es gibt nur noch mich.

Da begriff ich, daß ich die Welt bin.
Doch die Welt ist nicht ich.
Obwohl gleichzeitig ich Welt bin.
Doch die Welt ist nicht ich.
Doch ich bin Welt.
Doch die Welt ist nicht ich.
Doch ich bin Welt.
Doch die Welt ist nicht ich.
Doch ich bin Welt.
Weiter dachte ich nichts mehr.

CISFINITUM

BRIEF AN LEONID SAVELJEVIČ LIPAVSKIJ,

DAS FALLEN DES STAMMES.

Leonid Saveljevič,

I.

1) Nennen wir jede Disziplin schöpferisch, wenn sie sich nicht auf die Postulate der Kategorie E stützt.
2) Jede Disziplin, die sich auf die Postulate der Kategorie E stützt, nennen wir nichtschöpferisch.
3) Die logische Wissenschaft (»formale Logik«, »Gesetze des Denkens«) stützt sich auf die Postulate der Kategorie E, ist folglich nichtschöpferisch.
4) Die Kunst kann sich nicht auf die Postulate der Kategorie E stützen, folglich ist sie eine schöpferische Disziplin.
5) Ich spreche von einer schöpferischen Wissenschaft, die sich nicht auf die Postulate der Kategorie E stützen kann.

II.

Ein bestimmter Stamm steht auf dem Postulat E. Schaffen wir das Postulat E als ursprünglichen Stamm. Dann steht E' auf dem neuen Postulat P_1. Schaffen wir das Postulat P_1 als ersten Stamm. Dann stützt sich der Stamm P_1 auf das Postulat P_2. Schaffen wir das Postulat P_2 als allerersten Stamm usw.

Anzumerken ist, daß der Stamm der formalen Logik (Boole, Peirce u. a.) gerade dafür berühmt ist, daß er es nicht nötig hat, sich für die Herkunft des Postulates E zu interessieren.

Die Postulate E, E', E" können zu jedem beliebigen Zeitpunkt ersetzt werden durch P_1, P_2, P_3..., und die neuen Postulate kann man ansehen als Postulate der Kategorie E.

Und erst bei unendlicher Verschiebung von P in die folgenden P_1, P_2,

$P_3 \ldots$ wächst oder, genauer, fällt der Stamm auf das unbegrenzte Feld der Postulierung, und die Postulierung erhält die Gestalt

$$P_1, P_2, P_3 \ldots P\omega.$$

Stellen wir den neuen Stamm $S\omega$ dar. Ich mache darauf aufmerksam, daß man, um das Feld $(P_1 \ldots P\omega)$ schaffen zu können, der Reihe nach jedes P untersuchen muß. Bezeichnen wir das untersuchte Feld mit dem Buchstaben α

Dann halten wir fest, daß sich der neue Stamm $S\omega$ auf die untersuchte Postulierung $\alpha\,(P_1 \ldots P\omega)$ stützt oder $\dfrac{S}{\alpha\,(P_1 \ldots P\omega)}$

III.

Definieren wir die Untersuchung des postulativen Felds. Hierzu definieren wir das Postulat als die Grenze für das Fallen des sich darauf stützenden Stammes. Und halten wir fest, daß das Postulat, wenn der Stamm ein bestimmtes Kontinuum K ist, ausgedrückt wird durch die Formel

$$K - \mu = 1$$

(wobei μ beliebig ist).

Nehmen wir $(K - \mu)$ als einen bestimmten Stamm an, so finden wir bei seiner Untersuchung das Postulat P_1.

$$P_1 = K - \mu - \mu_1 = 1.$$

Gehen wir weiter, erhalten wir

$$P_2 = K - \mu - \mu_1 - \mu_2 = 1.$$

Entdecken wir das Fallen, sehen wir:

$$P\omega = K - \mu - \mu_1 - \mu_2 - \ldots \mu\psi - \mu\omega = 1.$$

Und schließlich ist die Untersuchung des postulativen Feldes so auszudrücken.

$\alpha\,(P_1 \ldots P\omega) = (K - \mu) \sim (K - \mu - \mu_1) \sim \ldots (K - \mu - \mu_1 - \ldots \mu\psi) \sim (K - \mu - \mu_1 - \ldots \mu\psi - \mu\omega)$*

* Das Zeichen ~ liest: verwandelt sich in …

IV.

Sehen wir nun, was mit dem Stamm geschieht. Vor allem nennen wir diesen Prozeß das Fallen des Stammes.
Die Abfolge der Momente des Fallens können wir so ausdrücken:

1. K postuliert durch E oder $\frac{K}{E}$

2. $\frac{K - \mu}{P_1}$

3. $\frac{K - \mu - \mu_1}{P_2}$

$$M\omega - 1 \frac{K - \mu - \mu_1 - \ldots - \mu\psi}{P\omega}$$

Gehen wir weiter, erhalten wir

$$\frac{S\omega}{\alpha\,(P_1 \ldots P\omega)} =$$

$$\frac{K + (K - \mu) + (K - \mu - \mu_1) + \ldots (K - \mu - \mu_1 - \ldots \mu\psi)}{(K - u) \sim (K - u - u_1) \sim \ldots (K - \mu - \mu_1 - \ldots \mu\psi) \sim (K - \mu - \mu_1 - \ldots \mu\psi - \mu\omega)}$$

V.

Sehr interessiert mich Ihre Meinung zu der nichtpostulativen Wissenschaft.
Denn postuliert man Sω als unendlich abnehmendes Feld ($P_1 \ldots P\omega$), so können wir das nicht mehr die ehemalige Stützungs-1heit nennen. Die neue Grundlage, auf die sich alles stützt, wird 0 (null).

$$\alpha\,(P_1 \ldots P\omega) = 0.$$

Dies ist die erste und einzige Feststellung, die zum neuen Postulat nicht der Kategorie E werden kann.
Entsprechend der ersten Bedingung von § 1 nennen wir den Stamm, der sich auf $\alpha\,(P_1 \ldots P\omega)$ stützt, *schöpferisch.*

VI.

Nimmt man an, daß eine schöpferische Wissenschaft Sω möglich ist, so kann man voraussehen, daß sie, entsprechend der 4. Bedingung § 1, der Kunst vergleichbar wird.
Bekommt es die schöpferische Wissenschaft mit dem Begriff der Quantität zu tun, so kann man voraussehen, daß ihr Rechensystem anders wird aussehen müssen als unser solarer Korpus. In aller Bescheidenheit merke ich an, daß das neue Rechensystem auf der Null basieren wird, und sein Forschungsbereich wird das *Cisfinitum* sein.
Damit, lieber Leonid Saveljevič, gestatten Sie mir, den Brief zu beenden und Ihnen eine gute Nacht zu wünschen.
Ich dagegen, der ich über die cisfinite Leere nachdenke, bin bereit auszuharren, während die Menschen, bis hundert zählend, es eilig haben mit dem Einschlafen und während der listige Muck sich anschickt, mit seinen Hunden auf die Jagd zu gehen.

16. Oktober 1930
Petersburg

NULL UND NOLL

Ich nehme mir die Kühnheit, folgendes festzustellen.

1. Betrachten Sie aufmerksam die Noll. Denn die Noll ist nicht das, wofür Sie sie halten.
2. Die Begriffe »mehr« und »weniger« sind ebenso unwirklich wie die Begriffe »höher« und »niedriger«. Es ist unsere eigene Übereinkunft, eine Zahl für höher zu halten als eine andere, und nach diesem Kriterium haben wir die Zahlen zu einer solaren Reihe geordnet. Nicht die Zahlen haben wir erfunden, sondern ihre Ordnung. Viele sind der Meinung, das Wesen der Zahl hinge allein von ihrer Stellung innerhalb der solaren Reihe ab, – ich dagegen nehme mir die Kühnheit festzustellen, daß die Zahl auch als selbständig betrachtet werden kann, außerhalb der Ordnung der Reihe. Nur so gelangen wir zu einer echten Wissenschaft von der Zahl.
3. Ich nehme an, eines der Verfahren, zu den wahren Eigenschaften der Zahl vorzudringen, jenseits ihrer Bedeutung innerhalb der Reihe, ist, die Aufmerksamkeit auf ihre Anomalien zu richten. Hierzu bietet sich die 6 an. Doch darüber will ich mich erst einmal nicht verbreiten.
4. Ich nehme an und nehme mir sogar die Kühnheit festzustellen, daß die Lehre vom Unendlichen die Lehre von der Noll ist. Ich nenne mit Noll, im Unterschied zu Null, genau das, was ich darunter verstehe.

9. Juni 1931

5. Symbol für Null ist – o. Symbol für Noll dagegen ist – O. Mit anderen Worten, als Symbol für Noll nehmen wir den Kreis an.
6. Ich muß sagen, daß sogar unsere ausgedachte solare Reihe, wenn sie der Wirklichkeit entsprechen will, aufhören muß, eine Gerade zu bilden, sondern zu einer Kurve werden muß. Die

ideale Kurve ist gleichmäßig und beständig, bei unendlicher Fortsetzung verwandelt sich die solare Reihe in einen Kreis.

7. Das wird zwar nicht die fundamentale Lehre von der Zahl ergeben, doch in unserem Verständnis der Zahlenreihe ergibt sich so eine wesentliche Korrektur.

8. Versuchen Sie, in Noll den gesamten Zahlenkreis zu erkennen. Ich bin überzeugt, das wird mit der Zeit gelingen. Und deshalb bleibt als Symbol für Noll der Kreis ○.

10. Juli

ÜBER DEN KREIS

1. Ärgern Sie sich nicht über folgende Überlegung. Sie hat nämlich nichts Ärgerliches, wenn man nicht der Auffassung ist, über den Kreis könne man nur im geometrischen Sinne sprechen. Wenn ich sage, einen Kreis bildeten vier gleich lange Radien, Sie dagegen sagen: nicht vier, sondern nur einer, so dürfen wir einander zu Recht fragen: aber warum? Aber nicht über die so geartete Kreisbildung will ich sprechen, sondern über die vollkommene Bildung des Kreises.
2. Der Kreis ist die vollkommenste flächige Figur. Ich werde nicht erklären, warum das so ist. Bei der Betrachtung flächiger Figuren entsteht dieser Eindruck in unserem Bewußtsein von selbst.
3. Es ist in der Natur so eingerichtet: je weniger die Strukturgesetze eines Gegenstandes wahrnehmbar sind, desto vollkommener ist der Gegenstand.
4. Weiter ist es in der Natur so eingerichtet: je weniger begreiflich ein Gegenstand ist, desto vollkommener ist er.
5. Vollkommenheit beschreibe ich mit diesen Worten: Das Vollkommene an Gegenständen ist der vollkommene Gegenstand. Der vollkommene Gegenstand erweckt in uns Staunen über die Harmonie seiner Strukturgesetze und darüber, wie er gemacht ist. Einen vollkommenen Gegenstand kann man immer erforschen, mit anderen Worten, an einem vollkommenen Gegenstand gibt es immer etwas, das noch nicht erforscht ist. Wäre der Gegenstand bis zu Ende erforscht, so wäre er nicht mehr vollkommen, denn vollkommen ist nur, was kein Ende hat, d. h. unendlich ist.
6. Ein Punkt ist unendlich klein und deshalb vollkommen, damit zugleich aber unfaßbar. Der kleinste faßbare Punkt ist nicht mehr vollkommen.
7. Eine Gerade ist vollkommen, denn es gibt für sie keinen Grund, weshalb sie nicht nach beiden Seiten unendlich lang sein, weder

Anfang noch Ende haben und deshalb unfaßbar sein sollte. Tut man ihr jedoch Gewalt an und begrenzt sie zu beiden Seiten, so machen wir sie faßbar, damit zugleich aber unvollkommen. Wenn du das glaubst, denke weiter.

10. Juli

8. Eine Gerade, die in einem Punkt gebrochen wird, bildet einen Winkel. Eine Gerade, die gleichzeitig in allen ihren Punkten gebrochen wird, nennt man eine Kurve. Eine Kurve muß nicht unbedingt unendlich groß sein. Sie kann so sein, daß wir sie frei mit dem Blick erfassen können, zugleich aber bleibt sie unfaßbar und unendlich. Ich spreche von der geschlossenen Kurve, in der Anfang und Ende verborgen liegen. Und die gleichmäßigste, unfaßbare, unendliche und ideale Kurve ist der Kreis.

17. Juli

DON JUAN

Personen:

Geister.
Der eine Geist.
Der andere Geist.
Geister III, IV, V, VI, VII.
Die vorüberziehenden Wolken.
Die erblühenden Blumen.
Die vorüberfliegenden Kraniche.
Die Seen und Flüsse.
Die untergehende Sonne.
Die Nachtigall im Wald.
Stimme.
Satan.
Inquisitor.
Denunziant.
Mitglied des heiligen Tribunals in Sevilla.
II. Mitglied.
Leporello.
Spion.
Don Juan.
Der Comtur.
Don Octavio.
Dona Anna.
Erster Kavalier.
Zweiter Kavalier.
I. Dame.
Der Gatte.
Damen II und III.
Niceta.
Boabdil.
I. Freund Don Juans aus Cadiz.
II. Freund.
Don Cesar.
Soldaten I, II und III.
Offizier.
Ein Diener.
Musikanten.
Piraten.
Das Standbild.
Abt.
I. Mönch.
II. Mönch.
Chor der Mönche.
Vorüberfliegende Käfer.
Junge.
Mädchen.
Das Genie D. Ch.

PROLOG

GEISTER

Sein – das ist Gewesenes
und wer gewesen ist, wird sein.
Sein – das ist Freude.
Und der, der sein will, werde, sei.
Und in die Wiege legt man ihn als Säugling
und gibt ihm Milch zu trinken
und an der Milch hat er die erste Freude.
In der Kindheit geht er
und besucht die Schule,
und in der Schule empfängt er Wissen
und sieht im Wissen – Freude.
In der Jugend liebt er heftig
und in der Liebe sieht er große Freude.
Im Alter erst empfängt er Weisheit
und weise nun sagt er das Wort,
und dieses Wort ist Freude.

GEIST FIRMAPELIUS

Dem, der sein will und geworden ist,
dem folgt die Dummheit auf dem Fuße.

GEIST BUSTALBALIUS

Zu sein bedeutet Klugheit.
Und der, der sein will,
der wird klug.

GEIST FIRMAPELIUS

Und der, der sein will und wird,
den verschluckt sofort die Dummheit.

GEIST BUSTALBALIUS

Ich wiederhole und behaupte:
Zu sein bedeutet klug zu sein.
Und du, Freund Firmapelius,
du irrst gewaltig.

Geist Firmapelius

Ich sage dir, Freund Bustalbalius,
du bist der unumstößliche Beweis
dafür, was sein bedeutet.

Geist Bustalbalius

Ich, nie gewesen, werde niemals sein
so wie auch du, Freund, niemals sein wirst
und nie gewesen bist.

Vorüberziehende Wolken

Und deshalb nennen das Gespräch wir
der nie Gewesenen nie gewesen.

Erblühende Blumen

Und wir das Denken, das vorüberzieht,
wir nennen es vorüberziehend.

Untergehende Sonne

Und das, was nie erblühen konnte,
hat Weisheit nie erwerben können.

Seen und Flüsse

Zu fließen, das ist immer angenehm
und voller Freude ist die Ruhe.
Wenn wir ganz fest auf etwas blicken,
treibt unser Denken schnell dahin,
und wir, ach könnten wir zurück!
uns umsehn, fliegenüber Stein und Schnelle,
wir murmeln, Fluß, um jede Schwelle
und werfen schebend hoch die Welle.
Versiegt jedoch das schnelle Fließen,
so sehn wir weiter, sehen mehr,
wir sehen plötzlich viel zugleich,
der Strom bricht ab, und wir ergießen
uns still, die Oberfläche glättend.
Den Himmel spiegelt diese Fläche.
Am Himmel nachts erstrahlen Sterne,

am Himmel fliegt bei Tag der Vogel
und spiegelt sich im Wasser.

VORÜBERFLIEGENDE KRANICHE

Diese Wasser, unsre Schwingen
machen schwarz sie, Kraniche.
Diese Wasser, unsre Schreie
machen laut sie, Kraniche.
Diese Wasser, unsre Beine
können schnell versinken hier.
Diese Wasser, unsre Kinder
können schnell ertrinken hier.
Diese Wasser, unsre Kinder
Kraniche, sind sie zu glatt.
Diese Wasser, unsern Kindern
Kraniche, tun sie nicht gut.

STIMME

Wesen jeglicher Art
lebend und tot

STIMME

Jegliches Geschöpf
lebendes und nichtlebendes
solches und nichtsolches
von der Art und nicht von der Art
in der Zeit und nicht in der Zeit
es trete beiseite
vor ihm, vor ihm,
dem Herrn
der so ist und nicht so!

SATAN

Welt bleib stehn!

TEIL I

Inquisitor

Bleib stehn!
Ich habe noch nicht alles dich gefragt.
Du hast mir noch nicht gesagt
wie sein Diener heißt.

Denunziant

Ich sage es Euch gleich.
Ich muß nur nachsehn hier in diesem Heft.
In ihm steht alles was ich brauche.
Hier ist die Liste der wichtigsten Bücher,
und hier die Literatur,
die mich interessiert;
mehr und mehr über Mathematik.
Hier ist die Tabelle der Zahlen,
ihrer Eigenschaften und Bedeutungen.
Hier die Wörter die ich einmal hörte
aber nicht verstand,
hier die Liste der Schmetterlingsarten ...

Inquisitor

Es reicht!
Was soll ich mit dem dummen Zeug.
Ich will den Namen,
sonst feure ich vier Kugeln auf dich ab.

Denunziant

Hier ist die Liste seiner Opfer.
Hier der Name Don Juans,
und hier der seines Dieners.

Inquisitor

Ja und, wie heißt er?

Denunziant

Leporello.

I. Mitglied des heiligen Tribunals

. . . .

Das Genie D. Ch. schaut aus dem Fenster auf den Hof. Auf dem Hof spielen ein Junge und ein Mädchen Ball mit einer Vase.

JUNGE Fang.
MÄDCHEN Ich hab.
JUNGE Jetzt mit der Schulter.
MÄDCHEN Bin zu schlapp.
JUNGE Dann mit dem Kopf.
MÄDCHEN Mit meinem Zopf,
der geht doch auf.

Wir wohnten in zwei Zimmern. Mein Freund in dem kleineren, ich in dem ziemlich großen, mit den drei Fenstern. Ganze Tage war mein Freund nicht zu Hause, er kam in sein Zimmer nur, um dort zu übernachten. Ich dagegen saß die ganze Zeit in meinem Zimmer, und wenn ich ausging, dann entweder zur Post oder um mir etwas zu essen zu kaufen. Außerdem bekam ich noch eine trockene Pleuritis, die mich noch fester ans Haus band.

Ich bin gern allein. Aber ein Monat verging, und allmählich fiel mir die Einsamkeit auf die Nerven. Das Buch brachte mir keine Zerstreuung, und wenn ich mich an den Tisch setzte, saß ich oft lange, ohne eine einzige Zeile zu schreiben. Ich nahm mir das Buch wieder vor, das Papier indes blieb jungfräulich rein. Und dann noch die Krankheit! Mit einem Wort, ich begann mich zu langweilen.

Die Stadt, in der ich damals lebte, gefiel mir ganz und gar nicht. Sie lag auf einem Berg, und von überall eröffneten sich Postkarten-Ansichten. Diese Ansichten waren mir so zuwider, daß ich sogar gern zu Hause saß. Ja, außer der Post, dem Markt und dem Laden gab es eigentlich nichts, wohin ich hätte gehen können.

Also saß ich zu Hause, wie ein Gefangener.

Es gab Tage, an denen ich nichts aß. Dann gab ich mir Mühe, mich in eine lebensfrohe Stimmung zu versetzen. Ich lächelte bis zu zwanzig Minuten hintereinander weg, aber danach ging das Lächeln in Gähnen über... Das war sehr unangenehm. Ich machte den Mund so weit auf, nur um zu lächeln, aber er ging noch weiter auf, und ich gähnte. Ich begann zu träumen.

Ich sah einen irdenen Krug mit Milch vor mir und frisches Brot. Und dabei sitze ich am Tisch und schreibe sehr schnell.

Auf dem Tisch, auf den Stühlen und auf dem Bett liegen beschriebene Blätter. Aber ich schreibe weiter, rücke hin und her und lächle über meine eigenen Gedanken. Und wie angenehm, daß nebenan

Brot und Milch und das Nußbaumkästchen mit dem Tabak stehen!
Ich machte das Fenster auf und blickte in den Garten. Direkt vor dem Haus wuchsen gelbe und lila Blumen. Etwas weiter weg wuchs der Tabak und stand eine Kastanie aus dem Krieg. Dahinter begann der Obstgarten. Es war sehr still, nur am Fuß der Berge sangen die Eisenbahnzüge.
Heute habe ich nichts tun können. Ich bin im Zimmer auf und ab gegangen, habe mich dann an den Tisch gesetzt, bin aber bald wieder aufgestanden und habe mich in den Schaukelstuhl gesetzt. Habe nach dem Buch gegriffen, es aber sofort wieder weggeworfen und bin wieder im Zimmer auf und ab gegangen.
Ich hatte plötzlich den Eindruck, als habe ich etwas vergessen, irgendeinen Fall oder ein wichtiges Wort.
Ich versuchte unter Qualen, mich an dieses Wort zu erinnern, und am Ende kam es mir sogar so vor, als finge dieses Wort mit dem Buchstaben M an. Nein! doch nicht mit M, sondern mit R.
Riesenverstand? Raserei? Rahmen? Riemen? Oder: Meinung? Mehl? Materie?
Nein, natürlich mit R, wenn ich bloß auf das Wort käme!
Ich kochte mir Kaffee und sang dabei Wörter auf R. Oh, wie viele Wörter ich auf diesen Buchstaben hatte! Vielleicht war auch das darunter, das ich suchte, aber ich erkannte es nicht, ich hielt es für eines wie alle anderen. Vielleicht hat es dieses Wort auch gar nicht gegeben.

KOKA BRJANSKIJ Ich heirate heute.

MUTTER Was?

KOKA BRJANSKIJ Ich heirate heute.

MUTTER Was?

KOKA BRJANSKIJ Ich sage, ich heirate heute.

MUTTER Was sagst du?

KOKA Ich sage, ich will heu-te – hei-ra-ten!

MUTTER *Hei?* Was heißt das *hei?*

KOKA Hei-rat!

MUTTER *Rat? Was für ein Rat?*

KOKA Nicht *Rat,* sondern Hei-rat!

MUTTER Also doch kein *Rat?*

KOKA Genau, kein *Rat,* und aus.

MUTTER Was?

KOKA Na, kein *Rat.* Verstehst du! Kein *Rat.*

MUTTER Jetzt kommst du wieder mit diesem *Rat.* Ich weiß nicht, wieso *Rat.*

KOKA *spuckt aus* Tffu! *Hei* und *Rat!* Was soll denn dieses *Hei!* Du mußt doch selbst sehen, einfach *hei* zu sagen, ist unsinnig!

MUTTER Was sagst du?

KOKA *Hei,* sage ich, ist *unsinnig!!!*

MUTTER *Nig?*

KOKA Was soll denn das bloß? Wie bringst du das fertig, nur einen Wortfetzen zu hören, und dann noch so einen sinnlosen: *nig!* Warum ausgerechnet *nig!*

MUTTER Jetzt sagst du wieder *nig*!

Koka Brjanskij würgt seine Mutter. Die Braut Marusja tritt auf.

VORONIN *kommt hereingestürzt*

Historischer Einschnitt!
Die Menschen laufen auf den Straßen!
An der Neva wird aus Kanonen geschossen!

STEPANOV *zappelt auf dem Stuhl*

Welches Datum haben wir heute?

VORONIN

Den neunundzwanzigsten März!

STEPANOV *fällt zu Boden*

Verschlafen! Ich habe verschlafen!

Fürst Endlich sehe ich dich, Liebste.
Fürstin Fürst, sind Sie es?
Fürst *erstaunt* Ja, ich bins. Und glücklich, Sie zu sehen.
Fürstin Ich sehe Sie aber nicht.
Fürst Wie das?
Fürstin Nun ja, ich sehe Sie nicht.

PËTR MICHAJLOVIČ *deckt den Tisch* Die Blumen hierhin. Oder vielleicht dahin? Nein, da ist es schon bunt genug. Und wenn ich diese Lampe ausmache und die an? So ist es schon besser. Und jetzt hierhin die Flasche, hierhin die Gläser, hierher die Teller, hierhin stellen wir die Vase, hierhin Pfeffer und Salz, hierhin das Brot. Sehr schön! Sie hat Spaß am Essen. Jetzt kommt es nur noch darauf an, daß nur ein Platz bequem ist. Dahin wird sie sich setzen. Und ich mich dann so nah wie möglich zu ihr. Ja, ich stelle nur diesen einen Stuhl hin. Dann sieht es so aus, daß ich mich nirgendwo anders hinsetzen kann, und ich sitze direkt neben ihr. Und wenn sie kommt, tue ich so, als wäre ich gerade beim Tischdecken und hätte noch keine Zeit gehabt, die Stühle hinzustellen. All das wird ganz natürlich aussehen. Und dann, wenn ich neben ihr sitze, sage ich: »Wie schön, bei Ihnen zu sitzen.« Sie sagt: »Was soll daran schon schön sein?« Ich sage: »Wissen Sie, in Ihrer Gegenwart fühle ich mich einfach am besten. Ich glaube, ich habe mich ein wenig in Sie verliebt.« Sie sagt ... Oder nein, sie wird einfach verlegen und errötet oder senkt den Kopf. Und ich, von hier, beuge mich zu ihr und sage: »Sie wissen, ich habe mich einfach in Sie verliebt. Verzeihen Sie mir.« Wenn sie wieder schweigt, beuge ich mich noch näher zu ihr ... Am besten wär natürlich, wir säßen beide auf dem Sofa. Aber das könnte sie erschrecken. Besser vom Stuhl aus. Aber ich weiß nicht, ob ich auch zu ihr hinüberreiche! Wenn sie gerade sitzt, dann wahrscheinlich, ja, aber wenn sie zurückweicht, was dann? Ich werde zu ihr sagen: »Marija Ivanovna, erlauben Sie mir, daß ich mich in Sie verliebe?« – Nein, wie dumm! Ich sage lieber zu ihr: »Marija Ivanovna! Wie schön, daß unsere Freundschaft übergegangen ist in das da!« Nein, geht auch nicht! Auf jeden Fall muß ich sie küssen, aber das muß schrittweise vorbereitet werden. Nur keinen Überfall.

Ilja Semënovič kommt herein.

Ilja Semënovič Petja, heute kommt nicht zufällig jemand zu dir?

Pëtr Michajlovič Doch, Onkel.

Ilja Semënovič Wer?

Pëtr Michajlovič Eine Dame, eine Bekannte.

Ilja Semënovič Und ich gehe gerade über die Straße und denke, was, wenn den Menschen anstelle von Haaren Kupferdraht auf dem Kopf wüchse!

Pëtr Michajlovič Und wozu das, Onkel?

Ilja Semënovič Na toll wäre das! Stell dir vor … auf dem Kopf anstelle der Haare schöner blanker Kupferdraht! Würde dir sehr gut stehen, weißt du. Nur kein dünner Draht, sondern dicker. Dicker als Telephondraht. Und noch besser kein Draht, sondern Nägel. Mit Köpfen. Und weißt du was! Besser keine Kupfernägel, das sähe zu sehr nach roten Haaren aus, besser welche aus Platin. Komm, bestellen wir uns solche Perücken!

Pëtr Michajlovič Nein, mir gefällt das nicht.

Ilja Semënovič Falsch. Du bist nur noch nicht auf den Geschmack gekommen. Ach! *Stößt die Blumenvase um.*

Pëtr Michajlovič Also schau mal, gleich kommen meine Gäste, und du schmeißt hier alles um. Das ganze Tischtuch ist naß.

Ilja Semënovič Schnell, Petja, nimm alles vom Tisch. Wir drehen das Tischtuch mit dem einen Ende hierher, und da stellen wir ein Tablett drauf.

Pëtr Michajlovič Warte, ich muß doch nicht den ganzen Tisch abräumen.

Ilja Semënovič Nein nein, du mußt das Tischtuch umdrehen. Wo soll ich das hinstellen? *Stellt die Schüssel mit dem Salat auf den Boden.*

Pëtr Michajlovič Was machst du denn?

Ilja Semënovič Sofort. Sofort. *Räumt alles vom Tisch.*

Pëtr Michajlovič Onkel, Onkel! Lassen Sie das!

Es klingelt.

Pëtr Michajlovič Das ist sie!

Ilja Semënovič Schnell, dreh das Tischtuch um. *Tritt mit einem Fuß in den Salat.* Oh, mein Gott! Ich bin in den Salat getreten.

Pëtr Michajlovič Und wozu das alles?

Ilja Semënovič Einen Lappen! Alles in Ordnung. Bring mir einen Lappen und geh, mach auf. *Stößt einen Stuhl um.*

Pëtr Michajlovič Vorsicht, Sie haben den ganzen Zucker verschüttet!

Ilja Semënovič Macht nichts. Gib mir schnell einen Lappen!

Pëtr Michajlovič Entsetzlich. *Hebt die Teller vom Fußboden auf.* Was machen Sie da?

Ilja Semënovič Ach, nur ein bißchen Wein verschüttet, aber ich wische das Sofa gleich mit meinem Taschentuch trocken.

Pëtr Michajlovič Lassen Sie lieber die Finger von allem.

Es klingelt.

Pëtr Michajlovič Lassen Sie die Finger von allem!

Er läuft hinaus.

Ilja Semënovič Sag ihr, ich bin dein Onkel, oder sag ihr besser, ich bin dein Cousin … *Nimmt die Teller vom Tisch und stellt sie aufs Sofa.* Runter mit dem Tischtuch! So, jetzt kann alles wieder drauf. *Wirft das Tischtuch auf den Boden und stellt die Schüsseln vom Boden auf den Tisch.* Teufel, der ganze Fußboden voller Salat!

Marija Ivanovna kommt im Mantel herein, gefolgt von Pëtr Michajlovič.

Pëtr Michajlovič Treten Sie ein, Marija Ivanovna. Das ist mein Onkel. Machen Sie sich bekannt.

ILJA SEMËNOVIČ Ich bin Petjas Onkel. Sehr erfreut. Petja und ich sind nicht ganz fertiggeworden mit dem Tischdecken. Vorsicht, hier ist ein bißchen Salat auf dem Fußboden.

MARIJA IVANOVNA Danke sehr.

PËTR MICHAJLOVIČ Legen Sie den Mantel ab.

ILJA SEMËNOVIČ Wenn Sie gestatten, helfe ich Ihnen.

PËTR MICHAJLOVIČ Bemühen Sie sich nicht, Onkel. Ich helfe Marija Ivanovna schon selbst.

ILJA SEMËNOVIČ Verzeihen Sie, daß bei uns der Tisch noch nicht gedeckt ist. *Verheddert sich mit den Füßen im Tischtuch.*

MARIJA IVANOVNA Sie fallen gleich hin. *Lacht.*

ILJA SEMËNOVIČ Verzeihen Sie, ich denke nichts Böses, und auf einmal rutscht das Tischtuch vom Tisch, Petja, heb den Stuhl auf.

MARIJA IVANOVNA Nein, die Stiefel ziehe ich mir lieber allein aus.

ILJA SEMËNOVIČ Gestatten Sie. Ich kenne mich da aus.

PËTR MICHAJLOVIČ Onkel, stellen Sie lieber den Stuhl an seinen Platz!

ILJA SEMËNOVIČ Schon gut, schon gut! *Stellt den Stuhl an die Wand.*

Schweigen. Alle stehen wie angewurzelt da. Es vergeht ein Augenblick.

ILJA SEMËNOVIČ

Ich habe gern Frisuren mit Scheitel.
Ich möcht auf meinem Schädel einen Zaun.
Ich möchte gern auf meinem Schädel einen Zaun,
der meine Haare in der Mitte wie ein Scheitel teilt.

PËTR MICHAJLOVIČ Da haben Sie sich aber was Merkwürdiges einfallen lassen, Onkel!

MARIJA IVANOVNA Darf ich mich hierher setzen?

PËTR MICHAJLOVIČ Natürlich, natürlich. Setzen Sie sich!

ONKEL Setzen Sie sich, natürlich, natürlich!

PËTR MICHAJLOVIČ Onkel!

ONKEL Ja-ja-ja.

Marija Ivanovna setzt sich auf das Sofa. Der Onkel zieht sich einen kleinen Hammer aus dem Mund.

Pëtr Michajlovič Was haben Sie da?
Onkel Einen Hammer.
Marija Ivanovna Was? Den haben Sie sich aus dem Mund gezogen?
Onkel Ach nichts, Lappalien!
Marija Ivanovna Ist das ein Kunststück?

Schweigen.

Marija Ivanovna Auf einmal ist es irgendwie ungemütlich.
Pëtr Michajlovič Gleich decke ich den Tisch, dann wird es besser.
Marija Ivanovna Nein, Pëtr Michajlovič, Sie sind entsetzlich.
Pëtr Michajlovič Ich! Warum denn entsetzlich?
Marija Ivanovna Entsetzlich! Entsetzlich!

Der Onkel verläßt auf Zehenspitzen das Zimmer.

Marija Ivanovna Warum geht er auf Zehenspitzen?
Pëtr Michajlovič Ich bin froh, daß er weg ist. *Er deckt den Tisch.* Verzeihen Sie die Unordnung.
Marija Ivanovna Auf dem Weg zu Ihnen habe ich gedacht, es wäre besser, nicht zu Ihnen zu kommen. Da muß man sich so eingeübte Sachen anhören.
Pëtr Michajlovič Im Gegenteil, es ist schön, daß Sie gekommen sind.
Marija Ivanovna Ich weiß nicht, ich weiß nicht.
Pëtr Michajlovič *beim Tischdecken* Der ganze Fußboden voll mit Salat! Und voll Zucker! Hören Sie, wie es knirscht unter den Füßen? Ekelhaft! Und morgen werden Sie allen erzählen, wie es bei mir war.
Marija Ivanovna Naja, dem einen oder anderen erzähle ich es vielleicht.

PËTR MICHAJLOVIČ Möchten Sie ein Glas Wein?

MARIJA IVANOVNA Nein danke, ich trinke keinen Wein. Machen Sie mir ein Käsebrot.

PËTR MICHAJLOVIČ Möchten Sie Tee?

MARIJA IVANOVNA Lieber nicht. Ich will bald gehen. Und bitte begleiten Sie mich nicht.

PËTR MICHAJLOVIČ Ich weiß selbst nicht, wie ich vorgehen soll. Ich habe einen Starrkrampf.

MARIJA IVANOVNA Ja, ja, ich gehe jetzt besser.

PËTR MICHAJLOVIČ Nein, ich finde, Sie sollten noch nicht gleich gehen. Sie sollten mir großmütigst verzeihen.

MARIJA IVANOVNA Warum sprechen Sie so mit mir?

PËTR MICHAJLOVIČ Aber ich spreche doch absichtlich so.

MARIJA IVANOVNA Nein, das ist einfach alles entsetzlich.

PËTR MICHAJLOVIČ Entsetzlich! Entsetzlich! Entsetzlich!

Schweigen.

PËTR MICHAJLOVIČ Mir gefällt das alles schrecklich! Mir gefällt gerade, so mit Ihnen zu sitzen.

MARIJA IVANOVNA Mir auch.

PËTR MICHAJLOVIČ Sie scherzen, ich dagegen sage die Wahrheit. Ehrenwort, mir gefällt das alles!

MARIJA IVANOVNA Es ist ziemlich kühl bei Ihnen. *Zieht sich einen kleinen Hammer aus dem Mund.*

PËTR MICHAJLOVIČ Was haben Sie da?

MARIJA IVANOVNA Einen Hammer.

PËTR MICHAJLOVIČ Was haben Sie gemacht? Den haben Sie sich aus dem Mund gezogen!

MARIJA IVANOVNA Er hat mich heute schon den ganzen Tag gestört. *Zeigt sich auf die Kehle.*

PËTR MICHAJLOVIČ

Sie sehen in meinen Augen lange Strahlen,

sie fließen hin, als wärens Flechten,
ein ganzer Garten rauscht in meinen Ohren,
die Zweige reiben sich an Zweigen,
im Wind bewegen sich die Wipfel,
und ihre hellen Augen
wie Krüge unbegreiflich
erscheinen mir des Nachts im Traum. Mein Gott!

MARIJA IVANOVNA

Warum sagen Sie so etwas?
Mir ist Ihr Reden unbegreiflich.
Mir scheint, Sie spotten mein.
Sie sind ein Geier, ich ein Gimpel.
Sie sehen mich so gierig an
und viel zu heftig geht Ihr Atem.
Ach, sehen Sie mich nicht so an!
Nein, lassen Sie mich! Hören Sie?

FOMA BOBROV UND SEINE GATTIN

Komödie in 3 Teilen

Grossmutter Bobrovs *legt Patience* Wie die Karten wieder fallen. Alles kreuz und quer durcheinander. König! Wo soll ich den jetzt unterbringen? Wenn man sie braucht, kommt nie eine Fünf. Gerade jetzt könnte ich eine gebrauchen! Jetzt kommt die Fünf. Tffu, wieder ein König!

Sie schleudert die Karten mit solcher Wucht auf den Tisch, daß die kleine Blumenvase aus Porzellan vom Tisch fällt und auf dem Boden zerschellt.

Grossmutter Ach! Ach! Du lieber Himmel! Ich sag ja immer, Karten sind des Teufels. *Sie kriecht unter den Tisch und sammelt die Scherben auf.* Das geht nicht mehr zu kleben. So eine schöne Vase! So etwas kriegt man heute doch gar nicht mehr. So weit ist sie geflogen! *Streckt sich nach einem Splitter.*

Bobrov kommt ins Zimmer.

Bobrov Großmutter! Was machen Sie da unter dem Tisch?

Grossmutter Schon gut, schon gut. Was willst du?

Bobrov Ich wollte fragen: Haben Sie nicht noch ein Päckchen Tee für mich?

Grossmutter Hilf mir lieber unter dem Tisch hervor.

Bobrov Haben Sie etwas fallen lassen? Ach, die Blumenvase ist kaputt!

Grossmutter *äfft ihn nach* Die Blu-men-va-se ist kaputt.

Bobrov hilft der Großmutter auf. Aber kaum hat er sie losgelassen, setzt sich die Großmutter wieder auf den Boden.

Bobrov Sie haben sich wieder hingesetzt!

Grossmutter Und wenn schon, na und?

Bobrov Darf ich Ihnen helfen. *Hilft der Großmutter auf.*

Grossmutter Die Karten sind so schlecht gefallen, ich habe es so und so versucht ... Zieh mich nicht an den Armen, faß mich an den Achseln. Weißt du, ein König nach dem andern. Ich brauche Fünfen, und es kommen lauter Könige.

Bobrov läßt die Großmutter los, die Großmutter setzt sich wieder auf den Boden.

Grossmutter Ach!

Bobrov Herrgott! Sie haben sich wieder hingesetzt.

Grossmutter Hingesetzt, hingesetzt! Kannst du nicht mal was andres sagen? Was willst du von mir?

Bobrov Ich wollte Sie um ein Päckchen Tee bitten.

Grossmutter Das weiß ich schon. Das hast du schon gesagt. Ich kann es nicht ausstehen, mir zwanzigmal dasselbe anhören zu müssen. Mehr hast du nicht zu sagen, als: Sie haben sich wieder hingesetzt! und: ein Päckchen Tee. Was schaust du so? Hilf mir auf, habe ich dir gesagt.

Bobrov *indem er der Großmutter aufhilft* Wenn Sie gestatten, setze ich Sie in den Sessel.

Grossmutter Red nicht so viel, sondern hilf mir auf, wie es sich gehört. Was ich dir sagen wollte, beinah hätt ich es vergessen: weißt du, die Tür, in mein Schlafzimmer, schließt wieder nicht richtig. Sicher hast du wieder Pfusch gemacht.

Bobrov Nein, ich habe die Füllung in die Halterungen eingehängt.

Grossmutter Als wüßte ich, was eine Halterung und was die Füllung ist. Was geht mich das an? Ich will, daß die Tür schließt.

Bobrov Sie schließt nicht, weil, man müßte etwas unterlegen.

Grossmutter Schon gut, laß mich damit zufrieden. Ich will ja nur ... Ach. *Sie setzt sich wieder auf den Boden.*

BOBROV Herrgott!

GROSSMUTTER Willst du mich mit Absicht auf den Boden werfen? Willst du dich lustigmachen über mich? Du Tunichtgut! Du bist einfach ein Tunichtgut, du haust jetzt lieber ab!

BOBROV Aber Großmutter, Ehrenwort, ich hab Sie in den Sessel setzen wollen.

GROSSMUTTER Was habe ich gesagt? Daß du jetzt gehen sollst. Und warum gehst du nicht? Was? Warum bist du noch nicht weg? Kannst du nicht hören? Geh schon, scher dich raus!

Bobrov geht hinaus.

GROSSMUTTER Mach daß du rauskommst! Raus! Raus! Raus! Nun sag mir einer, ist das nicht ein unverschämter Kerl! *Sie steht vom Fußboden auf und setzt sich in ihren Ohrensessel.* Und seine Frau ist einfach unanständig. Zu Hause läuft sie splitternackt herum und schämt sich nicht einmal vor mir, vor einer alten Frau. Deckt die unanständige Stelle mit einer Hand zu und läuft so herum. Und dann faßt sie, mit dieser Hand, bei Tisch das Brot an. Nicht mit anzusehen ist das. Bloß weil sie jung und hübsch ist, denkt sie, darf sie alles. Und dabei wäscht sich diese Schlampe dort, wo's nötig wäre, nie. Ich hab es gern, sagt sie, wenn eine Frau nach Frau riecht! Ich greife, wenn sie in der Nähe ist, immer gleich nach Eau de Cologne. Vielleicht gefällt das den Männern ja, aber mich, entschuldigt, müßt ihr damit verschonen. Schamlos. Läuft nackt herum, und ohne die geringste Scham. Und wenn sie sitzt, hält sie nicht mal, wie sich's gehört, die Beine zusammen, sondern sitzt, daß man alles sehen kann. Und bei ihr ist an der Stelle immer alles naß. Manchmal tropft es sogar. Sagt man zu ihr, du könntest dich mal waschen gehen, dann sagt sie, ach, da soll man sich nicht so oft waschen, nimmt ein Tuch und wischt sich einfach ab. Und man kann noch von Glück reden, wenn sie es mit einem Tuch macht und nicht einfach mit der Hand. Und es

nur verschmiert. Ich gebe ihr nie die Hand, ihre Hände riechen immer unanständig. Und auch ihre Brust ist unanständig. Sie ist zwar schön und straff, aber so riesig groß, daß ich sie einfach unanständig finde. Ja, da hat Foma eine Frau gefunden. Womit sie ihn eingewickelt hat – ich verstehe es nicht.

Vier Deutsche aßen Schweinefleisch und tranken grünes Bier. Dem einen Deutschen mit Namen Klaus blieb ein Stück Schweinefleisch im Halse stecken, da stand er vom Tisch auf. Da pfiffen die anderen drei Deutschen laut auf den Fingern und spotteten ob des Mißgeschicks. Aber der Deutsche Klaus hatte den Bissen Schweinefleisch schnell heruntergeschluckt, grünes Bier nachgetrunken und war bereit zu antworten. Die anderen drei Deutschen, die ausgiebig über den Hals des Deutschen Klaus gespottet hatten, verlegten sich jetzt auf dessen Beine und riefen, Klaus habe ziemlich krumme Beine. Besonders der eine Deutsche mit Namen Michel machte sich lustig über die krummen Beine des Deutschen Klaus. Da zeigte der Deutsche Klaus mit dem Finger auf den Deutschen Michel und sagte, er habe noch nie einen Menschen gesehen, der die Wörter »krumme Beine« so dämlich ausgesprochen hätte wie der Deutsche Michel. Der Deutsche Michel warf einen fragenden Blick in die Runde, dem Deutschen Klaus hingegen warf er einen Blick zu, der äußerste Mißbilligung ausdrückte. Da nahm der Deutsche Klaus einen Schluck grünes Bier, mit diesem Gedanken im Kopf: »Zwischen mir und dem Deutschen Michel gibt es jetzt gleich Streit.«
Die beiden übrigen Deutschen aßen schweigend Schweinefleisch. Der Deutsche Klaus aber sah, nach einem weiteren Schluck grünen Bieres, die anderen mit einem Gesichtsausdruck an, der folgendes sagte: »Ich weiß, was ihr von mir wollt, aber ich bin für euch eine verschlossene Schatulle.«

GESCHICHTEN VON HIMMELKUMOV

I

Himmelkumov beobachtete ein Mädchen im Fenster gegenüber. Aber das Mädchen im Fenster gegenüber schaute kein einziges Mal zu Himmelkumov herüber. »Das macht sie, weil sie schüchtern ist«, dachte Himmelkumov.

II

Himmelkumov bemalte sich das Gesicht mit grüner Tusche und trat ans Fenster. »Sollen alle denken: ist der aber merkwürdig«, sagte Himmelkumov zu sich selbst.

III

Der Tabak war alle, und Himmelkumov hatte nichts mehr zu rauchen. Er zog an der leeren Pfeife, aber das verschlimmerte nur noch die Qual. So vergingen ein, zwei Stunden. Und dann war wieder Tabak da.

IV

Himmelkumov fixierte ein Mädchen mit Blicken und befahl ihm in Gedanken, den Kopf nach ihm umzudrehen. Aber das half nichts. Da befahl Himmelkumov ihr in Gedanken, den Kopf nicht nach ihm umzudrehen. Das half auch nichts.

V

Himmelkumov suchte nach einer inneren Idee, um sich sein Leben lang in sie zu vertiefen. Es ist angenehm, in einem Punkt wie verrückt zu sein. Überall und in allem sieht ein solcher Mensch diesen seinen Punkt. Alles ist Wasser auf seine Mühlen. Alles steht in direkter Beziehung zu seinem Lieblingspunkt.

VI

Plötzlich erfaßte Himmelkumov eine schreckliche Gier. Aber worauf sich diese Gier erstreckte, war unklar. Himmelkumov repetierte die Regeln der Silbentrennung und dachte lange über die Buchstaben *st* nach, die nicht getrennt werden. »Jetzt bin ich aber gierig«, sagte Himmelkumov zu sich selbst. Ihn biß ein Floh, er kratzte sich und trennte in Gedanken das Wort *Geistestiefe*, mit dessen zweiter Hälfte die neue Zeile anfangen sollte.

Šura, Kolja und Fedja brachen die Tür auf und lachten vor Freude über ihren Scherz. Doch da kam der Mathematiker persönlich und verpaßte ihnen eine Tracht Prügel mit dem Riemen. War das ein Geschrei, war das ein Tumult! Aus Wien kam Marija Abramovna zurück und zürnte lange, als sie erfuhr, wie sich die jungen Leute in ihrer Abwesenheit aufgeführt hatten. Aber das ist nicht richtig so, denn junge Menschen wollen immer irgend jemandem einen Streich spielen und sind damit schnell bei der Hand. Während im Alter alles langsamer geht. Nicht aus Trägheit, sondern vor allem aus Gründen des Alters. Obwohl es schon besser ist, wenn es aus Trägheit geschieht. Wenn nämlich ein alter Mensch etwas zu erzählen anfängt, so dauert es immer sehr lang, und die Erzählung findet kein Ende. Nur der Zufall bringt einen alten Menschen zum Schweigen. Die Dampfer fahren zur Elagin-Insel.

4. Juli 1933

VORFALL IN DER STRASSENBAHN

Ljapunov ging zur Straßenbahn, Ljapunov ging zur Straßenbahn. In der Straßenbahn saß Sorokin, in der Straßenbahn saß Sorokin. Sorokin hatte eine elektrische Teemaschine gekauft und fuhr zu seiner Frau nach Hause. Er hatte eine elektrische Teemaschine gekauft und fuhr nach Hause.

In der Straßenbahn war es heiß, obwohl Türen und Fenster offenstanden. Obwohl sie offenstanden. Sorokin hatte eine elektrische Teemaschine gekauft.

Ein Mönch stieg hinab in die Gruft zu den Toten und rief: »Christ ist erstanden!« Und alle antworteten ihm im Chor: »Er ist erstanden, wahrhaftig erstanden!«

Dem Schornstein der Lokomotive entstieg Dampf, oder so genannter Rauch. Und das hübsche Vögelein, das in diesen Rauch hineinflog, kam aus demselben verhuscht und zerknittert wieder heraus.

Lieber Nikandr Andreevič,
ich habe Deinen Brief bekommen, und mir war sofort klar, daß er von Dir ist. Zuerst habe ich gedacht, er sei auf einmal nicht von Dir, aber kaum hatte ich ihn aufgemacht, war mir sofort klar, daß er von Dir ist, aber zuerst hatte ich gedacht, er sei nicht von Dir. Ich bin froh, daß Du schon vor langer Zeit geheiratet hast, denn wenn der Mensch die heiratet, die er hat heiraten wollen, so heißt das, er hat das bekommen, war er wollte. Und so bin ich sehr froh, daß Du geheiratet hast, denn wenn der Mensch die heiratet, die er wollte, so heißt das, er hat bekommen, was er wollte. Gestern habe ich Deinen Brief bekommen, und ich dachte sofort, daß dieser Brief von Dir sei, aber dann dachte ich, daß es den Anschein habe, daß er nicht von Dir sei, aber ich machte ihn auf und sehe – er ist wirklich von Dir. Du hast sehr gut daran getan, daß Du mir geschrieben hast. Zuerst hast Du nicht geschrieben, dann auf einmal hast Du geschrieben, obwohl Du noch früher, bevor Du eine Zeitlang nicht geschrieben hast, auch geschrieben hast. Ich habe sofort, als ich Deinen Brief bekam, sofort entschieden, daß er von Dir sei, und dann bin ich sehr froh, daß Du schon geheiratet hast. Denn wenn der Mensch Lust bekommen hat zu heiraten, dann sollte er auch um jeden Preis heiraten. Darum bin ich sehr froh, daß Du schließlich eben die geheiratet hast, die Du hast heiraten wollen. Und Du hast sehr gut daran getan, daß Du mir geschrieben hast. Ich habe mich sehr gefreut, als ich Deinen Brief sah, und sogar sofort gedacht, daß er von Dir sei. Während ich ihn aufmachte, kam mir zwar so ein Gedanke, daß er nicht von Dir sein könnte, aber dann habe ich entschieden, daß er von Dir sei. Danke, daß Du geschrieben hast. Ich danke Dir dafür und bin sehr froh für Dich. Du errätst vielleicht nicht, warum ich sehr froh für Dich bin, aber ich sage dir sofort, daß ich froh für Dich bin, weil Du geheiratet hast, und zwar eben die, die Du hast heiraten

wollen. Und das, weißt Du, ist sehr gut, eben die zu heiraten, die man hat heiraten wollen, denn dann nämlich bekommt man das, was man wollte. Und eben darum bin ich sehr froh für Dich. Und froh auch darüber, daß Du mir einen Brief geschrieben hast. Ich hatte schon von weitem entschieden, daß der Brief von Dir sei, doch als ich ihn in die Hand nahm, dachte ich: und auf einmal ist er nicht von Dir? Aber dann denke ich: aber nein, natürlich ist er von Dir. Ich mache den Brief eigenhändig auf und denke währenddessen: ist er von Dir oder nicht von Dir? Von Dir oder nicht von Dir? Nun, und als ich ihn aufgemacht hatte, sehe ich, er ist doch von Dir. Ich habe mich sehr gefreut und beschlossen, Dir ebenfalls einen Brief zu schreiben. Vieles wäre zu sagen, aber ich habe buchstäblich keine Zeit. Was ich schaffen konnte, habe ich Dir in diesem Brief geschrieben, das übrige schreibe ich später, denn im Augenblick habe ich absolut keine Zeit. Gut zumindest, daß Du mir einen Brief geschrieben hast. Jetzt weiß ich, daß Du schon vor langer Zeit geheiratet hast. Ich wußte schon aus früheren Briefen, daß Du geheiratet hast, aber jetzt sehe ich wieder – es stimmt vollkommen, Du hast geheiratet. Und ich bin sehr froh, daß Du geheiratet und mir einen Brief geschrieben hast. Ich hatte sofort, als ich Deinen Brief sah, entschieden, daß Du wieder geheiratet hast. Nun, denke ich, es ist gut, daß Du wieder geheiratet und mir darüber einen Brief geschrieben hast. Schreibe mir jetzt, wer Deine neue Frau ist und wie das alles gekommen ist. Richte Deiner neuen Frau einen Gruß aus.

Daniil Charms
25. Sept. und Oktober 1933

Wenn eine Ehefrau allein irgendwohin fährt, so läuft der Ehemann ständig im Zimmer auf und ab und weiß nicht, wohin mit sich.
Der Mann bekommt schrecklich lange Fingernägel, wackelt mit dem Kopf, und sein Gesicht bedeckt sich mit kleinen schwarzen Punkten.
Die anderen Mieter trösten den verlassenen Ehemann und geben ihm Schweinesülze zu essen. Aber der verlassene Ehemann verliert jeden Appetit und trinkt hauptsächlich Tee, ohne etwas dazu zu essen.
Unterdessen badet seine Frau in einem See und streift zufällig unter Wasser mit dem Fuß einen Baumstumpf. Unter dem Baumstumpf kommt ein Hecht hervorgeschossen und beißt die Frau in die Ferse. Mit einem Schrei springt die Frau aus dem Wasser und läuft zum Haus. Der Frau entgegen kommt die Tochter der Wirtsleute. Die Frau zeigt der Tochter der Wirtsleute den verletzten Fuß und bittet sie, sie zu verbinden.
Am Abend schreibt die Frau ihrem Mann einen Brief, in dem sie ihm ihr Abenteuer in allen Einzelheiten schildert.
Der Ehemann liest den Brief und regt sich dermaßen auf, daß ihm ein Glas aus der Hand fällt und auf dem Fußboden zerschellt.
Der Ehemann sammelt die Glasscherben auf und verletzt sich dabei an der Hand.
Wenn er den verletzten Finger verbunden hat, setzt sich der Ehemann hin und schreibt seiner Frau einen Brief. Dann geht er auf die Straße, um den Brief einzuwerfen.
Aber auf der Straße findet der Ehemann eine Zigarettenschachtel, und in der Schachtel 30 000 Rubel.
Der Ehemann läßt seine Frau per Expreß zurückkommen, und beide beginnen ein glückliches Leben.

Ich weiß nicht, warum alle denken, ich sei ein Genie; meiner Meinung nach bin ich kein Genie. Gestern sage ich zu ihnen: Also hört zu! Ich bin absolut kein Genie! Was bin ich denn für ein Genie? Aber sie sagen: So eins! Da sage ich zu ihnen: Na was denn für eins? Und sie sagen nicht was für eins, sondern sagen nur, ich sei so ein Genie, ein Genie. Meiner Meinung nach bin ich dennoch kein Genie. Wo auch immer ich erscheine, sofort fangen alle an zu flüstern und mit den Fingern auf mich zu zeigen. »Was soll das denn eigentlich heißen!« – sage ich. Aber kein Wort lassen sie mich sagen, und schwupp! haben sie mich gepackt und tragen mich auf Händen.

1

Einmal war ich im Staatsverlag, und im Staatsverlag traf ich Evgenij Lvovič Švarc, der, wie immer, schlecht gekleidet war, aber damit etwas hermachen wollte.
Als er mich sah, fing er an zu witzeln, ebenfalls, wie immer, ohne Erfolg.
Meine Witze waren weit erfolgreicher, und bald hatte ich Švarc, in geistiger Hinsicht, auf beide Schulterblätter gelegt.
Alle Umstehenden beneideten mich um meinen Witz, ergriffen aber keinerlei Maßnahmen, denn sie starben buchstäblich vor Lachen. In Sonderheit vor Lachen starben Nina Vladimirovna Gernet und David Efimovič Rachmilovič, der sich dem Wohlklang zuliebe Južin nennt.
Als er sah, daß mit mir nicht gut Kirschen essen ist, begann Švarc seinen Ton zu mäßigen, und schließlich, nachdem er mich mit üblen Wörtern belegt, verkündete er, in Tiflis kenne Zabolockij jeder, mich dagegen fast niemand.
Da wurde ich zornig und sagte, ich sei historischer als Švarc und Zabolockij zusammen, ich würde in der Geschichte einen leuchtenden Stern hinterlassen, sie dagegen würden bald vergessen.
Da er meine Größe und internationale Bedeutung spürte, überlief es Švarc kalt und kälter, und er lud mich zu sich zum Essen ein.

2

Ich habe beschlossen, eine Clique herunterzumachen, was ich hiermit tue.
Ich beginne mit Valentina Efimovna.
Diese zur Hausfrau denkbar unbegabte Person lädt uns zu sich nach Hause ein und stellt statt eines Essens irgendein saures Zeugs auf den Tisch. Ich esse gern und verstehe etwas vom Essen. Mit saurem

Zeugs legt mich niemand herein! Ich gehe sogar manchmal in ein Restaurant und sehe nach, was es dort zu essen gibt. Und ich kann es nicht ausstehen, wenn man dieser Besonderheit meines Charakters nicht Rechnung trägt.

Damit gehe ich zu Leonid Saveljevič Lipavskij über. Er hat sich nicht geniert, mir ins Gesicht zu sagen, daß er jeden Monat zehn Gedanken zu Papier bringt.

Erstens ist das gelogen. Es sind nicht zehn, sondern weniger. Und zweitens bringe ich mehr zu Papier. Ich habe nicht gezählt, wie viele ich monatlich zu Papier bringe, mit Sicherheit aber mehr als er.

Jetzt über noch eine Person, das ist Tamara Aleksandrovna. Diese Person hat sich mit Tee aufgeschwemmt und spielt die Mimose. Sie weiß angeblich das eine wie das andere und ist angeblich klüger als der und der, und sogar interessanter als Tusja.

Das ist alles Blödsinn! Ich kenne die Frauen, besser als jeder andere, ich kann von einer angezogenen Frau sagen, wie sie nackt aussieht. Tamara Aleksandrovna denkt zu viel an sich. Eigenliebe ist nicht nur eine Sünde, sondern auch ein Laster. Was soll das, sich mit Tee aufzuschwemmen. Schau dich doch lieber mal an. Vielleicht gibt es Leute, die klüger sind als du.

Ich zum Beispiel stoße nicht jeden mit der Nase darauf, über welch kolossalen Geist ich verfüge. Ich habe allen Grund, mich für einen großen Menschen zu halten. Übrigens halte ich mich auch dafür.

Darum ist es für mich auch kränkend und schmerzlich, unter Menschen zu weilen, die an Geist, Scharfsinn und Talent weit unter mir stehen und die es mir gegenüber an dem gebührenden Respekt mangeln lassen.

Warum, warum bin ich der Beste?

3

Jetzt ist mir alles klar: Leonid Saveljevič ist ein Deutscher. Er hat sogar deutsche Angewohnheiten. Sehen Sie nur, wie er ißt. Der reine

Deutsche und Schluß! Sogar an seinen Beinen sieht man, daß er ein Deutscher ist.

Ohne mich brüsten zu wollen, darf ich sagen, ich beobachte sehr genau und bin äußerst geistreich.

Wenn man, zum Beispiel, Leonid Saveljevič, Julij Berzin und Volf Ėrlich nimmt und zusammen aufs Trottoir setzt, so kann man sagen: »Wenig, weniger, am wenigsten.«

Das ist, meiner Meinung nach, geistreich, weil mit Maßen komisch.

Und Leonid Saveljevič ist trotzdem ein Deutscher! Wenn ich ihn das nächste Mal sehe, muß ich ihm das unbedingt sagen.

Ich halte mich nicht für besonders klug und muß dennoch sagen, ich bin klüger als alle. Möglich, daß es auf dem Mars noch Klügere gibt als mich, auf der Erde kenne ich keinen.

Da sagt man, Olejnikov sei sehr klug. Meiner Meinung nach ist er klug, aber nicht sehr. Er hat zum Beispiel entdeckt, daß aus einer 6, wenn man sie auf den Kopf stellt, eine 9 wird. Meiner Meinung nach ist das alles andere als klug.

Leonid Saveljevič hat völlig recht, wenn er sagt, der Geist des Menschen sei seine Würde. Und wenn der Geist fehle, fehle auch die Würde.

Jakov Semënovič widerspricht Leonid Saveljevič und sagt, der Geist des Menschen sei seine Schwäche. Meiner Meinung nach ist das schon ein Paradox. Warum soll Geist denn Schwäche sein? Ganz und gar nicht! Eher Stärke. Das ist meine Meinung.

Wir versammeln uns oft bei Leonid Saveljevič und sprechen darüber.

Wenn ein Streit ausbricht, bin immer ich der Sieger des Streits. Ich weiß selbst nicht, warum.

Aus irgendeinem Grunde bewundern mich alle. Was ich auch tue, alle finden es bewundernswert.

Dabei gebe ich mir gar keine besondere Mühe. Es kommt ganz von selbst.

Zabolockij hat einmal gesagt, mir sei eigen, Sphären zu regieren.

Das hat er wohl im Scherz gesagt. Derartiges hatte ich nie im Sinn.
Im Schriftstellerverband halten mich alle aus irgendeinem Grunde für einen Engel.
Hört zu, Freunde! Diese Verehrung für mich geht wirklich zu weit.
Ich bin einer wie ihr alle, nur besser.

4

Ich hörte den Ausdruck »den Augenblick einfangen«.
Leicht gesagt, aber schwer getan. Meiner Meinung nach ist dieser Ausdruck sinnlos. Und in der Tat, man sollte nicht zu Unmöglichem aufrufen.
Ich sage das aus vollster Überzeugung, denn ich habe es an mir erfahren. Ich habe den Augenblick einzufangen versucht, ihn aber nicht erwischt und nur die Uhr dabei eingeschlagen. Jetzt weiß ich, es ist unmöglich.
Ebenso unmöglich ist es, »die Epoche einzufangen«, denn das ist dasselbe wie ein Augenblick, nur etwas größer.
Etwas anderes wäre es zu sagen: »Prägt euch ein, was in diesem Augenblick geschieht.« Das ist etwas völlig anderes.
Zum Beispiel: Eins, zwei, drei! Nichts ist geschehen! Und ich habe mir einen Augenblick eingeprägt, in dem nichts geschehen ist.
Hiervon habe ich Zabolockij erzählt. Ihm hat das sehr gefallen, er hat den ganzen Tag gesessen und gezählt: Eins, zwei, drei! Und bemerkt, daß nichts geschah.
Bei dieser Beschäftigung wurde Zabolockij von Švarc überrascht. Und Švarc begann sich ebenfalls für diese originelle Methode zu interessieren – sich einzuprägen, was in unserer Epoche geschieht, denn aus Augenblicken setzt sich ja die Epoche zusammen.
Aber ich bitte zu beachten: der Schöpfer dieser Methode bin wiederum ich. Schon wieder ich! Einfach erstaunlich!
Was anderen nur unter Mühen gelingt, gelingt mir im Fluge!
Ich kann sogar fliegen. Aber davon erzählen werde ich nicht, denn das glaubt mir sowieso niemand.

5

Wenn zwei Menschen Schach spielen, habe ich immer den Eindruck, daß einer den anderen übers Ohr haut. Besonders, wenn sie um Geld spielen.
Überhaupt ist mir jedes Spiel um Geld zuwider. Ich verbiete, in meiner Gegenwart zu spielen.
Und Kartenspieler würde ich hinrichten lassen. Das ist die richtigste Methode zur Bekämpfung des Glücksspiels.
Anstatt Karten zu spielen, sollten sie sich lieber zusammensetzen und einander moralische Geschichten erzählen.
Übrigens, moralische Geschichten sind langweilig. Frauen zu verführen ist viel interessanter.
Frauen haben mich immer interessiert. Frauenbeine haben mich immer erregt, besonders oberhalb des Knies.
Viele halten Frauen für lasterhafte Wesen. Ich dagegen ganz und gar nicht! Im Gegenteil, ich halte sie sogar irgendwie für sehr angenehm.
Eine mollige junge Frau! Wieso denn lasterhaft? Sie ist durchaus nicht lasterhaft!
Kinder sind etwas anderes. Von ihnen sagt man, sie seien unschuldig. Ich bin der Meinung, sie sind vielleicht unschuldig, aber schon auch ziemlich widerwärtig, besonders wenn sie tanzen. Ich gehe immer schnell von dort fort, wo es Kinder gibt.
Auch Leonid Saveljevič mag keine Kinder. Ich bin es, der ihm diesen Gedanken suggeriert hat. Überhaupt alles, was Leonid Saveljevič sagt, hab ich schon irgendwann vor ihm gesagt.
Und nicht nur Leonid Saveljevič. Jeder ist froh, auch nur ein Bruchstück meiner Gedanken zu erhaschen. Mir ist das geradezu lächerlich.
Gestern zum Beispiel kam Olejnikov zu mir und sagte, er habe sich völlig in den Fragen des Lebens verheddert. Ich gab ihm ein paar Ratschläge und entließ ihn. Und er ging, von mir beglückt, von dannen, in seiner allerbesten Laune.

Die Menschen sehen in mir einen Halt, wiederholen meine Worte, bestaunen mein Tun, Geld zahlen sie mir aber keins.
Dumme Menschen! Bringt mir lieber Geld, und ihr würdet sehen, wie froh ich darüber wäre.

6

Jetzt ein paar Worte zu Aleksandr Ivanovič.
Er ist ein Schwatzmaul und Glücksspieler. Aber wenn ich ihn für etwas schätze, so dafür, daß er mir ergeben ist.
Tag und Nacht wacht er bei mir und wartet nur auf die Andeutung eines Befehls meinerseits.
Ich brauche diese Andeutung nur zu machen, und Aleksandr Ivanovič fliegt wie der Wind, meinen Willen zu erfüllen.
Dafür habe ich ihm ein Paar Pantoffeln gekauft und gesagt: »Da, trag sie!« Und er trägt sie, Tag und Nacht.
Wenn Aleksandr Ivanovič im Staatsverlag erscheint, lachen alle und flüstern sich zu: Aleksandr Ivanovič braucht wieder Geld.
Konstantin Ignatjevič Drevackij verkriecht sich unter seinem Tisch. Ich meine das im allegorischen Sinn.
Über alles in der Welt liebt Aleksandr Ivanovič Makkaroni. Er pflegt sie mit gestoßenem Zwieback zu essen und verschlingt fast ein ganzes Kilo, womöglich aber noch weit mehr.
Wenn er Makkaroni gegessen hat, sagt Aleksandr Ivanovič, ihm sei ganz schlecht, und legt sich aufs Sofa. Manchmal kommen die Makkaroni auch zurück.
Fleisch ißt Aleksandr Ivanovič keines, und er liebt auch keine Frauen. Obwohl, manchmal doch. Ich glaube, sogar sehr oft.
Aber die Frauen, die Aleksandr Ivanovič liebt, sind für meinen Geschmack alle häßlich, und darum wollen wir lieber annehmen, es sind gar keine Frauen.
Wenn ich etwas sage, so bedeutet das, es stimmt.
Mit mir zu streiten rate ich niemandem, er wäre am Ende sowieso der Dumme, weil ich jeden fertigmache.

Und auch Sie sollten sich nicht mit mir anlegen. Das haben schon andere versucht. Ich habe sie alle aufs Kreuz gelegt! Auch wenn ich, dem Scheine nach, nicht reden kann – wenn ich einmal loslege, bin ich nicht mehr zu halten.

Einmal habe ich bei Lipavskijs losgelegt, und ab ging die Reise! Alle habe ich unter den Tisch geredet! Dann bin ich zu den Zabolockijs und habe dort alle unter den Tisch geredet. Dann bin ich zu den Švarcens und habe dort alle unter den Tisch geredet. Dann bin ich nach Hause und habe dort noch die halbe Nacht lang geredet!

Kukuruzov erscheint aus dem Rauch.

KUKURUZOV He, Leute! Bringt ihn hierher! Hier, an dieser Stelle, wird es eine blutige Abrechnung geben. Fast vier Jahre habe ich auf diesen Augenblick gewartet. Die Stunde hat geschlagen! Blast, Posaunen! *Zieht ein Tuch aus der Tasche und wischt sich damit über die schwitzende Stirn.* Ja, wenn es ein Leben nach dem Tode gibt, so ist immer noch die Frage, ob jeder seiner würdig ist.

STREIT

Kuklov und Bogadelnev sitzen am Tisch,
über den eine Wachstuchdecke gebreitet ist,
und essen Suppe.

KUKLOV Ich bin ein Prinz.
BOGADELNEV Du und ein Prinz!
KUKLOV Und was folgt daraus, daß ich ein Prinz bin?
BOGADELNEV Daß ich dich jetzt mit Suppe vollspritze.
KUKLOV Nein, das tust du nicht.
BOGADELNEV Warum sollte ich nicht?
KUKLOV Und warum willst du mich mit Suppe vollspritzen?
BOGADELNEV Du denkst wohl, weil du ein Prinz bist, kann man dich nicht mit Suppe vollspritzen?
KUKLOV Ja, das denke ich.
BOGADELNEV Und ich denke das Gegenteil.
KUKLOV Du denkst so, und ich so!
BOGADELNEV Und auf dich kann ich pfeifen!
KUKLOV Und du hast keinerlei innere Haltung!
BOGADELNEV Und du hast eine Nase, die aussieht wie ein Trog!
KUKLOV Und du machst ein Gesicht, als wüßtest du nicht, wo du dich hinsetzen sollst.
BOGADELNEV Und du hast einen spindeldürren Hals!
KUKLOV Und du bist ein Schwein!
BOGADELNEV Und dir reiß ich gleich die Ohren ab!
KUKLOV Und du bist ein Schwein!
BOGADELNEV Ich reiß dir jetzt die Ohren ab!
KUKLOV Und du bist ein Schwein!
BOGADELNEV Schwein? Und was bist du!
KUKLOV Ich bin ein Prinz!
BOGADELNEV Du und ein Prinz!

KUKLOV Und was folgt daraus, daß ich ein Prinz bin?

BOGADELNEV Daß ich dich jetzt mit Suppe vollspritze!

usw.

20. November 1933

DERBANTOVA *läuft im Garten umher und tippt mit dem Finger in alle Richtungen* Tick! Tick! Tick!

KUKUŠIN-DERGUŠIN Irgendwie, Anna Pavlovna, sind Sie heute ganz außer Rand und Band.

DERBANTOVA Tick! Tick! Tick!

KUKUŠIN-DERGUŠIN Anna Pavlovna!

DERBANTOVA *bleibt stehen* Was ist?

KUKUŠIN-DERGUŠIN Ich sage, Sie, Anna Pavlovna, sind ganz außer Rand und Band.

DERBANTOVA Nein.

KUKUŠIN-DERGUŠIN Was nein?

DERBANTOVA Ich bin nicht außer Rand und Band.

KUKUŠIN-DERGUŠIN Wie darf ich das verstehen?

DERBANTOVA Ich bin einfach nicht außer Rand und Band!

KUKUŠIN-DERGUŠIN Merkwürdig.

DERBANTOVA Sehr.

KUKUŠIN-DERGUŠIN *nach einer Pause des Nachdenkens* Anna Pavlovna!

DERBANTOVA Was ist?

KUKUŠIN-DERGUŠIN Sehen Sie, Anna Pavlovna, Sie sind nicht mehr jung, ich bin es auch nicht.

DERBANTOVA Ich bin jünger als Sie.

KUKUŠIN-DERGUŠIN Nun ja, natürlich sind Sie jünger!

DERBANTOVA Eben-eben.

KUKUŠIN-DERGUŠIN *verneigt sich ins Publikum* Der erste Akt ist beendet.

DERBANTOVA Beginnnen wir jetzt mit dem zweiten.

KUKUŠIN-DERGUŠIN Beginnen wir!

DERBANTOVA *tippt mit dem Finger in alle Richtungen* Tick! Tick! Tick!

KUKUŠIN-DERGUŠIN Anna Pavlovna, in Ihrem Alter sollte man solche Scherze lassen.

Ein altes Männlein kratzte sich mit beiden Händen. Dort, wo er mit beiden Händen nicht hinkam, kratzte sich der Alte mit einer Hand, aber dafür ganz-ganz schnell. Und dabei zwinkerte er schnell mit den Augen.

Der Erfinder Anton Pavlovič Šilov setzte sich auf ein Bänkchen im Sommergarten. (Es gibt in Leningrad einen Garten dieses Namens, er heißt so, und das Ereignis, das ich jetzt beschreiben werde, geschah im Winter des Jahres 1933.)

– Schön, – sagte Anton Pavlovič. – Nehmen wir an, der Hebel ist richtig befestigt und reißt die Bombe nach oben.

I

Hier begannen alle, auf ihre Weise zu sprechen.
Chviliščevskij trat auf den Baum zu und kratzte an der Rinde. Aus der Rinde kam eine Ameise gekrabbelt und fiel zu Boden. Chviliščevskij bückte sich, aber die Ameise war nicht mehr zu sehen.
Währenddessen ging Fakirov vorwärts und zurück. Fakirovs Gesicht war streng, sogar furchterregend. Fakirov bemühte sich, den direkten Weg zu nehmen, als er aber an das Haus gekommen war, machte er auf einmal in jäher Wendung kehrt.
Chviliščevskij stand noch immer vor dem Baum und betrachtete die Rinde durch das Pincenez mit seinen kurzsichtigen Augen. Chviliščevskijs Hals war lang und faltig.

2

Hier begannen alle, über Zahlen zu sprechen.
Chviliščevskij versicherte, er kenne eine Zahl, die, auf chinesische Weise von oben nach unten geschrieben, aussehe wie ein Bäcker.
– Unsinn, – sagte Fakirov, – wieso denn wie ein Bäcker?
– Versuchen Sie es selbst, dann werden Sie ja sehen, – sagte Chviliščevskij, den Speichel herunterschluckend, wobei ihm der Kragen aufsprang und die Krawatte zur Seite rutschte.
– Und was ist das für eine Zahl? – fragte Fakirov, zum Bleistift greifend.
– Sie werden gestatten, daß ich diese Zahl für mich behalte, – sagte Chviliščevskij.
Man weiß nicht, womit dies alles geendet hätte, aber hier kam Ujemov herein und brachte viele Neuigkeiten mit.
Fakirov saß in seiner dunkelblauen Samtweste und rauchte Pfeife.

3

Einmal machte Chviliščevskij Jagd auf Ivan Ivanovič Puzyrëv. Ivan Ivanovič Puzyrëv rannte auf den Hof hinaus und versteckte sich in der Müllgrube.

Chviliščevskij, hochrot im Gesicht, läuft über den Hof und sucht Ivan Ivanovič Puzyrëv. Und Ivan Ivanovič Puzyrëv sitzt da und schaut dauernd aus der Müllgrube hervor.

Da erblickte ihn Chviliščevskij, stürzte auf ihn zu ...

4

Chviliščevskij aß Moosbeeren und versuchte, keine Miene dabei zu verziehen. Er erwartete, daß alle sagen würden: was für ein Charakter! Aber niemand sagte auch nur ein Wort.

5

Man hörte den Hund an der Tür schnuppern. Chviliščevskij hielt die Zahnbürste mit der Faust umklammert und riß die Augen auf, um besser zu hören. »Wenn der Hund hereinkommt, – dachte Chviliščevskij, – schlage ich ihm mit diesem Horngriff direkt vor die Schläfe!«

6

Der Schachtel entstiegen irgendwelche Blasen. Chviliščevskij ging auf Zehenspitzen aus dem Zimmer und schloß leise hinter sich die Tür. »Zum Teufel mit ihr! – sagte sich Chviliščevskij. – Geht mich das was an, was in ihr liegt. Also wirklich! Zum Teufel mit ihr!«

7

Chviliščevskij wollte rufen: »Ich lasse es nicht zu!«, aber irgendwie verrutschte ihm die Zunge, und herauskam: »Ich laste«. Chviliščevskij hob die rechte Augenbraue und verließ würdevoll den Saal. Und dennoch war ihm, als habe er Zukkerman kichern hören.

– Trinken Sie Essig, meine Herren, – sagte Šuev.

Niemand antwortete ihm.

– Meine Herren! – rief Šuev. – Ich empfehle Ihnen, den Essig zu trinken!

Aus seinem Sessel erhob sich Makaronov und sagte:

– Ich begrüße Šuevs Gedanken. Trinken wir den Essig.

Rastopjakin sagte:

– Ich werde keinen Essig trinken.

Schweigen trat ein, und alle richteten die Blicke auf Šuev. Šuev saß mit versteinertem Gesicht. Es war nicht zu erraten, was er dachte.

Drei Minuten vergingen.

Sučkov hüstelte, sich räuspernd, in die Faust. Ryvin kratzte sich den Mund. Kaltaev rückte sich die Krawatte zurecht. Makaronov wackelte mit Ohren und Nase gleichzeitig. Rastopjakin, in den Sessel zurückgelehnt, schaute scheinbar gleichgültig in den Kamin.

Es vergingen weitere sieben oder acht Minuten.

Ryvin stand auf und verließ auf Zehenspitzen den Raum.

Kaltaev schaute ihm nach.

Als die Tür hinter Ryvin ins Schloß gefallen war, sagte Šuev:

– So. Der Verschwörer ist weg. Zum Teufel mit dem Verschwörer!

Alle warfen sich erstaunte Blicke zu, nur Rastopjakin hob den Kopf und schaute Šuev eindringlich an.

Šuev sagte streng:

– Wer aufmuckt, ist ein Lump und Verschwörer!

Sučkov zuckte, unter dem Tisch, heimlich die Achseln.

– Ich bin dafür, den Essig zu trinken, – sagte Makaronov leise und schaute Šuev erwartungsvoll an.

Rastopjakin rülpste und errötete, verlegen, wie eine Jungfrau.

– Tod den Verschwörern! – rief Sučkov und bleckte seine schwärzlichen Zähne.

1

Park beim Schlosse des Barons von der Bunder-Hangel-Hingel. Rechts ein Zaun, dahinter das Sommerhaus von Professor Tatarinman. Die Frau Baronin sitzt in einem Sessel, der Baron steht vor seiner Frau. Durch den Park laufen Hähne und Hühner, die von Zeit zu Zeit gackern.

Baron Er ist Professor?

Frau Baronin Professor.

Baron Er heißt Tatarinman?

Baronin Tatarinman.

Baron Er hat dieses Haus gekauft?

Baronin Er hat.

Baron Neben meinem Hause?

Baronin Daneben.

Baron Spiele ich, Baron von der Bunder-Hangel-Hingel, in unserem Landkreis die erste Geige?

Baronin Geige.

Baron Und hat dieser Emporkömmling, der das Haus neben meinem Haus gekauft hat, einen Antrittsbesuch gemacht?

Baronin Er hat.

Baron Wie, er hat!

Baronin Ach nein, er hat ja nicht! Er hat nicht! ... Nimm einen Bonbon.

Baron *nimmt einen Bonbon* Eben, er hat nämlich nicht! Ebeneben! Und ich! Kann ich das dulden?

Baronin Nein.

2

Baron/Baronin *gleichzeitig* Was ist passiert? Äh ... äh ... äh ... Was ist passiert!

EMMERICH Guten Tag Papa! *Baron fällt in einen Sessel.* Guten Tag Mama! *Baronin fällt in einen Sessel.*

BARON *sich aufrichtend* Du bist Sohn eines Adeligen reinster germanischer Rasse und brüllst ... äh ... äh ... wie ein Schuster.

EMMERICH Papa, ich wollte, zuerst ...

BARON Genug! Du bist Sohn äh ... äh ... eines Adeligen reinster germanischer Rasse und brüllst ... äh ... na ... wie ein Schuster.

EMMERICH Papa, ich ...

BARON Ganz wie äh ... äh ... ein Schuster. Was wolltest du sagen?

EMMERICH Papa ich möchte heiraten ...

BARON Genug. Ich stelle die Fragen, und du wirst antworten. Was möchtest du tun?

EMMERICH Heiraten.

BARON Soso. Das ist gut. Ich wünsche es mir schon seit langem, daß das Geschlecht der Barone von der Bunder-Hangel-Hingel Erben von ebenso kristallreiner germanischer Rasse bekommt, wie ihre Vorfahren es waren. Wer ist der Vater deiner Braut?

EMMERICH Oberst von Feige.

BARON Von Feige? Den Namen kenne ich, ich habe ihn irgendwo schon mal gehört. Feige ... Feige ... Oh! Ich habe diesen Namen ziemlich oft am Hofe Kaicher Wilhelms gehört. Das ist interessant.

ANTON *kommt herein* Herr Baron! Die Fasanen sind da!

BARON Oh! sehr angenehm! Ich lasse bitten, lasse sie unverzüglich in den Park kommen.

3

EMMERICH *laut, voll Freude* Elsa mia! liebe, holde Elsa! ... Darf ich es glauben! Ja? Ja? Ja?

ELSA *schlägt die Augen nieder* Ja ...

EMMERICH Ist das wahr? ... Sie lieben mich also? Sie lieben mich zumindest ein wenig?

ELSA Ein wenig? ... Das ist nicht wahr ... Ich liebe Sie schrecklich ... schrecklich ...

Emmerich Und wie ich Sie erst liebe! ... Hurra! ... *Stürzt auf sie zu und umarmt sie.* Elsa! ... Meine Liebste! *Küßt sie.*

Ulrich *kommt von rechts und schreit beim Anblick der sich Küssenden auf* Bah! ... Was soll denn das?

Thusnelda *von links, dasselbe Spiel* Elsa! ... Herr Baron ... Was hat das zu bedeuten?

Elsa *wirft sich der Mutter an die Brust* Ach Mama! ...

Emmerich Wir lieben einander, und wenn Sie Ihre Einwilligung zu unserer Ehe gäben ...

Ulrich Einwilligung zu unserer Ehe! ... Ob ich einverstanden bin?! ... Aber natürlich bin ich einverstanden! Mein lieber Sohn! ...

Emmerich *stürzt in seine Arme* Papa!

Elsa Papa! *Sie umarmt ihn.*

Thusnelda Warte, Ulrich ... Nicht so schnell ... Herr Baron, wissen Sie auch, was die Ehe bedeutet? Die Ehe – das ist ...

Ulrich Oh! meine Alte! Sag ihm um Himmels willen nicht, was Ehe ist, sonst überlegt er sichs noch anders – dann ist er weg auf Nimmerwiedersehn! ...

Emmerich O nein! *Umarmt Elsa.* Ich bin gefesselt ...

Thusnelda stürzt ans Telephon.

Ulrich Wo willst du hin?

Thusnelda Ich muß es doch all unsern Freunden verkünden ... Hallo! ... Hallo! ... Nanu! ... Hallo! ... Warum kommt denn kein Freizeichen?

Ulrich Sicher ist es wieder kaputt ...

Thusnelda Hallo! ... Hallo! ...

Ulrich Laß doch! Das Telephon ist sowieso kaputt! Du hast noch Zeit für die freudige Mitteilung ... *Lädt mit einer Geste alle ein, Platz zu nehmen.* Lieber Baron! Das alles kommt so unverhofft, so plötzlich ... Wir kennen uns erst so kurz ...

EMMERICH Ja, aber wir kennen uns schon ganz ... Nicht wahr, Elsa?

ELSA Oh, ja, ganz! ...

Amerikanische Straße. Auf der Straße gehen Amerikaner. Rechts die Kasse, über der Kasse das Schild »Music Hall. Das Jazz-Orchester M. Woodlake und Frau Baronesse von der Klüken.« Vor der Kasse stehen die Amerikaner Schlange. Fenorov tritt auf und schaut sich um. Alle Amerikaner in ziemlich zerlumpter Kleidung.

FENOROV Das also ist Amerika! .. Ja! Also – Amerika! Da kann man mal sehen! .. He, hört mal her! .. Sie! .. Ist das Amerika?

AMERIKANER Yes, Amerika.

FENOROV Die Stadt Chicago?

AMERIKANER Yes, Chicago.

FENOROV Und Sie sind Amerikaner?

AMERIKANER Yes, Amerikaner.

FENOROV *im Baß* Da kann man mal sehen! .. Und die da sind auch Amerikaner?

AMERIKANER Yes, Amerikaner.

FENOROV *im Falsett* Was du nicht sagst! .. *Tiefer.* Amerikaner! ... *Schaut sich um.* Und, sagen wir mal, zum Beispiel, gibt es hier auch Milliardäre?

AMERIKANER Die gibt es, mein Freund, soviel du willst.

FENOROV Und warum zum Beispiel, sagen wir mal, seid ihr Amerikaner und Milliardäre und lauft herum wie die Bettler?

AMERIKANER Das kommt wegen der sogenannten Krise.

FENOROV *im Falsett* Was du nicht sagst!

AMERIKANER Es stimmt aber, daß es so ist!

FENOROV *im Baß* Da kann man mal sehen!

AMERIKANER Aber gestatten Sie die Frage, was sind denn Sie?

FENOROV Mein Name ist Fenorov, und von der sozialen Herkunft bin ich Franzose.

AMERIKANER Hm ... Also, parlez-vous français?

FENOROV *im Falsett* Was meinst du?

AMERIKANER Na ob Sie französisch parlez?

FENOROV *im Falsett* Was meinst du?

AMERIKANER Ob Sie französisch quatschen!

FENOROV Was wir nicht können, können wir nicht. Amerikanisch, soviel du willst. Das können wir! .. Aber guter Mann, sag mir doch lieber, warum stehen die Amerikaner Schlange, und was gibt es da so Interessantes?

AMERIKANER Sie stehen nicht Schlange für nichts und wieder nichts, und Interessantes gibts da auch nicht – sie stehen nach Eintrittskarten an.

FENOROV *im Falsett* Was du nicht sagst!

AMERIKANER Weißt du, das ist die Music Hall, dort tritt heute das Jazz-Orchester des berühmten Mister Woodlake und seiner Frau, der Tochter von Baron von der Klüken, auf.

FENOROV *im Baß* Da kann man mal sehen! .. Danke schön! .. Ich gehe mir auch eine Eintrittskarte kaufen.

Er geht zur Schlange. Die Schlange der Amerikaner zur Music Hall ist lang.

FENOROV Wer ist hier der letzte?

SUBJEKT Was hast du hier verloren? .. Stell dich an! ..

FENOROV Deshalb frage ich doch, wer hier der letzte ist ...

SUBJEKT Und halt keine Volksreden!

FENOROV Wer ist hier der letzte? .. *Stößt ein Fräulein gegen den Ellbogen.*

FRÄULEIN Lassen Sie mich in Ruhe, ich stehe hier hinter diesem Subjekt! ..

SUBJEKT Ich bin für Sie kein Subjekt, sondern der König der Pfefferminzlinsen! ..

FENOROV *im Falsett* Was du nicht sagst!

FRÄULEIN Langsam, langsam! Ich bin die Königin vom Hundefell!

FENOROV *im Baß* Da kann man mal sehen!

SUBJEKT Und wenn du zehnmal die Königin vom Hundefell bist, da drauf pfeif ich!

FRÄULEIN Verpfeif dich, Pfefferminzlinse!

SUBJEKT Du verlaustes Hundefell!

Zirkusnummer. Schlägerei in der Schlange. Die Königin vom Hundefell prügelt sich mit dem König der Pfefferminzlinsen. Die anderen Amerikaner tanzen drum herum und rufen: »Wetten! Er schlägt sie!« »Wetten: Sie schlägt ihn!«

Das Innere der Music Hall. Man sieht Bühne und Zuschauerraum. Die Türen springen auf, und herein strömen die zerlumpten Amerikaner, nehmen mit Geschrei und Hallo ihre Plätze ein. Wenn alle auf ihren Plätzen sitzen, erstarren sie, es herrscht absolute Stille. Auftritt der Conférencier, ein Amerikaner.

CONFÉRENCIER Ladies und Gentlemen! Wir alle sind Amerikaner, also können wir uns die Zeit vertreiben. Wir haben uns hier versammelt, um ein bißchen fröhlich zu sein. Aber wie bringt man euch Stinktiere in Stimmung! Ihr kaut euren Kautabak und euren Kaugummi und glotzt! Wie soll man so was in Stimmung bringen! Wie ist das zu schaffen! Euch bringt doch niemand in Stimmung!

AMERIKANIER U-u-uh! .. U-u-uh! .. Wir wollen lachen!

CONFÉRENCIER Und wie soll ich das schaffen? Weiß ichs?

AMERIKANIER *bekümmert* U-u-uh! ..

CONFÉRENCIER Wollt ihr, daß ich euch komische Grimassen schneide?

AMERIKANIER Ja! Ja!

CONFÉRENCIER *schneidet eine Fratze.*

AMERIKANIER *brechen in wieherndes Gelächter aus* Hu-hu-hu-u-uh! Ich lach mich tot! U-hu-hu-hu, ich lach mich tot!

CONFÉRENCIER Reicht es?

AMERIKANIER Nein, mehr, mehr!

CONFÉRENCIER Nein, das reicht! Jetzt kommt der Auftritt des Jazz-Orchesters unter Leitung von Mister Woodlake ...

AMERIKANIER *applaudieren* Bravo! Bravo! Hurra! Hurra!

CONFÉRENCIER Ferner treten auf: Mister Woodlake's Ehefrau, Baronesse von der Klüken und ihre Kinder!

Applaus. Der Conférencier geht ab. Vorhang. Stimme Thenorovs aus dem Zuschauersaal.

THENOROV Und was kommt jetzt?

KÖNIG DER PFEFFERMINZLINSEN *springt von seinem Sitz auf* Leute, das ist doch schon wieder der!

KÖNIGIN VOM HUNDEFELL Da randaliert doch schon wieder die Pfefferminzlinse! ..

KÖNIG DER PFEFFERMINZLINSEN Paß bloß auf, du ...

KÖNIGIN *drohend* Ich hau dir ...

Der Vorhang hebt sich erneut.

Eines Morgens betrachtete sich ein Mensch mit Vornamen Andrian, mit Vatersnamen Matveevič und mit Familiennamen Petrov im Spiegel und sah, daß seine Nase sich ein klein wenig nach unten gebogen und zugleich mit dem Höcker ein wenig weiter nach vorn getreten war. Andrian Matveevič Petrov entschied, daß dies schon vorübergehen werde und daß seine Nase sich nicht verbogen habe und nirgendwohin rage und daß ihm das einfach nur so vorkomme. Nach einem abschließenden Blick in den Spiegel zuckte Andrian Matveevič die Achseln und ging ins Bureau.

Im Bureau jedoch richtete sich die allgemeine Aufmerksamkeit sofort auf die Nase von Andrian Matveevič.

– Schauen Sie mal –, sagte Karl Ivanovič, – die Nase von Andrian Matveevič hat sich ein klein wenig nach unten verbogen.

– Ich schaue auch schon die ganze Zeit –, sagte Nikolaj Ippolitovič, – und weiß nicht, was mit Andrian Matveevič los ist. Aber Sie haben ganz richtig bemerkt: seine Nase hat sich ein wenig nach unten verbogen.

– Es stimmt, Nikolaj Ippolitovič –, sagte Pantelej Ignatjevič, – Karl Ivanovič hat ganz richtig bemerkt, daß sich die Nase von Andrian Matveevič ein wenig nach unten verbogen hat. Das sehe ich jetzt auch ganz deutlich.

– Ich sehe gleich, daß da irgend etwas nicht stimmt –, sagte Mafusail Galaktionovič. – Ich schaue Andrian Matveevič an, da sagt Karl Ivanovič auch schon zu Nikolaj Ippolitovič, daß die Nase von Andrian Matveevič ein wenig nach unten verbogen ist, so daß es sogar Pantelej Ignatjevič vom Fenster her hatte bemerken können.

– Sogar Mafusail Galaktionovič hat es bemerkt –, sagte Igor Valentinovič, – daß sich die Nase von Andrian Matveevič, wie Karl Ivanovič vollkommen richtig zu Nikolaj Ippolitovič und zu Pantelej Ignatjevič gesagt hat, mit der Spitze ein wenig dem Munde genähert hat.

– Igor Valentinovič, sagten Sie nicht –, sagte Paramon Paramonovič, sich in das Gespräch einmischend, – Karl Ivanovič habe zu Nikolaj Ippolitovič und zu Pantelej Ignatjevič gesagt, daß sich die Nase von Andrian Matveevič, wie Mafusail Galaktionovič bemerkt hat, ein wenig nach unten verbogen habe?

Ivan Jakovlevič Bobov erwachte in der angenehmsten Stimmung. Er schaute unter der Bettdecke hervor und sah sogleich die Zimmerdeke. Die Zimmerdecke zierte ein großer grauer Fleck mit grünlichen Rändern. Wenn man den Fleck lange anschaute, mit einem Auge, so bekam der Fleck Ähnlichkeit mit einem Nashorn, das einen Schubkarren zog, obwohl andere fanden, er habe mehr Ähnlichkeit mit einer Straßenbahn, auf der ein Riese reitet; übrigens konnte man in dem Fleck sogar die Umrisse der Stadt erkennen. Ivan Jakovlevič schaute zur Decke, aber nicht an die Stelle, an der sich der Fleck befand, sondern nur so, irgendwohin, und dabei lächelte er und kniff die Augen zusammen. Dann riß er die Augen auf und hob die Brauen, so hoch, daß sich die Stirn wie eine Ziehharmonika in Falten legte und um ein Haar verschwunden wäre, hätte Ivan Jakovlevič die Augen nicht wieder zusammengekniffen und sich schnell, als schämte er sich für etwas, die Decke über den Kopf gezogen. Er tat dies so ruckartig, daß unter dem anderen Ende der Bettdecke Ivan Jakovlevičs nackte Füße zum Vorschein kamen, und sofort setzte sich auf den großen Zeh des linken Fußes eine Fliege. Ivan Jakovlevič bewegte den Zeh, und die Fliege flog auf und setzte sich auf die Ferse. Da schnappte Ivan Jakovlevič die Bettdecke mit beiden Füßen, zog das Bein an, schlug damit das andere Bein in die Decke und drückte mit dem Fuß nach unten, daß er sich auf diese Weise die Decke vom Kopf zog. »Schisch«, – sagte Ivan Jakovlevič und blies die Backen auf. Normalerweise, wenn Ivan Jakovlevič etwas gelungen war oder, im Gegenteil, wenn gar nichts zusammenging, sagte Ivan Jakovlevič immer: »Schisch«, – selbstverständlich nicht laut und keineswegs so, damit es jemand hörte, sondern nur so, vor sich hin, zu sich selbst. Und mit diesem »Schisch« setzte sich Ivan Jakovlevič im Bett auf und griff nach dem Stuhl, auf dem seine Hose, sein Hemd und die übrige Wäsche lagen. Hosen trug Ivan Jakovlevič gern gestreifte. Aber gestreifte Hosen waren im Moment wirklich nirgends zu bekommen. Ivan Jakovlevič war ins Leningradodežd gegangen, ins Univermag, in die Passage, in den Gostinyj Dvor, er hatte sämtliche Geschäfte auf der Petrograder Seite abgeklappert, war sogar nach Ochta gefahren, aber nirgends gestreifte Hosen. Ivan Jakovlevičs alte Hosen indessen waren bereits so abgetragen, daß er sie unmöglich länger anziehen konnte. Ivan Jakovlevič hatte sie einige Male flicken lassen, aber schließlich half auch das nichts mehr. Ivan Jakovlevič klapperte abermals alle Geschäfte ab, und da er wieder nirgends gestreifte Hosen hatte finden können, beschloß er, karierte zu kaufen. Aber auch karierte Hosen gab es nirgends. Da beschloß Ivan Jakovlevič, graue Hosen zu kaufen, aber er fand auch nirgends graue. Und es gab auch nirgends schwarze Hosen in Ivan Jakovlevičs Größe. Da ging Ivan Jakovlevič, um sich blaue Hosen zu kaufen, aber während er nach schwarzen gesucht hatte, waren überall auch die blauen ausgegangen, wie auch die zimtbraunen. So hatte Ivan Jakovlevič am Ende grüne Hosen mit gelben Tupfern kaufen müssen. Im Geschäft war es Ivan Jakovlevič noch so vorgekommen, als sei die Farbe nicht allzu grell und als fielen die gelben Tupfer gar nicht ins Auge. Aber zu Hause angekommen, entdeckte Ivan Jakovlevič, daß das eine Hosenbein nachgerade vornehm gedämpft, das andere dafür birkengrün war und daß die gelben Tupfer darauf nur so brannten. Ivan Jakovlevič versuchte, die Hosen links herum anzuziehen, aber von dieser Seite tendierten beide Hälften ins Gelbe mit grünen Erbsen und sahen so komisch aus, daß er in diesen Hosen nach der Vorstellung des Kinematographen nur auf die Estrade hätte klettern müssen, mehr wäre nicht nötig gewesen, und das Publikum hätte eine halbe Stunde lang gebrüllt vor Lachen. Zwei Tage konnte Ivan Jakovlevič sich nicht dazu durchringen, die neuen Hosen anzuziehen, aber als die alten so zerschlissen waren, daß man schon von weitem sehen konnte, daß auch Ivan Jakovlevičs Unterhosen der Reparatur bedurften, mußte er die neuen Hosen anziehen. Das erste

Mal in den neuen Hosen ging Ivan Jakovlevič überaus vorsichtig auf die Straße hinunter. Beim Verlassen des Haustors schaute er nach beiden Seiten und trat erst, als er sich überzeugt hatte, daß niemand in der Nähe war, auf die Straße hinaus und ging schnellen Schrittes in Richtung seiner Dienststelle. Als erster begegnete ihm ein Apfelverkäufer mit einem großen Korb auf dem Kopf. Der sagte nichts, als er Ivan Jakovlevič erblickte, und erst, als Ivan Jakovlevič an ihm vorbei war, blieb er stehen, da ihm jedoch der Korb auf dem Kopf nicht gestattete, den Kopf zu wenden, drehte sich der Apfelverkäufer mit dem ganzen Körper um und blickte Ivan Jakovlevič nach, vielleicht hätte er sogar den Kopf geschüttelt, wenn wiederum der Korb nicht gewesen wäre. Ivan Jakovlevič schritt munter aus und hielt seine Begegnung mit dem Verkäufer für ein günstiges Zeichen, er hatte das Manöver des Verkäufers nicht bemerkt und war getröstet beim Gedanken, daß die Hosen also doch nicht so ins Auge stachen. Jetzt kam Ivan Jakovlevič ein Angestellter, wie er selbst einer war, entgegen, die Aktenmappe unterm Arm. Der Angestellte ging schnell, sah nicht nach rechts und links, sondern vielmehr auf die eigenen Füße. Als er mit Ivan Jakovlevič auf gleicher Höhe war, warf der Angestellte einen Blick auf Ivan Jakovlevičs Hosen und blieb stehen. Der Angestellte sah Ivan Jakovlevič an, Ivan Jakovlevič den Angestellten.

– Verzeihen Sie, – sagte der Angestellte, – Sie können mir nicht sagen, wie ich von hier ... zu dem der ... staatlichen Börse komme?

– Gehen Sie an der Post vorbei ... über die Brücke ... nein, gehen Sie lieber so, und dann so, – sagte Ivan Jakovlevič. Der Angestellte sagte danke und ging schnell weiter, auch Ivan Jakovlevič tat einige Schritte, aber als er sah, daß ihm jetzt kein Angestellter, sondern eine Angestellte entgegenkam, senkte er den Kopf und wechselte auf die andere Straßenseite.

Auf seiner Dienststelle erschien Ivan Jakovlevič mit Verspätung und sehr schlecht gelaunt. Ivan Jakovlevičs Kollegen schenkten den grünen Hosen mit den verschiedenen Hosenbeinen natürlich keinerlei

Beachtung, errieten aber offenbar, daß sie die Ursache für Ivan Jakovlevičs schlechte Laune waren, und behelligten ihn deshalb nicht mit Fragen. Zwei Wochen lang quälte sich Ivan Jakovlevič in seinen grünen Hosen, bis einer seiner Kollegen, Apollon Maksimovič Šilov, Ivan Jakovlevič vorschlug, Apollon Maksimovič die gestreiften Hosen abzukaufen, die Apollon Maksimovič angeblich nicht brauchte.

Kaum hatte sich Ivan Jakovlevič dem Tisch genähert, als das Pfeifen aufhörte. Ivan Jakovlevič horchte – und trat noch einen Schritt näher. Nein, das Pfeifen wiederholte sich nicht. Ivan Jakovlevič trat an den Tisch und zog eine Schublade auf. In der Schublade war nur ein verschmutzter Besteckkasten, der krachend hin und herfuhr und gegen die Rückwand der Schublade stieß. Ivan Jakovlevič zog die andere Schublade auf. In dieser Schublade war nichts, nur auf dem Boden der Schublade stand, mit violettem Kopierstift geschrieben: »Schweine«. Ivan Jakovlevič schob beide Schubladen zu und setzte sich auf den Stuhl.

Was für ein merkwürdiger Vorfall in der Straßenbahn Nr. 3 passiert ist!
Eine Dame in einem Kalikotjäckchen ließ 10 Kopeken auf den Boden des Waggons fallen. Ein Bürger, der in der Nähe der Dame gestanden hatte, bückte sich nach der Münze und raste, plötzlich in ein Schwein verwandelt, auf die Plattform hinaus.
Die Fahrgäste im Innern des Wagens waren schrecklich verdutzt. Und sogar ein alter Mann sagte, mit seinen blauen Augen zwinkernd, an alle gewandt:
– Also so was! Das pure Rowdytum!

Aus dem Hemdkragen eines Dummkopfs ragte ein Hals, und auf dem Hals saß ein Kopf. Der Kopf war einmal kurzgeschoren gewesen. Jetzt wuchsen die Haare darauf als Bürste. Der Dummkopf sprach über etwas und sprach sehr lange. Niemand hörte ihm zu. Alle dachten: »Wann hört er endlich auf und geht?« Aber der Dummkopf sprach, ohne etwas zu bemerken, sprach weiter und lachte auch noch laut.

Schließlich hielt es Elbov nicht länger aus, er trat auf den Dummkopf zu und sagte kurz und scharf: »Verschwinde, aber sofort!« Der Dummkopf schaute in die Runde, ohne zu begreifen, was los war. Elbov haute dem Dummkopf eine aufs Ohr. Der Dummkopf flog aus dem Sessel und landete auf dem Fußboden. Elbov gab ihm einen Tritt, und der Dummkopf flog zur Tür hinaus und segelte die Treppe hinunter.

Im Leben geht es genauso: ein Dummkopf, wie er im Buche steht, und will auch noch reden. Denen muß man in die Fresse hauen. Jawohl, in die Fresse!

Wohin ich auch blicke, überall diese idiotische Häftlingsvisage. Am besten mit dem Stiefel rein in diese Fresse.

I

Petja kommt in ein Restaurant und setzt sich an einen Tisch. Der Kellner bringt die Karte und legt sie vor Petja hin. Petja wählt »Bœuf bouilli« und sagt zum Kellner:

PETJA Geben Sie mir, wenn Sie haben, Bœuf bouilli.
KELLNER Sie wünschen?
PETJA Wenn Sie haben, Bœuf bouilli.
KELLNER Wie sagten Sie?
PETJA *errötet* Ich sagte, ich möchte Bœuf bouilli.
KELLNER *richtet sich auf* Sie befehlen?
PETJA *erschrocken* Geben Sie mir Bœuf ...

Der Kellner richtet sich in voller Größe auf. Petja zuckt zusammen und verstummt. Eine Zeitlang – Schweigen.

KELLNER Was soll ich Ihnen bringen?
PETJA Ich möchte, wenn Sie haben ...
KELLNER Was wünschen Sie?
PETJA Bœuf ...
KELLNER Bœuf?
PETJA *freudig* Bouilli!
KELLNER *erstaunt* Bouilli?
PETJA *nickt* Bœuf bouilli, bœuf bouilli.
KELLNER *nachdenklich* Bœuf bouilli?
PETJA Wenn Sie haben.

Der Kellner steht eine Zeitlang in Gedanken versunken, geht dann. Petja rückt den Stuhl an den Tisch und beginnt zu warten.

Einige Zeit später erscheint ein zweiter Kellner, geht auf Petja zu und legt die Karte vor ihn hin. Petja schaut den Kellner erstaunt an.

II

Petja kommt in ein Restaurant und setzt sich an einen Tisch. Der Kellner bringt die Karte und legt sie vor Petja hin. Petja schaut in die Karte.

PETJA Geben Sie mir, wenn Sie haben, Bœuf bouilli.

KELLNER Geb ich Ihnen nicht.

PETJA *schaut den Kellner erschrocken an* Bœuf …

KELLNER Und außerdem schmeiße ich Sie gleich zur Tür hinaus.

PETJA *drohend* Was soll das heißen?

KELLNER Schon gut, schon gut. Gehen Sie.

PETJA Ich gehe nicht. Ich bin Ingenieur. *Zieht ein Papier aus der Tasche und hält es dem Kellner hin.*

KELLNER *nimmt das Papier, betrachtet es und sagt* Woher soll ich wissen, daß Sie das sind. Vielleicht haben Sie das Dokument ja gestohlen.

Mironov wickelte die Uhr in die Bettdecke und trug sie zu der Kerosinbude. Unterwegs begegnete ihm Golovlëv. Golovlëv sah Mironov und versteckte sich hinter dem Zigarettenkiosk. »Was stehen Sie hier herum?« – rückte ihm der Zigarettenverkäufer zu Leibe. Um ihn abzuwimmeln, kaufte Golovlëv bei dem Zigarettenverkäufer eine Zigarettenspitze und ein Päckchen Zahnpulver. Mironov sah das alles, womit die Erzählung eigentlich auch zu Ende ist.

Mironov haute Golovlëv in die Schnauze, wobei er sagte: »Da hast du dein Fett, elendiger Gauner!«

20. August

Andrej Ivanovič spuckte in ein Glas Wasser. Das Wasser färbte sich augenblicklich schwarz. Andrej Ivanovič runzelte die Brauen und schaute lange in das Glas. Das Wasser war sehr schwarz. Andrej Ivanovič bekam Herzklopfen. In diesem Augenblick wachte Andrej Ivanovičs Hund auf. Andrej Ivanovič trat ans Fenster und verfiel in Nachdenken. Plötzlich fuhr etwas Großes und Dunkles an Andrej Ivanovičs Gesicht vorbei und flog zum Fenster hinaus. Es war Andrej Ivanovičs Hund, der zum Fenster hinausflog und sich, wie eine Krähe, auf dem Dach des gegenüberliegenden Hauses niederließ. Andrej Ivanovič ging in die Hocke und fing an zu heulen. Zur Tür hereingestürzt kam Genosse Popugaev.

– Was haben Sie? Sind Sie krank? – fragte Genosse Popugaev.

Andrej Ivanovič schwieg und rieb sich das Gesicht mit beiden Händen.

Genosse Popugaev warf einen Blick in das Glas, das auf dem Tisch stand.

– Was haben Sie sich da eingeschenkt? – fragte er Andrej Semënovič.

– Ich weiß es nicht, – sagte Andrej Semënovič. Popugaev war im Augenblick verschwunden. Der Hund kam zum Fenster hereingeflogen, legte sich an seinen alten Platz und schlief ein.

Andrej Semënovič ging zum Tisch und trank aus dem Glas mit dem schwarzgefärbten Wasser. Und ihm wurde hell ums Herz.

21. August

Durchnäßt vom Regen, zitterte Sikorskij und klopfte an das Gartentor. Man öffnete ihm nach zwanzig Minuten. Sikorskij bat um ein Nachtlager. Man ließ ihn ein, doch nur unter der Bedingung, daß er bei Tagesanbruch wieder ginge.
Bei Tagesanbruch ging Sikorskij und verspürte, beim Aufscheinen der aufgehenden Sonne und des aufstehenden Grases, einen Schwall neuer Kräfte.

21. August

Kulygin steckte den Arm bis an den Ellbogen Marija Timofeevna in den Mund. Marija Timofeevna rülpste laut.
Kulygin wollte den Arm wieder herausziehen, aber Marija Timofeevnas Schlund hatte sich verengt, und Kulygin war gefangen.

ENTWAFFNET

ODER

FEHLSCHLAG DER LIEBE

TRAGISCHES VAUDEVILLE
IN EINEM AKT

Lev Markovič *springt auf die Dame zu* Bitte!

Dame *wehrt mit den Händen ab* Lassen Sie mich!

Lev Markovič *springt die Dame an* Ach bitte!

Dame *stößt mit den Beinen* Gehen Sie!

Lev Markovič *grabscht mit den Händen* Nur ein Mal!

Dame *stößt mit den Beinen* Fort! Fort!

Lev Markovič Nur einen Schuß!

Dame *stößt unartikulierte Laute aus, die »nein« bedeuten.*

Lev Markovič Einen Schuß! Nur einen Schuß!

Dame *verdreht die Augen.*

Lev Markovič *beeilt sich, greift nach seinem Instrument und kann es auf einmal nicht finden.*

Lev Markovič Augenblick! *Sucht überall mit den Händen* Was zum Ttteufel!

Dame *betrachtet Lev Markovič erstaunt.*

Lev Markovič Ist das eine Geschichte!

Dame Was ist denn passiert?

Lev Markovič Hm ... *Schaut verlegen nach allen Seiten.*

Vorhang

ÜBER SCHEIN UND SEIN

NR. 1

Der Maler Michel Angelo setzt sich auf einen Haufen Ziegel und beginnt, den Kopf in die Hände gestützt, zu denken. Da kommt ein Hahn des Wegs und schaut den Maler Michel Angelo aus seinen runden goldfarbenen Augen an. Schaut ihn an und zwinkert nicht. Da hebt der Maler Michel Angelo den Kopf und sieht den Hahn. Der Hahn wendet kein Auge von ihm, zwinkert nicht und bewegt auch den Schwanz nicht. Der Maler Michel Angelo senkt die Augen und bemerkt, daß ihn in den Augen etwas zwickt. Der Maler Michel Angelo reibt sich die Augen. Und der Hahn steht nicht mehr da, steht nicht mehr da, sondern geht, geht hinter die Scheune, hinter die Scheune in den Hühnerstall zu seinen Hühnern.

Und der Maler Michel Angelo erhebt sich von dem Ziegelhaufen, klopft sich den roten Ziegelstaub aus den Hosen, wirft den Riemen beiseite und geht zu seiner Frau.

Die Frau des Malers Michel Angelo ist groß, sehr groß, groß wie zwei Zimmer.

Unterwegs begegnet der Maler Michel Angelo Komarov, er faßt ihn an den Händen und ruft: »Sieh mal!«

Komarov schaut hin und sieht einen Ball.

»Was ist das?« – flüstert Komarov.

Und aus dem Himmel grollt es: »Das ist ein Ball.«

»Was denn für ein Ball?« – flüstert Komarov.

Und aus dem Himmel ein Grollen: »Ein Ball von glatter Oberfläche!«

Komarov und der Maler Michel Angelo setzen sich ins Gras und sitzen im Gras wie die Pilze. Sie halten einander an den Händen und schauen in den Himmel. Am Himmel zeichnet sich ein riesenhafter Löffel ab. Was soll das? Niemand hat je so etwas gesehen. Die Menschen fangen an zu laufen und verkriechen sich in ihren Häusern.

Sie verrammeln Türen und Fenster. Aber hilft das? Von wegen! Nichts hilft es.

Ich erinnere mich, im Jahre 1884 zeigte sich am Himmel ein gewöhnlicher Komet von der Größe eines Dampfschiffs. Es war schrecklich. Aber hier ein Löffel! Was ist ein Komet gegen eine solche Erscheinung.

Fenster und Türen verrammeln!

Kann das helfen? Gegen eine Himmelserscheinung schützt dich kein Brett.

Bei uns im Hause wohnte Nikolaj Ivanovič Stupin, er hat eine Theorie, derzufolge ist alles – Rauch. Meiner Meinung nach ist nicht alles Rauch. Vielleicht gibt es gar keinen Rauch. Vielleicht gibt es gar nichts. Es gibt nur eine Einteilung. Aber vielleicht gibt es nicht einmal diese Einteilung. Schwer zu sagen.

Es wird erzählt, ein berühmter Maler betrachtete einen Hahn. Er betrachtete, betrachtete ihn und kam zu der Überzeugung, daß es diesen Hahn nicht gebe.

Der Maler erzählte das seinem Freund, aber der Freund lachte bloß. Wieso soll es ihn nicht geben, sagt er, wenn er hier vor dir steht und ich ihn, sagt er, deutlich sehe.

Der große Maler senkte den Kopf und setzte sich, so wie er dastand, auf einen Haufen Ziegel.

Aus

Daniil Dandan
18. September 1934

ÜBER SCHEIN UND SEIN

NR. 2

Hier ist eine Flasche Vodka, eine so genannte Spirituose. Daneben sehen sie Nikolaj Ivanovič Serpuchov.
Der Flasche entsteigen alkoholische Dämpfe. Schauen Sie, wie Nikolaj Ivanovič Serpuchov durch die Nase atmet. Sehen Sie, wie er sich die Lippen leckt und wie er genüßlich die Augen schließt. Es geht ihm sichtlich gut, vor allem wegen der Spirituose.
Aber beachten Sie, daß im Rücken von Nikolaj Ivanovič nichts ist. Nicht, daß dort ein Schrank, eine Kommode oder sonst irgendetwas stünde, nichts, absolut nichts ist da, nicht einmal Luft. Ob Sie es glauben oder nicht, aber im Rücken von Nikolaj Ivanovič ist nicht einmal luftleerer Raum oder, wie man sagt, der Äther des Weltraums. Ganz offen gesagt – nichts.
Das kann man sich natürlich unmöglich vorstellen.
Aber das kümmert uns einen feuchten Dreck, uns interessieren nur die Spirituose und Nikolaj Ivanovič Serpuchov.
Nun greift Nikolaj Ivanovič nach der Flasche mit der Spirituose und führt sie an die Nase. Nikolaj Ivanovič riecht daran und bewegt den Mund wie ein Kaninchen.
Jetzt ist es an der Zeit zu sagen, daß nicht nur im Rücken von Nikolaj Ivanovič nichts ist, sondern auch vor ihm, sozusagen vor seiner Nase und überhaupt rings um ihn her ist nichts. Völlige Abwesenheit jeglichen Seins oder, wie einmal gewitzelt wurde, Abwesenheit jeglicher Anwesenheit.
Wir interessieren uns jedoch weiter nur für die Spirituose und Nikolaj Ivanovič.
Stellen Sie sich vor, Nikolaj Ivanovič wirft einen Blick ins Innere der Flasche mit der Spirituose, führt sie an die Lippen, stürzt die Flasche und trinkt, stellen Sie sich vor, die ganze Spirituose aus.
Gekonnt! Nikolaj Ivanovič hat die Spirituose ausgetrunken und mit

den Augen geklimpert. Gekonnt war das! Wie hat er das geschafft! Wir aber müssen hier folgendes sagen: offen gestanden, nicht nur im Rücken von Nikolaj Ivanovič oder vor ihm und um ihn herum war nichts, auch im Innern von Nikolaj Ivanovič war nichts, hat es nichts gegeben.

Das mag natürlich so gewesen sein, wie wir eben sagten, und dennoch hat Nikolaj Ivanovič bei alledem fröhlich anwesend sein können. Das stimmt. Aber ehrlich gesagt, der Witz ist, daß es Nikolaj Ivanovič gar nicht gegeben hat und auch nicht gibt. Das ist der Witz.

Sie werden fragen: und was ist mit der Flasche mit der Spirituose? Vor allem, wo ist die Spirituose hin, wenn der nicht existierende Nikolaj Ivanovič sie ausgetrunken hat? Die Flasche, angenommen, ist noch da. Aber wo ist die Spirituose? Eben war sie noch da, und auf einmal ist sie weg. Es gibt doch keinen Nikolaj Ivanovič, sagen Sie. Also wie ist das denn nun?

Hier verlieren selbst wir uns in Vermutungen.

Übrigens, was reden wir denn da? Wir hatten doch gesagt, daß es innerhalb wie außerhalb von Nikolaj Ivanovič nichts gebe. Aber wenn es weder innen noch außen etwas gibt, dann gibt es auch die Flasche nicht. Oder nicht?

Aber beachten Sie andererseits bitte folgendes: wenn wir sagen, daß es weder innen noch außen etwas gebe, so ergibt sich die Frage: Innerhalb oder außerhalb wovon? Irgend etwas gibt es doch offenbar trotzdem? Aber vielleicht auch nicht. Warum sagen wir dann aber »innerhalb« und »außerhalb«?

Nein, das ist eindeutig eine Sackgasse. Und wir wissen selber nicht, was wir sagen sollen.

Auf Wiedersehen.

Aus

Daniil Dandan
18. September 1934

ÜBER DAS GLEICHGEWICHT

Heutzutage weiß jeder, wie gefährlich es ist, Steine zu verschlucken. Einer meiner Bekannten hat sogar den Ausdruck geprägt: »Stibiu«, was bedeutet: »Stein im Bauch ist ungesund.« Und das trifft. »Stibiu« ist leicht zu merken und fällt einem, wenn man es braucht, sofort ein.

Angestellt war dieser Bekannte als Heizer bei der Eisenbahn. Manchmal fuhr er die Nordroute, manchmal nach Moskau. Er hieß Nikolaj Ivanovič Serpuchov und rauchte die Zigarettenmarke »Raketa«, 35 Kopeken die Schachtel, er sagte immer, von ihnen müsse er weniger husten, an den Fünfrubelzigaretten, sagte er, ersticke ich.

Nun geschah es, daß Nikolaj Ivanovič einmal ins Hotel »Europa« geriet, ins Restaurant des Hotels. Sitzt mein Nikolaj Ivanovič an seinem Tischchen, und am Nachbartisch sitzen irgendwelche Ausländer und fressen Äpfel. Da sagte Nikolaj Ivanovič zu sich selbst: »Interessant, – sagte Nikolaj Ivanovič zu sich selbst, – wie der Mensch gebaut ist.«

Und kaum hatte er das zu sich selbst gesagt, erscheint vor ihm aus dem Irgendwo eine Fee und sagt:

– Was willst du, guter Mensch?

Und natürlich entsteht im Restaurant Bewegung, woher kommt auf einmal diese unbekannte kleine Dame. Die Ausländer hörten sogar mit dem Äpfelfressen auf.

Auch Nikolaj Ivanovič war der Schrecken in die Glieder gefahren, und er sagt einfach so, sagt, nur um sich herauszuwinden:

– Entschuldigen Sie, – sagt er, – ich brauche im Moment gar nichts Besonderes.

– Nicht doch, – sagt die unbekannte kleine Dame, – ich, – sagt sie, – ich bin, was man eine Fee nennt. Ich zaubere dir im Handumdrehen alles, was du willst.

Aber da sieht Nikolaj Ivanovič, wie ein Bürger im grauen Anzug ihrem Gespräch aufmerksam zu lauschen beginnt. Und zur offenen Tür herein kommt der Oberkellner, gefolgt von irgendeinem Subjekt mit einem Zigarettenstummel im Mundwinkel.

»Ach zum Teufel! – denkt Nikolaj Ivanovič. – Wer weiß, was jetzt passiert.«

Und wirklich, es passiert wer weiß was. Der Oberkellner springt von Tisch zu Tisch, die Ausländer rollen die Teppiche zusammen, und überhaupt, der Teufel weiß was! jeder, was ihm einfällt, jeder, wozu er Lust hat!

Nikolaj Ivanovič stürzte auf die Straße, ließ sogar die Mütze in der Garderobe hängen, lief zur Lassalle-Straße und sagte zu sich selbst: »Stibiu! Stein im Bauch ist ungesund! Was auf Erden nicht alles passiert!«

Und als er nach Hause kam, sagte Nikolaj Ivanovič zu seiner Frau folgendes:

– Erschrecken Sie nicht, Ekaterina Petrovna, und regen Sie sich nicht auf. Es gibt nur gar kein Gleichgewicht in der Welt. Und der Fehler ist, auf anderthalb Kilo das ganze Universum, und doch – es ist erstaunlich, Ekaterina Petrovna, es ist einfach erstaunlich!

Aus

Daniil Dandan
18. September 1934

DER UNTERSCHIED ZWISCHEN MANN UND FRAU

DER EHEMANN Eben habe ich meine Tochter verprügelt, und jetzt verprügle ich meine Frau.

FRAU UND TOCHTER *hinter der Tür* Bä-bä-bä-bä-bä! Mä-mä-mä-mä-mä!

EHEMANN Ivan! Kammerdiener Ivan!

Ivan kommt herein. Ivan hat keine Arme.

IVAN Sie wünschen?

EHEMANN Wo sind deine Arme, Ivan?

IVAN Im Krieg verloren im Feuer der Schlacht!

DER SÜNDENFALL
ODER
DIE ERKENNTNIS DES GUTEN UND DES BÖSEN
DIDASKALIE

Eine Allee schön beschnittener Bäume stellt den Garten des Paradieses dar. In der Mitte der Baum des Lebens und der Baum der Erkenntnis. Vorn rechts eine Kirche.

FIGURA *zeigt mit der Hand auf den Baum.* Das ist der Baum der Erkenntnis des Guten und Bösen. Ihr sollt essen die Früchte von allerlei Bäumen, aber von diesem Baum sollt ihr nicht essen. *Geht in die Kirche.*

ADAM *zeigt mit der Hand auf den Baum* Das ist der Baum der Erkenntnis des Guten und Bösen. Wir werden die Früchte essen von allerlei Bäumen, aber von diesem Baum werden wir nicht essen. Eva, warte hier auf mich, ich gehe Himbeeren pflücken. *Geht ab.*

EVA Das ist der Baum der Erkenntnis des Guten und Bösen. Adam hat mir verboten, die Früchte von diesem Baum zu essen. Ich würde aber schon gern wissen, wie sie schmecken.

Hinter dem Baum hervor tritt Meister Leonardo.

MEISTER LEONARDO Eva! Ich komme zu dir, Eva!

EVA Aber Meister Leonardo, sage mir, wozu?

MEISTER LEONARDO Du bist so schön mit deiner weißen Haut und deinem vollen Busen, ich will mich kümmern um dein Wohlergehen.

EVA Gebs Gott.

MEISTER LEONARDO Weißt du, Eva, ich liebe dich.

EVA Weiß ich denn, was das ist?

MEISTER LEONARDO Du weißt es nicht?

EVA Woher denn?

MEISTER LEONARDO Du machst mich staunen, Eva.

EVA Oh, sieh mal, wie komisch der Fasan auf der Fasanin reitet!

MEISTER LEONARDO Das ist genau dasselbe.

EVA Was, dasselbe?

MEISTER LEONARDO Wie die Liebe.

EVA Dann ist das sicher komisch. Also was? Willst du auch auf mir reiten?

MEISTER LEONARDO Ja, aber du darfst es Adam nicht sagen.

EVA Ich werde ihm nichts sagen.

MEISTER LEONARDO Ich sehe, du bist in Ordnung.

EVA Ja, ich bin ein fixes Weib.

MEISTER LEONARDO Und du liebst mich?

EVA Ja, ich habe nichts dagegen, daß du mit mir auf dem Rücken durch den Garten spazierenreitest.

MEISTER LEONARDO Setz dich auf meine Schultern.

Eva sitzt auf, und Meister Leonardo hüpft mit ihr in den Garten davon. Adam kommt zurück, eine Schirmmütze voller Himbeeren in der Hand.

ADAM Eva? Wo bist du? Magst du Himbeeren? Eva? Wo ist die denn hin? Ich gehe sie suchen. *Geht ab.*

Eva erscheint, auf Meister Leonardo reitend.

EVA *sitzt ab* So, vielen Dank. Es war sehr schön.

MEISTER LEONARDO Und jetzt probierst du diesen Apfel.

EVA Wo denkst du hin! Von diesem Baum darf man die Früchte nicht essen.

MEISTER LEONARDO Eva, hör zu! Ich kenne seit langem alle Geheimnisse des Paradieses. Ich könnte dir einiges erzählen.

Eva Erzähl, ich höre.

Meister Leonardo Und wirst du auf mich hören?

Eva Ja, und ich werde dich in nichts enttäuschen.

Meister Leonardo Und du wirst mich auch nicht verraten?

Eva Nein, glaube mir ruhig.

Meister Leonardo Und wenn auf einmal alles auffliegt?

Eva Nicht durch mich.

Meister Leonardo Also gut, ich glaube dir. Du hast eine gute Schule besucht. Ich habe Adam gesehen, er ist sehr dumm.

Eva Er ist ein bißchen grob.

Meister Leonardo Er hat keine Ahnung. Er ist wenig herumgekommen in der Welt und hat nichts gesehen. Ihn hat man dumm gehalten. Und dasselbe macht er jetzt mit dir.

Eva Wie das?

Meister Leonardo Er verbietet dir, von diesem Baum zu essen. Dabei schmecken die Früchte von diesem Baum am besten. Und wenn du von ihnen gegessen hast, wirst du auf der Stelle sehen, was gut ist und was böse. Du wirst auf der Stelle sehr viel erfahren und klüger sein als Gott selbst.

Eva Das ist möglich?

Meister Leonardo Ich sage dir doch, es ist möglich.

Eva Also ich weiß wirklich nicht, was ich tun soll.

Meister Leonardo Iß diesen Apfel! Iß! Iß! Iß!

Adam erscheint, die Schirmmütze in der Hand.

Adam Ach, hier bist du, Eva? Und wer ist das?

Meister Leonardo verkriecht sich im Gebüsch.

Adam Wer war das ?

Eva Das war mein Freund, Meister Leonardo.

Adam Und was hat er gewollt?

EVA Er hat mich auf den Schultern reiten lassen und ist mit mir durch den Garten gelaufen. Ich habe schrecklich gelacht.

ADAM Und weiter habt ihr nichts getan?

EVA Nein.

ADAM Und was hast du da in der Hand?

EVA Das ist ein Apfel.

ADAM Von welchem Baum?

EVA Von dem da.

ADAM Nein, du lügst, er ist von dem.

EVA Nein, von dem.

ADAM Du lügst doch?

EVA Ehrenwort, ich lüge nicht.

ADAM Also gut, ich glaube dir.

DIE SCHLANGE *auf dem Baum der Erkenntnis des Guten und des Bösen sitzend* Sie lügt. Glaub ihr nicht. Der Apfel ist von diesem Baum.

ADAM Wirf den Apfel weg. Betrügerin!

EVA Nein, du bist sehr dumm. Wir müssen doch probieren, wie er schmeckt.

ADAM Eva! Schau mal!

EVA Da gibt es nichts zu schauen!

ADAM Also, wie du meinst.

Eva beißt ein Stück von dem Apfel ab. Die Schlange klatscht vor Vergnügen in die Hände.

EVA Ach, der schmeckt! Aber was ist das? Du verschwindest und erscheinst wieder! Oh! Alles verschwindet und erscheint wieder von irgendwoher. Oh, wie interessant! Ui! Ich bin nackt! Adam, komm näher, komm zu mir, ich will auf dir reiten.

ADAM Was ist?

EVA Hier, iß du auch von diesem Apfel!

ADAM Ich habe Angst.

EVA Iß! Iß!

Adam beißt ein Stück von dem Apfel ab und bedeckt sich sofort mit der Schirmmütze.

ADAM Ich schäme mich!

Aus der Kirche kommt figura.

FIGURA Du, Mensch, und du, Menschenfrau, ihr habt gegessen die verbotene Frucht. Und deshalb raus aus meinem Garten! *Geht zurück in die Kirche.*

ADAM Wo sollen wir jetzt hin?

EVA Wir gehen nirgendwohin.

Es erscheint der Engel mit dem Flammenschwert und vertreibt sie aus dem Paradies.

ENGEL Raus! Raus! Raus!

MEISTER LEONARDO *kommt hinter dem Gebüsch hervor* Raus, raus! Raus, raus! *Winkt.* Den Vorhang bitte!

Vorhang

Dandan
27. September 1934

Also trat der Kommandeur des Wehrbezirks auf seine Frau zu, küßte sie auf den Mund, tätschelte ihr den Hals und bestieg sein Pferd.
– Auf Wiedersehen! – rief der Kommandeur des Wehrbezirks und ritt davon.
Am Abend kam der Kommandeur des Wehrbezirks zurück. Wieder küßte er seine Frau auf den Mund, tätschelte ihr den Hals und legte sich schlafen.
In der Nacht verstarb ganz unverhofft die Frau des Kommandeurs.
Am Morgen erwachte der Kommandeur des Wehrbezirks, und als er seine Frau tot sah, sprang er voll Entsetzen aus dem Bett.

Aber der Maler setzte das Aktmodell auf den Tisch und drückte ihm die Beine auseinander. Die junge Frau leistete kaum Gegenwehr und schlug nur die Hände vor das Gesicht.
Die Amonova und die Strachova sagten, man hätte die junge Frau erst ins Bad bringen und zwischen den Beinen waschen sollen, denn wie sie röche, sei einfach widerwärtig. Die junge Frau wollte aufspringen, aber der Maler hielt sie fest und bat sie, nicht darauf zu achten, sondern sitzenzubleiben, wie er sie hingesetzt hatte.
Die junge Frau, die nicht wußte, was sie tun sollte, setzte sich wieder. Der Maler und die Malerinnen begaben sich an ihre Plätze und begannen, das Modell zu zeichnen. Die Petrova sagte, das Modell sei sehr verführerisch, aber die Strachova und die Amonova erklärten, sie sei zu dick und ordinär. Zolotogromov sagte, eben das mache sie so verführerisch, aber die Strachova sagte, sie sei einfach widerwärtig und alles andere als verführerisch. »Schaut doch nur, – sagte die Strachova, – pfui! Es rinnt aus ihr, direkt auf das Tuch. Was ist verführerisch daran, wenn ich bis hierher rieche, wie sie riecht.« Die Petrova sagte, das sei ein Beweis ihrer weiblichen Stärke. Die Abelfar errötete und pflichtete dem bei. Die Amonova sagte, so etwas habe sie noch nie gesehen, die junge Frau müsse den Punkt der höchsten Erregung erreicht haben, sonst könne es nicht so rinnen. Die Petrova sagte, dieser Anblick könne selbst sie erregen, und Zolotogromov sei sicher schon erregt. Zolotogromov bejahte, die junge Frau mache einen starken Eindruck auf ihn. Abelfar saß, hochrot im Gesicht, und atmete schwer. »Aber die Luft im Raum wird unerträglich!« – sagte die Strachova. Abelfar rutschte auf dem Stuhl hin und her, sprang auf und ging hinaus. »Seht ihr, – sagte die Petrova, – da habt ihr das Ergebnis weiblicher Verführungskunst. Sie wirkt sogar auf Damen. Abelfar geht hinaus, um sich wieder in Ordnung zu bringen. Ich spüre, mir wird es bald genauso ergehen.« – »Seht ihr, – sagte

die Amonova, – das ist unser Vorteil, der Vorteil der mageren Frauen. Bei uns ist immer alles in Ordnung, ihr und Abelfar seid dick, also müßt ihr immer auf euch aufpassen.« – »Aber, – sagte Zolotogromov, – die Üppigkeit der Formen und eine gewisse Unreinlichkeit werden bei Frauen doch gerade besonders geschätzt.«

Der Maler setzte sich in den Hängekorb und sagte:
– Bis zu dem Sims da hochziehen und dann stopp.
Petrov und Komarov nahmen das Seil.
– Los! – sagte der Maler, und der Hängekorb machte einen Satz in die Höhe.
Der Maler stieß sich mit den Füßen von der Hausmauer ab. Der Korb mit dem Maler segelte durch die Luft und flog wieder auf die Hausmauer zu. Der Maler stieß sich wieder von der Hausmauer ab. Petrov und Komarov zogen das Seil. Mal Petrov, mal Komarov. Während der eine zog, hielt der andere für alle Fälle das freie Seilende.
Der Maler stieg höher und höher.
Im ersten Stock war eine Kooperative.
Der Maler hatte das Ladenschild erreicht und stemmte sich mit einem Fuß gegen den Buchstaben O.
In diesem Augenblick hängte sich Komarov an das Seil, und der Korb mit dem Maler hing vor dem Fenster im zweiten Stock. Der Maler zog die Füße ein, um nicht in die Fensterscheibe zu treten, aber in diesem Augenblick hängte sich Petrov an das Seil, und der Maler schwebte vor einem Stück Mauer zwischen dem zweiten und dritten Stock. An der Mauer stand mit Kreide geschrieben: »Vanja ist doof und Nataška eine blöde Gans!«
– Sieh mal an! – sagte der Maler und schüttelte den Kopf. – Bis hier hoch sind sie gekommen, die Teufel!
Aber da hängte sich Komarov an das Seil, und der Maler sah vor sich ein offenes Fenster und durch das Fenster ein Zimmer. In dem Zimmer standen zwei Menschen, einer mit Jackett, der andere offenbar ohne Jackett. Der mit Jackett hielt den gepackt, der offenbar ohne Jackett war, und würgte ihn. Aber in diesem Augenblick hängte sich Petrov an das Seil, und der Maler sah vor sich das rostige Gesims.

– Halt! – rief der Maler. – Zurück!

Petrov und Komarov drehten die Köpfe nach oben und schauten den Maler an.

– Was glotzt ihr so! Runter! Schnell! Da in dem Fenster wird jemand erwürgt! – rief der Maler und trat mit dem Fuß in ein offenes Fenster.

Petrov und Komarov beeilten sich und hingen jetzt zu zweit am Seil. Der Maler flog direkt in den vierten Stock, wobei er mit dem einen Bein schmerzhaft gegen das Gesims gestoßen wurde.

– Runter, ihr Teufel! – rief der Maler über die ganze Straße hinweg.

Petrov und Komarov hatten offenbar begriffen, worum es ging, und ließen ein wenig nach. Der Korb senkte sich nach unten. Auf der Straße sammelte sich eine Menschenmenge.

Der Maler beugte sich nach vorn und warf einen Blick in das Zimmer. Der Mensch ohne Jackett lag am Boden, während der Mensch mit Jackett rittlings auf ihm saß und darin fortfuhr, ihn zu würgen.

– Was machst du da? – rief der Maler ihn an. Der Mann mit Jackett drehte sich nicht einmal nach ihm um und fuhr fort, den Mann ohne Jackett zu würgen.

– Was gibts da oben? – riefen Petrov und Komarov von unten.

– Hier wird jemand erwürgt! – rief der Maler. – Aber warte, dich hab ich gleich!

Mit diesen Worten kletterte der Maler aus dem Korb und sprang in das Zimmer.

Der erleichterte Korb schaukelte zur Seite, schlug gegen die Hausmauer, flog von dem Haus weg und segelte mit Schwung gegen das Wasserabflußrohr.

In dem Rohr fing etwas an zu rauschen, zu klopfen, zu kollern, zu rollen und zu rinnen.

Das Volk lief unter Geschrei zur Straßenmitte. Und aus dem Abflußrohr sprangen drei kleine Dachziegelsplitter aufs Trottoir.

Das Volk näherte sich wieder dem Haus.

Petrov und Komarov hielten immer noch das Seil fest und zeigten,

wie sie den Maler hochgezogen hatten, wie der Maler gerufen hatte, ihn herunterzulassen, und wie ein Mensch einen anderen erwürgt.
Die Leute in der Menge machten Ach und Och, schauten nach oben, und schließlich wurde beschlossen, daß man dem Maler irgendwie helfen müsse.
Ein Mensch mit einem Strohhut bot seine Hilfe an und sagte, daß er an dem Abflußrohr hochklettern könne, und sei es bis ans Ende der Welt.
Ein altes Frauchen mit kleinem Gesicht und einer so großen Nase, daß man sie nur mit zwei Händen hätte greifen können, forderte, alle Ganoven der Miliz zu übergeben und ihnen den Paß zu entziehen, damit sie endlich wüßten, was es heißt, andere zu quälen.
Petrov und Komarov, immer noch das Seil haltend, sagten:
– Der entkommt uns nicht! Jetzt nicht mehr! Witzbold!
In diesem Augenblick stürzte aus dem Haustor der Hauswart mit einer riesigen zottigen Pelzmütze, im blauen Unterhemd und roten Gummigaloschen, die über zerlumpte Filzstiefel gezogen waren. Mit dem Schrei: »Was ist hier passiert?« lief er auf Petrov und Komarov zu.
Man erklärte dem Hauswart, daß im vierten Stock, hier in dem Haus, ein Mensch einen anderen erwürge.
– Mir nach! – rief der Hauswart und stürzte auf die Paradetreppe zu. Die Menge drängte ihm nach.
Petrov und Komarov banden das Seilende an einen Holzpflock, der aus der Erde ragte, und verschwanden mit den Worten: »Nein, Bruderherz, nein, uns entkommst du nicht!« ebenfalls auf der Paradetreppe.
Auf dem Treppenabsatz des vierten Stocks angekommen, blieb der Hauswart eine Sekunde lang stehen und rannte plötzlich zu der Tür, an der ein Schild hing mit der Aufschrift: »Wohnung Nr. 8. 8mal klingeln.« Und unter diesem Schild hing ein anderes, auf dem geschrieben stand: »Klingel funktioniert nicht. Bitte klopfen.«
Eigentlich war an der Tür auch gar keine Klingel.

Der Hauswart stand auf einem Fuß mit dem Rücken zur Tür, mit dem anderen machte er sich daran, gegen die Tür zu wummern.
Das Volk drängte sich auf dem Treppenabsatz eine halbe Treppe tiefer und beobachtete von dort den Hauswart. Der Hauswart hämmerte mit dem Fuß so heftig gegen die Tür, und die rote Gummigalosche blitzte so schnell vor und zurück, daß der Alten mit der langen Nase schwindlig wurde.
Aber die Tür öffnete sich nicht.
Der Mensch mit dem Strohhut sagte, er würde mit einem bloßen Nagel jedes beliebige Schloß öffnen.
Aber die Alte mit der langen Nase sagte, die Türschlösser würden heutzutage so schlecht gemacht, daß es Einbrecher keine Mühe kostete, sie einfach mit den Fingernägeln zu öffnen und wieder zu schließen.
Da sagte ein junger Mensch mit einer Umhängetasche, aus der eine Kerze und der Schwanz eines gepökelten Fischs herausragten, ein französisches Schloß sei am leichtesten zu öffnen, wenn man mit dem Hammer gegen den Rücken haut. Dann kracht der gußeiserne Kasten, und das Schloß geht von selber auf.
Ein Stockwerk tiefer erklärten Petrov und Komarov sich gegenseitig, wie der Maler zum Fenster eingestiegen war und wie man einen Menschen packt, wenn er ein Jagdgewehr in der Hand hält, das mit grobem Schrot geladen ist.
Der Hauswart fuhr damit fort, mit dem Fuß gegen die Tür zu wummern.
– Nein, er macht nicht auf, – sagte der Hauswart und drehte die Pelzmütze auf dem Kopf mit dem Rücken nach vorn.

EIN RITTER

Aleksej Alekseevič Alekseev war ein wahrer Ritter. Einmal, zum Beispiel, als er aus dem Straßenbahnfenster sah, wie eine Dame über den Bordstein stolperte und aus ihrer Handtasche ein gläserner Lampenschirm fiel, der auf der Stelle zu Bruch ging, beschloß Aleksej Alekseevič, weil er dieser Dame helfen wollte, sich selbst aufzuopfern, er sprang während der Fahrt von der Straßenbahn ab, stürzte und schlug sich am Straßenpflaster die Fresse auf. Ein andermal, als er sah, wie eine Dame über einen Zaun kletterte und dabei mit dem Rock an einem Nagel hängenblieb, so daß sie, rittlings auf dem Zaun sitzend, weder vor noch zurück konnte, erregte sich Aleksej Alekseevič dermaßen, daß er sich vor Aufregung mit der Zunge die beiden vorderen Schneidezähne eindrückte. Mit einem Wort, Aleksej Alekseevič war der ritterlichsten Ritter einer, und nicht nur den Damen gegenüber. Mit unerhörter Leichtigkeit war er bereit, sein Leben zu opfern für Glauben, Zar und Vaterland, was er im Jahre 14 bewies, bei Ausbruch des deutschen Krieges, als er mit dem Ruf »Für die Heimat« aus einem Fenster im dritten Stock auf die Straße gestürzt war. Wie durch ein Wunder war Aleksej Alekseevič am Leben geblieben, er trug nur ein paar Schrammen davon und wurde alsbald, als derart selten-eifriger Patriot, an die Front geschickt.

An der Front zeichnete sich Aleksej Alekseevič durch unerhört erhabene Gefühle aus, und jedesmal, wenn er die Worte »Fahne«, »Fanfare« oder auch nur »Epauletten« aussprach, lief ihm eine Träne der Rührung über das Gesicht.

Im Jahre 16 wurde Aleksej Alekseevič an den Lenden verwundet und von der Front entfernt.

Als Invalide der 1. Kategorie brauchte Aleksej Alekseevič nicht zu dienen und nutzte die freie Zeit, um seine patriotischen Gefühle dem Papier anzuvertrauen.

Einmal, im Gespräch mit Konstantin Lebedev, sagte Aleksej Alekseevič seinen Lieblingssatz: »Ich habe für die Heimat gelitten und meine Lenden für sie geopfert, aber ich existiere kraft der Überzeugung meines hinteren Unterbewußtseins.«

– Schöner Dummkopf! – sagte darauf Konstantin Lebedev zu ihm. – Den höchsten Dienst erweist dem Vaterlande nur der *Liberale.*

Aus irgendeinem Grunde fielen diese Worte Aleksej Alekseevič tief ins Herz, und so bezeichnete er sich im Jahre 17 bereits als *Liberalen, der seine Lenden für das Vaterland geopfert hatte.*

Die Revolution begrüßte Aleksej Alekseevič mit Begeisterung, ungeachtet sogar der Tatsache, daß er von nun an keine Pension mehr bekam. Eine Zeitlang versorgte ihn Konstantin Lebedev mit Rohrzucker, Schokolade, konserviertem Speck und Weizengries. Aber als Konstantin Lebedev plötzlich, niemand weiß wohin, verschwunden war, sah sich Aleksej Alekseevič gezwungen, auf die Straße zu gehen und um Almosen zu bitten. Anfangs streckte Aleksej Alekseevič die Hand aus und sagte: »Bitte eine milde Gabe um Christi willen für einen, der seine Lenden für die Heimat geopfert hat.« Aber das zog nicht. Da ersetzte Aleksej Alekseevič das Wort »Heimat« durch das Wort »Revolution«. Aber das zog auch nicht. Da verfaßte Aleksej Alekseevič ein revolutionäres Lied, und wenn er auf der Straße einen Menschen gewahrte, der nach Meinung von Aleksej Alekseevič imstande war, ein Almosen zu geben, trat er einen Schritt vor und begann stolz, würdevoll den Kopf in den Nacken geworfen, zu singen:

Auf die Barrikaden
Laßt uns alle ziehn!
Für die Freiheit schlagen
Wir zum Krüppel uns, und sind alle hin!

Und keck wie ein Pole mit dem Stiefelabsatz aufstampfend, hielt Aleksej Alekseevič die Mütze auf und sagte: »Bitte ein Almosen um Christi willen.« Das half, und Aleksej Alekseevič war von nun an selten ohne Mahlzeit.

Alles ging gut, aber da lernte Aleksej Alekseevič im Jahre 22 einen gewissen Ivan Ivanovič Puzyrëv kennen, der auf dem Heumarkt einen Handel mit Sonnenblumenöl betrieb. Puzyrëv lud Aleksej Alekseevič ins Café ein, spendierte ihm echten Bohnenkaffee und erläuterte ihm, Torte mampfend, irgendein kompliziertes Unternehmen, von dem Aleksej Alekseevič lediglich begriff, daß auch er etwas tun müsse, wofür er von Puzyrëv hochwertige Lebensmittel bekommen würde. Aleksej Alekseevič war einverstanden, und als Anzahlung steckte Puzyrëv ihm unter dem Tisch zwei Päckchen Tee und eine Schachtel Zigaretten Marke »Radža« zu.

Danach ging Aleksej Alekseevič allmorgendlich zu Puzyrëv auf den Markt, holte bei ihm irgendwelche Papiere mit krakeligen Unterschriften und zahllosen Stempeln ab, nahm, wenn es Winter war, den Schlitten, wenn es im Sommer geschah, den Handwagen und begab sich auf Weisung Puzyrëvs zu verschiedenen Behörden, wo er, nach Vorweisen der Papiere, irgendwelche Kisten in Empfang nahm, die er auf seinen Schlitten oder Handwagen lud und gegen Abend zu Puzyrëv in die Wohnung brachte. Aber eines Abends, als Aleksej Alekseevič seinen Schlitten zu Puzyrëvs Wohnung zog, traten zwei Männer auf ihn zu, von denen einer einen Militärmantel trug, und fragten ihn: »Heißen Sie – Alekseev?« Dann setzten sie Aleksej Alekseevič in ein Auto und fuhren ihn ins Gefängnis.

Während der Verhöre verstand Aleksej Alekseevič kein Wort und sagte immer nur, er habe für die revolutionäre Heimat gelitten. Aber dessen ungeachtet, wurde er zu 10 Jahren Verbannung in die nördlichen Teile seines Vaterlandes verurteilt. Im Jahre 28 nach Leningrad zurückgekehrt, schickte Aleksej Alekseevič sich an, seinem früheren Handwerk nachzugehen, stellte sich an die Ecke Volodarskij-Prospekt, warf würdevoll den Kopf in den Nacken, stampfte mit dem Stiefelabsatz auf und begann zu singen:

Auf die Barrikaden
Laßt uns alle ziehn!
Für die Freiheit schlagen
Wir zum Krüppel uns, und sind alle hin!

Aber er hatte das keine zweimal gesungen, als er im geschlossenen Wagen irgendwohin in Richtung Admiralität abtransportiert wurde. Hast du nicht gesehen.

Das ist die kurze Lebensgeschichte des heldenmütigen Ritters und Patrioten Aleksej Alekseevič Alekseev.

Anton Antonovič hatte sich den Bart abrasiert, und keiner seiner Bekannten erkannte ihn wieder.
– Wie denn das, – sagte Anton Antonovič, – ich bin es, Anton Antonovič. Ich habe mir nur den Bart abrasiert.
– Ja ja! – sagten die Bekannten. – Anton Antonovič hatte einen Bart, Sie haben keinen.
– Ich sage Ihnen doch: ich hatte einen Bart, aber ich habe ihn mir abrasiert, – sagte Anton Antonovič.
– Es gibt so manche, die hatten früher einen Bart! – sagten die Bekannten.
– Ich bitte Sie, was soll das, – sagte Anton Antonovič und wurde böse. – Wer bin ich denn, was meinen Sie?
– Das wissen wir nicht, – sagten die Bekannten. – Nur: Sie sind nicht Anton Antonovič.
Anton Antonovič verlor die Fassung und wußte nicht, was er machen sollte. Er ging zu den Naskakovs, doch dort empfing man ihn mit erstauntem Gesicht und fragte:
– Zu wem wollen Sie?
– Ich will zu Ihnen, Marusenka! – sagte Anton Antonovič. – Erkennen Sie mich nicht?
– Nein, – sagte Marusenka Naskakova neugierig. – Aber warten Sie: habe ich Sie nicht bei Valentina Petrovna gesehen?
– Marusja, was sagen Sie da! – sagte Anton Antonovič. – Nun schauen Sie mir doch ins Gesicht! Erkennen Sie mich jetzt?
– Warten Sie, warten Sie ... Nein, ich kann mich nicht erinnern, wer Sie sind, – sagte Marusja.
– Aber ich bin Anton Antonovič! – sagte Anton Antonovič. – Haben Sie mich jetzt erkannt?
– Nein, – sagte Marusja, – Sie wollen sich über mich lustig machen.

Vasilij Antonovič ging auf die Straße, kaufte sich einen Hut und ging in den Sommergarten.
Auf seinem Spaziergang im Sommergarten verlor Vasilij Antonovič seine Uhr. Zutiefst betrübt darüber, ging Vasilij Antonovič nach Hause, aber unterwegs bekam er nasse Füße und hatte, als er nach Hause kam, schreckliche Zahnschmerzen. Vasilij Antonovič zog sich aus und legte sich aufs Bett. Aber vor Zahnschmerzen konnte er nicht einschlafen. Vasilij Antonovič beschloß, ein Aspirin zu nehmen, nahm aber aus Versehen ein Salol. Und nachdem er sich, also, die ganze Nacht gequält hatte, stand Vasilij Antonovič am andern Morgen auf – mit einem ganz verschwollenen Gesicht.

Lykin saß am Fenster und rauchte sein Pfeifchen. Auf der Straße ging Sašin am Fenster vorüber und trug eine Melone im Arm. Als er Lykin am Fenster erblickte, blieb Sašin stehen und sagte:
– So ein Blödmann, sitzt da und raucht, während seine Frau sich mit Muchin herumtreibt.
Lykin hatte Sašins Worte gehört und beugte sich aus dem Fenster.
– He, Sie! – rief er. – Wie kommen Sie dazu, meine Frau in den Schmutz zu ziehen?
Sašin sagte:
– So ein Blödmann, tut so, als wüßte er von nichts.
– Hören Sie zu! – rief Lykin. – Kommen Sie doch einen Augenblick herein!
Sašin sagte:
– Dieser Blödmann lädt mich auch noch zu sich ins Haus. Gehen oder nicht gehen?
– Ja, ja, ja, ich flehe Sie an, kommen Sie! – rief Lykin, aus dem Fenster gebeugt.
Sašin legte die Melone an dem Flechtzaun ab und ging zu Lykin ins Haus.

Um sieben Uhr stand Nikolaj Nikolaevič auf, aß Lachs und fuhr zur Arbeit. Auf der Arbeit aß Nikolaj Nikolaevič wieder Lachs, ging in die Kaderabteilung, setzte sich aufs Fensterbrett und begann, auf die Direktoren zu schimpfen. Nachdem er sich nach Herzenslust ausgeschimpft hatte, ging Nikolaj Nikolaevič in die Produktionsabteilung und saß dort bis zur Mittagspause. Als der Lakai, zum Zeichen dessen, daß die Mittagspause gekommen war, jedem ein Glas Bier auf einem Tablett gebracht hatte, ging Nik. Nik. in die Kantine, setzte sich an einen Einzeltisch und bestellte sich Tee. Doch anstelle von Tee brachte man ihm Kaffee und Quark, und Nik. Nik. stand empört von seinem Tisch auf und ging, laut aufstampfend, ins Treppenhaus hinaus. Auf der Treppe zog es von überall, so daß N. N. auf die Toilette ging. Dort drehte er sich am offenen Fensterchen eine Zigarette und rauchte. Da kam Andrej Karlovič in die Toilette und wollte, da er Nikolaj Nikolaevič nicht bemerkt hatte, tun, weshalb er hergekommen war.

GESCHICHTE

Abram Demjanovič Pantopasov schrie laut auf und preßte sich das Taschentuch vor die Augen. Aber zu spät. Asche und weicher Staub hatten Abram Demjanovič die Augen verklebt. Seitdem taten Abram Demjanovič die Augen weh, bedeckten sich nach und nach mit ekelhaften Schwären, und Abram Demjanovič wurde blind.

Der blinde Invalide Abram Demjanovič wurde entlassen und auf eine Elendsrente von 36 Rubel monatlich gesetzt.

Es ist völlig klar, daß Abram Demjanovič dieses Geld zum Leben nicht reichte. Das Kilo Brot kostete einen Rubel zehn Kopeken, und das Bund Lauch auf dem Markt 48 Kopeken.

So ging der Invalide der Arbeit immer öfter an die Müllgruben.

Schwer war es für den Blinden, unter all den Schalen und Abfällen etwas Eßbares zu finden.

Und auf einem fremden Hof die Müllgrube zu finden ist auch nicht leicht. Mit den Augen sehen konnte er sie nicht, und fragen: Wo ist hier bitte die Müllgrube – war irgendwie peinlich.

Blieb also nur die Nase.

Gewisse Müllgruben stinken dermaßen, daß man sie auf eine Verst weit hört, andere dagegen, mit Deckeln, sind überhaupt nicht zu finden.

Gut, wenn man an einen gutherzigen Hauswart gerät, andere wieder schimpfen so, daß einem jeder Appetit vergeht.

Einmal geriet Abram Demjanovič an eine fremde Müllgrube, und dort biß ihn eine Ratte, so daß er sofort rückwärts wieder herauskroch. An diesem Tage aß er nichts.

Doch da sprang eines Morgens Abram Demjanovič plötzlich etwas vom rechten Auge.

Abram Demjanovič rieb sich das Auge – und sah plötzlich wieder. Dann sprang auch vom linken Auge etwas ab, und Abram Demjanovič konnte wieder sehen.

Von diesem Tage an ging es aufwärts mit Abram Demjanovič.
Überall riß man sich um Abram Demjanovič.
Und im Ministerium für Schwerindustrie hätte nicht viel gefehlt, und man hätte Abram Demjanovič auf Händen getragen.
Und Abram Demjanovič wurde ein großer Mann.

Daniil Charms
8. Januar 1935

DIE KARRIERE DES IVAN JAKOVLEVIČ ANTONOV

Dies geschah noch vor der Revolution.

Eine Kaufmannsfrau gähnte, und ihr flog ein Kuckuck in den Mund.

Der Kaufmann kam auf den Ruf seiner Gattin herbei, und da er sofort wußte, was los war, handelte er auf höchst originelle Weise.

Seitdem war er unter der gesamten Stadtbevölkerung berühmt und wurde in den Senat gewählt.

Aber nachdem er an die vier Jahre im Senat gedient hatte, mußte der unglückliche Kaufmann eines Abends gähnen, und ihm flog ein Kuckuck in den Mund.

Auf den Ruf ihres Mannes kam die Kaufmannsfrau herbei und handelte auf höchst originelle Weise.

Der Ruhm ihrer Erfindungsgabe verbreitete sich im ganzen Gouvernement, und man brachte die Kaufmannsfrau in die Hauptstadt, um sie dem Metropoliten vorzustellen.

Während er die lange Erzählung der Kaufmannsfrau anhörte, mußte der Metropolit gähnen, und ihm flog ein Kuckuck in den Mund.

Auf den lauten Ruf des Metropoliten kam Ivan Jakovlevič Grigorjev herbei und handelte auf höchst originelle Weise.

Dafür wurde Ivan Jakovlevič Grigorjev umbenannt in Ivan Jakovlevič Antonov und dem Zaren vorgestellt.

Nun also ist klar, auf welche Weise Ivan Jakovlevič Antonov Karriere gemacht hat.

Daniil Charms
8. Januar 1935

FEIERTAG

Auf dem Dach eines Hauses saßen zwei Zeichner und aßen Buchweizengrütze.
Plötzlich stieß der eine der beiden Zeichner einen Freudenschrei aus und zog ein langes Taschentuch aus der Tasche. Ihm war eine glänzende Idee gekommen – in einen Zipfel des Taschentuchs ein Zwanzigkopekenstück einzubinden, beides vom Dach hinunter auf die Straße zu werfen und zu beobachten, was das wohl gäbe.
Der zweite Zeichner hatte den Gedanken des ersten schnell erfaßt, aß die Buchweizengrütze zu Ende, schneuzte sich mit den Zeigefingern, leckte sie sauber und begann, den ersten Zeichner zu beobachten.
Allein, die Aufmerksamkeit beider Zeichner wurde von dem Versuch mit dem Taschentuch und dem Zwanzigkopekenstück abgelenkt. Auf dem Dach, auf dem die beiden Zeichner saßen, begab sich ein Ereignis, das nicht unbemerkt bleiben konnte.
Der Hauswart Ibragim nagelte eine lange Latte an den Schornstein, an der eine verblichene Fahne befestigt war.
Die Zeichner fragten Ibragim, was das zu bedeuten habe, worauf Ibragim antwortete:
– Das bedeutet, heute ist Feiertag.
– Und was für ein Feiertag, Ibragim? – fragten die Zeichner.
– Na Feiertag, weil unser geliebter Dichter ein neues Poem verfaßt hat! – sagte Ibragim.
Und die Zeichner, beschämt in ihrer Ignoranz, lösten sich in Luft auf.

Daniil Charms
9. Januar 1935

VORFALL AUF DER STRASSE

Einmal sprang ein Mann von der Straßenbahn ab, aber so unglücklich, daß er unter ein Auto geriet.
Der Straßenverkehr stockte, und ein Milizionär begann zu ermitteln, wie dieses Unglück geschehen war.
Der Chauffeur erklärte etwas lange und zeigte dabei immer auf die Vorderräder des Autos.
Der Milizionär befühlte die Reifen der Vorderräder und notierte in seinem Büchlein den Namen der Straße.
Ringsum hatte sich eine ziemlich große Menschenmenge angesammelt.
Ein Bürger mit traurigen Augen fiel dauernd von der Bordsteinkante.
Eine Dame betrachtete dauernd eine andere Dame, und diese betrachtete ihrerseits die erste Dame.
Dann verlief sich die Menge, und der Straßenverkehr nahm wieder seinen gewohnten Lauf.
Der Bürger mit den traurigen Augen fiel noch lange immer wieder von der Bordsteinkante, und am Ende, sichtlich verzweifelt an seinem Vorhaben, auf der Bordsteinkante festen Fuß zu fassen, legte er sich einfach auf den Gehsteig.
In diesem Augenblick geriet ein Mann, der einen Stuhl trug, in vollem Lauf unter die Straßenbahn.
Wieder kam der Milizionär, wieder sammelte sich eine Menschenmenge und hielt den Straßenverkehr auf. Und der Bürger mit den traurigen Augen begann wieder, von der Bordsteinkante zu fallen.
Ja, und dann wurde alles wieder gut, und sogar Ivan Semënovič Karpov kehrte in die Kantine zurück.

10. Januar 1935

Das Fenster hinter der Gardine wurde heller und heller, denn der Tag begann. Die Fußböden begannen zu knarren, die Türen zu quietschen, in den Wohnungen wurden Stühle gerückt. Ružeckij fiel, beim Aufstehen aus dem Bett, zu Boden und schlug sich das Gesicht blutig. Er hatte es eilig, zur Arbeit zu kommen, und ging deshalb auf die Straße, die Hände einfach vors Gesicht geschlagen. Die Hände hinderten Ružeckij am Sehen, er sah nicht, wohin er ging, und rannte deshalb zweimal gegen eine Litfaßsäule, rempelte einen alten Mann im Kalikothut mit Pelzohrenschützern an, womit er den Alten in solche Raserei versetzte, daß der hier in der Nähe beschäftigte Hauswart, der soeben versuchte, eine Katze mit dem Spaten zu erlegen, zu dem tobenden Alten sagte: »Schäm dich, Onkel, dich in deinem Alter noch so aufzuführen!«

UNVERHOFFTES BESÄUFNIS

Einmal haute Antonina Alekseevna ihrem Mann den Dienststempel an den Kopf und schmierte ihm die Stirn mit Stempelfarbe voll.
Der auf den Tod beleidigte Pëtr Leonidovič, Antonina Alekseevnas Mann, schloß sich im Badezimmer ein und ließ niemanden dort hinein.
Allein die Mieter der Gemeinschaftswohnung, die ein starkes Bedürfnis hatten, dorthin zu gelangen, wo Pëtr Leonidovič saß, beschlossen, die abgesperrte Tür gewaltsam aufzubrechen.
Als er sah, daß er ausgespielt hatte, kam Pëtr Leonidovič aus dem Badezimmer, ging zu sich aufs Zimmer und legte sich aufs Bett.
Aber Antonina Alekseevna hatte beschlossen, es ihrem Mann gründlich zu besorgen. Sie zerriß Papier in kleine Fetzen und bestreute damit den auf dem Bett liegenden Pëtr Leonidovič . . .
Der rasende Pëtr Leonidovič sprang auf, lief in den Korridor und fing dort an, die Tapeten abzureißen.
Da stürzten alle Mieter aus den Zimmern, und als sie sahen, was der unglückliche Pëtr Leonidovič tat, warfen sie sich auf ihn und rissen ihm die Weste vom Leib.
Pëtr Leonidovič lief zur Hausverwaltung.
Währenddessen zog sich Antonina Alekseevna splitterfasernackt aus und versteckte sich in der Truhe.
Zehn Minuten später kehrte Pëtr Leonidovič, begleitet vom Hausverwalter, zurück.
Da er seine Frau nicht im Zimmer fand, beschlossen der Hausverwalter und Pëtr Leonidovič, den freien Raum zu nutzen und Vodka zu trinken. Pëtr Leonidovič übernahm es, dieses Getränk an der Ecke zu holen.
Als Pëtr Leonidovič gegangen war, kletterte Antonina Alekseevna aus der Truhe und baute sich in nackter Gestalt vor dem Hausverwalter auf.

Der erschütterte Hausverwalter sprang vom Stuhl und stürzte zum Fenster, aber als er die mächtige Statur der jungen sechsundzwanzigjährigen Frau sah, verfiel er plötzlich in wilde Begeisterung.

Da kam Pëtr Leonidovič mit einem Liter Vodka zurück.

Als er sah, was in seinem Zimmer aufragte, runzelte Pëtr Leonidovič die Brauen.

Aber seine Gattin, Antonina Alekseevna, zeigte ihm den Dienststempel, und Pëtr Leonidovič beruhigte sich.

Antonina Alekseevna äußerte den Wunsch, an dem Besäufnis teilzunehmen, aber unbedingt in nackter Gestalt, und außerdem auf dem Tisch sitzend, der für die Zakuska zum Vodka gedacht war.

Die Männer setzten sich auf die Stühle, Antonina Alekseevna setzte sich auf den Tisch, und das Besäufnis begann.

Man kann es unmöglich hygienisch nennen, wenn eine nackte junge Frau auf dem Tisch sitzt, an dem gegessen wird. Außerdem war Antonina Alekseevna eine Frau von ziemlich fleischiger Statur und nicht sonderlich reiner Haut, so daß es überhaupt unerhört war.

Allein, bald waren alle betrunken und schliefen ein, die Männer auf dem Fußboden, und Antonina Alekseevna auf dem Tisch.

Und in der Gemeinschaftswohnung kehrte Stille ein.

D. Ch.

22. Jan. 1935

ADAM UND EVA

VAUDEVILLE IN VIER TEILEN

Preis 30 Rubel

1. Teil

ANTON ISAAKOVIČ Ich will nicht mehr Anton Isaakovič sein, sondern Adam. Und du, Nataša, sollst Eva sein.

NATALIJA BORISOVNA *sitzt auf der Halva-Schachtel* Was fällt dir ein: bist du verrückt geworden?

ANTON ISAAKOVIČ Keineswegs! Ich werde Adam sein, und du Eva!

NATALIJA BORISOVNA *schaut nach links und rechts* Ich verstehe gar nichts mehr!

ANTON ISAAKOVIČ Das ist doch ganz einfach! Wir stellen uns auf den Schreibtisch, und wenn jemand zu uns kommt, verbeugen wir uns und sagen: »Wenn wir vorstellen dürfen – Adam und Eva.«

NATALIJA BORISOVNA Du bist verrückt geworden! Du bist verrückt geworden!

ANTON ISAAKOVIČ *klettert auf den Schreibtisch und zieht Natalija Borisovna zu sich herauf* So, hier bleiben wir jetzt stehen und verbeugen uns vor jedem, der hereinkommt.

NATALIJA BORISOVNA *klettert auf den Schreibtisch* Aber warum? Warum?

ANTON ISAAKOVIČ Hörst du, es hat zweimal geklingelt? Da kommt jemand zu uns. Halte dich bereit.

Es klopft an der Tür.

Herein!

Auftritt Vejsbrem.

Anton Isaakovič und Natalija Borisovna *verbeugen sich* Wenn wir vorstellen dürfen: Adam und Eva!

Vejsbrem fällt, wie vom Donner gerührt, zu Boden.

Vorhang

II. Teil

Über die Straße sprengen Pferde auf drei Beinen. Aus Moskau weht ein violetter Wind.

Vorhang

III. Teil

Adam Isaakovič und Eva Borisovna fliegen über der Stadt Leningrad. Das Volk kniet nieder und bittet um Gnade. Adam Isaakovič und Eva Borisovna lachen huldvoll.

Vorhang

IV. Teil

Adam und Eva sitzen auf einer Birke und singen.

Vorhang

Daniil Charms
23. Februar 1935

EHEMANN Da gibt es nichts zu kichern! Dumme Gans!
EHEFRAU Was! Dumme Gans ... Und hast du das hier gesehen?
EHEMANN *weicht beiseite* Dafür wirst du dich vor dem Gesetz verantworten.
EHEFRAU Dir werd ichs zeigen, aber gleich!
EHEMANN *verschwindet hinter der Tür.*
EHEFRAU Du Null!

Vorhang

26. März

Ein dicker Mann hatte ein Verfahren ersonnen, um abzunehmen. Und er nahm ab. Da bestürmten ihn die Damen mit Fragen, wie er es geschafft habe abzunehmen. Er aber gab den Damen zur Antwort, einem Mann stünde es wohl zu Gesicht abzunehmen, nicht dagegen Damen, denn Damen, sagte er, müßten füllig sein.
Und er hatte zutiefst recht.

SCHRECKLICHER TOD

Einmal saß ein Mann, der Hunger verspürte, am Tisch
    [und aß Bouletten,
und neben ihm stand seine Frau und sprach davon,
    [in den Bouletten sei zu wenig Schweinefleisch.
Er aber aß und aß und aß und aß und aß, so lange,
bis er irgendwo im Magen eine tödliche Schwere verspürte.
Er schob die tückische Speise beiseite, dann fing er an
    [zu zittern und zu weinen;
die goldne Uhr in seiner Tasche hörte auf zu ticken;
seine Haare wurden plötzlich licht, der Blick klar;
seine Ohren fielen ab, wie im Herbst das gelbe Laub
    [von der Pappel fällt;
und bald darauf war er tot.

ŠVELPIN Erstaunliche Geschichte! Ivan Ivanovič Nikiforovs Frau hat Korablëvs Frau gebissen! Wenn Korablëvs Frau Ivan Ivanovič Nikiforovs Frau gebissen hätte, wäre alles klar! Aber daß Ivan Ivanovič Nikiforovs Frau Korablëvs Frau gebissen hat, ist wirklich erstaunlich!

SMUCHOV Mich erstaunt das kein bißchen.

Regieanweisung:
Varvara Semënovna bückt sich und beißt Antonina Antonovna.

MÄRCHEN

»So«, sagte Vanja und legte das Heft auf den Tisch, »jetzt schreiben wir ein Märchen.«

»Los«, sagte Lenočka und setzte sich auf den Stuhl.

Vanja nahm den Bleistift und schrieb:

»Es war einmal ein König ...«

Da hielt Vanja inne, dachte nach und hob die Augen zur Decke. Lenočka schaute ins Heft und las, was Vanja geschrieben hatte.

»Solche Märchen gibt es schon«, sagte Lenočka.

»Und woher weißt du das?« fragte Vanja.

»Das weiß ich, weil ich es gelesen habe«, sagte Lenočka.

»Und worum geht es da?« fragte Vanja.

»Nun darum, wie der König Tee mit Äpfeln trank und sich plötzlich verschluckte, die Königin klopfte ihm auf den Rücken, damit das Apfelstückchen wieder aus dem Hals des Königs herausspringt. Doch der König dachte, die Königin sei böse mit ihm, und schlug ihr das Glas auf den Kopf. Da wurde die Königin böse und schlug den König mit dem Teller. Und der König schlug die Königin mit der Suppenschüssel. Und die Königin schlug den König mit dem Stuhl. Doch der König sprang auf und schlug die Königin mit dem Tisch. Und die Königin warf das Buffet auf den König. Aber der König kroch unter dem Buffet hervor und warf die Krone auf die Königin. Da packte die Königin den König und warf ihn zum Fenster hinaus. Aber der König kroch durch das andere Fenster ins Zimmer zurück, packte die Königin und stopfte sie in den Ofen. Aber die Königin kroch durch den Schornstein aufs Dach, ließ sich am Blitzableiter herunter. Und der König machte gerade den Ofen an, um die Königin zu verbrennen. Die Königin schlich sich von hinten an den König heran und stieß den König in den Rücken. Der König flog in den Ofen und verbrannte.«

»Das ist das ganze Märchen.« sagte Lenočka.

»Ein sehr blödes Märchen«, sagte Vanja. »Ich wollte ein ganz anderes schreiben.«

»Na dann schreibs doch«, sagte Lenočka.

Vanja nahm den Bleistift und schrieb:

»Es war einmal ein Räuber...«

»Warte«, rief Lenočka. »So ein Märchen gibt es doch schon!«

»Ich kenne es nicht«, sagte Vanja.

»Aber kennst du denn nicht die Geschichte«, sagte Lenočka, »die von dem Räuber, der sich vor den Wächtern rettete und auf ein Pferd sprang und von dem Schwung, den er hatte, auf der andern Seite wieder runterfiel. Der Räuber rappelte sich wieder auf und sprang wieder auf das Pferd, aber wieder hatte er den Sprung nicht berechnet und fiel auf der andern Seite herunter. Der Räuber stand auf, drohte mit der Faust, sprang auf das Pferd, sprang aber wieder darüber hinweg und flog auf die Erde. Da zog der Räuber seine Pistole aus dem Gürtel, schoß damit in die Luft und sprang wieder auf das Pferd, aber mit solcher Wucht, daß er wieder drüber wegsprang und auf den Boden knallte. Da riß sich der Räuber die Mütze vom Kopf, trampelte mit den Füßen drauf herum, und wieder sprang er aufs Pferd, und wieder sprang er zu hoch, knallte auf die Erde und brach sich ein Bein. Und das Pferd trat zur Seite. Der Räuber rannte hinkend auf das Pferd zu und schlug es mit der Faust gegen die Stirn. Das Pferd rannte weg. Und da kamen die Wächter, ergriffen den Räuber und führten ihn ab in den Kerker.«

»Also, über Räuber werde ich nicht schreiben«, sagte Vanja.

»Über wen schreibst du dann?« fragte Lenočka.

»Ich schreibe ein Märchen über den Schmied«, sagte Vanja. Vanja schrieb:

»Es war einmal ein Schmied...«

»Aber so ein Märchen gibt es doch auch schon!« rief Lenočka.

»Na?« sagte Vanja und legte den Bleistift hin:

»Es geht so«, sagte Lenočka. »Es war einmal ein Schmied. Der hatte einmal ein Hufeisen auf dem Amboß und holte mit dem Hammer so weit aus, daß der Hammer vom Stiel abriß und in ein Fenster flog, vier Tauben erschlug und an die Feuerwarte stieß, dann flog er zur Seite, zerschlug ein Fenster im Hause des Brandmeisters, flog über den Tisch, an dem der Herr Brandmeister und seine Frau saßen, durchschlug die Hausmauer des Brandmeisters und flog auf die Straße. Dort riß er einen Laternenpfahl um, dem Eisverkäufer die Beine weg und schlug Karl Ivanovič Šusterling vor den Kopf, der für eine Minute seinen Hut abgenommen hatte, um sein Genick zu lüften. Nachdem der Hammer Karl Ivanovič Šusterling am Kopf getroffenhatte, flog er zurück, riß dem Eisverkäufer noch einmal die Beine weg, fegte zwei schreiende Katzen vom Dach, schmiß eine Kuh um, tötete vier Spatzen und flog zurück in die Schmiede. Dort setzte er sich direkt auf den Stiel, den der Schmied noch immer in der rechten Hand hielt. Das alles ging so schnell, daß der Schmied gar nichts bemerkt hatte und fortfuhr, sein Hufeisen zu schmieden.«

»Das heißt also, über den Schmied ist auch schon ein Märchen geschrieben, dann schreibe ich eben ein Märchen über mich selbst«, sagte Vanja und schrieb:

»Es war einmal der kleine Vanja ...«

»Über Vanja gibt es auch schon ein Märchen«, sagte Lenočka.

»Es war einmal der kleine Vanja, und der kam eines Tages zu ...«

»Warte«, sagte Vanja, »ich wollte ein Märchen über mich selber schreiben.«

»Auch über dich ist schon eins geschrieben«, sagte Lenočka.

»Das kann nicht sein!« sagte Vanja.

»Und ich sage dir, es gibt es«, sagte Lenočka.

»Und wo steht es?« wunderte sich Vanja.

»Hier, kauf dir den ›Čiž‹ Nr. 7, dort kannst du ein Märchen über dich selber lesen«, sagte Lenočka.

Vanja kaufte sich den ›Čiž‹ Nr. 7 und las genau die Geschichte, die ihr eben gelesen habt.

Lidočka saß in der Hocke und grub mit einem Holzbecher im Sand. Daneben auf der Bank saß eine breitschultrige junge Frau mit weichen Lippen und dicken Waden. Das war Anjuta, Lidočkas Kindermädchen. Gewöhnlich setzte sich zu ihr ein Soldat, nahm ihre Hände in die seinen, und so saßen sie, solange Lidočka im Sandkasten spielte. Dieses Mal war der Soldat aus irgendeinem Grunde nicht gekommen, und so saß Anjuta, die Beine übereinandergeschlagen, auf der Bank und maß mit bösen Blicken die Männer, die vorübergingen.

Lidočka warf Sand in die Luft, der Sand flog mit dem Wind und somit dem Kindermädchen in die Augen.

– Lidka! Hör auf, mit Sand zu werfen! – rief Anjuta.

Lidočka warf mit Absicht noch eine ganze Handvoll Sand in die Luft. Da sprang Anjuta von der Bank auf, packte Lidočka an der Hand und zerrte sie zum Ausgang. Schweigend ging Lidočka hinter Anjuta her.

Ihnen entgegen kam ein kleines Hündchen mit einem Glöckchen auf dem Rücken. Lidočka wollte stehenbleiben und das Hündchen anschauen, aber Anjuta riß Lidočka an der Hand fort und führte sie weiter.

– Wir können doch nicht bei jedem Hund stehenbleiben, – sagte das Kindermädchen und zerrte Lidočka dem Ausgang zu.

Lidočka war böse, da ihr aber klar war, daß Anjuta stärker war, ging sie ergeben weiter, wobei sie sich nur Mühe gab, mit dem rechten Fuß auf dem Weg so viel Staub wie möglich aufzuwirbeln.

Unmittelbar am Ausgang kam der Soldat auf sie zu, der sich gewöhnlich zu Anjuta setzte und sie bei den Händen nahm. Als Anjuta den Soldaten sah, ließ sie Lidočkas Händchen los und ging dem Soldaten entgegen, wobei sie im Gehen den Rock schürzte.

Lidočka rannte aus dem Park und lief über das Trottoir. Eine alte

Frau mit einem Korb voll rotem Kandiszucker und Pfefferminzplätzchen klatschte, als sie Lidočka sah, in die Hände und rief:
– Wohin? Wohin? Was rennst du so?
Lidočka rannte über eine kleine Brücke, stolperte über einen hölzernen Säbel und befand sich auf einmal in einer wildfremden Straße. Lidočka wollte umkehren, aber aus dem Tor eines Hauses stieß rückwärts ein Lastauto, hielt mitten auf dem Trottoir und versperrte Lidočka den Weg.
Lidočka trat von einem Fuß auf den anderen, zwinkerte mit den Augen und fing plötzlich laut an zu weinen.
– Mädchen! Mädchen! Warum weinen Sie denn? Nicht weinen, mein Fräulein! Kommen Sie mit, ich gebe Ihnen Schokoladenplätzchen!
Lidočka hob den Blick und sah vor sich einen kleinen alten Mann mit grüner Brille, weißer Schirmmütze, einer speckigen karierten Jacke und kurzen, nur bis an die Knöchel reichenden Hosen, unter denen schmutzige Seidensocken von hellgrüner Farbe zu sehen waren.
– Kommen Sie mit, mein Fräulein, wir werden Sie beruhigen! – sagte der alte Mann und wackelte mit seinen grauen Bartstoppeln und dem kleinen Bärtchen, das aussah wie das Schwänzchen eines Spatzen.
Der alte Mann streckte die Arme aus und nahm Lidočka an der Schulter.
– Mädchen, Mädchen! Kommen Sie schnell mit. Hören Sie auf zu weinen. Gleich werden wir Sie beruhigen. Wir werden Papa und Mama finden und Sie nach Hause bringen, – sagte der alte Mann und stieß Lidočka dem Hauseingang zu. Die Hände des alten Mannes zitterten. Er faßte Lidočka mal am Kopf, mal an der Schulter, mal sogar am Kinn an. Er roch nach Eau de Cologne und einem Waschtrog, in dem schmutzige Wäsche gewaschen wird. Der alte Mann trippelte mit seinen Füßchen, während er Lidočka vor sich herstieß, und stand mit ihr plötzlich in einer Hauseinfahrt.
– Ich will da nicht hin! – rief Lidočka.

Von der Straße aus schaute eine Dame mit einer Aktentasche unter dem Arm in die Hauseinfahrt.

Der alte Mann lächelte der Dame zu, kniff Lidočka mit zwei Fingern in den Hals und sagte, zu der Dame gewandt:

– So ein Dickkopf! hör jetzt endlich auf. Du hast dir die Füßchen naßgemacht, und wir gehen jetzt ganz schnell nach Hause. Da siehst du, wie lieb Papa dich hat!

Und Lidočkas Widerstand zum Trotz zerrte er sie die Treppe hinauf. Lidočka fing an zu schreien, aber der alte Mann hielt ihr Mund und Augen zu. Lidočka hörte, wie der alte Mann sich keuchend an der Tür zu schaffen machte, die er aufschließen wollte, ohne Lidočka aus den Händen zu lassen. Danach hoben sie Lidočka in die Luft, trugen sie einige Schritte und legten sie auf etwas Strubbeliges und Stacheliges. Lidočka schlug die Augen auf und sah sich auf einem altmodischen samtbezogenen Divan, in einem langen schmalen Zimmer mit schmutzigen Wänden und einer grauen rissigen Decke. Außer dem Divan standen in dem Zimmer ein hoher Sessel mit hölzernem Sitz und zwei Spieltische. Auf einem der Tische lag ein Haufen schmutziger Lumpen, auf dem anderen stand zerbrochenes und nicht abgewaschenes Geschirr mit Essensresten. Mehr war nicht in dem Zimmer, abgesehen von einem riesigen, der Länge nach gesprungenen und mit gelben Papierstreifen überklebten Spiegel, der an der Wand hing, einem stinkenden Eimer, der zwischen dem Fenster und dem Divan stand, sowie über den gesamten Fußboden verstreuten Streichhölzern, Zigarettenkippen und leeren Konservenbüchsen. In dem Zimmer brannte, obwohl heller Tag war, elektrisches Licht, eine trübe Funzel unter der Decke. Das Fenster war mit einer dicken Steppdecke verhängt.

Der alte Mann stand über den Divan gebeugt und betrachtete, wie ein Kaninchen Lippen, Schnurrbart und Nase bewegend, das Mädchen.

Lidočka setzte sich auf und wollte schon anfangen zu weinen, doch wieder hielt ihr der alte Mann den Mund zu und zischelte:

– Wenn Sie anfangen zu weinen, Fräulein, dann tue ich Ihnen weh, dann reiße ich Ihnen das Köpfchen ab. Dann werden Sie sterben, und Ihre Mama wird Sie nie wiedersehen.
Lidočka fing an zu weinen, doch der alte Mann hielt ihr den Mund noch fester zu. Lidočka versuchte sich loszureißen, aber der alte Mann drückte sie auf den Divan zurück und steckte ihr seinen schmutzigen Finger in den Mund. Lidočka schrie aus Leibeskräften. Aber der alte Mann steckte ihr den Finger so tief in den Hals, daß Lidočka sich verschluckte und anfing zu husten.
– Sei still! – sagte der alte Mann zu ihr und setzte plötzlich mit schrecklicher Stimme hinzu: – Wenn du anfängst zu schreien, reiß ich dich in Stücke!
Die Stimme war so schrecklich, daß Lidočka verstummte.
Der alte Mann setzte sich neben Lidočka auf den Divan.
– Na siehst du, – sagte der alte Mann, indem er vor Lidočkas Gesicht seine stinkenden Finger mit den braunen Nägeln hin und herbewegte. – Na siehst du, jetzt hat sich unser Fräulein beruhigt. Sie brauchen keine Angst vor mir zu haben, kleines Fräulein. Ich bin nämlich sehr lieb und ich heiße Onkel Mika. Onkel Mika liebt solch kleine Fräuleins wie Sie. Onkel Mika spielt mit solchen Fräuleins verschiedene kleine Spiele und schenkt den kleinen Fräuleins Schokoladenplätzchen, die sehr gut schmecken. Onkel Mika ist sehr lieb. Und jetzt wird der liebe Onkel Mika das kleine Fräulein ausziehen und den kleinen Nackedei auf ein seidenes Kissen legen.
Mit diesen Worten begann Onkel Mika, Lidočka auszuziehen. Lidočka war so erschrocken, daß sie kein Wort sagte und auch keinen Widerstand leistete. Onkel Mika zog ihr das Kleidchen aus, das Hemdchen, das Höschen, und Lidočka war nackt, nur Söckchen und Schuhchen hatte sie noch an.
Der alte Mann stürzte sich auf Lidočka, und Lidočka kam es so vor, als würde er sie gleich in den Bauch beißen. Lidočka schrie auf. Sofort steckte ihr Onkel Mika den Finger in den Mund.
– Sei still! – rief Onkel Mika. Und zischelte mit zärtlicher Stimme

hinterdrein: – Und wenn das kleine Fräulein nicht still sein will, dann stecken wir ihm den Finger noch tiefer ins Hälschen, und dann werfen wir das kleine Fräulein zum Fenster hinaus. Das kleine Fräulein wird in dieTiefe fallen und sich alle seine kleinen Knöchelchen brechen.

Lidočka schwieg still und sah den alten Mann voll Entsetzen an.

Wieder drückte der alte Mann sein Gesicht auf Lidočkas Bäuchlein.

Der stachelige Bart und der Schnurrbart stachen Lidočka.

– Onkel Mika! Onkel Mika! – rief Lidočka leise.

ICH HABE ETWAS EKELHAFTES SCHREIBEN WOLLEN UND HABE ES GESCHRIEBEN. ABER WEITERSCHREIBEN WERDE ICH NICHT: ES IST ZU EKELHAFT.

9. September 1935

Aber Onkel Mika steckte Lidočka den Finger wieder in den Mund.

In diesem Augenblick klopfte es an die Tür.

– Wer ist da? – fragte Onkel Mika mit schroffer Stimme, während er Lidočka den Mund zuhielt.

– Machen Sie auf! Das Mädchen ist bei Ihnen! – rief von draußen eine weibliche Stimme.

– Bei mir ist niemand! – gab Onkel Mika zurück.

Lidočka gelang es, den Mund freizubekommen, sie fing laut an zu weinen. Onkel Mika packte Lidočka an der Kehle und fing an, sie zu würgen.

– Noch einen Mucks! – röchelte Onkel Mika.

– Machen Sie die Tür auf! – ertönte auf dem Hausflur eine männliche Stimme.

Danach wurde dieser widerliche alte Mann verprügelt und ins Gefängnis gesteckt, und Lidočka brachte man zurück zu Papa und Mama.

PERSÖNLICHE LEIDEN EINES MUSIKERS

Man hat mich eine Mißgeburt genannt.
Ist dem so?
Dem ist nicht so. Hierfür Beweise anführen werde ich nicht.

Ich hörte, wie meine Frau zu einem Michjus mehrfach in den Telephonhörer sagte, ich sei ein dummer Kerl.
Ich saß währenddessen unter dem Bett und war nicht zu sehen.
Oh! Was habe ich in diesem Augenblick durchlitten!
Ich wollte aufspringen und rufen: »Nein, ich bin kein dummer Kerl!«
Ich kann mir vorstellen, was da losgewesen wäre!

Ich saß wieder unter dem Bett und war nicht zu sehen.
Aber dafür habe ich sehen können, was dieser Michjus mit meiner Frau gemacht hat.

Heute hat meine Frau diesen Michjus schon wieder empfangen.
Ich glaube allmählich, für meine Frau bin ich Luft.
Michjusja hat sogar die Schubladen meines Schreibtischs durchwühlt.
Ich selbst saß unter dem Bett und war nicht zu sehen.

Ich saß wieder unter dem Bett und war nicht zu sehen.
Meine Frau und Michjusja sprachen über mich in den unangenehmsten Tönen.
Da hielt ich es nicht länger aus und rief, sie würden nichts als lügen.

Fünf Tage ist es her, seit sie mich verprügelt haben, aber die Knochen tun mir immer noch weh.

EVSTIGNEEV LACHT

VAUDEVILLE VON DREI KÖPFEN

Personen:
Evstigneev.
Volodja I.
Volodja II.
Evdokija – Evstigneevs Frau.
Vera Aleksandrovna Sulipanova – Evdokijas Cousine.
Pëtr Pfeffer – Hauswart.
Seine Frau.
Amors, Zebras und antike Jungfrauen.

I. AKT

Evstigneev steht mitten im Zimmer und versucht, einer Flöte Töne zu entlocken. Evstigneevs Frau, Evdokija, kniet vor ihm.

Evdokija Evstigneev! Mein lieber Mann! Mein Gatte! Geliebter Mensch und Freund! Evstigneev! Ich flehe dich an, spiel nicht weiter Flöte! Evstigneev!

Evstigneev *lacht* Hi-hi-hi!

Evdokija Evstigneev! Viereinhalb Jahre pustest du nun in diese Flöte und bringst doch keinen Ton heraus! Hör auf! Ich bitte dich auf Knien! Hier, siehst du? Ich küsse dir die Füße. Hörst du mich denn nicht? Du bist ein böser schlechter Mensch, Evstigneev! Ich mühe mich Tag und Nacht, damit wir beide nicht Hunger leiden. Ich arbeite, gehe einkaufen, koche Essen, wasche das Geschirr ab, räume das Zimmer auf, bügle deine Wäsche … Siehst du, wie meine Hände aussehen? Ich, krank und unglücklich, leiste Arbeit, die über meine Kräfte geht. Und du? Du pustest in deine Flöte! Und wenn wenigstens was dabei herauskäme! Aber nicht nur, daß du gar nichts spielen kannst, du kriegst ja nicht mal einen Ton heraus! Komm zu dir! Komm zu dir, Evstigneev!

EVSTIGNEEV *lacht* Hi-hi-hi!

EVDOKIJA Nein, ich kann nicht mehr! Das ist kein Mensch, sondern irgendein Tier! *Steht auf.* Hör zu, Evstigneev! Ich habe alles getan, um dich zur Vernunft zu bringen. Nichts hilft. Ich bin eine schwache Frau und kann dir die Flöte nicht selbst wegnehmen. Du würdest mich einfach schlagen. Darum habe ich beschlossen, zum letzten Mittel zu greifen. Hörst du, was ich sage? Evstigneev! Hörst du?

EVSTIGNEEV *bläst in die Flöte* Fü-fü-fü!

EVDOKIJA Hörst du, was ich zu dir sage? Ach, so! Und gehorchen willst du auch nicht. Na schön: ich greife jetzt zu dem letzten Mittel, von dem ich gesprochen habe. Du gehorchst nicht? Gut! Ich gehe jetzt und rufe den Hausmeister.

EVSTIGNEEV *hört auf, in die Flöte zu blasen.*

EVDOKIJA Hast du gehört? Ich rufe jetzt den Hausmeister.

EVSTIGNEEV Weshalb?

EVDOKIJA Deshalb, weil wir dir zusammen die Flöte wegnehmen, sie zerbrechen und in die Müllgrube werfen.

EVSTIGNEEV Nein? Hi-hi-hi!

EVDOKIJA Nicht nein, sondern ja!

EVSTIGNEEV Wie denn das? *Betrachtet die Flöte und versucht hineinzublasen.*

EVDOKIJA Ach, du fängst wieder an! Also schön …

Klopfen an der Tür. Evstigneev und Evdokija stehen schweigend und horchen. Das Klopfen wiederholt sich.

EVDOKIJA Wer ist da?

STIMME HINTER DER TÜR Doročka! Ich bins! Mach auf, s'il vous plaît!

EVDOKIJA Ach, du bists, Vera! Sofort, einen Augenblick. *Zu Evstigneev.* Steck die Flöte weg!

EVSTIGNEEV *lacht* Hi-hi-hi!

EVDOKIJA Gib die Flöte her! Gib sofort die Flöte her!

EVSTIGNEEV *versteckt die Flöte hinter dem Rücken* Hi-hi!

EVDOKIJA Sofort, Veročka! *Zu Evstigneev.* Gibst du mir die Flöte? Ach, so! … *Geht zur Tür und öffnet.* Komm rein, Veročka.

Auftritt Vera Aleksandrovna Sulipanova.

EVDOKIJA Macht euch bekannt miteinander: Evstigneev, mein Mann. Und das ist Vera Aleksandrovna Sulipanova, meine Cousine.

SULIPANOVA *geht auf Evstigneev zu* Freut mich sehr, Sie kennenzulernen!

EVSTIGNEEV Hi-hi-hi!

EVDOKIJA Setz dich, Vera, setz dich hierher und erzähl, wie geht es dir?

Sulipanova hockt sich auf einen Stuhl.

SULIPANOVA Oh, meine Liebste, wie viele Neuigkeiten! Wie viele Neuigkeiten! Mir schwirrt der Kopf von Theater, Oper und großer Welt. Ja, Liebes, ich lebe ganz der Gesellschaft. Grégoire hat mir einen furchtbar feinen ausländischen Strumpf geschenkt, aber leider nur einen. So daß ich ihn nicht tragen kann. Aber ich, wenn Gäste zu mir kommen, werfe diesen Strumpf aufs Sofa, als hätte ich vergessen, ihn wegzuräumen, und jeder denkt natürlich gleich, ich hätte ein Paar davon. Borman sah diesen Strumpf und sagte: »Mit solchen Strümpfen sollte man nicht um sich werfen!« Und ich habe zu ihm gesagt: »Oh, ich habe einen ganzen Haufen davon! Nur nicht die passenden Schuhe dazu! …« Ach ja, Liebste, je suis malade, es tut mir weh hier, unter dem Arm. Das war Zajcev, er hat mir in den Kragen gelangt, aber weiter als bis zur Achselhöhle habe ich ihn nicht gelassen. Ich kann mich doch von Zajcev nicht anfassen lassen!

EVSTIGNEEV Hi-hi!

SULIPANOVA Oh! Und ich erzähle solche Dinge in Gegenwart von Männern. Aber Sie sind ja der Mann meiner Cousine, und außerdem dürfen wir aus der besseren Gesellschaft uns schließlich auch gewisse Frivolitäten erlauben.

EVSTIGNEEV Hi-hi! *Bläst in die Flöte.*

SULIPANOVA Was ist das?

EVDOKIJA Mein Mann hat angefangen, Flöte zu spielen.

SULIPANOVA Mein Gott! Wozu denn das?

EVDOKIJA Ach, Vera! Tagelang verhöhnt er mich mit dieser Flöte. Da siehst du? So geht das von morgens bis abends.

SULIPANOVA Aber versteck ihm doch die Pfeife.

Rjabčikov Ich will Kaffee trinken! Wie viele sind wir?

Anna Ich, vier Freundinnen von mir und mein Onkel.

Rjabčikov Gut! Dann trinke ich Bohnenkaffee, und ihr könnt euch Muckefuck kochen.

Anna Nein, ich will auch Bohnenkaffee.

Rjabčikov Was du willst und was nicht, ist mir egal, ich gebe dir trotzdem keinen. Ich habe nur eine halbe Kaffeekanne.

Anna Wenn du mir keinen Bohnenkaffee gibst, haue ich deine Lupe zu Klump.

Dmitrij Petrovič Amelovanev wurde im vorigen Jahrhundert in der Stadt B. geboren. Seine mittellosen Eltern starben bald nach der Geburt des Sohnes, und der minderjährige Mitja Amelovanev blieb als armes Waisenkind zurück.

Zuerst nahm ihn der Hausmeister Nikolaj auf.

Vor genau 56 Jahren war Ivan Andreevič Redkin geboren worden. Heute ist er ein so berühmter Mann, daß für mich keinerlei Notwendigkeit besteht zu sagen, wer er ist. Bedenkt man nur, was dieser Mensch in sechsundfünfzig Jahren alles geleistet hat! Ja ja, ein Genie bleibt ein Genie, da hilft keine Geheimhaltung.
Als er sich der Tatsache seines Geburtstages bewußt geworden war, kaufte Ivan Andreevič Redkin eine Dose Sprotten und versteckte sie in der Schublade seines Schreibtisches.
– Ich bin zu berühmt, als daß ich nicht damit rechnen müßte, daß mich heute jemand besucht, um mir zu gratulieren, – sagte Redkin zu sich selbst. – Und wenn er kommt, setze ich ihm die Sprotten vor.
Ivan Andreevič setzte sich auf das Sofa und begann zu warten.
Um acht Uhr abends klingelte es, und Redkin sprang auf, um die Wohnungstür zu öffnen. Doch als er über den Korridor bis zum Badezimmer gelangt war, merkte Redkin, daß er die falsche Richtung genommen hatte, und kehrte um. Als er an der Wohnungstür angelangt war, wußte Redkin nicht mehr, weshalb er hier stand, und ging langsam, schleppenden Schritts, in sein Zimmer zurück.

Redkin ging Varchankin besuchen.
Varchankin bot Redkin Tee an.
– Immer nur Tee, Tee, – sagte Redkin. – Ich will keinen Tee.
– Na schön, – sagte Varchankin. – Dann lassen Sie uns schlafengehen.
– Ja ja! – sagte Redkin. – Ich komme zu Ihnen zu Besuch, und Sie gehen schlafen.
– Wenn es dir nicht paßt, dann scher dich raus, – sagte Varchankin und verpaßte Redkin einen Stoß gegen die Schulter.
– Ach, so ist das, – sagte Redkin und lief zum Hauswart.

Ich wurde im Schilf geboren. Wie eine Maus. Meine Mutter gebar mich und legte mich ins Wasser. Und ich schwamm los. Ein Fisch mit vier Schnurrbarthaaren am Maul umkreiste mich. Ich fing an zu weinen. Auch der Fisch mußte weinen. Auf einmal sahen wir auf dem Wasser Brei schwimmen. Wir aßen diesen Brei und fingen an zu lachen. Uns war sehr fröhlich zumute, und wir schwammen mit der Strömung weiter, da begegneten wir einem Krebs. Es war ein uralter großer Krebs; er hielt in seinen Scheren eine Axt. Hinter dem Krebs schwamm ein nackter Frosch. »Warum bist du immer nackt, – fragte ihn der Krebs, – daß du dich nicht schämst!« – »Warum denn, – antwortete der Frosch. – Warum sollten wir uns unseres schönen Körpers schämen, den uns die Natur geschenkt hat, wenn wir uns nicht einmal unserer gemeinen Handlungen schämen, die wir selbst begangen haben?« – »Du hast recht, – sagte der Krebs. – Ich weiß selbst nicht, was ich dir darauf antworten soll. Ich schlage vor, wir fragen den Menschen, denn der Mensch ist klüger als wir. Wir sind nur in den Fabeln klug, die der Mensch über uns schreibt, was am Ende wieder nur bedeutet, daß der Mensch klug ist und wir nicht.« Da aber fiel der Blick des Krebses auf mich und er fragte: »Soll man sich seines nackten Körpers schämen? Du bist ein Mensch, antworte uns.« – »Ich bin ein Mensch, und ich gebe euch zur Antwort: niemand soll sich seines nackten Körpers schämen.«

Jetzt will ich erzählen, wie ich geboren wurde, wie ich aufwuchs und wie die ersten Anzeichen von Genie an mir entdeckt wurden. Ich wurde zweimal geboren. Dies geschah so.
Mein Papa heiratete meine Mama im Jahre 1902, aber mich zur Welt brachten meine Eltern erst Ende 1905, weil Papa wünschte, daß sein Kind unbedingt zu Neujahr geboren würde. Papa hatte errechnet, daß die Empfängnis am 1. April geschehen müßte, und erst an diesem Tag kam er zu Mama mit dem Vorschlag, ein Kind zu empfangen.
Das erste Mal kam Papa zu meiner Mama am 1. April 1903. Mama hatte lange auf diesen Augenblick gewartet und freute sich schrecklich. Aber Papa war, wie man gleich sehen wird, zu Scherzen aufgelegt und konnte sich nicht beherrschen zu sagen: »April, April!« Mama war schrecklich beleidigt und ließ Papa an diesem Tage nicht an sich heran. So mußten sie bis zum nächsten Jahr warten.
1904, am 1. April, kam Papa erneut zu Mama mit demselben Vorschlag. Aber Mama, die den Vorfall vom vergangenen Jahr nicht vergessen hatte, sagte, sie wünsche nicht, wieder in so eine dumme Situation zu geraten, und ließ Papa wieder nicht an sich heran. Sosehr Papa auch tobte, es half nichts.
Erst ein Jahr später gelang es meinem Papa, Mama zu überreden und mich zu zeugen.
Also geschah meine Empfängnis am 1. April 1905.
Aber alle Berechnungen Papas brachen in sich zusammen, denn ich erwies mich als Frühgeburt und kam vier Monate zu früh zur Welt.
Papa tobte dermaßen, daß die Hebamme, die mich in Empfang genommen hatte, ganz durcheinander geriet und anfing, mich dorthin zurückzustopfen, wo ich gerade herausgekrochen war. Ein Bekannter von uns, der der Geburt beiwohnte, Student der Militär-Medizinischen Akademie, erklärte, mich dorthin zurückzustopfen werde

nicht gelingen. Doch ungeachtet der Worte des Studenten drückten und drückten sie, aber, wie sich später herausstellte, nicht dorthin, wo ich hergekommen war.

Da begann ein schreckliches Durcheinander.

Die Wöchnerin: »Gebt mir mein Kind!« Aber man gibt ihr zur Antwort: »Ihr Kind ist noch in Ihnen.« – »Was?« – schreit die Wöchnerin. – Wie kann das Kind in mir sein, wenn ich es eben geboren habe!«

»Aber, – sagt man zu ihr, – vielleicht irren Sie sich?« – »Was! – schreit die Wöchnerin, – ich mich irren! Wie kann ich mich irren! Ich habe mit eigenen Augen gesehen, daß das Kind eben noch hier auf dem Laken gelegen hat!« – »Das stimmt, – sagt man zu der Wöchnerin, – aber vielleicht ist es irgendwohin gekrochen.« Mit einem Wort, sie wissen selbst nicht, was sie der Wöchnerin sagen sollen.

Aber die Wöchnerin schreit und verlangt nach ihrem Kind.

Also mußte ein erfahrener Arzt geholt werden. Der erfahrene Arzt untersuchte die Wöchnerin und breitete die Arme aus, doch er hatte alles durchschaut und verabreichte der Wöchnerin eine ordentliche Portion Englisch Salz. Die Wöchnerin bekam Durchfall, und auf diese Weise kam ich zum zweitenmal zur Welt.

Da fing Papa abermals an zu toben, das war, wie er sagte, unmöglich eine Geburt zu nennen, das sei, wie er sagte, noch kein Mensch, sondern eher ein halber Embryo, den müsse man entweder zurückstopfen oder in den Brutkasten setzen.

Und so setzten sie mich in den Brutkasten.

25. September 1935

Die Periode im Brutkasten

Im Brutkasten saß ich vier Monate. Ich erinnere mich nur, der Brutkasten war aus Glas, durchsichtig und hatte ein Thermometer. Ich saß im Innern des Brutkastens auf Watte. An mehr kann ich mich nicht erinnern.

Nach vier Monaten holte man mich heraus. Das geschah genau am 1. Januar 1906. Auf diese Weise wurde ich gewissermaßen zum drittenmal geboren. Und so wurde mein Geburtstag tatsächlich am 1. Januar gefeiert.

ERINNERUNGEN EINES WEISEN ALTEN MANNES

Ich war einmal ein sehr weiser alter Mann.
Heute bin ich das nicht mehr, ihr könnt sogar denken, es gibt mich nicht mehr; aber es gab eine Zeit, da jeder von euch hätte zu mir kommen können, und welche Bürde seine Seele auch bedrückte, welche Sünden sein Denken auch zerrissen, ich hätte ihn umarmt und zu ihm gesagt: »Mein Sohn, tröste dich, keinerlei Bürde bedrückt deine Seele, und keinerlei Sünden sehe ich in deinem Körper«, – und er wäre von mir gegangen, glücklich und voll Freude.
Ich war groß und stark. Die Leute, die mir auf der Straße entgegenkamen, huschten zur Seite, und ich fuhr durch die Menge hindurch wie ein Bügeleisen.
Oft küßte man mir die Füße, aber ich nahm es hin, ich wußte, ich war dessen würdig. Warum hätte ich die Menschen der Freude berauben sollen, mich zu verehren? Ich habe, da ich außerordentlich gelenkig war, sogar selbst einmal versucht, mir den eigenen Fuß zu küssen. Ich setzte mich auf ein Bänkchen, nahm meinen rechten Fuß in die Hände und zog ihn mir ans Gesicht. Und es gelang mir, meinen großen Zeh zu küssen. Ich war glücklich. Ich verstand das Glück der anderen Menschen.
Alle huldigten sie mir! Und nicht nur die Menschen, sogar die Tiere, sogar verschiedene Käfer krochen vor mir auf dem Bauch und wedelten mit ihren Schwänzen. Und erst die Katzen! Die hatten förmlich einen Narren an mir gefressen, liefen, irgendwie mit den Pfoten ineinander verkrallt, vor mir her, wenn ich über die Treppe ging.
In jener Zeit war ich tatsächlich sehr weise und verstand alles. Es gab nichts, wovor ich die Waffen gestreckt hätte. Ein Augenblick der Anspannung meines ungeheuerlichen Verstandes, und die verworrenste Frage löste sich auf die einfachste Weise. Man brachte mich sogar ins Enzephallographische Institut und führte mich den Pro-

fessoren und Wissenschaftlern vor. Die maßen meinen Verstand mittels Elektrizität und waren einfach baff. »So etwas haben wir noch nie gesehen«, – sagten sie.

Ich war verheiratet, sah meine Frau aber selten. Sie fürchtete sich vor mir: die kolossale Größe meines Verstandes erdrückte sie. Sie lebte nicht, sie zitterte nur, und wenn ich sie ansah, begann sie zu stottern. Wir lebten lange zusammen, aber dann ist sie anscheinend irgendwohin verschwunden; genau erinnere ich mich nicht.

Überhaupt ist Gedächtnis eine merkwürdige Erscheinung. Wie schwer ist es manchmal, sich etwas zu merken, und wie leicht zu vergessen! Aber auch das kommt vor: du merkst dir das eine, und erinnerst dich an etwas ganz anderes. Oder: du merkst dir etwas mit Mühe, aber sehr genau, und dann kannst du dich an gar nichts mehr erinnern. Das gibt es auch. Ich würde jedem raten, an seinem Gedächtnis zu arbeiten.

Ich war immer gerecht und habe nie jemanden geschlagen, der es nicht verdiente, denn wenn man jemanden schlägt, verliert man immer den Kopf, und kann dann des Guten zuviel tun. Kinder, zum Beispiel, soll man nie mit dem Hammer schlagen oder überhaupt mit Metallgegenständen, Frauen dagegen soll man nie mit Füßen treten. Tiere, sagt man, hielten mehr aus. Aber ich habe in dieser Richtung Erfahrungen gesammelt und weiß, daß dem nicht immer so ist.

Dank meiner Gelenkigkeit konnte ich Dinge, die niemand sonst konnte. So zum Beispiel ist es mir einmal gelungen, aus einem vielfach gewundenen Abflußrohr den zufällig dort hineingerutschten Ohrring meines Bruders herauszuangeln. Ich konnte mich, zum Beispiel, in einem vergleichsweise kleinen Körbchen verstecken und über mir den Deckel zumachen.

Ja, natürlich, ich war phänomenal!

Mein Bruder war das genaue Gegenteil von mir: erstens war er größer, und zweitens dümmer.

Wir haben uns nie vertragen. Obwohl wir uns übrigens auch vertru-

gen und zwar sogar sehr. Ich bringe hier etwas durcheinander: wir haben uns nämlich nie vertragen und hatten immer Streit. Und zerstritten haben wir uns so: ich stand vor dem Kaufhaus, – es gab Zucker, und ich stand in der Schlange und gab mir Mühe, nicht auf das zu hören, was die Umstehenden sagten. Ich hatte ein wenig Zahnschmerzen und keine allzu gute Laune. Auf der Straße war es sehr kalt, denn alle trugen Wattemäntel und froren trotzdem. Ich trug ebenfalls einen Wattemantel, fror aber nicht, es froren meine Hände, weil ich sie dauernd aus der Tasche ziehen mußte, um den Koffer hochzuziehen, den ich zwischen die Beine geklemmt hielt, damit er nicht abhandenkam. Plötzlich schlug mich jemand in den Rücken. Mich durchfuhr ein unbeschreiblicher Zorn, und mit Blitzes Schnelle begann ich zu überdenken, wie ich den Betreffenden bestrafen könnte. In dem Augenblick schlug mich jemand zum zweiten Mal in den Rücken. Ich war gespannt bis in die letzte Fiber, beschloß aber, den Kopf nicht zu wenden und mir so den Anschein zu geben, als hätte ich nichts bemerkt. Nur, für alle Fälle, nahm ich den Koffer in die Hand. Etwa sieben Minuten verstrichen, und ich bekam zum dritten Mal einen Schlag in den Rücken. Da drehte ich mich um und sah vor mir einen großgewachsenen älteren Menschen in einem ziemlich abgetragenen, aber dennoch guten Wattemantel.
– Was wollen Sie von mir? – fragte ich mit strenger, sogar leicht metallischer Stimme.
– Und du, was drehst du dich nicht um, wenn jemand mit dir reden will? – sagte er.
Ich dachte über den Sinn seiner Worte nach, als er wieder den Mund aufmachte und sagte:
– Was ist denn? Erkennst du mich nicht? Ich bin doch dein Bruder.
Ich dachte wieder über seine Worte nach, er machte erneut den Mund auf und sagte:
– Hör zu, Bruder. Mir fehlen für den Zucker vier Rubel, und aus der Schlange rauszugehen wäre blöd. Borg mir einen Fünfer, und wir rechnen später ab.

Ich begann darüber nachzudenken, wieso meinem Bruder vier Rubel fehlten, aber er packte mich am Ärmel und sagte:

– Also, was ist: borgst du deinem Bruder dieses bißchen Geld? – und mit diesen Worten knöpfte er meinen Wattemantel auf, griff mir in die Innentasche und zog mein Portemonnaie hervor.

– So, – sagte er, – Bruder, ich borge mir von dir eine geringe Summe, und das Portemonnaie, siehst du, stecke ich in deinen Mantel zurück. – Und er steckte das Portemonnaie in die Außentasche meines Mantels.

Ich war natürlich erstaunt, so unerwartet meinem Bruder begegnet zu sein. Eine Zeitlang schwieg ich, dann fragte ich ihn:

– Und wo bist du so lange gewesen?

– Dort, – antwortete mir der Bruder und zeigte irgendwohin mit der Hand.

Ich dachte nach, wo dieses »dort« sein könnte, aber der Bruder gab mir einen Rippenstoß und sagte:

– Achtung, sie machen auf.

Bis zur Tür des Kaufhauses gingen wir zusammen, im Kaufhaus war ich plötzlich allein, ohne Bruder. Ich trat für einen Augenblick aus der Schlange und warf einen Blick durch die Tür auf die Straße. Aber von dem Bruder keine Spur.

Als ich meinen Platz in der Schlange wieder einnehmen wollte, ließen mich die Leute nicht hinein und drängten mich sogar Schritt für Schritt auf die Straße zurück.

Ich ging, mir den Zorn über die schlechten Sitten verbeißend, nach Hause. Zu Hause entdeckte ich, daß der Bruder alles Geld aus meinem Portemonnaie genommen hatte. Da wurde ich sehr böse auf meinen Bruder, und seitdem haben wir uns nie wieder vertragen.

Ich lebte allein und ließ nur Menschen ein, die zu mir kamen, um sich Rat zu holen. Aber ihrer waren viele, und so kam es, daß ich weder tags noch nachts Ruhe hatte. Manchmal war ich dermaßen müde, daß ich mich auf den Fußboden legte, um auszuruhen. Ich lag auf dem Fußboden, bis mir kalt wurde; dann sprang ich auf und lief im Zimmer auf und ab, um mich aufzuwärmen. Dann setzte ich mich wieder auf mein Bänkchen und gab Rat all denen, die seiner bedurften.

Sie kamen einer nach dem anderen, manchmal sogar, ohne die Tür aufzumachen. Es war lustig für mich, ihre verquälten Gesichter anzusehen. Ich sprach mit ihnen und konnte mir kaum das Lachen verbeißen.

Einmal hielt ich es nicht aus und platzte vor Lachen. Alle wandten sich entsetzt zur Flucht – der eine durch die Tür, der andere durchs Fenster, der dritte direkt durch die Wand. Wieder allein, richtete ich mich in meiner ganzen mächtigen Größe auf, öffnete den Mund und sagte: – Printimpram.

Aber da knirschte irgend etwas in mir, und seitdem könnt ihr denken, es gibt mich nicht mehr.

– Sehen Sie, – sagte er, – ich habe gesehen, wie Sie vorgestern mit ihnen Boot gefahren sind. Einer von ihnen saß am Steuer, zwei ruderten, und der vierte saß neben Ihnen und unterhielt sich mit Ihnen. Ich habe lange am Ufer gestanden und zugesehen, wie die zwei ruderten. Und, jawohl, ich wage die kühne Behauptung, sie hatten die Absicht, Sie zu ertränken. So rudert man nur vor einem Mord.
Die Dame mit den gelben Handschuhen hob den Blick zu Klopov.
– Was meinen Sie damit? – sagte sie. – Wieso rudert man vor einem Mord anders als sonst? Und welchen Sinn sollte es haben, mich zu ertränken?
Klopov wandte sich abrupt der Dame zu:
– Wissen Sie, was der eherne Blick ist?
– Nein, – sagte die Dame und rückte unwillkürlich von Klopov ab.
– Aha, – sagte Klopov. – Wenn ein zartes Porzellantäßchen vom Schrank fällt und zu Boden fliegt, so wissen Sie noch im selben Augenblick, da es durch die Luft fliegt, daß es den Boden berühren und in Stücke zerschellen wird. Und ich weiß, wenn ein Mensch einen anderen Menschen mit dem ehernen Blick ansieht, so wird er ihn früher oder später unweigerlich ermorden.
– Und die sollen mich mit dem ehernen Blick angesehen haben? – fragte die Dame mit den gelben Handschuhen.
– Jawohl, gnädige Frau, – sagte Klopov und setzte den Hut auf.
Eine Zeitlang schwiegen beide. Klopov saß da und ließ den Kopf hängen.
– Verzeihen Sie mir, – sagte er auf einmal leise.
Die Dame mit den gelben Handschuhen sah ihn erstaunt an und schwieg.
– Es ist alles gelogen, – sagte Klopov. – Das mit dem ehernen Blick habe ich mir eben ausgedacht, hier auf dieser Bank neben Ihnen.

Sehen Sie, ich habe heute meine Uhr zerbrochen, und mir erscheint alles in düsteren Farben.

Klopov zog ein Tuch aus der Tasche, entfaltete es und hielt der Dame die zerbrochene Uhr hin.

– Sechzehn Jahre habe ich sie getragen. Sie verstehen, was das heißt? Eine Uhr zu zerbrechen, die einem sechzehn Jahre lang hier unter dem Herzen getickt hat? Haben Sie eine Uhr?

In einer großen Stadt, auf der Hauptstraße, stand eine interessante Dame in einem langen Sealmantel mit nackten Ärmeln. Auf dem Kopf hatte diese Dame ein Mützchen, das aus einem sehr kurzhaarigen Pelz gemacht war. Zwischen den Lippen hielt diese Dame eine Zigarette, aber diese Zigarette war längst erloschen und ihr Rauch längst verflogen. Die Dame war sehr hübsch: ihre Nase ebenmäßig, mit einer kleinen Rundung unten und einem eleganten Bogen nach oben. Die Augen der Dame waren blau, aber so blau, daß es mal aussah, als wären sie schwarz, mal nicht schwarz, sondern braun. Die Nasenflügel der Dame waren groß, aber so geschnitten, daß jeder Passant, ohne den Schritt zu verlangsamen, einen Blick hineinwerfen und, mit dem Inhalt der Nase zufrieden, seinen Weg fortsetzen konnte.

Die hübsche Dame wartete, wie man sehen konnte, auf die Straßenbahn oder den Autobus. Sie nahm die Zigarette aus dem Mund, warf sie zu Boden und trat sie mit dem Fuß aus.

Plötzlich näherte sich dieser Dame ein interessanter junger Mann, ganz in Karo gekleidet. Man konnte sehen, daß er eben vom Friseur kam, wo man ihn rasiert, ihm aber versehentlich in die Wange geschnitten hatte, denn quer über das Gesicht des jungen Mannes verlief ein noch frisches Pflaster.

Als er auf die Dame zutrat, hob der junge Mann, zum Zeichen der Begrüßung, beide Arme, wobei durch diese Bewegung rechts unter der Achselhöhle die Jackennaht platzte und von dort etwas Violettes zum Vorschein kam.

– Ah, Sie sind es, – sagte die Dame erfreut und leckte sich die Lippen.

– Und ich dachte, Sie wären es nicht, – sagte der junge Mann und neigte den Kopf zur Seite, wobei er einen Kratzfuß machte, aber offenbar so ungeschickt, daß von dem Stiefel des Fußes, mit dem der junge Mann scharrte, der Absatz abflog.

– So ein Ärger! – sagte der junge Mann, indem er den Absatz aufhob und in der Hand drehte.

– So was kommt vor, – sagte, achselzuckend, die Dame. – Und ich warte hier auf die Straßenbahn oder den Autobus.

– Also dann? – sagte der junge Mann mit einem letzten Blick auf den Absatz, bevor er ihn zur Seite warf. – Fahren wir ins Europa.

– Ins Europa? – fragte die Dame. – Also schön, gehen wir. Ins Europa, dann also ins Europa.

Die Dame schüttelte den Kopf und hakte sich bei dem jungen Mann ein.

– Daß ich Ihnen so unverhofft begegnet bin, – sagte der junge Mann, leicht hinkend, die schöne Dame am Arm führend.

Es war einmal ein Mann, der hieß Kuznecov. Und er zerbrach eines Tages seinen Küchenhocker.

Er trat aus dem Haus und wollte ins Warenhaus, um Tischlerleim zu kaufen, denn er hatte einen Küchenhocker zu leimen.

Als Kuznecov an einem noch im Bau befindlichen Haus vorbeiging, fiel von oben ein Dachziegel herab und traf Kuznecov am Kopf.

Kuznecov fiel der Länge nach hin, sprang aber sofort wieder auf die Füße und befühlte seinen Kopf. Auf seinem Kopf wuchs eine riesige Beule.

Kuznecov strich sich mit der Hand über die Beule und sagte:

– Ich, Bürger Kuznecov, komme aus dem Haus und will ins Warenhaus, um ... um ... um ... Aber was ist das? Ich habe vergessen, warum ich ins Warenhaus wollte!

In diesem Augenblick fiel ein zweiter Ziegel vom Dach und traf Kuznecov abermals am Kopf.

– Ach! – rief Kuznecov, griff sich an den Kopf und befühlte dort die zweite Beule.

– Ist das eine Geschichte! – sagte Kuznecov. – Ich, Bürger Kuznecov, komme aus dem Haus und will in ... in ... in ... wohin will ich? Ich habe vergessen, wo ich hinwill!

Da fiel ein dritter Ziegel herab und traf Kuznecov. Und Kuznecov wuchs am Kopf eine dritte Beule.

– Aj-aj-aj! – rief Kuznecov und faßte sich an den Kopf. – Ich, Bürger Kuznecov, komme aus ... aus ... aus ... komme aus dem Weinkeller? Nein. Komme aus dem Faß? Nein! Woher komme ich?

Vom Dach fiel ein vierter Ziegel, schlug Kuznecov ins Genick, und Kuznecov wuchs eine vierte Beule.

– Also, da hört sich doch alles auf! – sagte Kuznecov und kratzte sich im Genick. – Ich ... ich ... ich ... Wer bin ich? Ich habe doch nicht etwa vergessen, wie ich heiße ... Ist das eine Geschichte! Wie

heiße ich denn? Vasilij Petuchov? Nein. Nikolaj Sapogov? Nein. Pantelej Rysakov? Nein. Also, wer bin ich dann?
Aber da fiel ein fünfter Ziegel vom Dach und versetzte Kuznecov einen so harten Schlag auf den Hinterkopf, daß Kuznecov endgültig alles auf der Welt vergaß und mit dem Ruf »O-ho-ho!« durch die Straßen lief.

Bitte! Wenn jemand auf der Straße einem Menschen begegnet, der fünf Beulen am Kopf hat, so sage er ihm, daß er Kuznecov heißt und daß er Tischlerleim kaufen gehen wollte, um einen zerbrochenen Küchenhocker zu reparieren.

1. November 1935

FABEL

Ein Mensch von kleinem Wuchs sagte: »Ich wäre mit allem einverstanden, wenn ich nur ein kleines bißchen größer wäre.«
Kaum hatte er das gesagt, schaut er hin, steht vor ihm eine Zauberin.
– Was willst du? – fragt die Zauberin.
Und der Mensch von kleinem Wuchs steht da und bringt vor Schreck kein Wort über die Lippen.
– Nun? – sagt die Zauberin.
Der Mensch von kleinem Wuchs steht da und schweigt.
Die Zauberin verschwand.
Da brach der Mensch von kleinem Wuchs in Tränen aus und fing an, sich die Nägel abzubeißen. Erst biß er sich alle Fingernägel ab, dann auch die Zehennägel.

Leser, denk dich hinein in diese Fabel, und dir wird ganz schlecht.

Grigorjev *haut Semënov in die Schnauze* So, jetzt ist für euch der Winter gekommen. Zeit, die Öfen zu heizen. Was meint ihr?

Semënov Ich bin der Meinung, daß, wenn man Ihre Bemerkung ernstlich überlegt, dann wäre es wirklich Zeit, den Ofen zu heizen.

Grigorjev *haut Semënov in die Schnauze* Und was meint ihr, wird der Winter dieses Jahr kalt oder warm?

Semënov Nun, also, dem nach zu urteilen, daß wir einen verregneten Sommer gehabt haben, wird es ein kalter Winter. Wenn der Sommer verregnet war, gibt es immer einen kalten Winter.

Grigorjev *haut Semënov in die Schnauze* Mir ist niemals kalt.

Semënov Es ist vollkommen richtig, was Sie sagen, daß Ihnen niemals kalt ist. Das liegt in Ihrer Natur.

Grigorjev *haut Semënov in die Schnauze* Ich friere nie!

Semënov Au!

Grigorjev *haut Semënov in die Schnauze* Was heißt au?

Semënov *hält sich die Wange* Au! Das Gesicht tut mir weh!

Grigorjev Tut weh, warum? *Und haut mit diesen Worten Semënov zack in die Schnauze.*

Semënov *fällt auf einen Stuhl* Au! Ich weiß es selber nicht.

Grigorjev *tritt Semënov in die Schnauze* Mir tut nichts weh.

Semënov Dir werd ich das Prügeln abgewöhnen, Hundesohn. *Versucht aufzustehen.*

Grigorjev *haut Semënov in die Schnauze* Auch noch frech werden!

Semënov *fällt auf den Rücken* Dreckskerl verdammter!

Grigorjev Hör zu, du, paß auf, was du sagst!

Semënov *versucht hochzukommen* Ich hab lange geduldet, Bruder. Aber jetzt reichts. Mit dir, scheints, geht es nicht im Guten. Du bist selbst schuld, Bruder.

Grigorjev *tritt Semënov mit dem Absatz in die Schnauze* Na los, los! Ich höre.

Semënov *fällt auf den Rücken* Au!

DIE SCHAMLOSEN

OPER IN VIER AKTEN

I. AKT

I. BILD

Die Bühne ist eine Wüste. In der Ferne als Hintergrund ist ein Berg gemalt. Ebenfalls gemalt, wie ein Mensch mit einem Samovar in der Hand den Berg herabkommt. Auf der Bühne stehen zwei Stühle.

Bogoljubov *steht auf der Bühne und hält einen Stock in der Hand. Ihm gegenüber steht* Poroškov.

Bogoljubov *singt* Jetzt werde ich dich schlagen!
Poroškov *singt* Nein, du wirst mich nicht schlagen!
Bogoljubov Doch, ich werde dich schlagen!
Poroškov Aber du wirst mich nicht schlagen!
Bogoljubov Ich werde dich schlagen!
Poroškov Du wirst mich nicht schlagen!

Beide setzen sich auf die Stühle.

I. Chor Er wird ihn schlagen.
II. Chor Nein, er wird ihn nicht schlagen.

Bogoljubov *steht auf* Jetzt werde ich dich schlagen. *Er schlägt mit dem Stock nach Poroškov, aber Poroškov weicht dem Schlag aus.*

ÜBER DIE ZEIT, ÜBER DEN RAUM, ÜBER DIE EXISTENZ

I.

1. Eine Welt, die nicht da ist, kann nicht existent genannt werden, weil sie nicht da ist.
2. Eine Welt, die aus einem Einen, Gleichen und Unendlichen besteht, kann nicht existent genannt werden, weil es, in einer solchen Welt, keine Teile gibt, und wenn es keine Teile gibt, gibt es auch kein Ganzes.
3. Eine existierende Welt muß uneinheitlich sein und Teile haben.
4. Zwei Teile jeglicher Art sind verschieden, denn der eine Teil ist immer *dieses*, der andere *jenes*.
5. Wenn nur *dieses* existiert, kann *jenes* nicht existieren, weil, wie schon gesagt, nur *dieses* existiert. Aber solch ein *dieses* kann nicht existieren, denn wenn *dieses* existiert, so muß es uneinheitlich sein und Teile haben. Und wenn es Teile hat, so besteht es aus *diesem* und *jenem*.
6. Wenn *dieses* und *jenes* existieren, existieren folglich auch *nichtjenes* und *nichtdieses*, denn wenn *nichtjenes* und *nichtdieses* nicht existieren, wären *dieses* und *jenes* einheitlich, gleich und unendlich und würden folglich ebenfalls nicht existieren.
7. Nennen wir den ersten Teil *dieses*, den zweiten Teil *jenes*, und den Übergang vom einen zum anderen nennen wir *nichtjenes* und *nichtdieses*.
8. Nennen wir *nichtjenes* und *nichtdieses* das »Hindernis«.
9. Ergo: Grundlage der Existenz bilden drei Elemente: *dieses*, das *Hindernis* und *jenes*.
10. Stellen wir die Nichtexistenz durch eine Null oder eine Eins dar. Dann müssen wir die Existenz darstellen durch die Ziffer Drei.

11. Ergo: Teilen wir die eine einheitliche Leere in zwei Teile, so erhalten wir die Dreiheit der Existenz.
12. Oder: Die einheitliche Leere, die auf ein bestimmtes Hindernis stößt, wird in Teile gespalten und bildet so die Dreiheit der Existenz.
13. Das Hindernis ist folglich der Schöpfer, der aus dem »Nichts« ein »Etwas« macht.
14. Wenn *dieses*, für sich, ein »Nicht« oder ein nichtexistentes »Etwas« ist, so ist auch das »Hindernis« ein »Nichts« oder nichtexistentes »Etwas«.
15. Es muß folglich zwei »Nichts« oder nichtexistierende »Etwas« geben.
16. Wenn es zwei »Nichts« oder nichtexistente »Etwas« gibt, ist das eine von beiden das »Hindernis« für das andere, das es in Teile aufspaltet und damit selbst zu einem Teil des anderen wird.
17. So spaltet auch das andere, das das Hindernis für das erste war, dieses andere in Teile und wird selbst zu einem Teil des ersten.
18. So schaffen sich, von selbst, nichtexistierende Teile.
19. Drei, für sich genommen, nichtexistierende Teile schaffen die drei Grundelemente der Existenz.
20. Drei, für sich genommen, nichtexistierende Grundelemente der Existenz bilden, alle drei zusammen, eine gewisse Existenz.
21. Wenn eines der drei Grundelemente der Existenz verschwände, so verschwände auch das Ganze. Ergo: Wenn das »Hindernis« verschwände, würden *dieses* und *jenes* identisch und würden aufhören zu existieren.
22. Die Existenz unseres Alls wird gebildet aus dreimal »Nichts« oder nichtexistenten »Etwas«: Raum, Zeit und etwas, das weder Zeit noch Raum ist.
23. Die Zeit ist, ihrem Wesen nach, einheitlich, gleich und unendlich, deshalb existiert sie nicht.
24. Der Raum ist, seinem Wesen nach, einheitlich, gleich und unendlich, deshalb existiert er nicht.

25. Sobald aber Raum und Zeit in ein bestimmtes Wechselverhältnis treten, werden sie füreinander zum Hindernis und beginnen zu existieren.
26. Mit Beginn ihrer Existenz werden Raum und Zeit wechselseitig Teil voneinander.
27. Die Zeit, die auf das Hindernis der Vergangenheit stößt, wird in Teile gespalten und bildet die Dreiheit der Existenz.
28. Die in Teile gespaltene, existierende Zeit besteht aus den drei Grundelementen der Existenz: aus Vergangenheit, Gegenwart und Zukunft.
29. Vergangenheit, Gegenwart und Zukunft bestanden, als Grundelemente der Existenz, notwendigerweise immer in gegenseitiger Abhängigkeit voneinander. Es kann keine Vergangenheit ohne Gegenwart und Zukunft geben, ebensowenig eine Gegenwart ohne Vergangenheit und Zukunft, oder eine Zukunft ohne Vergangenheit und Gegenwart.
30. Betrachten wir diese drei Elemente getrennt, so sehen wir, daß es eine Vergangenheit nicht gibt, weil sie bereits vergangen ist, und auch keine Zukunft, weil sie noch nicht begonnen hat. Bleibt also nur die Gegenwart. Aber was ist die »Gegenwart«?
31. Wenn wir dieses Wort aussprechen, werden die ausgesprochenen Buchstaben dieses Wortes Vergangenheit, die nichtausgesprochenen Buchstaben liegen noch in der Zukunft. Also ist »Gegenwart« nur der Laut, der gerade ausgesprochen wird.
32. Aber es hat doch auch der Prozeß des Aussprechens eine bestimmte zeitliche Ausdehnung. Folglich ist ein Teil dieses Prozesses »Gegenwart«, während andere Teile entweder Vergangenheit sind oder Zukunft. Dasselbe kann man jedoch auch über denjenigen Teil des Prozesses sagen, der uns als »Gegenwart« erschien.
33. Folgt man diesen Gedanken, so sehen wir, daß es eine »Gegenwart« nicht gibt.

34. Die »Gegenwart« ist nur das »Hindernis« beim Übergang aus der Vergangenheit in die Zukunft, und Vergangenheit und Zukunft erscheinen uns als *dieses* und *jenes* der Existenz der Zeit.
35. Ergo: Die Gegenwart erscheint uns als »Hindernis« in der Existenz der Zeit, und – wie bereits oben gesagt – als Hindernis in der Existenz der Zeit dient der Raum.
36. Das bedeutet: Die »Gegenwart« der Zeit ist der Raum.
37. In Vergangenheit und Zukunft gibt es keinen Raum, er liegt zur Gänze in der »Gegenwart« beschlossen. Und die Gegenwart erscheint als Raum.
38. Und da es eine Gegenwart nicht gibt, gibt es auch keinen Raum.
39. Damit haben wir die Existenz der Zeit erklärt, der Raum als solcher hingegen existiert noch nicht.
40. Um die Existenz des Raumes zu erklären, muß man den Fall annehmen, daß die Zeit als Hindernis des Raumes erscheint.
41. Stößt der Raum auf das Hindernis der Zeit, so wird er in Teile gespalten und bildet die Dreiheit der Existenz.
42. Der in Teile gespaltene, existierende Raum besteht aus drei Elementen: *Dort*, *Hier* und *Dort*.
43. Beim Übergang vom einen *Dort* zum anderen *Dort* muß er das Hindernis *Hier* überwinden, denn wenn es das Hindernis *Hier* nicht gäbe, wären das eine *Dort* und das andere *Dort* miteinander identisch.
44. Das *Hier* erscheint als das Hindernis für den existierenden Raum. Und, wie weiter oben gesagt, als Hindernis für den existierenden Raum dient die Zeit.
45. Das bedeutet: Das *Hier* des Raumes ist die Zeit.
46. Das *Hier* des Raums und die »Gegenwart« der Zeit sind die Schnittpunkte von Raum und Zeit.
47. Betrachten wir Raum und Zeit als Grundelemente der Existenz des Alls, müssen wir sagen: Das Universum wird gebildet aus Raum, Zeit und noch etwas, das weder Zeit noch Raum ist.

48. Dieses »etwas«, das weder Zeit noch Raum ist, ist das »Hindernis«, das die Existenz des Alls konstituiert.
49. Dieses »Etwas« bildet das Hindernis zwischen Zeit und Raum.
50. Deshalb liegt dieses »Etwas« im Schnittpunkt von Zeit und Raum.
51. Folglich befindet sich dieses »Etwas« in der Zeit im Punkt »Gegenwart«, im Raum dagegen im Punkt »Hier«.
52. Dieses »etwas«, das sich im Schnittpunkt von Raum und Zeit befindet, bildet ein bestimmtes »Hindernis«, das das »Hier« von der »Gegenwart« trennt.
53. Dieses »Etwas«, das ein Hindernis darstellt und das »Hier« von der »Gegenwart« trennt, konstituiert eine bestimmte Existenz, die wir Materie oder Energie nennen. (Wir nennen sie im Folgenden verabredungshalber einfach *Materie.)*
54. Ergo: Die Existenz des Alls, konstituiert durch Raum, Zeit und deren beider Hindernis, drückt sich aus in der *Materie*.
55. Die Materie zeugt von der Zeit.
56. Die Materie zeugt vom Raum.
57. Das bedeutet: Die drei Grundelemente der Existenz des Alls nehmen wir wahr als Zeit, Raum und Materie.
58. Zeit, Raum und Materie, die einander in bestimmten Punkten schneiden und als Grundelemente der Existenz des Alls erscheinen, bilden einen gewissen Knoten.
59. Nennen wir diesen Knoten – den Knoten des Alls.
60. Wenn ich von mir sage: »Ich bin«, füge ich mich ein in den Knoten des Alls.

II.

1. Über die Existenz

1. Eine Welt, die nicht da ist, kann nicht existent genannt werden, weil sie nicht da ist.

2. Eine Welt, die aus einem Einen, Gleichen und Unendlichen besteht, kann nicht existent genannt werden, weil es, in einer solchen Welt, keine Teile gibt, und wenn es keine Teile gibt, gibt es auch kein Ganzes.
3. Eine existierende Welt muß uneinheitlich sein und Teile haben.
4. Zwei Teile jeglicher Art sind verschieden, denn der eine Teil ist immer *dieses*, der andere *jenes.*
5. Wenn nur *dieses* existiert, kann *jenes* nicht existieren, weil, wie schon gesagt, nur *dieses* existiert. Aber solch ein *dieses* kann nicht existieren, denn wenn *dieses* existiert, so muß es uneinheitlich sein und Teile haben. Und wenn es Teile hat, so besteht es aus *diesem* und *jenem.*
6. Wenn *dieses* und *jenes* existieren, existieren folglich auch *nichtjenes* und *nichtdieses,* denn wenn *nichtjenes* und *nichtdieses* nicht existieren, wären *dieses* und *jenes* einheitlich, gleich und unendlich und würden folglich ebenfalls nicht existieren.
7. Nennen wir den ersten Teil *dieses*, den zweiten Teil *jenes*, und den Übergang vom einen zum anderen nennen wir *nichtjenes* und *nichtdieses.*
8. Nennen wir *nichtjenes* und *nichtdieses* das »Hindernis«.
9. Ergo: Grundlage der Existenz bilden drei Elemente: *dieses*, das *Hindernis* und *jenes.*
10. Stellen wir die Nichtexistenz durch eine Null oder eine Eins dar. Dann müssen wir die Existenz darstellen durch die Ziffer Drei.
11. Ergo: Teilen wir die eine einheitliche Leere in zwei Teile, so erhalten wir die Dreiheit der Existenz.

2. *Über die Hypostase*

12. Lesen wir die vorstehende Erörterung, wird uns die Lehre von der Hypostase verständlich: Der eine Gott, aber in drei Personen.

3. *Über das Kreuz*

13. Das Kreuz ist das Symbol der Hypostase, d. h. des ersten Gesetzes von der Grundlage der Existenz.
14. Betrachten wir die Form des Kreuzes. Das Kreuz besteht aus zwei einander schneidenden Linien.
15. Versuchen wir, das Gesetz der Existenz graphisch darzustellen.
16. Nichts existiert. Also können wir auch nichts darstellen.
17. Es existiert etwas Einheitliches, Gleiches und Unendliches, das jedoch, wie in P. Nr. 2 gesagt, nicht existent genannt werden kann. Wir stellen dies graphisch dar durch die Linie einer Geraden.

Zeichnung Nr. I

18. Damit dieses Etwas existent wird, muß es Teile haben (P. Nr. 3).
19. Teile, wie in P. Nr. 9 gesagt, entstehen durch ein Hindernis. Stellen wir dieses Hindernis in dieser einen Existenz graphisch dar.

Zeichnung Nr. II

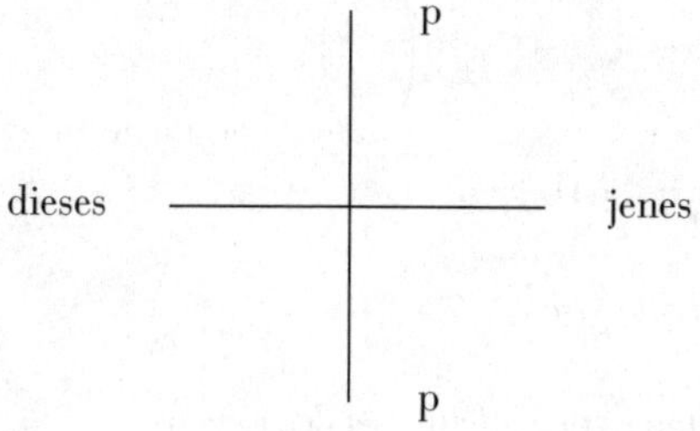

20. Das heißt, wir stellen graphisch dar, wie das Hindernis pp die Teile »dieses« und »jenes« konstituiert.
21. Wandeln wir diese graphische Darstellung in eine symbolische Figur um, erhalten wir das Kreuz.

Zeichnung Nr. III

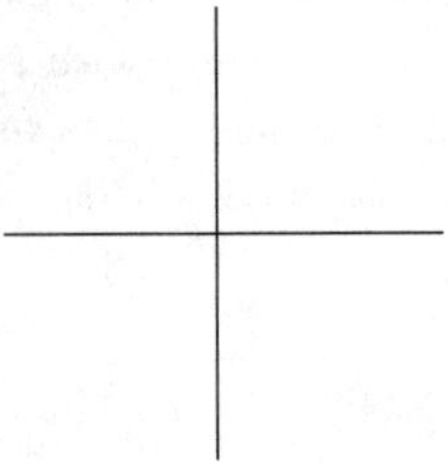

22. Ich wiederhole: Das Kreuz ist das symbolische Zeichen für das Gesetz der Existenz und des Lebens.
23. Die alten Ägypter stellten das Kreuz so dar:

Zeichnung Nr. IV

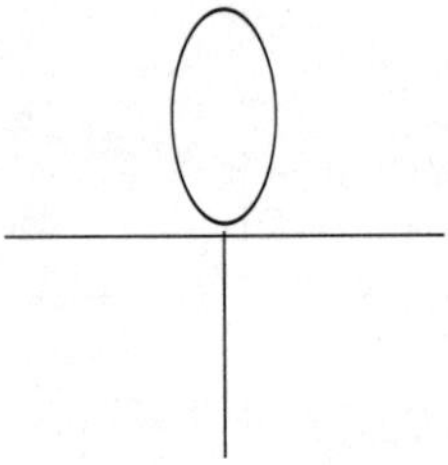

Und nannten es den »Schlüssel des Lebens«.

Paradies – Welt – Paradies

24. Das ist ein weiteres Schema desselben Grundgesetzes.
Paradies – Welt – Paradies.

25. Paradies – »dieses«, Welt – »Hindernis«, Paradies – »jenes«.

Ein Franzose hatte ein Sofa, vier Stühle und einen Sessel geschenkt bekommen.

Setzt sich der Franzose auf den Stuhl am Fenster, dabei möchte er lieber auf dem Sofa liegen. Legt sich der Franzose auf das Sofa, möchte er eigentlich lieber im Sessel sitzen. Steht der Franzose vom Sofa auf und setzt sich in den Sessel wie ein König, geht ihm auch schon durch den Sinn, auf dem Sessel sei es doch grauenhaft pompös. Lieber einfach auf dem Stuhl. Setzt sich der Franzose wieder auf den Stuhl am Fenster, nur hält es den Franzosen nicht auf diesem Stuhl, weil es am Fenster irgendwie zieht. Setzt sich der Franzose auf den Stuhl am Ofen und spürt, er ist müde. Da beschloß der Franzose, sich auf das Sofa zu legen und auszuruhen, aber kaum beim Sofa angekommen, wandte er sich ab und setzte sich in den Sessel.

– Hier ist es schön! – sagte der Franzose, setzte aber sogleich hinzu:

– Auf dem Sofa ist es aber sicher schöner.

SCHICKSAL DER FRAU EINES PROFESSORS

Einmal hatte ein Professor etwas gegessen, aber nicht das Richtige, und es begann ihn zu würgen.
Kam seine Frau zu ihm und sagt: »Was hast du?« Aber der Professor sagt: »Nichts.« Und seine Frau ging wieder.
Der Professor legte sich auf die Ottomane, lag ein Weilchen, ruhte sich aus und ging zum Dienst.
Im Dienst hatte man eine Überraschung für ihn, man hatte ihm das Gehalt gekürzt: statt 650 Rubel blieben ihm im ganzen nur noch 500.
Der Professor geht dahin, dorthin – nichts hilft. Der Professor geht zum Direktor, der Direktor setzt ihn vor die Tür. Der Professor zum Buchhalter, der Buchhalter sagt: Wenden Sie sich an den Direktor. Der Professor setzt sich in den Zug und fährt nach Moskau.
Unterwegs bekam der Professor eine Grippe. In Moskau angekommen, schafft er es nicht mehr allein, aus dem Zug zu steigen.
Man legte den Professor auf eine Tragbahre und brachte ihn ins Krankenhaus.
Der Professor lag nicht einmal vier Tage im Krankenhaus, als er starb.
Der Körper des Professors wurde im Krematorium verbrannt, die Asche in ein Weckglas gefüllt und an seine Frau geschickt.
Da sitzt die Frau des Professors und trinkt Kaffee. Plötzlich klingelt es. Was ist denn? »Ein Paket für Sie.«
Die Frau freut sich sehr, lächelt übers ganze Gesicht, drückt dem Postboten anderthalb Rubel in die Hand und packt schnell das Paket aus.
Schaut hin, und in dem Paket ist ein Weckglas mit Asche und ein Zettel: »Das ist alles, was von ihrem Gatten übrig ist.«
Die Frau kann nichts begreifen, sie schüttelt das Weckglas, hält es gegen das Licht, den Zettel las sie sechsmal, und endlich wurde ihr klar, was los war, und sie war schrecklich durcheinander.

Die Frau des Professors war sehr durcheinander, sie weinte an die drei Stunden und nahm das Weckglas, um es zu beerdigen. Sie wickelte das Weckglas in eine Zeitung und trug es zum Garten des 1. Fünfjahrplans, dem ehemals Taurischen.
Die Frau des Professors wählte einen möglichst verschwiegenen Weg und wollte eben das Weckglas in der Erde vergraben, als plötzlich der Wächter vor ihr stand.
– He –, ruft der Wächter, – was machst du da?
Die Frau des Professors war sehr erschrocken und sagt:
– Na hier, ich wollte mit dem Weckglas Frösche fangen.
– Na schön –, sagt der Wächter, – nur paß auf: Rasen betreten verboten.
Als der Wächter gegangen war, vergrub die Frau des Professors das Weckglas in der Erde, stampfte drum herum die Erde fest und ging in dem Garten spazieren.
Aber unterwegs im Garten wurde ein Matrose zudringlich. Komm, komm mit, sagt er, gehen wir schlafen. Sie sagt: »Wieso denn am Tag schlafen?« Und der Matrose wieder: Schlafen, schlafen.
Und tatsächlich wollte die Professorin auf einmal schlafen.
So geht sie durch die Straßen, und sie möchte schlafen. Um sie her wimmeln irgendwelche Leute, so blaue, und grüne, und sie möchte schlafen, nur schlafen.
So geht sie und schläft. Und träumt, ihr käme auf einmal Lev Tolstoj entgegen und hielte in der Hand einen Nachttopf. Sie fragt ihn: »Was ist denn das?« Und er zeigt mit dem Finger auf den Topf und sagt:
– Hier –, sagt er, ich habe hier was gemacht, und jetzt trage ich es mit mir, um es aller Welt zu zeigen. – Alle –, sagt er, – sollen hinschauen.
Die Professorin schaut ebenfalls hin und sieht, das ist ja gar nicht mehr Tolstoj, sondern eine Scheune, und in der Scheune sitzt ein Huhn.
Läuft die Professorin dem Huhn nach und will es fangen, aber das

Huhn verkriecht sich unter dem Sofa und schaut von dort als Kaninchen hervor.

Kriecht die Professorin zu dem Kaninchen unter das Sofa und wacht auf.

Wacht auf, schaut hin: tatsächlich, sie liegt unterm Sofa.

Die Professorin kriecht unter dem Sofa hervor, sieht, es ist ihr eigenes Zimmer. Da steht auch der Tisch mit dem nicht ausgetrunkenen Kaffee. Auf dem Tisch liegt der Zettel: »Das ist alles, was von Ihrem Gatten übrig ist.«

Die Professorin bricht noch einmal in Tränen aus, dann setzt sie sich und trinkt den kalten Kaffee zu Ende.

Plötzlich klingelt es. Was ist? Irgendwelche Leute kommen herein und sagen: »Fahren wir.«

– Wohin? – fragt die Professorin.

– Ins Irrenhaus –, antworten die Leute.

Die Professorin begann zu schreien und sich zu wehren, aber die Leute packten sie und brachten sie ins Irrenhaus.

Und so sitzt eine völlig normale Professorin auf der Pritsche im Irrenhaus, hält eine Angel in der Hand und angelt vom Fußboden irgendwelche unsichtbaren Fische.

Diese Professorin ist nur ein armseliges Beispiel dafür, wie viele Unglückliche es im Leben gibt, die im Leben einen anderen Platz einnehmen als den, den sie einnehmen sollten.

Daniil Charms
21. August 1936

WIE EIN MENSCH ZERFIEL

– Man sagt, alle schönen Weiber haben einen dicken Hintern. Ach, ich liebe vollbusige Weiber, ich mag es, wie sie riechen, – mit diesen Worten wurde er größer und größer, und als er die Zimmerdecke erreicht hatte, zerfiel er in tausend kleine Kügelchen.
Da kam der Hauswart Pantelej, kehrte diese Kügelchen auf die Kehrschaufel, mit der er gewöhnlich Pferdeäpfel aufkehrte, und trug diese Kügelchen irgendwohin auf den Hinterhof.
Die Sonne aber schien weiter wie zuvor, und die üppigen Damen rochen weiter so betörend wie zuvor.

23. August 1936

TOD EINES ALTEN MANNES

Einem alten Mann sprang ein kleines Bällchen aus der Nase und fiel zu Boden. Der alte Mann bückte sich, um dieses Bällchen aufzuheben, da sprang ihm ein kleines Stäbchen aus dem Auge und fiel ebenso zu Boden. Der alte Mann erschrak und bewegte, da er nicht wußte, was er tun sollte, die Lippen. In diesem Augenblick sprang dem alten Mann ein kleines Quadrat aus dem Mund. Der alte Mann hielt sich den Mund zu, aber da sprang ihm ein kleines Mäuschen aus dem Ärmel. Dem alten Mann wurde übel vor Angst, und um nicht zu fallen, setzte er sich in die Hocke. Aber da knirschte etwas in ihm, und er sank wie ein weicher Plüschmantel zu Boden. Da sprang dem alten Mann eine lange Stange aus dem Hosenschlitz, und auf dem äußersten Ende dieser Stange saß ein zartes Vögelchen. Der alte Mann wollte schreien, aber der Unterkiefer hakte aus, statt eines Schreis entfuhr ihm nur ein schwaches Glucksen, und er schloß ein Auge. Das andere Auge des alten Mannes blieb offen, und da es aufhörte sich zu bewegen und zu glänzen, wurde es unbeweglich und trübe wie bei einem toten Menschen. So ereilte der heimtückische Tod einen alten Mann, der nicht wußte, wann er abzutreten hatte.

Ein Mechaniker beschloß, während der Arbeit abwechselnd mal auf dem einen, mal auf dem anderen Bein zu stehen, um nicht so schnell zu ermüden.
Aber es kam nichts dabei heraus, er ermüdete schneller als zuvor, und mit der Arbeit klappte es auch nicht mehr so wie früher.
Der Mechaniker wurde ins Kontor gerufen und bekam einen Verweis mit Vorwarnung.
Der Mechaniker aber beschloß, gegen seine Natur anzukämpfen, und stand während der Arbeit weiterhin auf einem Bein.
Lange kämpfte der Mechaniker gegen seine Natur, aber als er am Ende Kreuzschmerzen verspürte, die mit jedem Tag stärker wurden, war er gezwungen, einen Arzt aufzusuchen.

27. August 1936

DIE KASSIERERIN

Maša hatte einen Pilz gefunden, ihn gepflückt und trug ihn auf den Markt. Auf dem Markt bekam sie ein paar hinter die Ohren, und man versprach ihr auch noch Hiebe auf die Beine. Maša erschrak und lief weg. Sie kam in die Kooperative gelaufen und wollte sich dort hinter der Kasse verstecken. Aber der Geschäftsführer entdeckte Maša und sagt: Was hast du da in der Hand? Und Maša sagt: Einen Pilz. Der Geschäftsführer sagt: So siehst du aus, Schlaumeierin! Willst du, daß ich dir eine Stelle beschaffe? Maša sagt: Das tust du ja doch nicht. Der Geschäftsführer sagt: Und ob ich das tue! Und er ließ Maša an der Kasse die Kurbel drehen.

Maša drehte und drehte, und plötzlich war sie tot. Die Miliz kam, setzte ein Protokoll auf und ließ den Geschäftsführer Strafe zahlen – 15 Rubel.

Der Geschäftsführer sagt: Wofür denn Strafe? Die Miliz sagt: Wegen Mordes. Der Geschäftsführer erschrak, zahlte schnellstens die Strafe und sagt: Bringen Sie nur schnell diese tote Kassiererin fort. Und der Verkäufer der Gemüseabteilung sagt: Nein, das ist nicht wahr, sie war gar keine Kassiererin. Sie hat nur die Kurbel gedreht. Die Kassiererin sitzt dort. Die Miliz sagt: Das ist uns egal. Wir haben Befehl, die Kassiererin mitzunehmen, also nehmen wir sie mit.

Die Miliz ging auf die Kassiererin zu.

Die Kassiererin legte sich auf den Fußboden und sagt: Ich gehe nicht mit. Die Miliz sagt: Warum willst du nicht mitgehen, dumme Gans? Die Kassiererin sagt: Ihr wollt mich bei lebendigem Leibe begraben.

Die Miliz versuchte, die Kassiererin vom Boden aufzuheben, aber es gelingt einfach nicht, denn die Kassiererin ist sehr beleibt.

– Nehmt sie doch an den Beinen, – sagt der Verkäufer aus der Gemüseabteilung.

– Nein, – sagt der Geschäftsführer, – diese Kassiererin dient mir anstelle einer Ehefrau. Und deshalb bitte ich Sie, sie nicht zu entblößen unten herum.

Die Kassiererin sagt: – Hört ihr? Ihr dürft mich unten herum nicht entblößen.

Die Miliz nahm die Kassiererin unter den Achselhöhlen und schleifte sie aus der Kooperative.

Der Geschäftsführer ließ die Verkäufer das Geschäft aufräumen und den Handel wieder aufnehmen.

– Und was machen wir mit der Toten? – sagt der Verkäufer aus der Gemüseabteilung und zeigte auf Maša.

– Du lieber Gott, – sagt der Geschäftsführer, – sind wir denn alle des Teufels? Tatsächlich, was machen wir mit der Toten?

– Und wer soll an der Kasse sitzen? – fragt der Verkäufer.

Der Geschäftsführer faßte sich an den Kopf. Mit dem Knie riß er die Äpfel von der Stellage und sagt:

– Schöner Schlamassel.

– Schöner Schlamassel, – sagen die Verkäufer im Chor.

Plötzlich strich sich der Geschäftsführer den Schnurrbart glatt und sagt:

– He-he! Mich legt so leicht keiner rein. Setzen wir die Tote an die Kasse, vielleicht merken die Leute nicht, wer da an der Kasse sitzt.

So setzten sie die Tote an die Kasse, steckten ihr eine Zigarette in den Mund, damit sie lebendiger aussah, und gaben ihr, der Lebensechtheit halber, den Pilz in die Hand. So sitzt die Tote an der Kasse wie lebendig, nur im Gesicht ist sie sehr grün, und das eine Auge steht offen, das andere ist völlig zu.

– Macht nichts, – sagt der Geschäftsführer, – das geht schon so.

Und die Leute pochen schon an die Tür, regen sich auf, warum die Kooperative nicht aufmacht. Eine Hausfrau in Seidenmantille tobt besonders: sie schüttelt die Einkaufstasche und zielt mit dem Absatz gegen die Türklinke. Und hinter der Hausfrau kreischt eine Alte mit einem Kissenbezug auf dem Kopf, schimpft und flucht und nennt den Geschäftsführer der Kooperative einen Spitzbuben.

Der Geschäftsführer öffnete die Tür und ließ die Leute herein. Die stürzten geradewegs in die Fleischabteilung, und danach dorthin, wo es Zucker und Pfeffer gibt. Die Alte lief sofort in die Fischabteilung, aber unterwegs warf sie einen Blick auf die Kassiererin und blieb stehen.

– Gott, – sagte sie, – Gott steh uns bei!

Und die Hausfrau in Seidenmantille hatte schon alle Abteilungen abgelaufen und strebt schnurstracks zur Kasse. Aber kaum hatte sie die Kassiererin erblickt, blieb sie stehen, steht schweigend da und schaut. Auch die Verkäufer schweigen und schauen auf den Geschäftsführer. Und der Geschäftsführer schaut hinter einer Stellage hervor und wartet, was weiter geschieht.

Die Hausfrau in Seidenmantille hat sich zu den Verkäufern umgewandt und sagt:

– Wer sitzt denn bei Ihnen an der Kasse?

Doch die Verkäufer schweigen, weil sie nicht wissen, was sie antworten sollen.

Der Geschäftsführer schweigt ebenfalls.

Da läuft von allen Seiten das Volk zusammen. Schon hat sich auf der Straße eine Menschenmenge gebildet. Hauswarte sind erschienen. Pfiffe ertönten. Mit einem Wort ein regelrechter Skandal.

Die Menge hätte wohl bis zum Abend vor der Kooperative gestanden. Aber da sagte jemand, in der Ozernyj-Gasse fielen in einem fort alte Frauen aus den Fenstern. Da lichtete sich die Menge vor der Kooperative, weil viele nun in die Ozernyj-Gasse gingen.

31. August 1936

VATER UND TOCHTER

Nataša hatte zwei Bonbons. Da aß sie einen Bonbon und hatte nur noch einen Bonbon. Nataša legte den Bonbon vor sich auf den Tisch und fing an zu weinen. Plötzlich schaute sie hin, da liegen vor ihr auf dem Tisch zwei Bonbons. Nataša aß einen Bonbon und fing wieder an zu weinen. Nataša weint, doch schaut dabei mit einem Auge auf den Tisch, ob da nicht ein zweiter Bonbon erscheint. Aber der zweite Bonbon erschien nicht. Nataša hörte auf zu weinen und fing an zu singen. Sie sang und sang, und plötzlich starb sie. Natašas Vater kam, nahm Nataša und brachte sie zum Hausverwalter. »Hier«, sagte Natašas Vater, »beurkunden Sie den Tod.« Der Hausverwalter hauchte den Stempel an und drückte ihn auf Natašas Stirn. »Danke«, sagte Natašas Vater und brachte Nataša auf den Friedhof. Auf dem Friedhof war der Wächter Matvej, er saß immer am Friedhofstor und ließ niemanden auf den Friedhof, so daß die Verstorbenen einfach auf der Straße beerdigt werden mußten. Papa beerdigte Nataša auf der Straße, nahm die Mütze ab, legte sie auf die Stelle, an der er Nataša verscharrt hatte, und ging nach Hause. Er kam nach Hause, aber Nataša sitzt schon zu Hause. Wie das? Ganz einfach: sie war aus der Erde gekrochen und nach Hause gerannt. Ist das was! Papa war so durcheinander, daß er auf der Stelle hinfiel und starb. Nataša rief den Hausverwalter und sagt: »Beurkunden Sie den Tod.« Der Hausverwalter hauchte den Stempel an und drückte ihn auf das Blatt Papier, dann schrieb er auf dieses Blatt Papier: »Hiermit wird bestätigt, daß derundder tatsächlich gestorben ist.« Nataša nahm das Papier und brachte es auf den Friedhof, um es zu beerdigen. Aber der Wächter Matvej sagte zu Nataša: »Du kommst hier nicht herein.« Nataša sagt: »Aber ich muß doch nur dies Papier hier beerdigen.« Aber der Wächter sagt: »Schlag dir das aus dem Kopf.« Nataša verscharrte das Papier auf der Straße, legte an die Stelle, wo sie das Papier verscharrt hatte, ihre Söckchen und ging nach Hause. Sie kommt nach Hause, da sitzt Papa schon zu Hause und spielt gegen sich selbst auf einem kleinen Tischbillard mit Metallkügelchen.

Nataša war erstaunt, sagte aber nichts und ging auf ihr Zimmer, um zu wachsen.

Sie wuchs und wuchs und war vier Jahre später ein erwachsenes Fräulein. Natašas Papa war gealtert und ging gebückt. Aber wenn sich beide daran erinnern, wie sie einander für tot gehalten hatten, fallen beide vor Lachen aufs Sofa und lachen. Manchmal lachen sie zwanzig Minuten lang.

Und die Nachbarn, sowie sie das Gelächter hören, ziehen sich an und gehen ins Kino. Und so gingen sie und sie kamen nie wieder zurück. Sie sind wahrscheinlich unters Auto geraten.

Charms
1. September 1936

DIE NEUEN ALPINISTEN

Bibikov erstieg den Berg, verfiel in Gedanken und stürzte ab. Die Tschetschenen lasen Bibikov auf und setzten ihn wieder auf den Berg. Bibikov dankte den Tschetschenen und stürzte abermals den Abhang hinunter. Hatten sie nicht gesehen.

Jetzt erstieg Augenapfel den Berg, schaute durchs Fernglas und sah einen Reiter.

– He! – rief Augenapfel, – wo ist hier in der Nähe ein Duchan?

Der Reiter verschwand hinter dem Berg, tauchte dann im Gebüsch auf, verschwand im Gebüsch, tauchte dann im Tal auf, verschwand dann am Fuße des Berges, tauchte dann auf dem Kamm auf und ritt Augenapfel entgegen.

– Wo ist hier in der Nähe ein Duchan? – fragte Augenapfel.

Der Reiter zeigte auf seine Ohren und auf seinen Mund.

– Was, bist du taubstumm? – fragte Augenapfel.

Der Reiter kratzte sich im Genick und zeigte auf seinen Bauch.

– Ja und? – fragte Augenapfel.

Der Reiter holte einen Holzapfel aus der Tasche und biß ihn glatt in zwei Hälften.

Da wurde es Augenapfel schlecht, und er beschloß, den Rückzug anzutreten.

Der Reiter aber zog die Stiefel aus und ruft plötzlich:

– Chal-gallaj!

Augenapfel sprang unversehens zur Seite und stürzte den Abhang hinunter.

In diesem Augenblick kam Bibikov, der noch vor Augenapfel zweimal den Abhang hinuntergestürzt war, wieder zu sich und begann, auf allen vieren hochzukriechen. Plötzlich merkt er: von oben fällt jemand auf ihn herab. Bibikov kroch eilig zur Seite, schaute von dort und sah: da liegt ein Bürger in karierten Hosen. Bibikov setzte sich auf einen Stein und begann zu warten.

Der Bürger in den karierten Hosen lag etwa vier Stunden regungslos, dann hob er den Kopf und fragt, niemand weiß wen:
– Wem gehört dieser Duchan?
– Was für ein Duchan? Das ist kein Duchan, – antwortet Bibikov.
– Und wer sind Sie? – fragt der Mensch in karierten Hosen.
– Ich bin der Alpinist Bibikov. Und Sie?
– Ich bin der Alpinist Augenapfel.
So haben Bibikov und Augenapfel sich kennengelernt.

Charms
1.–2. September 1936

NEUE ANATOMIE

Einem kleinen Mädchen wuchsen an der Nase zwei blaue Bänder. Ein seltener Fall, denn auf dem einen Band stand »Mars« geschrieben, auf dem anderen »Jupiter«.

1. – Guten Tag! Sagen Sie mir nichts über den Regen.
2. – Schön. Also sprechen wir über die Vögel.
1. – Über die Vögel, das geht. Aber, was soll man über sie sagen?
2. – Zum Beispiel: erstens, warum fliegen die Vögel?

DAS VERZEICHNIS DER TIERE

ZUEIGNUNG

Stell dich darauf ein, zu hören das Verzeichnis der Tiere: der herrschenden, majestätischen, geduckten, vergoldeten, niedergedrückten und tief sich verneigenden.

Kämm dich, wenn du einen Bart hast, rasiere ihn ab, wasch dir die Hände und setz dich.

Dir, o Leser meiner Werke, sind diese Seiten zugeeignet. Kleine Rauchwölkchen umwehen deinen Kopf. Mit deinen Füßen streichelst du den Kater, und in den Händen hältst du einen kleinen Messingvogel. Denkst du zu lachen über mein Buchstabengekritzel, oder denkst du, gleich der unvernünftigen Trappe, an meinem Auge vorbeizufliegen und in der Luft nur eine bunte Feder zu hinterlassen?

Halt! Nicht so eilig, Leser, verzieh nicht gleich die Lippen zu einem Lächeln auf deinem unverschämten Gesicht und spring nicht gleich vor mir zur Seite. Laß dich anschauen. Vielleicht bist du krumm und verwachsen und hast zu schmale Schultern? Und schläfst vielleicht im Dreck und hast den ganzen Tag Schweißhände? Vielleicht hast du überhaupt nichts im Kopf, vielleicht bist du einfach eine Mißgeburt? Dann lauf weiter, lache und mach, was du willst, denn ich habe auch einen anderen Leser, der besser ist als du [und dieser Leser – bin ich selbst]! Er ist ebenmäßig gewachsen und breitschultrig, lebt im Wohlstand und schläft in einem sauberen Bett, wäscht sich die Hände mit Alaun und schneuzt sich in schneeweiße Taschentücher. Er ist klug: das sieht man sofort. Er hat eine vertikale Falte auf der Stirn, und seine Augenbrauen sind stets leicht gerunzelt. Er trägt einen schönen Anzug aus einem Wollstoff, hat ein kleines Filzmützchen auf dem Kopf, und im Winter zieht er über dieses Mützchen eine Kapuze aus Kamelhaar. Er raucht beinahe ununterbrochen: morgens raucht er die kurze gerade Pfeife, tags-

über und am Abend die gebogene. Manchmal raucht er auch Zigarren, und wenn man ihm eine Zigarette anbietet, raucht er die Zigarette. Er ist der ideale Leser, denn er küßt jedes gelesene Buch und legt es in die Truhe aus dunkler karelischer Birke mit Kupferplättchen an den Ecken. In dieser Truhe liegen schon 36 Bücher. Ich möchte, daß mein Buch das 37ste wird!
Dir und nur dir, lieber Leser, widme ich dieses Buch, und damit schreite ich, ohne zu zögern, zum Verzeichnis der Tiere.

DAS VERZEICHNIS DER TIERE

Das ist der Zwergpinscher. Er ist das angenehmste aller Tiere, denn er hat Ähnlichkeit mit der Biene. Er kann pfeifen. Er ist meinem Herzen angenehm.
Das ist der Löwe. Er ist ein schreckliches Tier. Sein Blick ist klug, er selbst ist aber dumm. Er wirft sich gegen die dicken Eisenstäbe seines Käfigs und beißt hinein mit seinen Fangzähnen. Mit seinen mächtigen Tatzen schlägt er auf den hölzernen Stumpf. Er brüllt mit schrecklicher Stimme, niemand weiß was, und wenn er brüllt, versetzt das alle anderen Tiere in schreckliche Aufregung. Er aber brüllt und legt sich manchmal eine Viertelstunde lang ins Zeug, und dann, nachdem er das Maul aufgerissen hat, legt er sich hin und schaut mit weisem Blick auf die stinkende Menge. Geht alle weg von ihm! Er ist ein unglückseliger Dummkopf. Haltet ihn nicht im Käfig. Bringt ihn nach Hause und entlaßt ihn in die Freiheit, wo er hingehört. Laufen wird er, mit hoch erhobenem Schwanz! Laufen wird er, und mit den Hinterpfoten den Sand aufwirbeln, der so gelb ist wie er selbst. Laufen wird er an den fernen klaren Bach, wird kühles Wasser trinken und dann, den Rachen weit aufgerissen, brüllen mit seiner furchtbaren Stimme, zum Lobe des Schöpfers aller Dinge. Löwe, Löwe! dein Ort ist nicht die Stadt der Menschen!
Und das ist der Ameisenbär. Wenn er einen Feind sieht, zieht er sich zurück und läuft weg. Wohin er läuft? Es sieht ganz so aus, als laufe

er in einen Laden. Aber nein, er läuft an dem Laden vorbei und weiter in den Wald. Im Walde kennt er viele heimliche Verstecke, dort rettet er sein Leben. Er kriecht in eine Grube, bewirft sich dort mit Erde und abgefallenen Blättern und streckt zum Atmen einzig seinen langen und dünnen Rüssel hervor. In diesem Rüssel hat er eine Öffnung, und durch diese Öffnung kann er seine Zunge wandern lassen. Ein dummes Tier, der Ameisenbär: er lebt unter Wasser und ernährt sich ausschließlich von eklen Würmern.

Aber es gibt ein Tier, das noch dümmer ist als der Ameisenbär: das Pferd. Es hat große, hervorquellende Augen, in denen sich nur der stumpfe Kummer spiegelt, manchmal auch die Bosheit. Da steht es im Stall und bewegt seine weichen Lippen. Komm ihm nicht zu nahe, Besitzer. Komm ihm nicht zu nahe, denn das Pferd lauert nur darauf, dich an der Schulter zu packen mit seinen gelben Zähnen.

Pferd, Pferd! Du bist einst durch Arabiens Wüsten gesprengt! Du warst es, das die Araber mit schwarzem Kaffee getränkt! Nachts hast du in dunklen Steppen über Flüsse gesetzt und mit den Hufen erschlagen den Siedler, der dir den Weg verstellte. Sie fingen dich ein mit dem langen Lasso, du aber hast das Lasso den Händen der Fänger entrissen, bist vorwärts geflogen, und heiß mit einem Pfeifen entrang die Luft sich deinen Nüstern. Du, unbezwinglich, hast den wilden Reiter abgeworfen und ihn mit dem Gesicht über den Boden geschleift. Du bist geflogen, bis weißer Schaum deinen Körper bedeckte. Dann bist du auf die Seite gefallen und hast den Geist aufgegeben.

Und wozu bist du geflohen, unvernünftiges Tier? Wohin hat es dich getrieben? Dein Pferdeschicksal hat dich getrieben ohne jeden Sinn. Pferd, du bist unter den Tieren das allerwiderwärtigste, du bist meinem Herzen widerwärtig!

Und da ist noch ein Tier, das ist der Nachtlemur. Er fliegt wie ein Vogel von Ast zu Ast, und aus den Augen hängen ihm Fäden. Der Lemur ist der Luftmensch.

[Viele, viele verschiedene Tiere gibt es: herrscherliche, majestätische, geduckte, vergoldete, angenagelte und unterwürfige. Aber das schönste unter ihnen ist der Zwergpinscher. Ihn müssen wir nochmals erwähnen und ein Hurra! auf ihn ausbringen.

Hiermit beenden wir das Verzeichnis der Tiere, rufen dem Zwergpinscher noch ein Hurra! zu und gehen, ohne einen Augenblick zu verlieren, zu einer anderen Unterhaltung über.]

Und das ist der Jaguar, er leckt seine Jungen und schmiedet einen Fluchtplan. Matvej, der Wärter, kommt ohne Angst zu ihm in den Käfig, denn der Jaguar wird längst für zahm gehalten. Matvej, der Wärter, krault ihn in aller Ruhe zwischen den Ohren. Und der Jaguar liebt das. Noch mehr aber liebt er die Freiheit. Er spürt, er könnte wohl entwischen irgendwie, mithilfe von Matvej, er weiß nur noch nicht wie. Da kommt Matvej in seinen Käfig. Der Jaguar steht auf, er dehnt und streckt sich und trottet auf das offne Türchen zu.

»He, du!« – ruft ihn Matvej, der Wärter, an und versetzt ihm in die Seite einen Tritt. Der Jaguar bleckt die Zähne und bewegt die Schnurrbarthaare. Um zu fliehen, muß er etwas tun. Nur was? Der Jaguar steht da und denkt. Matvej, der Wärter, kriecht aus dem Käfig, verriegelt das Türchen, rumpelt mit einer Eisenpfanne und geht weg. Etwas ist zu Ende, ein für alle Male. Der Jaguar rollt sich auf einem Brett zusammen, das oben hängt, direkt unter der Käfigdecke, läßt den Schwanz hängen und schläft ein.

Und das ist der Elefant. Er ist ein großes kluges Tier.

Mehr ist nicht von ihm zu sagen.

Jetzt der Bär. Von ihm kann ich folgenden Fall erzählen: ein Ingenieur hatte sich einen wertvollen Bären gekauft und ihn bei sich zu Hause ins Badezimmer gesperrt. Oft kamen Gäste zu dem Ingenieur, um das schreckliche Tier zu besichtigen. Aber der Ingenieur ließ niemanden in das Badezimmer hinein.

Welch ein Nebel in meinem Kopf! Ich kann nicht denken. Ich bringe alles durcheinander! Ich wollte mich aufs Sofa setzen und habe mich auf den Papierkorb gesetzt. Ich wollte eine Kerze anzünden, und statt dessen habe ich etwas ganz anderes getan, und auf einmal hat es gebrannt. Die Leute fingen an zu laufen, die Feuerwehräxte an zu pochen, die Balken unter den Wasserstrahlen an zu zischen, und plötzlich finde ich mich auf der Straße wieder, ein Tuch über die Schultern geworfen, den kleinen Papierkorb in der Hand, in dem nur drei kleine Teller lagen, ein Lineal, das Porträt des Architekten Rußlands und ein Schuhspanner. Das war alles, was ich in der Eile aus den Flammen habe retten können! Außerdem bin ich, als ich die Treppe hinunterrannte, fehlgetreten und gestürzt und habe mir dabei den Kiefer an einem Kerosinkanister angeschlagen, der auf einem Treppenabsatz stand. Jetzt habe ich starke Schmerzen im Kiefer.

Ich lehnte an einem Zigarettenkiosk und sah zu, wie mein Haus niederbrannte.

DER FALL MIT MEINER FRAU

Wieder versagten meiner Frau die Beine den Dienst. Sie wollte sich in den Sessel setzen, doch die Beine trugen sie irgendwohin zum Schrank und sogar weiter in den Korridor und setzten sie dort auf einen Papierkorb. Aber meine Frau nahm ihren Willen zusammen, erhob sich und bewegte sich auf das Zimmer zu, doch die Beine spielten ihr wieder einen Streich und trugen sie an der Tür vorbei. »Zum Teufel! ...« – sagte meine Frau, den Kopf unter das Stehpult gebeugt. Doch ihre Beine spielten ihr weitere Streiche und zerbrachen sogar eine Glasschüssel, die im Flur auf dem Fußboden gestanden hatte.

Endlich hatte sie es geschafft und setzte sich in ihren Sessel.

– So, da bin ich, – sagte meine Frau, lächelte breit und zog sich aus dem Nasenflügel die Splitter, die sich dorthin verirrt hatten.

So begann das Ereignis in der Nachbarwohnung.
Alekseev aß Brei und schüttete die Reste seines Essens in den Mülleimer der Gemeinschaftsküche. Frau Gorochova, die das sah, sagte zu Alekseev, daß gestern sie den Eimer hinunter auf den Hof gebracht habe, und wenn er den Eimer jetzt benütze, solle er ihn heute abend selber hinunterbringen. Alekseev sagte, er habe für solche Lappalien keine Zeit, und bot Madame Gorochova drei Rubel monatlich, wenn sie den Eimer sauberhielte. Madame Gorochova war über dieses Angebot derart beleidigt, daß sie Alekseev viele überflüssige Worte sagte und sogar einen Eßlöffel, der in ihrer Hand lag, zu Boden warf und sagte, daß sie aus einer sehr vornehmen Familie stamme und bessere Zeiten im Leben gesehen habe und daß sie schließlich kein Dienstmädchen sei und deshalb auch keine Gegenstände aufhebe, die hingefallen seien. Mit diesen Worten verließ Madame Gorochova die Küche und ließ den verwirrten Alekseev allein am Mülleimer stehen. Jetzt also mußte Alekseev den Eimer auf den Hof hinunter zur Müllgrube schleppen. Furchtbar unangenehm. Alekseev verfiel in Gedanken. Er, ein Arbeiter der Wissenschaft, und sich mit dem Mülleimer abgeben! Das war doch eine Beleidigung, wenn nicht noch mehr! Alekseev ging in der Küche auf und ab. Plötzlich schoß ihm ein Gedanke durch den Kopf. Er hob den von Madame Gorochova hingeworfenen Eßlöffel auf und ging festen Schrittes auf den Mülleimer zu.
– Ja, – sagte Alekseev und ging vor dem Eimer in die Hocke. Von Ekel gewürgt, aß er den ganzen Brei auf und kratzte mit Löffel und Fingern sogar den Boden aus.
– So, – sagte Alekseev, während er den Löffel unter dem Warmwasserhahn abwusch. – Und den Eimer trage ich trotzdem nicht auf den Hof.
Nachdem er den Löffel mit seinem Taschentuch abgetrocknet hatte,

legte er ihn auf den Küchentisch und ging über den Flur in sein Zimmer.

Einige Augenblicke später kam die erboste Madame Gorochova in die Küche. Sie bemerkte sofort, daß der Löffel vom Fußboden aufgehoben worden war und auf dem Tisch lag. Madame Gorochova warf einen Blick in den Mülleimer, und da sie sah, daß sich auch der Eimer in sauberem Zustand befand, bekam sie gute Laune, setzte sich auf den Küchenhocker und begann, Mohrrüben zu putzen.

– Wenn ich etwas will, erreiche ich es auch, – sagte Madame Gorochova zu sich selbst. – Mir widerspricht man besser nie. Ich gebe keinem nach. Nicht so viel! – sagte Madame Gorochova, indem sie ein klitzekleines Spitzchen von der Mohrrübe abschnitt.

In diesem Augenblick ging Alekseev an der Kücke vorbei über den Korridor.

– Aleksej Alekseevič! – rief Madame Gorochova. – Wo gehen Sie hin?

– Ich gehe nicht weg, Viktorija Timofeevna, – sagte Alekseev und blieb in der Küchentür stehen. – Ich wollte ins Badezimmer.

Fëdor Moiseevič war kleiner, deshalb legte man ihn zum Schlafen auf das Harmonium, dafür mußte man Avvakum Nikolaevič, der außerordentlich groß gewachsen war, im Flur auf das Brennholz betten. Fëdor Moiseevič schlief sofort ein und sah Flöhe im Traum, während der große Avvakum lange dalag und die richtige Stellung suchte, die er jedoch nicht finden konnte. Mal fiel ihm der Kopf in einen Trog mit irgend einem weißen Pulver, und wenn Avvakum Nikolaevič weiter nach unten rutschte, so sprang die Tür auf, und Avvakum Nikolaevičs Beine ragten mitten in den Garten. Während Avvakum Nikolaevič die halbe Nacht lang dalag und die richtige Stellung suchte, wurde er so verrückt, daß er nicht mehr wußte, wo er seinen Kopf hatte und wo seine Beine, und schlief endlich ein, das Gesicht in das weiße Pulver gedrückt, die Beine durch die Tür in die frische Luft gestreckt.
Die Nacht verging. Der Morgen brach an. Die Gänse erwachten und kamen in den Garten, auf der Suche nach frischem Gras. Dann erwachten die Kühe, dann die Hunde, dann stand auch die Viehhirtin Pelageja auf.

Kolkov bekam Schmerzen im Arm und ging zur Ambulanz. Unterwegs bekam er auch im anderen Arm Schmerzen. Wegen dieser Schmerzen setzte Kolkov sich aufs Trottoir und beschloß, keinen Schritt weiter zu gehen. Die Passanten gingen an Kolkov vorüber und beachteten ihn gar nicht. Nur ein Hund trippelte auf Kolkov zu, beschnupperte ihn, hob die Hinterpfote und spritzte Kolkov seinen ekligen Hundesaft ins Gesicht. Kolkov sprang wie ein Rasender auf und trat dem Hund mit voller Wucht in den Unterleib. Winselnd und wehklagend kroch der Hund über das Trottoir, die Hinterbeine nachziehend. Da stürzte auf Kolkov eine Dame zu, und als Kolkov sie versuchte wegzustoßen, verkrallte sich die Dame in seinem Ärmel und fing an, nach einem Milizionär zu rufen. Kolkov konnte sich mit seinen kranken Armen von der Dame nicht befreien und bemühte sich deshalb nur, ihr ins Gesicht zu spucken.

Dies war ihm bereits viermal gelungen, und die Dame, die verschleimten Augen zukneifend, winselte über die ganze Straße. Um sie herum hatte sich schon eine Menschenmenge versammelt. Die Leute standen da, schauten stumpf und äußerten hin und wieder ihr Mitgefühl mit Kolkov.

– So ists richtig! so ists richtig! – sagte ein stämmiger Bauer in brauner Jacke und stocherte mit seinen krummen Fingern mit schwarzen Fingernägeln in der Luft vor sich herum.

»Auch so eine von früher!« sagte eine dicklippige Alte, während sie sich das Kopftuch unterm Kinn zuknotete.

In diesem Augenblick hatte Kolkov sich losgerissen und trat der Dame mit dem Knie in den Unterleib. Die Dame winselte auf, sprang von Kolkov weg und wand sich dreimal um sich selbst vor dem schrecklichen Schmerz.

– Volltreffer! – sagte der Bauer mit den schmutzigen Fingernägeln.

Und Kolkov, der die Dame los war, ging schnell fort. Und plötzlich, auf dem Zagorodnyj Prospekt angekommen, blieb Kolkov stehen: er hatte vergessen, weshalb er aus dem Haus gegangen war.

– Du lieber Gott! Warum bin ich denn aus dem Hause gegangen?– sagte Kolkov zu sich selbst und schaute verwundert die Passanten an. Die Passanten schauten ihrerseits verwundert Kolkov an, und ein kleines altes Männchen, das vorbeikam, schaute sich immer wieder nach ihm um, bis es hinfiel und sich seine Altmännervisage blutig schlug. Darüber mußte Kolkov lachen, und laut lachend ging er den Zagorodnyj Prospekt entlang.

ÜBER PUŠKIN

Es ist schwer, jemandem etwas über Puškin zu sagen, der nichts von ihm weiß. Puškin ist ein großer Dichter. Napoleon ist nicht so groß wie Puškin. Und Bismarck ist im Vergleich zu Puškin ein Nichts. Und die Alexander I. und II. und III. sind im Vergleich zu Puškin einfach Seifenblasen. Überhaupt sind alle Menschen Seifenblasen im Vergleich zu Puškin, nur im Vergleich zu Gogol ist auch Puškin eine Seifenblase.

Deshalb schreibe ich statt über Puškin besser etwas über Gogol.

Obwohl auch Gogol so groß ist, daß man über ihn nichts schreiben kann, deshalb schreibe ich doch besser über Puškin.

Aber nach Gogol über Puškin zu schreiben ist irgendwie beleidigend. Und über Gogol kann man nichts schreiben. Deshalb schreibe ich besser über keinen von beiden.

15. Dezember 1936

Ein altes Mütterchen hatte nur vier Zähne im Mund. Drei Zähne oben, und einen unten. Kauen konnte das alte Mütterchen mit diesen Zähnen nicht mehr. Genau genommen waren sie zu nichts mehr nütze. Und da beschloß das alte Mütterchen, sich sämtliche Zähne ziehen zu lassen und statt dessen ins untere Zahnfleisch einen Korkenzieher einsetzen zu lassen, ins obere eine kleine Zange. Das alte Mütterchen trank Tinte und aß rote Rüben, die Ohren putzte es sich mit Streichhölzern. Das alte Mütterchen hatte vier Hasen. Drei Hasen oben, und einen Hasen unten. Das alte Mütterchen fing die Hasen mit den Händen und setzte sie in enge Käfige. Die Hasen weinten und kratzten sich mit den Hinterpfoten die Ohren. Die Hasen tranken Tinte und aßen rote Rüben. Nein sowas! Die Hasen tranken Tinte und aßen rote Rüben!

8. Jan. 1937

Ein Mensch, der sich nicht länger von Erbsen ernähren wollte, begab sich in ein großes Feinkostgeschäft, um sich etwas anderes auszusuchen, irgend etwas mit Fisch, Wurst oder sogar aus Milch.
In der Wurstabteilung gab es viel Interessantes, das Interessanteste war selbstverständlich der Schinken. Aber der Schinken kostete 18 Rubel, und das war zu teuer. Vom Preis her erschwinglich war die Wurst, von roter Farbe, mit dunkelgrauen Punkten. Aber diese Wurst roch aus irgendeinem Grunde nach Käse, und sogar der Verkäufer sagte, er rate von dem Kauf ab.
In der Fischabteilung gab es nichts, denn die Fischabteilung war provisorisch dorthin umgezogen, wo früher die Spirituosenabteilung gewesen war, und die Spirituosenabteilung war umgezogen in die Konditorabteilung, die Konditorabteilung in die Molkereiwarenabteilung, und in der Molkereiwarenabteilung stand ein Verkäufer mit einer so riesigen Nase, daß die Käufer sich unter dem Mauerbogen drängten und Angst hatten, an den Ladentisch vorzutreten.
So wanderte unser Mensch, von dem die Rede ist, durch das Feinkostgeschäft und ging auf die Straße.
Der Mensch, von dem ich hier zu erzählen begonnen habe, hatte keinerlei besondere Eigenschaften, die einer genaueren Beschreibung bedürften. Er war mit Maßen schlank, mit Maßen blaß und mit Maßen faul. Ich kann mich nicht einmal erinnern, wie er angezogen war. Ich erinnere mich nur, daß er etwas Braunes anhatte, möglicherweise die Hosen, möglicherweise die Jacke, möglicherweise auch nur die Krawatte. Er hieß, glaube ich, Ivan Jakovlevič.

13. Januar 1937

Ivan Jakovlevič verließ das Feinkostgeschäft und ging nach Hause. Zu Hause angekommen, nahm Ivan Jakovlevič die Mütze ab, setzte sich aufs Sofa, drehte sich aus Machorka eine Zigarette, steckte sie in die Zigarettenspitze, zündete sie mit dem Streichholz an, rauchte, drehte sich eine zweite Zigarette, rauchte sie an, stand auf, setzte die Mütze auf und ging auf die Straße.

Er hatte sein kleines gesichtsloses Leben satt und begab sich zur Eremitage.

Bis zur Fontanka gekommen, blieb Ivan Jakovlevič stehen und hatte schon umkehren wollen, doch plötzlich war es ihm peinlich vor den Passanten: sie würden anfangen ihn anzuschauen und sich nach ihm umzudrehen, weil da ein Mensch ging und ging und dann plötzlich umkehrte und in die andere Richtung ging. Passanten schauen solche immer an.

Ivan Jakovlevič stand an der Ecke, gegenüber einer Apotheke. Und um den Passanten sein Stehenbleiben zu erklären, tat Ivan Jakovlevič so, als suche er eine Hausnummer. Ohne den Blick von dem Haus zu lösen, tat er einige Schritte auf der Fontanka, dann drehte er um und ging, ohne zu wissen wozu, in die Apotheke.

In der Apotheke waren viele Leute. Ivan Jakovlevič versuchte, sich zum Ladentisch durchzudrängeln, wurde aber abgedrängt. Dann betrachtete er einen kleinen Glasschrank, in dem in verschiedenen Posen verschiedene Flakons mit verschiedenen Parfums und Eau de Cologne standen.

Es lohnt nicht zu beschreiben, was Ivan Jakovlevič tat, denn alle seine Taten waren zu klein und unbedeutend. Wichtig ist nur, daß er nicht in die Eremitage gelangte und daß er gegen sechs Uhr nach Hause zurückkam.

Zu Hause rauchte er hintereinander vier Machorka-Zigaretten, dann legte er sich aufs Sofa, drehte sich zur Wand und versuchte einzuschlafen.

Aber offensichtlich hatte Ivan Jakovlevič zu viel geraucht, denn sein Herz klopfte sehr laut, und der Schlaf war verflogen.

Ivan Jakovlevič setzte sich auf dem Sofa auf und ließ die Beine auf den Fußboden hängen.

So saß Ivan Jakovlevič bis halb neun.

– Wenn ich mich jetzt in eine schöne junge Dame verlieben würde, – sagte Ivan Jakovlevič, aber sofort hielt er sich den Mund zu und riß die Augen auf.

– In eine junge Brünette! – sagte Ivan Jakovlevič und nahm die Hand vom Mund. – In die, die ich heute auf der Straße gesehen habe.

Ivan Jakovlevič drehte sich eine Zigarette und rauchte sie an.

An der Korridortür klingelte es dreimal.

– Das ist für mich, – sagte Ivan Jakovlevič, blieb aber auf dem Sofa sitzen und rauchte weiter.

Ich verschluckte mich an einem Hammelknochen.
Man nahm mich unter den Armen und führte mich vom Tisch fort.
Ich verfiel in Nachdenken.
Ein Mäuschen lief vorbei.
Dem Mäuschen hinterdrein lief Ivan mit einem langen Stock.
Aus dem Fenster schaute eine neugierige alte Frau.
Ivan, der an der alten Frau vorbeilief, haute ihr mit dem Stock in die Schnauze.

ALLSEITIGE UNTERSUCHUNG

Ermolaev Ich war bei Blinov, er hat mir seine Kraft vorgeführt. So etwas habe ich noch nie gesehen. Eine tierische Kraft! Ich bekam es mit der Angst. Blinov hob den Schreibtisch hoch, holte damit aus und warf ihn vier Meter weit von sich.

Doktor Es wäre interessant, dieses Phänomen zu untersuchen. Die Wissenschaft kennt Fakten, deren Ursachen ihr unbegreiflich sind. Woher solche Muskelkraft kommt, können die Gelehrten noch nicht sagen. Machen Sie mich mit Blinov bekannt. Ich gebe ihm die Untersuchungspille.

Ermolaev Und was ist das für eine Pille, die Sie Blinov geben wollen?

Doktor Pille, wie? Ich will ihm keine Pille geben.

Ermolaev Aber Sie haben eben selbst gesagt, Sie wollten ihm eine Pille geben.

Doktor Nein, nein, Sie irren sich. Von einer Pille habe ich nichts gesagt.

Ermolaev Also entschuldigen Sie schon, ich habe doch gehört, daß Sie was von einer Pille gesagt haben.

Doktor Nein.

Ermolaev Was – nein?

Doktor Ich habe nichts gesagt!

Ermolaev Wer hat nichts gesagt?

Doktor Sie haben nichts gesagt.

Ermolaev Was habe ich nicht gesagt?

Doktor Sie sagen, scheint mir, etwas nicht zu Ende.

Ermolaev Ich verstehe gar nichts. Was sage ich nicht zu Ende?

Doktor Ihre Rede ist sehr typisch. Sie verschlucken einzelne Wörter, sagen einen angefangenen Gedanken nicht zu Ende, sprechen zu hastig und fangen an zu stottern.

Ermolaev Wann habe ich gestottert? Ich spreche ziemlich flüssig.

Doktor Darin besteht ja Ihr Irrtum. Sehen Sie? Vor Anspannung bekommen Sie schon lauter rote Flecken im Gesicht. Sind Ihre Hände noch nicht kalt?

ERMOLAEV Nein. Wieso?

DOKTOR Nur so. Das ist meine Hypothese. Mir scheint, Sie bekommen schon schwer Luft. Setzen Sie sich lieber, sonst könnten Sie fallen. So ist es gut. Jetzt ruhen Sie sich aus.

ERMOLAEV Aber wozu das?

DOKTOR Psst. Überspannen Sie die Stimmbänder nicht. Gleich werde ich Ihnen Ihr Los erleichtern.

ERMOLAEV Doktor! Sie machen mir Angst.

DOKTOR Aber lieber Freund! Ich will Ihnen helfen. Hier, nehmen Sie das. Schlucken Sies runter.

ERMOLAEV Oh! Pfui! Was für ein widerlich süßer Geschmack! Was haben Sie mir da gegeben?

DOKTOR Nichts, nichts. Beruhigen Sie sich. Das ist ein zuverlässiges Mittel.

ERMOLAEV Mir ist heiß, und ich sehe alles grün.

DOKTOR Ja, ja, ja, lieber Freund, gleich werden Sie sterben.

ERMOLAEV Was sagen Sie da? Doktor! Oh, ich kann nicht mehr! Doktor! Was haben Sie mir gegeben? Oh, Doktor!

DOKTOR Sie haben die Untersuchungspille geschluckt.

ERMOLAEV Retten Sie mich. Oh. Retten Sie mich. Oh. Luft. Oh. Ret ... Oh. Luft ...

DOKTOR Er ist still. Und atmet nicht mehr. Also ist er gestorben. Gestorben, ohne auf Erden eine Antwort gefunden zu haben auf seine Fragen. Ja, wir Ärzte müssen das Phänomen des Todes von allen Seiten untersuchen.

21. Juni 1937

– Gibt es etwas auf der Erde, das Bedeutung hätte und sogar den Gang der Ereignisse verändern könnte, nicht nur auf der Erde, sondern auch in anderen Welten? – fragte ich meinen Lehrer.
– Ja, – antwortete mir mein Lehrer.
– Und was ist das? – fragte ich.
– Das ist ... – hob mein Lehrer an und schwieg plötzlich.
Ich stand da und wartete gespannt auf seine Antwort. Und er schwieg.
Und ich stand da und schwieg.
Und er schwieg ebenfalls.
Und ich stand da und schwieg.
Und er schwieg ebenfalls.
Wir stehen beide da und schweigen.
Oh-la-la!
Wir stehen beide da und schweigen!
Olé-olé!
Ja, ja, wir stehen beide da und schweigen!

Daniil Charms
16. – 17. Juli 1937

Ich kletterte auf einen Zaun, fiel aber sofort wieder herunter.
– Ach, – sagte ich und kletterte wieder auf den Zaun. Aber kaum saß ich rittlings auf dem Zaun, als plötzlich Wind einsetzte und mir den Hut vom Kopf riß. Der Hut flog über den Hühnerstall und fiel in die Kletten.

WIE ICH BESUCH VON DEN BOTEN BEKAM

In der Uhr klopfte etwas, und die Boten kamen zu mir. Ich begriff nicht sogleich, daß die Boten zu mir gekommen waren. Zuerst dachte ich, die Uhr sei kaputt. Aber da sah ich, daß die Uhr weiterhin ging und, aller Wahrscheinlichkeit nach, die Zeit richtig anzeigte. Hier stellte ich fest, daß es im Zimmer zog. Und plötzlich staunte ich sehr: was war das für eine Erscheinung, die gleichermaßen für das vermeintliche Falschgehen der Uhr und für Durchzug im Zimmer als Ursache erscheinen konnte? Während ich darüber nachdachte, saß ich auf dem Stuhl neben dem Sofa und schaute auf die Uhr. Der Minutenzeiger stand auf der Neun, der Stundenzeiger bei der Vier, demnach war es dreiviertel Vier. Unter der Uhr hing ein Abreißkalender, und die Blätter des Kalenders flatterten, als wehe in dem Zimmer ein heftiger Wind. Mein Herz klopfte, und ich fürchtete das Bewußtsein zu verlieren.
»Ich muß einen Schluck Wasser trinken«, – sagte ich. Neben mir, auf dem Tischchen, stand ein Krug Wasser. Ich streckte die Hand aus und nahm diesen Krug.
»Wasser kann helfen«, – sagte ich und begann, auf das Wasser zu schauen.
Da begriff ich, daß die Boten zu mir gekommen waren, nur konnte ich sie nicht von dem Wasser unterscheiden. Ich fürchtete mich, dieses Wasser zu trinken, denn ich hätte aus Versehen einen Boten mittrinken können. Was bedeutet das? Es bedeutet nichts. Trinken kann man nur eine Flüssigkeit. Sind aber Boten Flüssigkeit? Also kann ich das Wasser trinken, kein Grund zur Beunruhigung. Nur – ich konnte auf einmal das Wasser nicht mehr finden. Ich ging im Zimmer auf und ab und suchte nach ihm. Ich steckte ein Riemchen in den Mund, aber das war kein Wasser. Ich steckte den Kalender in den Mund, – das war auch kein Wasser. Ich pfiff auf das Wasser und begab mich auf die Suche nach den Boten. Aber wie sollte ich sie fin-

den? Wem sahen sie ähnlich? Ich erinnerte mich, daß ich sie vom Wasser nicht hatte unterscheiden können, also waren sie dem Wasser ähnlich. Aber wem ist Wasser ähnlich? Ich stand da und dachte nach.

Ich weiß nicht, wie lange ich so dagestanden und nachgedacht hatte, als ich plötzlich zusammenfuhr.

»Da ist das Wasser!« – sagte ich zu mir. Aber es war kein Wasser, sondern es juckte mich im Ohr.

Ich begann unter dem Schrank zu wühlen und unter dem Bett, in der Meinung, wenigstens dort das Wasser oder die Boten zu finden. Doch unter dem Schrank fand ich außer Staubflusen nur einen kleinen Ball, den der Hund zerbissen hatte, und unter dem Bett irgendwelche Glasscherben.

Unter dem Stuhl fand ich eine nicht aufgegessene Frikadelle. Ich aß sie auf, und mir wurde leichter. Der Wind wehte fast nicht mehr, und die Uhr tickte ruhig und zeigte die richtige Zeit: dreiviertel Vier.

»Also sind die Boten wieder weg«, – sagte ich zu mir und begann mich umzuziehen, denn ich hatte einen Besuch zu machen.

Philosoph!

Ich schreibe Ihnen als Antwort auf Ihren Brief, den Sie mir schreiben wollen als Antwort auf meinen Brief, den ich Ihnen bereits geschrieben habe. Ich antworte Ihnen in zwei Punkten.

Punkt Nr. 1. *Sie haben unrecht.* Erörtern kann ich diesen Gedanken leider nicht.

Punkt Nr. 2. *Sie haben recht.* Auch diesen Gedanken kann ich leider nicht erörtern.

Philosoph!

Ich habe ein Wunder gesehen: ein hochbetagter Mann in einem langen altmodischen Gehrock lief um einen Baum herum. Das war am hellen Tag im Sommergarten.

Philosoph!

Wir haben Briefe ausgetauscht und das erinnert mich an folgenden Fall: ein Geiger hatte einen Magneten gekauft und trug ihn nach Hause. Unterwegs kehrte er in einem kleinen Laden ein, in dem mit erfrischenden Getränken gehandelt wurde, und bat um ein Glas Kirschlimonade. Um bequemer trinken zu können, legte der Geiger den Magneten auf den Ladentisch, nahm das Glas mit beiden Händen und führte es an die Lippen. »Wohl bekomms!« – sagte in dem Moment das Fräulein Verkäuferin. »Ich trinke auf ihr Wohl!« – sagte der Geiger zu dem Fräulein Verkäuferin, und trank die Kirschlimonade aus. Diese Geschichte fiel mir deswegen ein, weil wir miteinander Briefe ausgetauscht haben, während der Geiger und die Verkäuferin Liebenswürdigkeiten ausgetauscht haben.

DER ZUSAMMENHANG

Philosoph!

1. Ich schreibe Ihnen als Antwort auf Ihren Brief, den Sie mir schreiben wollen als Antwort auf meinen Brief, den ich Ihnen geschrieben habe.
2. Ein Geiger kaufte sich einen Magneten und trug ihn nach Hause. Unterwegs überfielen den Geiger Rowdies und schlugen ihm die Mütze vom Kopf. Der Wind erfaßte die Mütze und trieb sie die Straße entlang.
3. Der Geiger legte den Magneten auf die Erde und lief der Mütze hinterdrein. Die Mütze fiel in eine Pfütze von Salpetersäure und löste sich darin auf.
4. Die Rowdies hatten unterdessen den Magneten genommen und sich aus dem Staube gemacht.
5. Der Geiger kehrte ohne Mantel und ohne Mütze nach Hause zurück, denn die Mütze hatte sich in der Salpetersäure aufgelöst und der Geiger, betrübt über den Verlust der Mütze, den Mantel in der Straßenbahn vergessen.
6. Der Schaffner jener Straßenbahn brachte den Mantel auf den Flohmarkt und tauschte ihn dort ein gegen saure Sahne, Grieß und Tomaten.
7. Der Schwiegervater des Schaffners aß zu viel von den Tomaten und starb. Den Leichnam des Schwiegervaters brachte man ins Leichenhaus, aber dort wurde er verwechselt, und an Stelle des Schwiegervaters des Schaffners wurde irgendeine alte Frau beerdigt.
8. Auf das Grab der alten Frau wurde ein Kreuz gesetzt mit der Aufschrift: »Anton Sergeevič Kondratjev«.
9. Elf Jahre später hatten dieses Kreuz die Würmer zernagt, und es fiel um. Und der Friedhofswächter zersägte es in vier Teile und verbrannte es in seinem Küchenherd. Und die Frau des Friedhofswächters kochte auf diesem Feuer eine Blumenkohlsuppe.

10. Aber als die Suppe schon gar war, fiel von der Wand eine Fliege mitten in den Topf mit dieser Suppe. Die Suppe schenkten sie dem Bettler Timofej.
11. Der Bettler Timofej aß die Suppe und erzählte dem Bettler Nikolaj von der Güte des Friedhofswächters.
12. Am andern Tag kam der Bettler Nikolaj zu dem Friedhofswächter und bat ihn um ein Almosen. Aber der Friedhofswächter gab dem Bettler Nikolaj nichts und jagte ihn fort.
13. Der Bettler Nikolaj war darüber sehr erbost und steckte das Haus des Friedhofswächters in Brand.
14. Das Feuer griff von dem Haus auf die Kirche über, und die Kirche brannte nieder.
15. Eine langwierige Untersuchung wurde eingeleitet, die Brandursache festzustellen gelang jedoch nicht.
16. An der Stelle, an der die Kirche gestanden hatte, wurde ein Klub errichtet, und am Eröffnungstag des Klubs ein Konzert veranstaltet, bei dem der Geiger auftrat, der vierzehn Jahre zuvor seinen Mantel verloren hatte.
17. Und unter den Zuhörern saß der Sohn eines jener Rowdies, die vierzehn Jahre zuvor diesem Geiger die Mütze vom Kopf geschlagen hatten.
18. Nach dem Konzert fuhren sie in ein und derselben Straßenbahn nach Hause. Aber in der Straßenbahn, die hinter ihnen fuhr, war Zugführer eben jener Schaffner, der einst den Mantel des Geigers auf dem Flohmarkt verkauft hatte.
19. Und so fahren sie spät abends durch die Stadt: vornweg der Geiger und der Sohn des Rowdies, und hinterdrein der Zugführer, ehemals Schaffner.
20. Sie fahren und fahren, ohne zu wissen, welcher Zusammenhang zwischen ihnen besteht, und werden ihn bis an ihr Lebensende nicht erfahren.

14. September 1937

FÜNF UNVOLLENDETE ERZÄHLUNGEN

Lieber Jakov Semënovič,

1. Ein Mensch rannte in vollem Lauf mit dem Kopf gegen eine Schmiede, und zwar mit solcher Kraft, daß der Schmied den Hammer beiseite legte, den er in den Händen hielt, die Lederschürze auszog, die Haare mit der flachen Hand glattstrich und auf die Straße hinaustrat, um nachzusehen, was da draußen geschehen war.
2. Hier sah der Schmied einen Menschen auf der Erde sitzen. Der Mensch saß auf der Erde und hielt sich den Kopf.
3. »Was ist geschehen?« – fragte der Schmied. »Au!« – sagte der Mensch.
4. Der Schmied ging auf den Menschen zu.
5. Wir brechen die Erzählung von dem Schmied und dem Unbekannten ab und beginnen eine neue Erzählung von vier Haremsfreunden.
6. Es waren einmal vier Haremsliebhaber. Sie waren der Meinung, es sei angenehm, acht Frauen auf einmal zu haben. Sie trafen sich abends und sprachen über das Leben im Harem. Sie tranken Wein; sie betranken sich; sie sanken unter den Tisch; sie kotzten. Ihr Anblick war widerwärtig. Sie bissen sich gegenseitig ins Bein. Sie beschimpften sich mit garstigen Wörtern. Sie krochen auf ihren Bäuchen.
7. Wir brechen die Erzählung von ihnen ab und wenden uns einer neuen Erzählung zu – vom Bier.
8. Da stand ein Faß Bier, und daneben saß ein Philosoph und philosophierte: »Dieses Faß ist mit Bier gefüllt; das Bier reift und wird stark. Auch ich, der ich mit meinem Verstand umherstreife in überirdischen Höhen, reife und werde stark im Geiste. Bier ist ein Getränk, das im Raum fließt, ich dagegen bin ein Getränk, das in der Zeit fließt.

9. Wenn das Bier in einem Faß eingeschlossen ist, kann es nicht fließen. Bleibt die Zeit stehen, stehe auch ich.
10. Aber die Zeit bleibt nicht stehen, ergo ist mein Fließen unbestreitbar.
11. Nein, es ist schon besser, wenn auch das Bier frei fließt, denn es ist wider die Gesetze der Natur, daß es auf der Stelle stillsteht.« Mit diesen Worten öffnete der Philosoph den Hahn des Fasses, und das Bier floß auf den Boden.
12. Wir haben genug vom Bier erzählt; erzählen wir jetzt von der Trommel.
13. Der Philosoph schlug auf die Trommel und rief: »Ich erzeuge philosophischen Lärm! Diesen Lärm braucht niemand, er stört sogar jeden. Aber wenn er jeden stört, so bedeutet das: er ist nicht von dieser Welt. Wenn er aber nicht von dieser Welt ist, so ist er von jener Welt. Und wenn er von jener Welt ist, so werde ich ihn erzeugen.«
14. Lange erzeugte der Philosoph Lärm. Wir aber verlassen diese geräuschvolle Erzählung und gehen über zu der folgenden stillen Erzählung von den Bäumen.
15. Der Philosoph ging unter den Bäumen spazieren und schwieg, denn die Inspiration hatte ihn verlassen.

DER ERSTE AKT DES »KÖNIG LEAR«,

ÜBERSETZT FÜR KAKERLAKEN UND KÄFER

Thronsaal in König Lear's Palast.

Kent, Gloster und Edmund.

KENT Ich dachte, der König sei dem Herzog von Albanien gewogener als dem von Cornwall.

GLOSTER So schien es uns immer, doch jetzt, bei der Teilung des Reichs, erhielten alle den gleichen Anteil. Alle gleich. Niemand vorgezogen.

KENT Wer ist das? *Zeigt auf Edmund.*

EDMUND *zuckt zusammen* Er zeigt auf mich.

GLOSTER Das ist ein unehelicher Sohn. Früher mußte ich erröten, ihn anzusehen, aber jetzt bin ichs gewöhnt. Ich erröte nicht mehr, früher bin ich errötet.

EDMUND Ich bin früher nicht errötet, erröte aber jetzt.

KENT Ich bin noch nie errötet. Ich weiß nicht einmal, wie das ist. Doch still, der König kommt!

König Lear, Goneril, Regan und Cordelia treten auf.

LEAR Groß ist der Ruhm der Könige von Frankreich.

Ein Mensch legte sich als Gläubiger schlafen, und erwachte als Ungläubiger.
Zum Glück stand im Zimmer dieses Menschen eine Medizinalwaage, und der Mensch hatte die Gewohnheit, sich jeden Tag morgens und abends zu wiegen. Und so hatte der Mensch beim Wiegen am Abend zuvor erfahren, daß er 4 Pud und 21 Pfund wog. Am anderen Tage aber, als Ungläubiger aufgestanden, wog der Mensch sich erneut und erfuhr, daß er nurmehr 4 Pud und 13 Pfund wog.
»Also, – sagte sich der Mensch, – wog mein Glauben annähernd 8 Pfund.«

SCHMUTZIGE PERSÖNLICHKEIT

Senja haute Fedja eine in die Fresse und verkroch sich unter der Kommode.
Fedja holte Senja mit dem Schürhaken unter der Kommode hervor und riß ihm das rechte Ohr ab.
Senja entwand sich Fedjas Händen und lief, das abgerissene Ohr in der Hand, zu den Nachbarn.
Aber Fedja holte Senja ein und haute ihm die Zuckerdose über den Schädel.
Senja fiel hin und war anscheinend tot.
Da packte Fedja seine Sachen in den Koffer und fuhr nach Vladivostok.

In Vladivostok wurde Fedja Schneider; eigentlich wurde er nicht wirklich Schneider, denn er nähte ausschließlich Damenunterwäsche, in der Hauptsache Unterhosen und Büstenhalter. Die Damen genierten sich vor Fedja in keiner Weise, sie hoben, sobald er erschien, die Röcke von selber hoch, und Fedja nahm bei ihnen Maß.
Fedja hat, wie man so sagt, einiges gesehen von der Welt.

Fedja ist eine schmutzige Persönlichkeit.
Fedja ist Senjas Mörder.
Fedja ist ein Lüstling.
Fedja ist ein Vielfraß, denn er aß jeden Abend zwölf Bouletten.
Fedja bekam einen solchen Bauch, daß er sich selbst ein Korsett anfertigte und es trug.
Fedja ist ein gewissenloser Mensch: er nahm auf der Straße Kindern, die ihm entgegenkamen, das Geld weg, er stellte alten Männern ein Bein und erschreckte alte Frauen, indem er die Hand über ihnen ausstreckte, und wenn die alte Frau erschrocken zur Seite

trippelte, tat Fedja so, als habe er die Hand nur erhoben, um sich am Kopf zu kratzen.

Es endete damit, daß Nikolaj auf Fedja zuging, ihm eine in die Fresse haute und sich unter dem Schrank verkroch.
Fedja holte Nikolaj mit dem Schürhaken unter dem Schrank hervor und riß ihm den Mund ab.
Nikolaj lief mit dem abgerissenen Mund zu den Nachbarn, aber Fedja holte ihn ein und schlug ihm den Bierkrug über den Kopf.
Nikolaj fiel hin und war tot.
Da packte Fedja seine Sachen und fuhr aus Vladivostok fort …

21. November 1937
geschrieben in zwei Anläufen

– Ich gebe dir den guten Rat, iß nicht zu viel Pfeffer. Ich habe einen Griechen gekannt – wir fuhren auf demselben Schiff – der aß Pfeffer und Senf in solchen Mengen, er hat sich das Zeug ins Essen geschüttet, ohne hinzuschauen. Nächtelang saß der arme Kerl da, die Pantoffeln in der Hand …

– Warum? – fragte ich.

– Er hatte Angst vor Ratten, und Ratten gab es viele auf dem Schiff. Und so ist der Ärmste schließlich an Schlaflosigkeit gestorben.

3. Januar 1938

DIE VIERBEINIGE KRÄHE

Es war einmal eine Krähe, die hatte vier Beine. Sie hatte eigentlich sogar fünf Beine, aber darüber lohnt nicht zu reden.
Einmal hatte sich die vierbeinige Krähe Kaffee gekauft und dachte: »So, ich habe mir Kaffee gekauft, aber was mache ich jetzt damit?«
Da kam unglücklicherweise ein Fuchs des Wegs. Er sah die Krähe und rief ihr zu:
– He, – ruft er, – du Krähe!
Und die Krähe ruft zurück:
– Selber Krähe!
Ruft der Fuchs zurück:
– Und du, Krähe, bist ein Schwein!
Da verschüttete die Krähe vor Ärger den ganzen Kaffee. Und der Fuchs lief davon. Die Krähe aber kletterte zur Erde hinab und ging auf ihren vier, genauer, auf ihren fünf Beinen in ihr armseliges Haus.

13. Februar 1938

Wenn der Schlaf den Menschen flieht, und der Mensch liegt auf dem Bett, dumm die Beine ausgestreckt, und nebenan auf dem Tischchen tickt die Uhr, und der Schlaf flieht vor der Uhr, dann scheint es dem Menschen, als gähne vor ihm ein riesiges schwarzes Fenster und als müsse durch dieses Fenster seine feine graue Menschenseele hinausfliegen, während der leblose Körper, dumm die Beine ausgestreckt, auf dem Bett liegenbleibt und die Uhr mit ihrem leisen Ticken verkündet: »Eben ist noch ein Mensch eingeschlafen«, und in diesem Augenblick schlägt das riesige und völlig schwarze Fenster zu.

Ein Mensch, mit Namen Oknov, lag auf dem Bett, dumm die Beine ausgestreckt, und versuchte einzuschlafen. Aber der Schlaf floh Oknov. Oknov lag da mit geöffneten Augen, und schreckliche Gedanken pochten gegen seinen holzgewordenen Kopf.

1938, 8. März

DIE MÜTZE

Gibt der eine dem andern zur Antwort: »Ich habe sie nicht gesehn.« – »Wie, du hast sie nicht gesehen«, sagt der andere, »wenn du ihnen selbst die Mützen aufgesetzt hast?« – »Ja schon«, sagt der eine, »die Mützen habe ich ihnen aufgesetzt, aber gesehen habe ich sie nicht.« – »Ja ist denn das möglich?« sagt der andere, mit einem langen Schnurrbart. – »Ja«, sagt der erste, »das ist möglich«, und lächelt mit blauem Mund. Da drängt der andere, der mit dem langen Schnurrbart, den mit dem blauen Mund, ihm zu erklären, wie das möglich sein solle – den Menschen Mützen aufzusetzen, und die Menschen selbst aber nicht zu sehen. Aber der Blaumündige weigert sich, dem Schnurrbärtigen zu erklären, wie, schüttelt den Kopf und lächelt mit seinem blauen Mund.

– Ach du bist ein Teufel, – sagt der Schnurrbärtige zu ihm. – Mir, einem alten Mann, das Blaue vom Himmel herunterzulügen! Antworte mir und versuch nicht, mich einzuwickeln: hast du sie gesehen oder nicht?

Noch einmal lächelte der andere, der mit dem blauen Mund, und war plötzlich verschwunden, nur die eine Mütze hing noch in der Luft.

– Ach, so einer bist du! – sagte der schnurrbärtige Alte und griff nach der Mütze, aber die Mütze wich vor der Hand zur Seite. Der Alte greift nach der Mütze, die Mütze aber weicht aus und läßt sich nicht fangen. So fliegt die Mütze die Nekrasov-Straße entlang, vorbei an der Bäckerei, vorbei an der Badeanstalt. Aus der Bierstube strömt das Volk, betrachtet verwundert die Mütze und drängt zurück in die Bierstube. Der Alte aber läuft der Mütze nach, die Arme ausgestreckt, den Mund aufgerissen; die Augen des Alten sind glasig geworden, der Schnurrbart hängt herab, die Haare ragen wie Federn nach allen Seiten.

Der Alte kam bis zum Litejruji, doch dort schneiden ihm ein Mili-

zionär und noch ein Bürger im grauen Anzug den Weg ab. Sie packten den wahnsinnigen Alten und führten ihn irgendwohin ab.
Die Mütze aber drehte nach rechts ab und flog weiter in Richtung Neva.
Jemand hat sie an der Ecke Pantelejmonovskaja gesehen, aber schon an der Ecke Furštadtskaja hat sie niemand mehr gesehen.

Daniil Charms
21. Juli 1938

Ein Mensch mit dummem Gesicht aß ein Entrecôte, rülpste und starb. Die Kellner trugen ihn auf den Korridor hinaus, der zur Küche führte, legten ihn, längs der Wand, auf den Boden und deckten ihn mit einem schmutzigen Tischtuch zu.

Man nennt mich Kapuziner. Dafür reiße ich jedem, der das sagt, die Ohren ab, aber im Augenblick – läßt mich der Ruhm Jean-Jacques Rousseaus nicht ruhig schlafen. Warum hat er alles gewußt? Wie man Kinder wickelt, wie man junge Mädchen verheiratet, alles! Ich weiß zwar auch schon alles, bloß bin ich von meinem Wissen nicht überzeugt. Von den Kindern weiß ich genau, man sollte sie nicht wickeln, man sollte sie vernichten. Dazu würde ich in der Stadt eine zentrale Grube ausheben und die Kinder dort hineinwerfen. Und damit aus der Grube kein Verwesungsgeruch dringt, kann man jede Woche ungelöschten Kalk darüberschütten. In dieselbe Grube würde ich alle deutschen Schäferhunde stoßen. Jetzt, wie man die jungen Mädchen verheiratet. Das ist, meiner Ansicht nach, noch einfacher: ich würde einen Gemeinschaftsraum einrichten, wo sich, sagen wir, einmal im Monat alle jungen Leute versammeln. Alle im Alter von 17 bis 35 müssen sich nackt ausziehen und in dem Saal auf und ab gehen. Wenn jemand jemandem gefällt, so geht dieses Paar in die Ecke und betrachtet sich dort näher. Ich vergaß zu sagen, daß jeder ein Schild um den Hals hängen haben muß mit Namen, Vornamen, Adresse. Wer etwas nach seinem Geschmack gefunden hat, kann dann einen Brief schreiben und nähere Bekanntschaft schließen. Wenn ein alter Mann oder eine alte Frau ihre Nase in diese Dinge stecken, schlage ich vor, sie mit der Axt zu erschlagen und dorthin zu werfen, wo schon die Kinder sind – in die zentrale Grube.

Ich würde noch mehr über das in mir befindliche Wissen schreiben, aber leider muß ich nun in die Stadt, um mir Machorka zu kaufen. Wenn ich auf die Straße gehe, nehme ich immer einen dicken, knorrigen Stock mit. Ich nehme ihn mit, um die Kinder zu verprügeln, die mir vor die Füße stolpern. Wahrscheinlich nennt man mich deshalb Kapuziner. Aber wartet nur, Saubande, euch reiße ich die Ohren ab!

DAS HEFT

Ich habe eine Ohrfeige bekommen.
Ich saß am Fenster. Plötzlich pfiff draußen etwas. Ich beugte mich aus dem Fenster nach draußen und bekam eine Ohrfeige. Ich zog den Kopf zurück nach innen. Und jetzt brennt auf meiner Wange, wie man früher zu sagen pflegte, die unauslöschliche Schande. Diesen Schmerz der Beleidigung habe ich bisher nur ein einziges Mal erfahren. Und das kam so: eine schöne Dame, illegitime Tochter des Königs, hatte mir ein wunderschönes Heft geschenkt. Es war für mich ein wahres Fest, so schön war das Heft! Ich setzte mich sofort hin und schrieb Gedichte hinein. Als jedoch die Dame, illegitime Tochter des Königs, sah, daß ich in das Heft nur erste Entwürfe schrieb, sagte sie: »Wenn ich gewußt hätte, daß Sie hier nur Ihre jämmerlichen Entwürfe hineinschreiben, hätte ich Ihnen dieses Heft nie geschenkt. Ich dachte, dieses Heft würde Ihnen zur Niederschrift kluger und nützlicher Sätze aus verschiedenen Büchern dienen.«
Ich riß die von mir beschriebenen Blätter aus dem Heft heraus und gab der Dame das Heft zurück.
Und heute, da ich durchs Fenster eine Ohrfeige bekommen habe, verspürte ich ein mir bekanntes Gefühl. Es war dasselbe Gefühl, das ich hatte, als ich der schönen Dame ihr wunderschönes Heft zurückgab.

12. Oct. 1938

EIN NEUES TALENT

Andrej Andreevič hat sich folgende Geschichte ausgedacht.

Auf einem alten Schloß lebte ein Prinz, ein schrecklicher Trinker. Die Frau dieses Prinzen trank im Gegenteil nicht einmal Tee, nur Wasser und Milch. Ihr Mann trank Vodka und Wein, Milch dagegen nie. Auch seine Frau trank, ehrlich gesagt, Vodka, aber heimlich. Ihr Mann aber war schamlos und tat es nicht heimlich. »Ich trinke keine Milch, sondern Vodka!« – sagte er immer. Seine Frau dagegen zog still und leise das Fläschchen unter der Schürze hervor und schlupp, nun ja, sie trank eben. Ihr Mann, der Prinz, sagt: »Mir könntest du auch einen geben.« Doch seine Frau, die Prinzessin, sagt: »Nein, ich hab selber so wenig. Hiuu!« – »Ach, du, – sagt der Prinz, – Geizkragen!« Und mit diesen Worten zack! und die Frau auf den Fußboden! Die Frau hat sich die ganze Visage aufgeschlagen, liegt am Boden und weint. Der Prinz aber hüllte sich in seinen Umhang und stieg auf seinen Turm, dort oben standen seine Käfige. Er züchtete dort oben Hühner, wissen Sie. Kommt also der Prinz auf seinen Turm, und dort gackern die Hühner, wollen was zu fressen. Eine Henne fing sogar an zu wiehern. »He, du, – sagt der Prinz zu ihr, – Rabenaas! Sei still, sonst kriegst du eine in die Fresse!« Die Henne versteht ihn nicht und wiehert weiter. Am Ende also wiehert auf dem Turm eine Henne, der Prinz flucht gräßlich, seine Frau liegt unten auf dem Fußboden, – mit einem Wort, ein wahres Sodom.

Das ist die Geschichte, die Andrej Andreevič sich ausgedacht hat. Schon an dieser Geschichte kann man sehen – Andrej Andreevič ist ein großes Talent. Andrej Andreevič ist ein sehr kluger Mensch, sehr klug und sehr gut!

MILIEUSZENE

EIN VAUDEVILLE

SNO Morgen! Ach, trinken wir! Ach! Hauen wir uns einen rein! Ach! Ach! Ach!

MARIŠA Aber was haben Sie, Evgenij Ėduardovič?

SNO Ach! Trinken will ich! Ach, hauen wir uns einen rein!

MARIŠA Warten Sie, Evgenij Ėduardovič, beruhigen Sie sich. Wollen Sie, daß ich Tee aufsetze?

SNO Tee? Nein. Vodka will ich saufen.

MARIŠA Evgenij Ėduardovič, Lieber, was ist mit Ihnen? Ich erkenne Sie nicht wieder!

SNO Da ist nichts wiederzuerkennen! Trink Vodka, Madame, Vodka!

MARIŠA Mein Gott, was ist denn jetzt? Danja! Danja!

DANJA *liegt im Flur auf dem Fußboden* Ja? Was ist denn?

MARIŠA Aber was soll ich tun? Was soll denn das alles?

SNO Ach, hauen wir uns einen rein! *Trinkt Vodka und spritzt ihn als Springbrunnen durch die Nase.*

MARIŠA *kriecht hinter das Physharmonium* Heilige Fürbitterin! Heilige Mutter Muttergottes!

CHARMS *liegt im Flur auf dem Fußboden* He, du, du bringst das Gebet durcheinander!

SNO *zerschlägt mit der Flasche eine Tür des Glasschranks* Ach, hauen wir uns einen rein!

Der Vorhang fällt.

Man hört, wie Mariša sich am Kopf kratzt.

Vera, Nadežda, Ljubov, Sofija. 1938

DER MALER UND DIE UHR

Serov, der Maler, ging zum Obvodnyj Kanal. Wozu ging er dort hin? Um Gummi zu kaufen. Wozu braucht er Gummi? Um sich einen Gummizug zu machen. Und wozu braucht er einen Gummizug? Um ihn zu spannen. So. Was noch? Das hier: Der Maler Serov hat seine Uhr kaputtgemacht. Die Uhr ging gut, aber er hat sie einfach kaputtgemacht. Was sonst noch? Nichts sonst. Nichts, und Schluß aus! Und steck deine verdammte Schnauze nicht immer in Dinge, die dich nichts angehn! Herr du lieber Gott!
Es lebte einmal eine alte Frau. Sie lebte und lebte, dann verbrannte sie im Ofen. Geschieht ihr recht! Serov, der Maler, war zumindest dieser Ansicht ...
Ach! Ich würde noch mehr schreiben, aber auf einmal ist das Tintenfaß verschwunden.

22. Oktober 1938

Ich wirbelte Staub auf. Kinder liefen mir nach und rissen sich die Kleider vom Leib. Alte Männer und Frauen fielen von den Dächern. Ich pfiff, ich polterte, ich klapperte mit den Zähnen und stieß mit meiner Eisenstange auf. Die abgerissenen Kinder stürzten mir nach und brachen sich, weil sie nicht schnell genug waren, in der rasenden Eile die zarten Beine. Alte Männer und Frauen sprangen um mich herum. Ich stürmte vorwärts! Die schmutzigen rachitischen Kinder, die aussahen wie Mistblätterpilze, verhedderten sich zwischen meinen Füßen. Das Laufen wurde mir schwer. Ich stolperte jeden Augenblick und wäre einmal beinahe in den weichen Brei der sich am Boden wälzenden und zappelnden alten Männer und Frauen gefallen. Ich sprang, riß einigen Mistblätterpilzen die Köpfe ab und trat einer dürren alten Frau auf den Bauch, die laut knirschte und leise hervorstieß: »Das ist das Ende!« Ohne mich umzusehen, lief ich weiter. Jetzt hatte ich unter meinen Füßen sauberes und ebenes Straßenpflaster. Wenige Laternen erhellten meinen Weg. Ich kam an das Schwitzbad. Das einladende Licht des Schwitzbads blinzelte mir zu, und der behagliche, aber stickige Dampf des Schwitzbads kroch mir in Nase, Ohren und Mund. Ohne mich auszuziehen, lief ich durch den Vorraum, dann vorbei an Hähnen, Kübeln und Pritschen direkt zur Liegebank. Eine heiße, weiße Wolke umfing mich. Ich höre ein schwaches, aber anhaltendes Klingeln. Ich glaube, ich liege.

– Und da hielt ein mächtiges Ausatmen mein Herz an.

1. Februar 1939

TRAKTAT MEHR ODER WENIGER NACH LEKTÜRE EMERSONS

1. Über Geschenke

Unvollkommene Geschenke sind solche Geschenke: zum Beispiel: wir schenken jemandem zum Namenstag den Deckel eines Tintenfasses. Und wo ist das Tintenfaß selbst? Oder wir schenken ihm ein Tintenfaß mit Deckel. Und wo ist der Tisch, auf dem das Tintenfaß stehen sollte? Wenn der Beschenkte schon einen Tisch hat, so wird das Tintenfaß zum vollkommenen Geschenk. Und, wenn der Beschenkte ein Tintenfaß schon hat, so kann man ihm bloß den Deckel dazu schenken, und dieser wird zum vollkommenen Geschenk. Stets vollkommene Geschenke sind Schmuckstücke für den nackten Körper, wie zum Beispiel Ringe, Armreifen, Colliers usw. (vorausgesetzt natürlich, der Beschenkte ist kein Krüppel), oder Geschenke wie, zum Beispiel, ein Stäbchen, an dessen einem Ende eine kleine Holzkugel befestigt ist, am anderen Ende dagegen ein hölzerner Würfel. Ein solches Stäbchen kann man in Händen halten oder, wenn man es weglegt, dann ist vollkommen gleichgültig, wohin. Ein solches Stäbchen ist sonst zu nichts nütze.

2. Die richtige Art, sich mit Gegenständen zu umgeben

Angenommen, irgendein vollkommen nackter Hausblockverwalter beschließt, sich einzurichten und mit Gegenständen zu umgeben. Wenn er mit einem Stuhl anfängt, so braucht er zu dem Stuhl einen Tisch, zum Tisch eine Lampe, dann ein Bett, dann Bettdecke, Laken, Kommode, Wäsche, Anzug, Kleiderschrank, dann ein Zimmer, in das er alles stellen kann, usw. Hier kann in jedem Punkt des Systems ein kleines Untersystem entstehen, ein Nebensystem. Auf das runde Tischchen möchte man ein Deckchen legen, auf das Deckchen eine Vase stellen, in die Vase ein Blümchen stecken. Dieses System, sich mit Gegenständen zu umgeben, wo der eine Gegenstand den nächsten nach sich zieht, ist das falsche System, denn wenn in einer Blumenvase keine Blumen stehen, wird die Vase sinnlos, und wenn man die Vase wegnimmt, wird das runde Tischchen sinnlos, man kann zwar auch eine Karaffe mit Wasser daraufstellen, aber wenn man in die Karaffe kein Wasser gießt, so bleibt die Feststellung über die Blumenvase in Kraft. Die Abschaffung des einen Gegenstandes zerstört das gesamte System. Und wenn der nackte Hausblockverwalter Ringe und Armreifen anlegen und sich mit Kugeln und Zelluloideidechsen umgeben würde, so würde der Verlust eines Gegenstandes oder auch von siebenundzwanzig Gegenständen am Wesen der Sache nichts ändern. Dieses System, sich mit Gegenständen zu umgeben, ist das richtige System.

3. Die richtige Abschaffung der Gegenstände

Ein, wie gewöhnlich, minderbemittelter französischer Schriftsteller, und zwar Alphonse Daudet, hat den überaus belanglosen Gedanken geäußert, daß der Gegenstand nicht an uns hinge. Selbst der uneigennützigste Mensch, der soeben Uhr, Mantel und Buffet verloren hat, wird diesen Verlust bedauern. Aber selbst wenn man die Anhänglichkeit der Gegenstände aufhöbe, wird jeder Mensch, der Bett und Kopfkissen verloren hat, die Dielen des Fußbodens verloren hat und sogar die mehr oder weniger bequemen Steine, und den danach die Schlaflosigkeit heimsucht, anfangen, den Verlust der Gegenstände und der mit ihnen zusammenhängenden Bequemlichkeit zu bedauern. Deshalb ist die Abschaffung der Gegenstände, die man nach dem falschen Prinzip, sich mit Gegenständen zu umgeben, um sich versammelt hat, die falsche Art der Abschaffung von Gegenständen, die einen umgeben. Die Abschaffung der einen umgebenden stets vollkommenen Geschenke dagegen, wie Holzkugeln, Zelluloideidechsen usw., wird einem mehr oder weniger uneigennützigen Menschen nicht das geringste Bedauern abnötigen. Schaffen wir die uns umgebenden Gegenstände auf die richtige Weise ab, so verlieren wir den Geschmack an jeglichem Erwerb.

4. Über die Annäherung an die Unsterblichkeit

Jedem Menschen eignet das Streben nach Genuß, welcher immer besteht entweder in sexueller Befriedigung oder in Sättigung, oder im Erwerb von Gegenständen. Doch nur, was nicht auf dem Wege des Genusses liegt, führt zur Unsterblichkeit. Alle Systeme, die zur Unsterblichkeit führen, lassen sich im Prinzip auf die eine Regel zurückführen: *Tu beständig das, wozu du keine Lust hast*, denn jeder Mensch möchte immer entweder essen oder seinen Geschlechtstrieb befriedigen oder irgend etwas erwerben oder mehr oder weniger alles zugleich. Interessanterweise hängt die Unsterblichkeit immer mit dem Tod zusammen und wird von verschiedenen religiösen Systemen entweder als ewiger Genuß behandelt oder als ewiges Leiden oder als die ewige Freiheit von Genuß und Leiden.

5. Über die Unsterblichkeit

Recht hat der, dem Gott das Leben als vollkommenes Geschenk geschenkt hat.

14. Februar 1939

DAS KONZERT VON EMIL GILLELS IM KLUB DER SCHRIFTSTELLER AM 19. FEBRUAR 1939

Ich habe Gillels gehört.

Das Programm seines Konzerts war schlecht, geschmacklos und schlecht zusammengestellt. Die meisten Stücke hat Gillels, unserer Meinung nach, falsch vorgetragen.

So hat er sich bemüht, Scarlettis Sonate leidenschaftslos vorzutragen (was gut ist), aber er hat sie zu leise, beinahe im Flüsterton vorgetragen, das ergab eine bestimmte Nachdenklichkeit, und aus ihr erwuchsen irgendwelche Gefühle (was schlecht ist). Uns deucht, Scarlatti müßte man bedeutend lauter und mit einigem Glanz vortragen, ein solcher Vortrag, deucht uns, würde weniger Gefühle wecken.

Außerdem hat Gillels beim Vortrag Scarlattis oft danebengegriffen und deshalb unrein gespielt.

Danach spielte Gillels zwei Stücke von Brahms. Hierüber enthalten wir uns jeglicher Meinung.

Danach trug er zwei Schubertsche Variationen vor. Vielleicht hat er sie gut gespielt, aber doch matt.

Danach spielte er Liszts Phantasie nach Beethoven, »Die Ruinen von Athen«. Dieses Stück hat Liszt vollkommen verhunzt. Es zum Vortrag auszuwählen, spricht nicht für Gillels.

Im zweiten Teil spielte er zwei Stücke von Chopin, Ballade und Polonaise. Und hier wurde das wirre Musikverständnis Gillels' denn endlich offenbar. Das einzige, womit er Chopin gerecht wurde, war die Nachdenklichkeit seines Spiels.

Aus unserer Sicht ist es, für den richtigen Vortrag Chopins, unabdingbar, in jedem seiner Werke drei wesentliche Phasen zu begreifen. Diese Phasen nennen wir:

1. <u>Ansteigen</u>
2. <u>Abbrechen</u>
3. <u>Freies Atmen</u>

Wir haben die Ballade nicht zur Hand und betrachten deshalb die ihr verwandte 13. Mazurka op. 17 Nr. 4, wir verweisen dabei auf die jeweilige Ziffer der Takte.
Die ersten vier Takte nennen wir Einstimmung, besonders den 4. Takt, der den Grundton der gesamten Mazurka bestimmt, die gleichsam nicht zu Ende geschrieben und deshalb impressionistisch ist.
Mit dem 5. Takt beginnt das erste Ansteigen. Die linke Hand bleibt in der Oberlage, wobei sie verschiedene Dreiklänge greift, mit Ausnahme des Grundtons (a-moll). Im 13. Takt schlägt die linke Hand das tiefe a an, das ist das erste Mal, daß sie in die Tiefe geht und den Grundton greift. Das Ansteigen ist noch nicht zu Ende, denn die rechte Hand führt zur gleichen Zeit eine schnelle, ziemlich komplizierte Triolenfigur aus, in der der Grundton a in Achteln vorbeifliegt und, gleich danach, das Ansteigen fortführt; die linke Hand wird an ihren oberen Grenzen dichter, und plötzlich, im 19. Takt, kommt es zu einer schnellen Vorbereitung der Auflösung; die rechte Hand vollführt einen maximalen Sprung (das hohe C), die linke einen maximalen Sprung (das tiefe e), und im 20. Takt tritt die vollkommene Auflösung ein (die rechte Hand hält die ganzen 3/4 die Tonica, die linke spielt das tiefe a und mit ihm den tonischen Dreiklang), das erste Ansteigen ist beendet. Doch mit dem 21. Takt beginnt ein neues Ansteigen, beinahe identisch mit dem ersten, der Unterschied ist kaum wahrnehmbar. Und diese unbeträchtliche, jedoch genial richtig gefundene Abweichung (vgl. die Takte 7 und 23, 13 und 20, 15 und 32) schafft eben jenen wertvollen »kleinen Irrtum«.*
Und hier nun, im 37. Takt, endet die Phase des Ansteigens und beginnt eine neue Phase, die einige Komponisten beherrschen, vor allem aber Chopin, – die Phase des Abbrechens.
Der Sinn dieser Phase ist annähernd derselbe wie der von Treppen-

* Begriff von Ja. S. Druskin, »Gleichgewicht mit kleinem Irrtum«. Vgl. hierzu Rozanovs Begriff »ein ganz klein wenig«.

absätzen: man kann, erstens, eine Verschnaufpause einlegen und, zweitens, wenn nötig, umkehren. Gewöhnlich, wenn der Mensch von der Phase des Anwachsens erzählt, beugt er weich die Handflächen und nähert sie einander einige Male an, indem er in der Luft Halbkreise beschreibt. Die Phase des Abbrechens beschreibt der Mensch so: die Handflächen fest ausgerichtet, zerschneidet er diagonal, in verschiedenen Richtungen, die Luft vor sich.

Wir meinen, beim Vortrag Chopins müsse die Phase des Abbrechens mit festerer Hand gespielt werden als die Phase des Ansteigens.

Dem Abbrechen dient eine bestimmte, wiederkehrende musikalische Figur, die man in einer aus Wörtern bestehenden Erzählung als eine harte Hand darstellen könnte, mit der der Erzähler in verschiedenen Richtungen um sich schlägt.

In der 13. Mazurka entsprechen diesem Schlag mit der Hand musikalische Läufe nach unten (die Takte 30 und 39, 40 und 41, 42 und 43). Zum Beispiel die Takte 36 und 39:

Beim Vortrag muß man die Phase des Ansteigens sehr deutlich und kunstvoll von der Phase des Abbrechens trennen.

In der 13. Mazurka kommt es, nach dem Abbrechen, zu einem neuen Ansteigen vom 46. bis zum 61. Takt. Geboten wird wieder eine neue Variante des Ansteigens, die die Varianten I und II zusammenfaßt, sich zugleich aber von ihnen durch einen weiteren kleinen Irrtum unterscheidet.

Und nun, gegen Ende des III. Ansteigens, begreift der Hörer, daß das Ansteigen im Grunde nicht aufgehört hat und daß es von einer Intensität ist, die ihm den Atem verschlägt. Der Hörer ist vom Ansteigen endgültig gesättigt. Deshalb verläßt Chopin diese Phase und geht über zur Phase des freien Atmens.

Dazu springt Chopin ins Dur, und als würde, im 62. Takt, eine Tür aufgestoßen, wird das Atmen frei.
Beim Hörer entsteht, für eine Sekunde lang, der Eindruck, als sei alles, was bis zu diesem Takt geschehen ist, nur die Einführung gewesen, und als habe erst jetzt das Eigentliche begonnen. Wenn aber das Thema dieser Phase beständig wiederkehrt zu der Sekunde

– achtmal im Verlauf zweier ganzer Takte – beginnt der Hörer, trotz der eröffneten Phase des freien Atmens, die Notwendigkeit einer neuen Auflösung zu verspüren, die Chopin ab dem 94. Takt in Gestalt des Themas des ersten Ansteigens erfüllt. Er führt darin eine 4. Variante durch, die abermals einen kleinen Irrtum darstellt. Auch diesmal begreift der Hörer, daß das, was er im 62. Takt als Einführung in das freie Atmen verstanden hatte, in Wirklichkeit die Aufhebung des freien Atmens ist.
Hierauf folgt die Phase des komplizierten Abbrechens durch die ständige Figur

Der Charakter dieser Phase ist impressionistisch, und deshalb beendet Chopin sie (und mit ihr die gesamte Mazurka) mit den ersten vier Takten der Einstimmung. Doch diesmal nimmt der Hörer auf gleichsam natürliche Weise den impressionistischen Charakter dieser Einstimmung wahr und ist keineswegs erstaunt, daß die gesamte Mazurka mit einem Sextakkord in f-Dur endet.

So sehen wir, daß die gesamte Mazurka aus 9 Teilen besteht:

1.	Einstimmung	Takte 1 – 4
2.	I. Ansteigen	5 – 20
3.	II. Ansteigen	21 – 37
4.	Abbrechen	38 – 45
5.	III. Ansteigen	46 – 61
6.	Freies Atmen	62 – 93
7.	IV. Ansteigen	94 – 109
8.	Abbrechen	110 – 129
9.	Einstimmung	130 – 133.

Mit Sicherheit können wir sagen, daß der Pianist, beim Vortrag dieser Mazurka, die Bedeutung jedes einzelnen Teils deutlich anklingen lassen und den Hörer zwingen muß, die Übergänge vom einen Teil zum nächsten wahrzunehmen.

Chopins Ballade erinnert in ihrem Aufbau an die 13. Mazurka, Gillels hat sich in den Bedeutungen der Ballade nicht zurechtgefunden, das einzige, was er in seinem Vortrag zum Ausdruck gebracht hat, war, daß Chopin ein etwas nachdenklicher Komponist war als Liszt. Das ist ebenso unsinnig und unwesentlich, wie Čechov einen »Sänger der Abenddämmerungen« zu nennen.

Mendelssohns »Rondo Capriccioso« spielte Gillels ein wenig besser.

Danach spielte er Liszts »Karneval«. Diese Musik zu spielen und zu hören ist einfach unanständig.

Auf das Da Capo zum Schlußapplaus gab Gillels den »Kuckuck« von Daquin. Unserer Ansicht nach hätte er lauter gespielt werden müssen. (Wir sind überhaupt immer für einen lauteren Vortrag und würden Klaviermusik am liebsten unter dem Flügel sitzend hören.)

Am besten gab Gillels die Etüde »Die Jagd« von Paganini nach Liszt.

Im Saal sagte man über Gillels, die Schultern hochgezogen und die Arme ausgebreitet: »Das ... das ... das ... ist kein Künstler, sondern die Kunst selbst!«

Mehr haben wir über das Konzert von Gillels nicht zu sagen.

Ein Herr von kleiner Gestalt mit einem Rohrstock im Auge näherte sich der Tür eines Tabakladens und blieb stehen. Seine schwarzen Lackpantoffeln glänzten an der Steinstufe, die in den Tabakladen führte. Die Spitzen der Pantoffeln waren ins Innere des Geschäfts gerichtet. Noch zwei Schritte, und der Herr wäre in der Tür verschwunden gewesen. Aber er blieb aus irgendeinem Grunde stehen, wie mit Absicht, um dem Ziegel, der vom Dach fiel, den Kopf zu bieten. Der Herr nahm sogar den Hut ab, entblößte seinen kahlen Schädel, und so traf der Ziegel den Herrn direkt aufs bloße Haupt, durchschlug die Schädeldecke und blieb ihm im Gehirn stecken. Der Herr fiel nicht. Nein, er wankte nur unter dem schrecklichen Schlag, zog ein Tuch aus der Tasche, wischte sich das von blutigen Hirnspritzern verklebte Gesicht ab und sagte, an die Menge gewandt, die sich augenblicklich um den Herrn gesammelt hatte: »Beunruhigen Sie sich nicht, meine Herrschaften, ich bin dagegen geimpft. Wie Sie sehen, ragt aus meinem rechten Auge ein Rohrstock. Das war damals genauso ein Fall. Ich bin es längst gewöhnt. Heute ist mir das schnurzegal!« Mit diesen Worten setzte der Herr den Hut wieder auf und ging irgendwohin beiseite, und ließ die verwirrte Menge in größter Verblüffung zurück.

Kalindov stand auf Zehenspitzen und schaute mir ins Gesicht. Mir war das unangenehm. Ich wendete mich ab, aber Kalindov lief um mich herum und schaute mir wieder ins Gesicht. Ich versuchte, mich vor Kalindov hinter einer Zeitung zu verstecken. Aber Kalindov überlistete mich: er zündete die Zeitung an, und als sie aufloderte und ich sie zu Boden fallen ließ, schaute mir Kalindov wieder ins Gesicht. Ich ging, langsam zurückweichend, hinter den Schrank und erholte mich einige Augenblicke von den böswilligen Blicken Kalindovs. Aber meine Ruhe war nur von kurzer Dauer: Kalindov kroch auf allen vieren zum Schrank und schaute mich von unten an. Da riß mir die Geduld: ich kniff die Augen zusammen und trat Kalindov mit dem Stiefel ins Gesicht.

Als ich die Augen aufschlug, stand Kalindov mit seiner blutverschmierten Fresse und seinem aufgerissenen Mund vor mir und schaute mir wie vorher ins Gesicht.

Wenn ich einen Menschen sehe, habe ich Lust, ihm eine in die Fresse zu hauen. Es ist so angenehm, einem Menschen eine in die Fresse zu hauen!

Ich sitze in meinem Zimmer und tue nichts.

Da kommt mich jemand besuchen; er klopft an meine Tür. Ich sage: »Herein!« Er kommt herein und sagt: »Guten Tag! Wie schön, daß ich Sie zu Hause antreffe!« Und ich haue ihm eine in die Fresse, und trete ihm dann noch mit dem Stiefel in die Weichteile. Mein Gast fällt vornüber von dem schrecklichen Schmerz. Und ich ihm mit dem Stiefelabsatz in die Augen! Was hat er hier zu suchen, wenn er nicht eingeladen ist!

Oder sonst: ich biete meinem Gast ein Gläschen Tee an. Der Gast nimmt an, setzt sich zu Tisch, trinkt Tee und erzählt irgend etwas. Ich gebe mir den Anschein, als hörte ich mit großem Interesse zu, nicke, sage »ah!« und »oh!«, reiße erstaunt die Augen auf und lache. Der Gast, geschmeichelt von meiner Aufmerksamkeit, kommt mehr und mehr in Fahrt.

Ich schenke seelenruhig ein Glas kochendes Wasser ein und schütte es dem Gast in die Fresse. Der Gast springt auf und faßt sich ins Gesicht. Und ich sage zu ihm: »Es ist keine Tugend mehr in meinem Herzen. Scheren Sie sich raus!« Und ich stoße den Gast hinaus.

THEATERSTÜCK

Šaškin *steht mitten auf der Bühne* Mir ist meine Frau weggelaufen. Aber was kannst du da machen? Es ist egal, wenn sie weggelaufen ist, bringst du sie nicht wieder zurück. Philosoph muß man sein und jedem Ereignis mit Weisheit begegnen. Glücklich, wer sich dieser Weisheit erfreut. Kurov erfreut sich dieser Weisheit nicht, ich jedoch, ja. Ich habe in der öffentlichen Bibliothek zweimal ein Buch gelesen. Da war über alles sehr klug geschrieben. Ich interessiere mich für alles, sogar Sprachen. Ich kann auf französisch zählen und weiß, was auf deutsch život heißt. Der Magen. So ist das! Mit mir ist sogar der Maler Kozlov befreundet. Wir trinken zusammen Bier. Und Kurov? Der kann nicht mal auf die Uhr schauen. Der schneuzt sich mit zwei Fingern, ißt Fisch mit der Gabel, schläft in Stiefeln, putzt sich nicht die Zähne ... pfui! Wie man so sagt – ein Bauer! Begib dich mit ihm in Gesellschaft: sie schmeißen dich raus, und beschimpfen dich noch dazu – nein, sage ich, geh nicht mit einem Bauern, wenn du selber Intellektueller bist. Mir kann keiner. Gib mir einen Grafen, und ich unterhalte mich mit einem Grafen. Gib mir einen Baron, und ich unterhalte mich mit einem Baron. Bei mir weißt du nie sofort, woran du bei mir bist.

– Die deutsche Sprache; zugegeben, ich kenne sie nicht gut, obwohl ich weiß: život – der Magen. Aber sagt mir jemand: »der Magen findel mun«, weiß ich schon nicht, was das heißen soll. Aber Kurov weiß nicht mal »der Magen«. Und mit so einem Schwachkopf weglaufen! Hündin! Wahrlich eine Hündin! Tja, sehen Sie, was man haben muß! Mich, sehen Sie, hält sie nicht für einen Mann. Aber was kann ich dafür, daß man mich noch als Kind verschnitten hat? Ich habe mir das Ding doch nicht selber abgeschnitten! Sie sagt: »Du hast eine Weiberstimme!« Dabei habe ich keine Weiber-, sondern eine Knabenstimme! Eine zarte Knabenstimme, absolut keine Weiberstimme! So eine dumme Gans! Wieso ihr Kurov liegt? Der Maler Kozlov sagt, wenn man mich hinsetzt und von mir ein Bild malt: der wahre Kastrat, sagt er. Das heißt, beinahe der römische Papst. Und sie läuft weg von mir und zu Kurov! Einfach lächerlich!

FÄLLE

Marina Malič
gewidmet

I

DAS BLAUE HEFT NR. 10

Es war einmal ein Rotschopf, der hatte weder Augen noch Ohren. Er hatte auch keine Haare, so daß man ihn an sich grundlos einen Rotschopf nannte.

Sprechen konnte er nicht, denn er hatte keinen Mund.

Eine Nase hatte er auch nicht.

Er hatte sogar weder Arme noch Beine. Er hatte keinen Bauch, er hatte keinen Rücken, er hatte kein Rückgrat, er hatte auch keinerlei Eingeweide. Nichts hatte er! So daß unklar ist, um wen es hier eigentlich geht.

Reden wir lieber nicht weiter darüber.

2
FÄLLE

Einst aß Orlov zu viel Erbsenbrei und starb. Und als Krylov davon erfuhr, starb auch er. Und Spiridonov starb von ganz allein. Und Spiridonovs Frau fiel von der Kommode und starb ebenfalls. Und Spiridonovs Kinder ertranken im Teich. Und Spiridonovs Großmutter ergab sich dem Suff und trieb sich auf der Straße herum. Und Michajlov hörte auf sich zu kämmen und kriegte die Krätze. Und Kruglov malte eine Dame mit Knute in der Hand und wurde verrückt. Und Perechrëstov bekam telegraphisch 400 Rubel und gab damit dermaßen an, daß man ihn entlassen mußte.
Lauter gute Menschen, und können keinen kühlen Kopf bewahren.

3
DIE NEUGIERIGEN ALTEN FRAUEN

Eine alte Frau lehnte sich aus übergroßer Neugierde zu weit aus dem Fenster, fiel hinaus und zerschellte.
Aus dem Fenster lehnte sich eine zweite alte Frau und begann, auf die Tote hinabzuschauen, aber aus übergroßer Neugierde fiel auch sie aus dem Fenster, fiel und zerschellte.
Dann fiel die dritte alte Frau aus dem Fenster, dann die vierte, dann die fünfte.
Als die sechste alte Frau hinausgefallen war, hatte ich es satt, ihnen zuzuschauen, und ging auf den Malcev Markt, wo man angeblich einem Blinden einen gestrickten Schal geschenkt hatte.

4
SONETT

Ein sonderbarer Fall ist mir passiert: ich hatte plötzlich vergessen, was zuerst kommt – die Sieben oder die Acht.
Ich begab mich zu meinen Nachbarn und fragte sie in dieser Sache nach ihrer Meinung.
Wie groß aber war ihre und meine Überraschung, als sie plötzlich entdeckten, daß auch sie sich nicht mehr an die Zahlenabfolge erinnern konnten. Eins, zwei, drei, vier, fünf und sechs, aber weiter hatten sie vergessen.
Wir gingen zusammen in das Kaufhaus »Gastronom«, Ecke Znamenskaja und Bassejnaja, und befragten die Kassiererin über unser Problem. Die Kassiererin lächelte wehmütig, zog sich ein kleines Hämmerchen aus dem Mund und sagte, die Nase leicht gerümpft: »Meiner Meinung nach kommt die Sieben nach der Acht immer dann, wenn die Acht nach der Sieben kommt.«
Wir dankten der Kassiererin und verließen hocherfreut das Kaufhaus. Doch draußen angelangt, als wir die Worte der Kassiererin überdachten, wurden wir wieder traurig, denn ihre Worte erwiesen sich als vollkommen sinnlos.
Was sollten wir tun? Wir gingen in den Letnij Sad und begannen dort, die Bäume zu zählen. Aber immer, wenn wir bei sechs angekommen waren, blieben wir stecken und fingen an zu streiten: nach Meinung der einen folgte nun die 7, nach Meinung der anderen – die 8.
Wir hätten noch sehr lange gestritten, aber da fiel zum Glück ein kleines Kind von der Bank und brach sich Ober- und Unterkiefer. Das lenkte uns von unserem Streit ab.
Und dann gingen wir jeder für sich nach Hause.

5
PAKIN UND KRAKIN

PAKIN He, Krakin!
Komm, wir jagen Kraken!
KRAKIN Nein, das möchte ich nicht wagen,
jagen wir lieber Kakerlaken!

6
OPTISCHE TÄUSCHUNG

Semën Semënovič setzt die Brille auf, schaut die Kiefer hinauf und sieht: auf der Kiefer sitzt ein Kerl und droht ihm mit der Faust.
Semën Semënovič nimmt die Brille ab, schaut die Kiefer hinauf und sieht, daß auf der Kiefer niemand sitzt.
Semën Semënovič setzt die Brille auf, schaut die Kiefer hinauf und sieht wieder, daß auf der Kiefer ein Kerl sitzt und ihm mit der Faust droht.
Semën Semënovič nimmt die Brille ab und sieht wieder, daß auf der Kiefer niemand sitzt.
Semën Semënovič setzt die Brille auf, schaut die Kiefer hinauf und sieht wieder: auf der Kiefer sitzt ein Kerl und droht ihm mit der Faust.
Semën Semënovič wünscht an diese Erscheinung nicht zu glauben und hält sie darum für eine optische Täuschung.

7
PUŠKIN UND GOGOL

GOGOL *fällt aus den Kulissen auf die Bühne und bleibt ruhig liegen.*

PUŠKIN *tritt auf, stolpert über Gogol und fällt* Zum Teufel! Ja nicht über Gogol!

GOGOL *erhebt sich* So eine Gemeinheit! Sie lassen einen nicht ruhen! *Geht, stolpert über Puškin und fällt.* Ja nicht über Puškin stolpern!

PUŠKIN *erhebt sich* Keine Minute Ruhe! *Geht, stolpert über Gogol und fällt.* Zum Teufel! Ja nicht wieder über Gogol!

GOGOL *erhebt sich* Ewig und überall Störungen! *Geht, stolpert über Puškin und fällt.* So eine Gemeinheit! Schon wieder über Puškin!

PUŠKIN *erhebt sich* Rowdytum! Das pure Rowdytum! *Geht, stolpert über Gogol und fällt.* Zum Teufel! Wieder über Gogol!

GOGOL *erhebt sich* Das ist der pure Hohn! *Geht, stolpert über Puškin und fällt.* Wieder über Puškin!

PUŠKIN *erhebt sich* Zum Teufel! Wahr und wahrhaftig zum Teufel! *Geht, stolpert über Gogol und fällt.* Über Gogol!

GOGOL *erhebt sich* Gemeinheit! *Geht, stolpert über Puškin und fällt.* Über Puškin!

PUŠKIN *erhebt sich* Zum Teufel! *Geht, stolpert über Gogol und fällt hinter die Kulissen.* Über Gogol!

GOGOL *erhebt sich* Gemeinheit! *Geht über die Kulissen.*

Hinter der Bühne die Stimme Gogols: »Über Puškin!«

Vorhang

8
DER TISCHLER KUŠAKOV

Es war einmal ein Tischler. Er hieß Kušakov.
Eines Tages ging er aus dem Haus und ging in einen Laden, um sich Tischlerleim zu kaufen.
Es war Tauwetter, und auf der Straße war es sehr glatt.
Der Tischler war einige Schritte gegangen, glitt aus, fiel und schlug sich die Stirn auf.
– Äh! – sagte der Tischler, stand auf, ging in die Apotheke, kaufte ein Pflaster und klebte es sich auf die Stirn.
Aber als er auf die Straße trat und einige Schritte gegangen war, glitt er wieder aus, fiel und schlug sich die Nase auf.
– Tfu! – sagte der Tischler, ging in die Apotheke, kaufte ein Pflaster und klebte es sich auf die Nase.
Dann trat er wieder auf die Straße, glitt wieder aus, fiel und schlug sich die Wange auf.
Er mußte wieder in die Apotheke gehen und sich ein Pflaster auf die Wange kleben.
– So, – sagte der Apotheker zum Tischler, – Sie fallen so oft hin und verletzen sich, daß ich Ihnen rate, kaufen Sie doch gleich ein paar Pflaster auf Vorrat.
– Nein, – sagte der Tischler, – noch einmal falle ich nicht hin.
Aber als er auf die Straße trat, glitt er wieder aus, fiel und schlug sich das Kinn auf.
– Verdammtes Glatteis! – rief da der Tischler und rannte wieder in die Apotheke.
– Sehen Sie, – sagte der Apotheker. – Sie sind doch wieder hingefallen.
– Nein! – rief der Tischler. – Ich will nichts hören! Geben Sie mir schnell ein Pflaster!

Der Apotheker gab ihm das Pfaster; der Tischler klebte es sich aufs Kinn und rannte nach Hause.

Aber zu Hause erkannte man ihn nicht wieder und ließ ihn nicht in die Wohnung.

– Ich bin der Tischler Kušakov! – rief der Tischler.

– Das kannst du anderen erzählen! – gab man aus der Wohnung zur Antwort, versperrte die Tür mit dem Haken und legte sogar die Kette vor.

Der Tischler Kušakov stand eine Weile auf der Treppe, spuckte aus und ging auf die Straße.

9
DIE TRUHE

Ein Mann mit einem dünnen Hals verkroch sich in eine Truhe, klappte über sich den Deckel zu und begann zu ersticken.
– So, – sagte der Mann mit dem dünnen Hals, – ich ersticke in der Truhe, weil ich einen dünnen Hals habe. Der Deckel der Truhe ist zu und läßt mir keine Luft. Ich werde ersticken, den Deckel der Truhe hebe ich aber trotzdem nicht hoch. Langsam werde ich sterben. Ich werde den Kampf zwischen Leben und Tod kennenlernen. Der Kampf ist unnatürlich, bei gleichen Chancen, denn naturgemäß siegt der Tod, während das Leben, zum Tode verurteilt, vergeblich mit dem Feinde kämpft, ohne bis zur letzten Minute die eitlen Hoffnungen aufzugeben. In diesem Kampf, der gleich beginnen wird, kennt das Leben das Mittel zu seinem Sieg: dazu muß das Leben meine Hände veranlassen, den Deckel der Truhe hochzuheben. Also schauen wir mal: wer wen? Nur stinkt es hier entsetzlich nach Naphtalin. Wenn das Leben siegt, werde ich über die Sachen in der Truhe Machorka schütten ... So, es hat begonnen: ich kann nicht mehr atmen. Ich bin verloren, das ist klar! Es gibt keine Rettung mehr für mich! Und nichts Erhabenes im Sinn. Ich ersticke! ...
Oh! was ist das? Eben ist etwas geschehen, aber ich kann nicht begreifen, was. Ich habe etwas gesehen oder etwas gehört ...
Oh! ist da wieder etwas geschehen? Mein Gott! Ich kann nicht mehr atmen. Ich glaube, ich sterbe ...
Und was ist das schon wieder? Warum singe ich? Ich glaube, ich habe Halsschmerzen ... Aber wo ist denn die Truhe? Warum sehe ich alles, was sich in meinem Zimmer befindet? Aber ich liege doch nicht etwa auf dem Fußboden! Und wo ist die Truhe?
Der Mann mit dem dünnen Hals erhob sich vom Fußboden und sah sich um. Nirgends war eine Truhe. Auf den Stühlen und auf dem

Bett lagen die Sachen aus der Truhe, aber die Truhe war nirgends. Der Mann mit dem dünnen Hals sagte:

– Das heißt, das Leben hat über den Tod gesiegt, auf mir unbekannte Weise.

10
DER FALL MIT PETRAKOV

Einst wollte Petrakov sich schlafen legen, legte sich aber neben das Bett. So daß er zu Boden schlug, der Länge lang liegenblieb und nicht mehr aufstehen konnte.

Mit letzten Kräften stemmte er sich gegen den Boden und hob sich auf alle viere. Doch die Kräfte verließen ihn, er fiel wieder platt auf den Bauch und blieb liegen.

Fünf Stunden lag Petrakov auf dem Boden. Zuerst lag er nur da, dann schlief er ein.

Der Schlaf verlieh ihm neue Kräfte. Petrakov erwachte gesund und munter, erhob sich, ging im Zimmer auf und ab und legte sich vorsichtig aufs Bett. »So, – denkt er, – jetzt schlafe ich mich richtig aus.« Aber schlafen konnte er nicht mehr. So wälzte sich Petrakov von einer Seite auf die andere und kann und kann einfach nicht einschlafen.

Das ist eigentlich alles.

II
GESCHICHTE EINER SCHLÄGEREI

Aleksej Alekseevič nahm Andrej Karlovič in den Schwitzkasten, haute ihm eine in die Fresse und ließ ihn wieder los.
Andrej Karlovič, blaß vor Zorn, stürzte sich auf Aleksej Alekseevič und haute ihm eine aufs Maul.
Aleksej Alekseevič, nicht gefaßt auf einen solch überraschenden Angriff, stürzte zu Boden, und Andrej Karlovič setzte sich rittlings auf ihn, nahm das Gebiß aus dem Mund und bearbeitete Aleksej Alekseevič damit derart, daß Aleksej Alekseevič sich mit völlig entstelltem Gesicht und zerfetzten Nasenflügeln erhob. Die Hände vors Gesicht geschlagen, lief Aleksej Alekseevič davon.
Andrej Karlovič wischte das Gebiß sauber, setzte es sich wieder in den Mund, biß ein paarmal die Zähne zusammen, und als er überzeugt war, daß das Gebiß wieder saß, schaute er in die Runde, konnte aber Aleksej Alekseevič nicht sehen und ging ihn deshalb suchen.

12
TRAUM

Kalugin schlief ein und träumte, er sitze im Gebüsch, und an dem Gebüsch vorbei gehe ein Milizionär.
Kalugin wachte auf, wischte sich den Mund und schlief wieder ein, und wieder träumte er, er gehe am Gebüsch vorbei, und in dem Gebüsch habe sich ein Milizionär versteckt.
Kalugin wachte auf, legte sich eine Zeitung unter den Kopf, um das Kopfkissen nicht zu besabbern, schlief wieder ein, und wieder träumte er, er sitze im Gebüsch, und am Gebüsch vorbei gehe ein Milizionär.
Kalugin wachte auf, wechselte die Zeitung, legte sich und schlief wieder ein. Er schlief ein und träumte wieder, er gehe am Gebüsch vorbei, und in dem Gebüsch sitze ein Milizionär.
Hier wachte Kalugin auf und beschloß, nicht weiterzuschlafen, schlief aber augenblicklich wieder ein und träumte, er sitze hinter einem Milizionär, und vorbei gehe ein Gebüsch.
Kalugin schrie auf und warf sich auf dem Bett hin und her, konnte aber nicht mehr aufwachen.
Kalugin schlief vier Tage und vier Nächte hintereinander, und am fünften Tage wachte er so abgemagert auf, daß er die Stiefel mit Bindfaden an den Beinen festbinden mußte, damit sie nicht abfielen. In der Bäckerei, wo Kalugin immer sein Weißbrot kaufte, erkannte man ihn nicht wieder und schob ihm ein Graubrot unter. Und die Sanitätskommission, die ihre Runde durch die Wohnungen machte und Kalugin sah, befand ihn für antisanitär und überhaupt zu nichts mehr nutze und befahl dem Hausverwalter, Kalugin zusammen mit dem Kehricht hinauszuschaffen.
Sie packten Kalugin zusammen und schafften ihn wie Kehricht hinaus.

13
DER MATHEMATIKER UND ANDREJ SEMËNOVIČ

MATHEMATIKER

holt sich eine Kugel aus dem Kopf
Ich hab mir eine Kugel aus dem Kopf geholt.
Ich hab mir eine Kugel aus dem Kopf geholt.
Ich hab mir eine Kugel aus dem Kopf geholt.
Ich hab mir eine Kugel aus dem Kopf geholt.

ANDREJ SEMËNOVIČ

Leg sie wieder zurück!
Leg sie wieder zurück!
Leg sie wieder zurück!
Leg sie wieder zurück!

MATHEMATIKER

Nein, ich lege sie nicht zurück.
Nein, ich lege sie nicht zurück.
Nein, ich lege sie nicht zurück.
Nein, ich lege sie nicht zurück.

ANDREJ SEMËNOVIČ

Dann laß es eben bleiben.
Dann laß es eben bleiben.
Dann laß es eben bleiben.

MATHEMATIKER

Und ich lege sie nicht zurück!
Und ich lege sie nicht zurück!
Und ich lege sie nicht zurück!

ANDREJ SEMËNOVIČ

Na schön, in Ordnung.
Na schön, in Ordnung.
Na schön, in Ordnung.

MATHEMATIKER

Siehst du, ich habe gesiegt!
Siehst du, ich habe gesiegt!
Siehst du, ich habe gesiegt!

ANDREJ SEMËNOVIČ Na schön, du hast gesiegt und jetzt gib Ruhe.

MATHEMATIKER

Nein, ich gebe keine Ruhe!
Nein, ich gebe keine Ruhe!
Nein, ich gebe keine Ruhe!

ANDREJ SEMËNOVIČ Wenn du auch Mathematiker bist, aber Ehrenwort, klug bist du nicht.

MATHEMATIKER

Doch, ich bin klug und weiß sehr viel!
Doch, ich bin klug und weiß sehr viel!
Doch, ich bin klug und weiß sehr viel!

ANDREJ SEMËNOVIČ Viel, aber lauter Blödsinn.

MATHEMATIKER

Nein, keinen Blödsinn!
Nein, keinen Blödsinn!
Nein, keinen Blödsinn!

ANDREJ SEMËNOVIČ Ich habe es satt, mich mit dir herumzustreiten!

MATHEMATIKER

Nein, du hast es nicht satt!
Nein, du hast es nicht satt!
Nein, du hast es nicht satt!

Andrej Semënovič winkt ärgerlich ab und geht.
Der Mathematiker bleibt einen Augenblick lang stehen, dann geht er Andrej Semënovič nach.

Vorhang

14
DER JUNGE MANN, DER EINEN WÄCHTER IN STAUNEN VERSETZTE

– Sieh einer an! – sagte der Wächter, während er eine Fliege beobachtete. – Wenn ich sie jetzt mit Tischlerleim beschmieren würde, dann wär ihr Stündlein wohl gekommen. Das ist mir eine Geschichte! Mit einfachem Leim!

– He du, Waldschrat! – rief den Wächter ein junger Mann in gelben Handschuhen an.

Der Wächter begriff nicht sogleich, daß er gemeint war, und beobachtete weiter die Fliege.

– He, mit dir rede ich! – rief der junge Mann wieder. – Altes Rindvieh!

Der Wächter zerdrückte die Fliege mit dem Finger und sagte, ohne dem jungen Mann den Kopf zuzuwenden:

– Und du, Schandmaul, was brüllst du hier herum? Ich höre dich auch so. Hier wird nicht gebrüllt!

Der junge Mann klopfte sich mit den Handschuhen den Staub von der Hose und fragte mit delikater Stimme:

– Sagen Sie, Opa, wie kommt man von hier in den Himmel?

Der Wächter musterte den jungen Mann, kniff das eine Auge zu, dann das andere, kratzte sich den Bart, musterte den jungen Mann abermals und sagte:

– Hier wird nicht stehengeblieben, weitergehen.

– Entschuldigen Sie, – sagte der junger Mann, – aber ich habe einen dringenden Termin. Das Zimmer für mich steht schon bereit.

– In Ordnung, – sagte der Wächter, – zeig deine Eintrittskarte.

– Eintrittskarte habe ich keine; man hat mir gesagt, ich käme auch so rein, – sagte der junger Mann und sah dem Wächter ins Gesicht.

– So siehst du aus! – sagte der Wächter.

– Also was ist? – fragte der junge Mann. – Lassen Sie mich jetzt rein?

– Na schön, in Ordnung, – sagte der Wächter. – Gehen Sie.
– Aber wie denn? Wohin? – fragte der junge Mann. – Ich kenne doch den Weg nicht.
– Wohin wollen Sie? – fragte der Wächter mit strengem Gesicht.
Der junge Mann hielt sich die Hand vor den Mund und sagte sehr leise:
– In den Himmel!
Der Wächter beugte sich vor, verlegte das Gewicht aufs rechte Bein, um fester zu stehen, sah den jungen Mann durchdringend an und fragte schroff:
– Was? Willst du mich verscheißern?
Der junge Mann lächelte, hob eine Hand im gelben Handschuh, schwenkte sie über dem Kopf und war auf einmal verschwunden.
Der Wächter schnupperte in der Luft. Sie roch nach versengten Federn.
– So siehst du aus! – sagte der Wächter, knöpfte die Jacke auf, strich sich über den Bauch, spuckte auf die Stelle, an der der junge Mann gestanden hatte, und ging langsam in sein Schilderhäuschen.

15

VIER ILLUSTRATIONEN DAZU,

WIE EINE NEUE IDEE DEN MENSCHEN AUS DEM GLEICHGEWICHT BRINGT, WENN DIESE IHN UNVORBEREITET TRIFFT

1

SCHRIFTSTELLER Ich bin Schriftsteller.
LESER Und für mich bist du Sch ... e!

Der Schriftsteller bleibt einige Augenblicke erschüttert von dieser neuen Idee stehen und fällt dann tot zu Boden. Er wird hinausgetragen.

2

MALER Ich bin Maler.
ARBEITER Und für mich bist du Sch ... e!

Der Maler wurde hier weiß wie Leinwand, wankte wie ein Rohr im Wind und verstarb ganz unverhofft. Er wird hinausgetragen.

3

KOMPONIST Ich bin Komponist.
VANJA RUBLËV Und für mich bist du Sch ... e!

Der Komponist sackt, schwer atmend, in sich zusammen. Er wird ganz unverhofft hinausgetragen.

4

CHEMIKER Ich bin Chemiker.
PHYSIKER Und für mich bist du Sch ... e!

Der Chemiker sagte kein Wort mehr und stürzte schwer zu Boden.

16
VERLUSTE

Andrej Andreevič Mjasov kaufte sich auf dem Markt Kerzendocht und trug ihn nach Hause.

Unterwegs verlor Andrej Andreevič den Kerzendocht und ging in ein Kaufhaus, um sich dort einhundertfünfzig Gramm Salami aus Poltava zu kaufen. Dann ging Andrej Andreevič in die Molkereigenossenschaft und kaufte eine Flasche Kefir, dann trank er am Kiosk einen kleinen Krug Getreidekvas und reihte sich in die Schlange, die nach der Zeitung anstand. Die Schlange war ziemlich lang, und Andrej Andreevič stand mindestens zwanzig Minuten an, aber als er an der Reihe war, hatte der Verkäufer, ihm vor der Nase, die letzte Zeitung verkauft.

Andrej Andreevič trat von einem Bein aufs andere und ging nach Hause, aber unterwegs verlor er den Kefir, kehrte um und ging in die Bäckerei, kaufte ein französisches Weißbrot, verlor aber die Salami aus Poltava.

Da ging Andrej Andreevič schnurstracks nach Hause, aber unterwegs stürzte er, verlor das französische Weißbrot und zerbrach sich obendrein den Zwicker.

Nach Hause kam Andrej Andreevič sehr böse und legte sich sofort schlafen, konnte aber lange nicht einschlafen, und als er eingeschlafen war, träumte er: er habe eine Zahnbürste verloren und putze sich die Zähne mit einem Kerzenhalter.

17
MAKAROV UND PETERSEN NR. 3

MAKAROV Hier, in diesem Buch, steht alles über unsere Wünsche und über ihre Erfüllung. Lies dieses Buch, und du wirst begreifen, wie eitel unsere Wünsche sind. Des weiteren wirst du begreifen, wie leicht die Wünsche anderer zu erfüllen sind und wie schwer die eigenen Wünsche zu erfüllen sind.

PETERSEN Was redest du so furchtbar pathetisch. So reden Indianerhäuptlinge.

MAKAROV Von solch einem Buch kann man nur in erhabenem Ton sprechen. Wenn ich nur daran denke, ziehe ich die Mütze.

PETERSEN Und wäschst dir die Hände, bevor du es anfaßt?

MAKAROV Ja, auch die Hände muß man vorher waschen.

PETERSEN Dann wasch dir für alle Fälle auch gleich die Füße.

MAKAROV Das ist geistlos und grob.

PETERSEN Und was ist das für ein Buch?

MAKAROV Der Titel dieses Buches ist geheimnisvoll ...

PETERSEN Hi-hi-hi!

MAKAROV Dieses Buch heißt MALGIL.

Petersen verschwindet.

MAKAROV Herrgott! Was ist das? Petersen!

PETERSENS STIMME Was ist geschehen? Makarov! Wo bin ich?

MAKAROV Wo bist du? Ich sehe dich nicht!

PETERSENS STIMME Und wo bist du? Ich sehe dich auch nicht! ... Was sind das für Kugeln?

MAKAROV Was soll ich tun? Petersen, hörst du mich?

PETERSENS STIMME Ja! Aber was ist denn geschehen? Und was sind das für Kugeln?

MAKAROV Kannst du dich bewegen?

Petersens Stimme Makarov! Siehst du diese Kugeln?

Makarov Was für Kugeln?

Petersens Stimme Loslassen! ... Laßt mich los! ... Makarov! ...

Stille. Makarov verharrt in Entsetzen, dann greift er nach dem Buch und schlägt es auf.

Makarov *liest* » ... Allmählich verliert der Mensch seine Form und wird zu einer Kugel. Und zur Kugel geworden, verliert er alle seine Wünsche.«

Vorhang

18
LYNCHJUSTIZ

Petrov schwingt sich aufs Pferd und hält, an die Menge gewandt, eine Rede darüber, was wäre, wenn an der Stelle, wo sich der öffentliche Park befindet, ein amerikanischer Wolkenkratzer gebaut würde. Die Menge hört zu und stimmt ihm sichtlich zu. Petrov notiert etwas in seinem Notizbuch. Da löst sich aus der Menge ein Mann von mittlerer Größe und fragt Petrov, was er da in seinem Notizbuch notiert habe. Petrov gibt zur Antwort, das gehe nur ihn etwas an. Der Mann von mittlerer Größe hakt nach. Ein Wort gibt das andere, ein Streit bricht aus. Die Menge nimmt Partei für den Mann von mittlerer Größe, und Petrov gibt, um sein Leben zu retten, seinem Pferd die Sporen und verschwindet hinter einer Straßenbiegung. Die Menge ist erregt und packt, in Ermangelung eines anderen Opfers, den Mann von mittlerer Größe und reißt ihm den Kopf ab. Der abgerissene Kopf rollt über das Pflaster und bleibt auf einem Kanaldeckel liegen. Die Menge, die ihrer Leidenschaft genügt hat, – verläuft sich.

19
BEGEGNUNG

Da ging einmal ein Mensch ins Büro und traf unterwegs einen anderen Menschen, der soeben ein französisches Weißbrot gekauft hatte und sich auf dem Heimweg befand.
Das ist eigentlich alles.

20
MISSGLÜCKTE VORSTELLUNG

Auf die Bühne kommt Petrakov-Gorbunov, will etwas sagen, bekommt aber den Schlucken. Es würgt ihn, er fängt an, sich zu übergeben. Er geht ab.

Auftritt Pritykin.

PRITYKIN Der sehr verehrte Petrakov-Gorbunov hat sich ... *Er übergibt sich, auch er läuft hinaus.*

Auftritt Makarov.

MAKAROV Egor ... *Makarov übergibt sich. Er läuft hinaus.*

Auftritt Serpuchov.

SERPUCHOV Um nicht zu ... *Er übergibt sich, läuft hinaus.*

Auftritt Kurova.

KUROVA Ich möchte ... *Sie übergibt sich, läuft hinaus.*

Ein kleines Mädchen kommt auf die Bühne.

DAS KLEINE MÄDCHEN Papa hat mich gebeten, Ihnen allen auszurichten, das Theater wird geschlossen. Uns wird allen übel!

Vorhang

21
ZACK!

Sommer. Ein Schreibtisch. Rechts eine Tür. An der Wand ein Bild. Auf dem Bild ist ein Pferd dargestellt, und zwischen den Zähnen des Pferdes ein Zigeuner. Olga Petrovna spaltet Holz. Bei jedem Schlag springt Olga Petrovna der Zwicker von der Nase. Evdokim Osipovič sitzt im Sessel und raucht.

Olga Petrovna *schlägt mit dem Beil auf den Klotz, der jedoch keinerlei Anstalten macht zu zerspringen.*

Evdokim Osipovič Zack!

Olga Petrovna *setzt den Zwicker auf, haut auf den Klotz.*

Evdokim Osipovič Zack!

Olga Petrovna *setzt den Zwicker auf, haut auf den Klotz.*

Evdokim Osipovič Zack!

Olga Petrovna *setzt den Zwicker auf, haut auf den Klotz.*

Evdokim Osipovič Zack!

Olga Petrovna *setzt den Zwicker auf* Evdokim Osipovič! Bitte sagen Sie nicht immer dieses »Zack«!

Evdokim Osipovič Gut, gut.

Olga Petrovna *schlägt mit dem Beil auf den Klotz.*

Evdokim Osipovič Zack!

Olga Petrovna *setzt den Zwicker auf* Evdokim Osipovič! Sie hatten mir versprochen, nicht immer dieses »Zack« zu sagen!

Evdokim Osipovič Gut, gut, Olga Petrovna. Ich wills nicht wieder tun.

Olga Petrovna *schlägt mit dem Beil auf den Klotz.*

Evdokim Osipovič Zack!

Olga Petrovna *setzt den Zwicker auf* Eine Unverschämtheit! Ein erwachsener Mann und kein Verständnis für eine einfache menschliche Bitte.

Evdokim Osipovič Olga Petrovna! Setzen Sie Ihre Arbeit ruhig fort. Ich werde Sie nicht stören.

Olga Petrovna Ich bitte Sie, ich bitte Sie herzlich: lassen Sie mich nur noch diesen Klotz hier spalten.

Evdokim Osipovič Spalten Sie, spalten Sie!

Olga Petrovna *schlägt mit dem Beil auf den Klotz.*

Evdokim Osipovič Zack!

Olga Petrovna läßt das Beil sinken, öffnet den Mund, kann aber nichts sagen. Evdokim Osipovič steht aus dem Sessel auf, mustert Olga Petrovna von Kopf bis Fuß und geht langsam ab. Olga Petrovna steht regungslos, mit offenem Munde, da und starrt Evdokim Osipovič hinterdrein.

Der Vorhang fällt langsam.

22
WAS ES HEUTE IN DEN KAUFHÄUSERN GIBT

Koratygin kam zu Tikakeev und traf ihn nicht zu Hause an.
Tikakeev war zu dieser Zeit im Kaufhaus und kaufte dort Zucker, Fleisch und Gurken.
Koratygin wartete an der Tür auf Tikakeev und wollte schon einen Zettel schreiben, plötzlich schaut er, da kommt Tikakeev und hat eine Wachstuchtasche in der Hand.
Koratygin hat Tikakeev gesehen und ruft ihm zu:
– Und ich warte schon eine geschlagene Stunde auf Sie!
– Das ist nicht wahr, – sagt Tikakeev, – ich war höchstens fünfundzwanzig Minuten weg.
– Na, ich weiß nicht, – sagte Koratygin, – nur, ich stehe hier schon eine geschlagene Stunde.
– Lügen Sie nicht, – sagte Tikakeev. – Sie sollen sich schämen zu lügen.
– Gnädigster Herr! – sagte Koratygin. – Bemühen Sie sich um eine gewähltere Ausdrucksweise.
– Ich meine … – hatte Tikakeev begonnen, als Koratygin ihn unterbrach:
– Wenn Sie meinen … – sagte er. Doch hier unterbrach Koratygin Tikakeev und sagte:
– Selber Früchtchen!
Diese Worte machten Koratygin derart rasend, daß er sich mit dem Zeigefinger das eine Nasenloch zuhielt und Tikakeev durch das andere anrotzte.
Da holte Tikakeev die größte Gurke aus der Tasche und schlug sie Koratygin über den Kopf.
Koratygin griff sich an den Kopf, stürzte hin und starb.
Da sehen Sie, was für große Gurken es heute in den Kaufhäusern gibt!

23
MAŠKIN HAT KOŠKIN ERSCHLAGEN

Genosse Koškin umtänzelt den Genossen Maškin.
Gen. Maškin folgt dem Gen. Koškin mit den Augen.
Gen. Koškin macht anstößige Handbewegungen und verrenkt schamlos die Beine.
Gen. Maškin runzelt die Stirn.
Gen. Koškin streckt den Bauch raus und stampft mit dem rechten Fuß auf.
Gen. Maškin schreit auf und stürzt sich auf den Gen. Koškin.
Gen. Koškin versucht zu fliehen, stolpert jedoch und wird vom Gen. Maškin eingeholt.
Gen. Maškin schlägt den Gen. Koškin mit der Faust auf den Kopf.
Gen. Koškin schreit auf und fällt auf alle viere.
Gen. Maškin versetzt dem Gen. Koškin einen Tritt in den Unterleib und schlägt ihm nochmals die Faust ins Genick.
Gen. Koškin streckt alle viere von sich und stirbt.

Maškin hat Koškin erschlagen.

24
DER SCHLAF NARRT EINEN MENSCHEN

Markov zog die Stiefel aus und legte sich mit einem Seufzer aufs Sofa.

Er wollte schlafen, aber kaum hatte er die Augen geschlossen, war der Wunsch zu schlafen auch schon verflogen. Markov schlug die Augen auf und tastete nach einem Buch. Doch da befiel ihn wieder der Schlaf, und ohne das Buch erreicht zu haben, legte er sich zurück und schloß erneut die Augen. Aber kaum hatte er die Augen geschlossen, verflog der Schlaf wieder, und sein Bewußtsein wurde so klar, daß er algebraische Gleichungen mit zwei Unbekannten im Kopf zu lösen vermochte.

Lange quälte sich Markov und wußte nicht, was er tun sollte: schlafen oder aufbleiben? Schließlich, verquält und voller Haß auf sich und sein Zimmer, zog Markov Hut und Mantel an, nahm den Stock in die Hand und ging auf die Straße hinaus. Ein frischer Wind beruhigte Markov, ihm wurde froh ums Herz, und er bekam Lust, auf sein Zimmer zurückzukehren.

Wieder in seinem Zimmer, verspürte er im ganzen Körper eine wohlige Müdigkeit und bekam Lust zu schlafen. Doch kaum hatte er sich hingelegt und die Augen geschlossen, floh ihn augenblicklich der Schlaf.

Voller Zorn sprang Markov vom Sofa auf und rannte, ohne Hut und Mantel, in Richtung Taurischer Garten.

25
JÄGER

Sechs Mann waren auf die Jagd gefahren, doch nur vier kehrten zurück.
Zwei kehrten nicht zurück.
Oknov, Kozlov, Strjučkov und Motylkov kehrten wohlbehalten nach Hause zurück, Širchov und Kablukov waren auf der Jagd umgekommen.
Oknov ging danach den ganzen Tag nervös auf und ab und wollte mit niemandem sprechen. Kozlov lief Oknov unablässig nach und belästigte ihn mit verschiedenen Fragen, womit er Oknov bis zur Weißglut reizte.

Kozlov Willst du eine rauchen?
Oknov Nein.
Kozlov Soll ich dir das und das bringen?
Oknov Nein.
Kozlov Soll ich dir vielleicht etwas Komisches erzählen?
Oknov Nein.
Kozlov Willst du etwas trinken? Ich habe hier Tee mit Kognak.
Oknov Es reicht nicht, daß ich dir eben diesen Stein ins Genick gehauen habe, ich reiße dir auch noch ein Bein aus.
Strjučkov und Motylkov Was macht ihr da? Was macht ihr da?
Kozlov Hebt mich vom Boden auf.
Motylkov Reg dich nicht auf, die Wunde verheilt.
Kozlov Und wo ist Oknov?
Oknov *reißt Kozlov ein Bein aus* Ich bin hier, ganz in der Nähe!
Kozlov Oh Gott! Hil-il-ilfe!
Strjučkov und Motylkov Er hat ihm doch nicht ein Bein ausgerissen!
Oknov Doch, ausgerissen und da hingeschmissen!
Strjučkov Das ist ein Verbrechen!

Oknov Wa-a-as?

Strjučkov … e-echen …

Oknov Wi-i-ie?

Strjučkov N … n … n … nichts.

Kozlov Wie soll ich jetzt nach Hause kommen?

Motylkov Keine Sorge, wir machen dir ein Holzbein.

Strjučkov Kannst du auf dem einen Bein stehen?

Kozlov Ja, aber nicht sehr gut.

Strjučkov Komm, wir stützen dich.

Oknov Laßt mich zu ihm!

Strjučkov Oh, nein, du geh besser weg!

Oknov Nein, laßt mich! … Laßt mich! … Loslass … Da, das hab ich tun wollen!

Strjučkov und Motylkov Wie entsetzlich!

Oknov Ha-ha-ha!

Motylkov Und wo ist Kozlov?

Strjučkov Er ist ins Gebüsch gekrochen!

Motylkov Kozlov, bist du da?

Kozlov Schascha …!

Motylkov So weit ists mit ihm gekommen!

Strjučkov Was sollen wir bloß mit ihm machen?

Motylkov Was willst du noch mit ihm machen? Nichts. Ich meine, wir müssen ihn einfach erwürgen. Kozlov! He, Kozlov? Hörst du mich?

Kozlov Oh, ja, aber schlecht.

Motylkov Sei nicht traurig, Freund. Wir erwürgen dich gleich. Warte! … So … so … so …

Strjučkov Hier noch mal! Da, da, da! Na, noch ein bißchen … So, er ist fertig!

Motylkov Der ist fertig!

Oknov Der Herr sei gesegnet!

26
HISTORISCHE EPISODE

Für V.N. Petrov

Ivan Ivanovič Susanin (eben jene historische Persönlichkeit, die ihr Leben für den Zaren eingesetzt hatte und infolgedessen in der Oper Glinkas besungen wurde) kam einmal in ein russisches Wirtshaus, setzte sich an einen Tisch und verlangte ein Entrecôte. Während der Gastwirt das Entrecôte briet, kaute Ivan Ivanovič an seinem Bart und verfiel in Gedanken; das war so seine Gewohnheit.
Es vergingen fünfunddreißig Spannen Zeit, und der Wirt brachte Ivan Ivanovič das Entrecôte auf einem runden Holzteller. Ivan Ivanovič war hungrig und packte, nach den Sitten jener Zeit, das Entrecôte mit beiden Händen und begann zu essen. Doch Ivan Ivanovič hatte es so eilig, seinen Hunger zu stillen, und machte sich so gierig über das Entrecôte her, daß er vergaß, den Bart aus dem Mund zu nehmen, und so aß er das Entrecôte zusammen mit einem Stück seines Bartes.
Und da kam es zu jenem Mißgeschick, denn kaum waren fünfzehn Spannen Zeit vergangen, als in Ivan Ivanovičs Bauch böse Schmerzen zu wüten begannen. Ivan Ivanovič sprang auf und stürzte hinaus. Der Wirt rief Ivan Ivanovič hinterdrein: »Ei seht, sein Bart ist ganz zerfetzt!« Aber Ivan Ivanovič beachtete nichts um sich her und rannte hinaus auf den Hof.
Da haute der Bojar Kovšegub, der in dem Wirtshaus in einer Ecke saß und Most trank, mit der Faust auf den Tisch und rief: »Wer ist dieser Mann?« Der Wirt aber verneigte sich tief und gab zur Antwort: »Dieser Mann ist unser Patriot Ivan Ivanovič Susanin.« – »So so!« – sagte der Bojar und trank seinen Most aus. »Ein Fischlein gefällig?« – fragte der Wirt. »Pack dich!« – rief da der Bojar und schleuderte dem Wirt den Schöpflöffel nach. Der Schöpflöffel

blitzte am Kopf des Wirtes vorbei, flog durch das Fenster auf den Hof und traf den dort wie ein Adler hockenden Ivan Ivanovič mitten in die Fresse. Ivan Ivanovič faßte sich an die Wange und fiel auf die Seite.

Da kam von rechts Karp aus der Scheune, sprang über einen Trog, in dem ein Schwein lag, und lief schreiend zum Hoftor. Der Wirt schaute aus dem Wirtshaus. »Was brüllst du so?« – fragte er Karp. Doch Karp lief, ohne zu antworten, davon.

Der Wirt trat auf den Hof hinaus und erblickte Susanin, der reglos auf der Erde lag. Der Wirt trat näher und blickte ihm ins Gesicht. Susanin sah den Wirt durchdringend an. »Also du lebst?« – fragte der Wirt. »Ich lebe noch, doch ich befürchte, daß man mir noch einmal etwas an den Kopf wirft«, – sagte Susanin. »Nein«, – sagte der Wirt, – »befürchte nichts. Zwar hätte der Bojar Kovšegub dich um ein Haar erschlagen, doch jetzt ist er von dannen gegangen.« – »Lob sei dir, o Herr!« – sagte Ivan Susanin und erhob sich vom Boden. – »Ich bin ein tapferer Mensch, doch setze ich mein Leben höchst ungern umsonst ein. So schmiegte ich mich allhier an den Boden und wartete: was würde weiter geschehen? Um ein Haar wäre ich auf dem Bauche bis nach Eldyrina Sloboda gekrochen ... Seht nur meine Wange, wie sie geschwollen ist. Ihr Heiligen! Der halbe Bart ist ab!« – »Das war schon vorher so«, – sagte der Wirt. »Wie das, schon vorher?« – rief da der Patriot Susanin. – »Willst du sagen, ich sei mit einem zerfetzten Bart herumgelaufen?« – »Bist du«, – sagte der Wirt. »Ach, du Saukerl«, stieß Ivan Susanin hervor. Der Wirt kniff die Augen zusammen, holte aus und haute Susanin mit voller Wucht eine aufs Ohr. Der Patriot Susanin schlug dumpf zu Boden und erstarb. »Da hast du's! Selber Saukerl!« – sagte der Wirt und entfernte sich in sein Wirtshaus.

Einige Spannen Zeit lag Susanin am Boden und horchte, da er aber nichts Verdächtiges vernahm, hob er vorsichtig den Kopf und blickte sich um. Auf dem Hofe war niemand, das Schwein nicht gerechnet, das, inzwischen aus dem Trog geklettert, sich in einer schmutzigen Pfütze suhlte. Ivan Susanin kroch, sich ständig umblickend, auf das Tor zu. Zum Glück stand das Tor offen, und der Patriot Ivan Susanin kroch, sich am Boden windend wie ein Wurm, in Richtung Eldyrina Sloboda davon.

Das ist eine Episode aus dem Leben der berühmten historischen Persönlichkeit, die ihr Leben für den Zaren eingesetzt hatte und demzufolge in der Oper Glinkas besungen wurde.

27
FEDJA DAVIDOVIČ

Fedja hatte lange vor der Butterdose auf der Lauer gelegen und endlich den Moment abgepaßt, als seine Frau sich bückte, um sich die Zehennägel zu schneiden, da holte er blitzschnell, mit einer einzigen Bewegung, mit dem Zeigefinger die ganze Butter aus der Butterdose und steckte sie sich in den Mund. Als er die Butterdose zumachte, klapperte Fedja aus Versehen mit dem Deckel. Sofort richtete seine Frau sich auf und zeigte, da sie die Butterdose leer sah, mit der Nagelschere darauf und sagte streng:

– Die Butter ist weg. Wo ist sie?

Fedja machte erstaunte Augen und blickte, den Hals langgezogen, in die Butterdose.

– Du hast die Butter im Mund, – sagte seine Frau und zeigte mit der Nagelschere auf Fedja.

Fedja schüttelte den Kopf.

– Aha, – sagte seine Frau. – Du schweigst und schüttelst nur den Kopf, weil du den Mund voll Butter hast.

Fedja riß die Augen auf und gestikulierte wild, als wolle er sagen: »Wo denkst du hin, wo denkst du hin, nichts dergleichen!« Aber seine Frau sagte:

– Du lügst. Mach den Mund auf.

– Mm, – sagte Fedja.

– Mach den Mund auf, – wiederholte seine Frau.

Fedja spreizte die Finger und muhte, als wollte er sagen: »Ach, ich hab ja ganz vergessen; ich bin gleich wieder da«, stand auf und wollte das Zimmer verlassen.

– Halt! – rief seine Frau.

Doch Fedja legte einen Schritt zu und war hinter der Tür verschwunden. Seine Frau stürzte ihm nach, aber an der Tür blieb sie stehen, denn sie war nackt und konnte in diesem Aufzug nicht auf den Korridor, über den die anderen Mieter dieser Wohnung liefen.

– Weg ist er, – sagte die Frau und setzte sich aufs Sofa. – So ein Teufel.

Fedja indes gelangte auf dem Korridor an jene Tür, an der das Schild *Eintritt strengstens verboten* hing, öffnete diese Tür und trat ein.

Das Zimmer, das Fedja betrat, war schmal und lang, und das Fenster mit Zeitungspapier verhängt. An der Wand rechts stand eine schmutzige, durchgelegene Liege, und vor dem Fenster ein Tisch, der aus einem Brett bestand, das mit dem einen Ende auf dem Nachttisch auflag, mit dem anderen auf der Stuhllehne. An der Wand links hing ein Regal mit zwei Böden, auf denen etwas Undefinierbares lagerte. Mehr war nicht in dem Zimmer, den Mann nicht gerechnet, der mit blaß-grünem Gesicht auf der Liege lag, angetan mit einer langen und zerschlissenen braunen Jacke und schwarzen Nankinghosen, aus denen sauber gewaschene nackte Füße ragten. Dieser Mann schlief nicht und sah den Eingetretenen durchdringend an. Fedja verbeugte sich mit einem Kratzfuß, holte mit dem Finger die Butter aus dem Mund und zeigte sie dem liegenden Mann.

– Anderthalb, – sagte der Herr des Zimmers, ohne seine Pose zu ändern.

– Das ist zu wenig, – sagte Fedja.

– Das reicht, – sagte der Herr des Zimmers.

– Also gut, – sagte Fedja, streifte die Butter vom Finger und legte sie in das Regal.

– Wegen dem Geld komme morgen früh, – sagte der Herr.

– Was fällt Ihnen ein! – schrie Fedja auf. – Ich brauche es sofort. Es sind ja nur anderthalb Rubel . . .

– Scher dich raus, – sagte der Herr des Zimmers trocken, und Fedja huschte auf Zehenspitzen hinaus, sorgfältig die Tür hinter sich schließend.

28
ANEKDOTEN AUS DEM LEBEN PUŠKINS

I

Puškin war Dichter und hatte ständig etwas zu schreiben. Einmal traf ihn Žukovskij wieder schreibend an und rief laut:
– Aber du bist doch kein Schreiber!
Da gewann Puškin Žukovskij sehr lieb und nannte ihn von nun an freundschaftlich einfach Žukov.

II

Bekanntlich bekam Puškin nie einen richtigen Bart. Puškin litt sehr darunter und beneidete immer Zacharjin, der, im Gegensatz zu ihm, einen prächtigen Bart hatte. »Bei ihm wächst er, und bei mir wächst er nicht«, beklagte sich Puškin oft, mit den Fingernägeln auf Zacharjin zeigend. Und immer hatte er recht.

III

Eines Tages hatte Petruševskij seine Uhr zerschlagen und ließ Puškin holen. Puškin kam, untersuchte Petruševskijs Uhr und legte sie zurück auf den Stuhl. »Was sagst du nun, Bruder Puškin?« fragte Petruševskij. »Maschin kaputt«, sagte Puškin.

IV

Als Puškin sich beide Beine gebrochen hatte, mußte er sich auf einem Wägelchen fortbewegen. Die Freunde neckten Puškin gern und hielten ihn an den Rädern fest. Puškin wurde darüber böse und schrieb auf seine Freunde Schmähgedichte. Diese Gedichte nannte er »Epigramme«.

V

Den Sommer des Jahres 1829 verbrachte Puškin auf dem Lande. Er stand früh auf, trank einen Krug kuhwarmer Milch und lief zum Fluß hinunter, um zu baden. Nach dem Bad im Fluß legte sich Puškin ins Gras und schlief bis zum Essen. Nach dem Essen schlief Puškin in der Hängematte. Begegnete er stinkenden Bauern, so nickte Puškin ihnen zu, wobei er sich mit den Fingern die Nase zuhielt. Und die stinkenden Baueren verneigten sich untertänig vor ihm und sagten: »Das macht nichts.«

VI

Puškin warf für sein Leben gern mit Steinen. Wo immer er Steine erblickte, fing er auch schon an, damit zu werfen. Manchmal kommt er so in Fahrt, daß er dasteht, hochrot im Gesicht, mit den Armen rudert, mit Steinen wirft – einfach schrecklich!

VII

Puškin hatte vier Söhne, und alle waren Idioten. Einer konnte nicht einmal richtig auf dem Stuhl sitzen und fiel dauernd herunter. Dabei hatte Puškin selbst Schwierigkeiten, auf dem Stuhl zu sitzen. Manchmal war es der reine Schwachsinn: sie sitzen bei Tisch: am einen Ende des Tisches fällt dauernd Puškin vom Stuhl, am anderen Ende sein Sohn. Nicht auszuhalten!

29
BEGINN EINES SEHR SCHÖNEN SOMMERTAGES
SYMPHONIE

Kaum hatte der Hahn gekräht, schlüpfte Timofej aus der Dachluke und erschreckte von dort oben jeden, der um diese Zeit die Straße entlangging. Der Bauer Chariton blieb stehen, hob einen Stein auf und warf ihn nach Timofej. Timofej verschwand irgendwohin. »Geschickt, der Kerl!« – rief die Menschenherde, und ein gewisser Zubov rannte los und knallte in vollem Lauf mit dem Kopf gegen eine Mauer. »Ach!« – schrie eine alte Frau mit Zahngeschwür. Aber Komarov machte der Alten pitsche-patsche auf die Backe, so daß die Alte heulend in einen Torweg floh. Feteljušin kam vorbei und mußte lachen. Komarov trat auf ihn zu und sagte: »He, du schadenfrohes Schwein!« und haute Feteljušin in den Bauch. Feteljušin lehnte sich gegen die Mauer und bekam den Schlucken. Romaškin spuckte von oben aus dem Fenster, mit dem Ziel, Feteljušin zu treffen. Da verprügelte ganz in der Nähe ein langnasiges Weib sein Kind mit dem Trog. Und eine junge dickliche Mutter putzte ihrem hübschen Mädchen die Nase an der Backsteinmauer. Ein kleines Hündchen, das sich sein zartes Beinchen gebrochen hatte, wälzte sich auf dem Gehsteig. Ein kleiner Junge aß aus dem Spucknapf irgendeine Sauerei. Vor dem Lebensmittelgeschäft stand eine lange Schlange nach Zucker an. Die Weiber schimpften laut und knufften sich gegenseitig mit ihren Einkaufstaschen. Der Bauer Chariton, der sich mit Denaturiertem betrunken hatte, stand mit offenem Hosenstall vor den Weibern und stieß unanständige Wörter hervor. So begann ein schöner Sommertag.

30
PAKIN UND RAKUKIN

– He, du, laß die Faxen! – sagte Pakin zu Rakukin. Rakukin rümpfte die Nase und schaute Pakin mißbilligend an.
– Was schaust du so? Erkennst du mich nicht? – fragte Pakin.
Rakukin kaute auf den Lippen, drehte sich empört auf seinem Drehsessel um und schaute in eine andere Richtung. Pakin trommelte mit den Fingern auf seinem Knie und sagte:
– So ein Trottel! Dem sollte man mit dem Stock ins Genick hauen.
Rakukin stand auf und ging aus dem Zimmer, doch Pakin sprang schnell auf, holte Rakukin ein und sagte:
– Halt! Wo willst du hin? Setz dich lieber, ich habe dir was zu zeigen.
Rakukin blieb stehen und sah Pakin mißtrauisch an.
– Was, glaubst du mir nicht?
– Doch, – sagte Rakukin.
– Dann setz dich hier in diesen Sessel, – sagte Pakin.
Und Rakukin setzte sich wieder in seinen Drehsessel.
– So, – sagte Pakin, – und was sitzt du in dem Sessel wie ein Trottel?
Rakukin veränderte die Beinstellung und zwinkerte mit den Augen.
– Hör auf zu zwinkern, – sagte Pakin.
Rakukin hörte auf zu zwinkern, machte einen krummen Rücken und zog den Kopf zwischen die Schultern.
– Sitz gerade, – sagte Pakin.
Rakukin saß weiter mit krummem Rücken, streckte den Bauch raus und zog den Hals lang.
– Ach, – sagte Pakin, – würde ich dir jetzt gerne eine in die Fresse hauen.
Rakukin schluckte, blies die Backen auf und ließ dann vorsichtig die Luft aus der Nase.
– He, du, laß die Faxen! – sagte Pakin zu Rakukin.

Rakukin zog den Hals noch länger und zwinkerte wieder ganz schnell mit den Augen.

Pakin sagte:

– Rakukin, wenn du nicht sofort aufhörst zu zwinkern, verpasse ich dir einen Tritt vor die Brust.

Rakukin verzog, um nicht zwinkern zu müssen, den Unterkiefer, zog den Hals noch länger und warf den Kopf zurück.

– Iii, wie widerlich du aussiehst, – sagte Pakin. – Die Schnauze wie ein Huhn, der Hals blau, einfach ekelhaft!

Da fiel Rakukins Kopf noch weiter zurück und klappte schließlich, da er jede Spannung verloren hatte, auf den Rücken.

– Was zum Teufel soll das! – rief Pakin. – Was ist das schon wieder für ein Kunststück?

Wenn man von Pakin zu Rakukin hinübersah, so hätte man denken können, Rakukin säße da ganz ohne Kopf. Rakukins Adamsapfel stach in die Luft. Unwillkürlich hätte man denken mögen, es sei seine Nase.

– He, Rakukin! – sagte Pakin.

Rakukin schwieg.

– Rakukin! – wiederholte Pakin.

Rakukin gab keine Antwort und saß weiter regungslos da.

– So, – sagte Pakin. – Rakukin ist hinüber.

Pakin bekreuzigte sich und verließ auf Zehenspitzen das Zimmer.

Etwa vierzehn Minuten später kroch aus Rakukins Körper eine kleine Seele und schaute böse auf den Platz, auf dem noch vor kurzem Pakin gesessen hatte. Aber da trat hinter dem Schrank die hohe Gestalt des Todesengels hervor, faßte Rakukins Seele bei der Hand und führte sie irgendwohin, durch Häuser und Mauern hindurch. Rakukins Seele folgte dem Todesengel, wobei sie sich alle Augenblicke böse umschaute. Aber da legte der Todesengel einen Schritt zu, und Rakukins Seele verschwand, hüpfend und stolpernd, in der Ferne hinter einer Straßenbiegung.

1939

DIE ALTE FRAU

Roman

... Und zwischen ihnen
ergab sich folgendes Gespräch.
Hamsun

Auf dem Hof steht eine alte Frau und hält eine Wanduhr in der Hand. Ich gehe an der Alten vorbei und frage sie:
– Wie spät ist es?
– Schauen Sie doch hin, – sagte die Alte zu mir. Ich schaue hin und sehe, die Uhr hat keine Zeiger.
– Sie hat keine Zeiger, – sage ich.
Die Alte schaut auf das Zifferblatt und sagt zu mir:
– Es ist dreiviertel drei.
– Ah, so. Vielen Dank, – sage ich und gehe weiter. Die Alte ruft mir noch etwas nach, aber ich gehe weiter, ohne mich umzudrehen. Ich trete auf die Straße hinaus und wähle die Sonnenseite. Die Herbstsonne ist sehr angenehm. Ich gehe zu Fuß, kneife die Augen zusammen und rauche meine Pfeife. An der Ecke Sadovaja treffe ich Sakerdon Michajlovič. Wir begrüßen einander, bleiben stehen und unterhalten uns lange. Mir geht es auf die Nerven, daß wir auf der Straße herumstehen, weshalb ich Sakerdon Michajlovič in eine Kneipe einlade. Wir trinken Vodka, essen hartgekochte Eier und Strömling dazu, dann verabschieden wir uns, und ich gehe allein weiter.
Da fällt mir plötzlich ein, daß ich vergessen habe, zu Hause den elektrischen Ofen abzustellen. Ich ärgere mich sehr. Der Tag hatte so schön begonnen, und – schon das erste Mißgeschick. Ich hätte überhaupt nicht auf die Straße gehen sollen.
Ich komme nach Hause zurück, ziehe das Jackett aus, nehme meine Uhr aus der Westentasche und hänge sie an ihren Nagel; dann schließe ich die Tür ab und lege mich aufs Bett. Ich werde liegen und versuchen einzuschlafen.
Von der Straße herauf höre ich das widerwärtige Gekreisch der klei-

nen Jungen. Ich liege da und denke mir Strafen für sie aus. Am besten gefällt mir, ihnen den Starrkrampf zu schicken, damit sie augenblicklich aufhören sich zu bewegen. Ihre Eltern schleppen sie zu sich nach Hause. Sie liegen in ihren Betten und können nicht einmal mehr essen, weil sich ihre Münder nicht mehr öffnen. Sie werden künstlich ernährt. Eine Woche später ist der Starrkrampf vorbei, aber die Kinder sind so schwach, daß sie noch einen ganzen Monat im Bett liegen müssen. Dann werden sie allmählich, aber langsam wieder gesund, doch ich schicke ihnen sofort den zweiten Starrkrampf, so daß sie alle verrecken.

Ich liege auf dem Bett mit offenen Augen und kann nicht einschlafen. Mir fällt die Alte mit der Uhr ein, die ich heute auf dem Hof gesehen habe, und mir ist auf einmal angenehm, daß die Uhr keine Zeiger hatte. Vor ein paar Tagen nämlich hatte ich in einem Kommissionsgeschäft eine abscheuliche Küchenuhr gesehen, deren Zeiger hatten die Form von Messer und Gabel.

Mein Gott! Ich habe den elektrischen Ofen ja immer noch nicht abgestellt! Ich springe auf und stelle ihn ab, dann lege ich mich wieder aufs Bett und versuche einzuschlafen. Ich schließe die Augen. Ich will schlafen. Zum Fenster herein scheint die Herbstsonne, direkt auf mich. Mir wird heiß. Ich stehe auf und setze mich in den Sessel am Fenster.

Jetzt möchte ich schlafen, aber ich werde nicht schlafen. Ich nehme Papier und Feder und werde schreiben. Ich verspüre eine schreckliche Kraft in mir. Ich habe gestern schon alles überlegt. Es wird die Geschichte eines Wundertäters, der in unserer Zeit lebt und keine Wunder tut. Er weiß, daß er ein Wundertäter ist und alle möglichen Wunder tun könnte, aber er tut es nicht. Er wird aus seiner Wohnung rausgeworfen; er weiß: es würde ihn nur einen Wink mit dem kleinen Finger kosten und die Wohnung wäre wieder sein, er tut es aber nicht, er zieht ergeben aus seiner alten Wohnung aus und lebt nun in einem Schuppen vor der Stadt. Er könnte diesen Schuppen in einen herrlichen Ziegelbau verwandeln, er tut es aber nicht, er

bleibt in dem Schuppen wohnen, und schließlich stirbt er, ohne in seinem Leben auch nur ein einziges Wunder getan zu haben.
Ich sitze da und reibe mir vor Freude die Hände. Sakerdon Michajlovič wird platzen vor Neid. Er denkt nämlich, ich sei noch nicht fähig, eine geniale Sache zu schreiben ... Schnell, schnell, an die Arbeit. Nieder mit dem Schlafbedürfnis und der Faulheit! Ich werde achtzehn Stunden hintereinander nur schreiben!
Vor Ungeduld zittere ich am ganzen Leib. Ich weiß nicht, was ich tun soll: ich hätte Papier und Feder nehmen müssen, dabei nehme ich die verschiedensten Gegenstände in die Hand, nur nicht die, die ich brauche. Ich lief im Zimmer auf und ab: vom Fenster zum Tisch, vom Tisch zum Ofen, vom Ofen wieder zum Tisch. Ich war ganz außer Atem von der Flamme, die in meiner Brust loderte. Es war erst fünf Uhr. Vor mir der ganze Tag und Abend, und die ganze Nacht ...
Ich stehe mitten im Zimmer. Woran denke ich? Es ist doch schon zwanzig Minuten vor sechs. Ich muß schreiben. Ich rücke den kleinen Tisch ans Fenster und setze mich daran. Vor mir das karierte Rechenpapier, in meiner Hand die Feder.
Mein Herz klopft noch zu stark, die Hand zittert.. Ich warte, um mich ein wenig zu beruhigen. Ich lege die Feder hin und stopfe mir eine Pfeife. Die Sonne scheint mir direkt in die Augen, ich kneife die Augen zusammen und rauche die Pfeife an.
Da fliegt an meinem Fenster eine Krähe vorbei. Ich schaue zum Fenster auf die Straße hinunter und sehe, wie über das Trottoir ein Mann mit einem Holzbein geht. Laut hörbar stakt er mit Bein und Stock dahin.
– Tja, – sage ich zu mir und schaue weiter zum Fenster hinaus.
Die Sonne versteckt sich hinter dem Schornstein des gegenüberliegenden Hauses. Der Schatten des Schornsteins läuft über das Dach, überfliegt die Straße und legt sich mir aufs Gesicht. Ich muß diesen Schatten ausnützen und ein paar Worte über den Wundertäter aufschreiben.

Ich greife zur Feder und schreibe:
»Der Wundertäter war von hohem Wuchs.«
Mehr schreiben kann ich nicht. Ich sitze da, bis ich auf einmal Hunger verspüre. Da stehe ich auf und gehe an den Schrank, in dem ich meine Lebensmittel aufbewahre. Ich krame darin herum, finde aber nichts. Ein Stück Zucker, weiter nichts.
Da klopft jemand an die Tür.
– Wer ist da?
Niemand antwortet. Ich mache die Tür auf und sehe die alte Frau vor mir, die heute morgen mit der Uhr auf dem Hof gestanden hatte. Ich bin sehr erstaunt und kann nichts sagen.
– Da bin ich, – sagte die Alte und betritt mein Zimmer.
Ich stehe an der Tür und weiß nicht, was ich tun soll – die Alte hinauswerfen oder sie, im Gegenteil, auffordern sich zu setzen? Aber die Alte geht ganz von allein zu meinem Sessel am Fenster und setzt sich hinein.
– Mach die Tür zu und schließ ab, – sagt die Alte zu mir.
Ich mache die Tür zu und schließe ab.
– Knie dich hin, – sagt die Alte.
Ich knie mich hin.
Hier aber beginne ich die ganze Unsinnigkeit meiner Lage zu begreifen. Wieso knie ich hier vor einer wildfremden alten Frau? Ja, und wieso befindet sich diese Alte überhaupt in meinem Zimmer und sitzt in meinem Lieblingssessel? Wieso habe ich die Alte nicht einfach hinausgeworfen?
– Hören Sie, – sage ich, – welches Recht haben Sie, einfach über mein Zimmer zu verfügen und dann noch, mich herumzukommandieren? Ich habe ganz und gar keine Lust, hier vor Ihnen zu knien.
– Das brauchst du auch nicht, – sagte die Alte. – Jetzt mußt du dich auf den Bauch legen und das Gesicht fest auf den Boden pressen.
Ich führte den Befehl umgehend aus . . .
Ich sehe regelmäßig gezogene Quadrate vor mir. Ein Schmerz in der Schulter und in der rechten Seite zwingt mich, meine Lage zu verän-

dern. Ich hatte mit dem Gesicht nach unten gelegen, jetzt erhebe ich mich mit großer Mühe auf die Knie. Alle meine Glieder sind wie abgestorben und nur schwer zu bewegen. Ich schaue mich um und sehe mich in meinem Zimmer knien, mitten auf dem Fußboden. Langsam kehren Bewußtsein und Erinnerung wieder. Ich schaue mich noch einmal in meinem Zimmer um und sehe in meinem Sessel am Fenster jemanden sitzen. Im Zimmer ist es nicht sehr hell, wohl, weil gerade eine weiße Nacht ist. Ich schaue genau hin. Mein Gott! Das ist doch nicht etwa die Alte, die immer noch in meinem Sessel sitzt? Ich recke den Hals und schaue hin. Ja, natürlich, da sitzt die Alte und hat den Kopf auf die Brust sinken lassen. Sie muß eingeschlafen sein.

Ich stehe auf und gehe, leicht hinkend, auf sie zu. Der Kopf ist der Alten auf die Brust gesunken, die Arme hängen zu beiden Seiten des Sessels herab. Ich habe Lust, die Alte zu packen und zur Tür hinauszustoßen.

– Hören Sie, – sage ich, – Sie befinden sich in meinem Zimmer. Ich muß arbeiten. Bitte gehen Sie.

Die Alte rührt sich nicht. Ich bücke mich und sehe der Alten ins Gesicht. Ihr Mund steht halb offen, und aus dem Munde ragt, herausgerutscht, ein stählernes Gebiß. Und plötzlich wird mir alles klar: die Alte ist tot.

Mich packt eine schreckliche Wut. Warum ist sie ausgerechnet in meinem Zimmer gestorben? Ich kann Tote nicht ausstehen. Jetzt kann ich mich mit diesem Kadaver herumplagen, hingehn und reden mit dem Hausmeister und Hausverwalter, ihnen erklären, warum die Alte bei mir war. Haßerfüllt schaue ich die Alte an. Aber vielleicht war sie noch nicht tot? Ich befühle ihre Stirn. Die Stirn ist kalt. Die Hand desgleichen. Also,was tun?

Ich rauche meine Pfeife an und setze mich aufs Bett. Ein wahnwitziger Zorn steigt in mir hoch.

– Alte Hexe! – sage ich laut.

Die tote Alte sitzt wie ein Sack in meinem Sessel. Die Zähne ragen ihr aus dem Mund. Sie sieht aus wie ein toter Gaul.

– Ein widerlicher Anblick, – sage ich, aber die Alte mit einer Zeitung zudecken kann ich nicht, denn was kann unter einer Zeitung nicht alles geschehen.

Im Nachbarzimmer, hinter der Wand, höre ich eine Bewegung: mein Nachbar, der Lokomotivführer, steht auf. Das hat noch gefehlt, daß er davon Wind bekommt, daß bei mir im Zimmer eine tote alte Frau sitzt! Ich lausche den Schritten meines Nachbarn. Worauf wartet er denn? Es ist halb sechs. Er müßte längst weg sein. Mein Gott! Jetzt will er auch noch Tee trinken! Ich höre hinter der Wand den Primuskocher rauschen. Ach, wenn er doch nur ginge, der verdammte Lokomotivführer!

Ich strecke mich auf dem Bett aus und lege die Beine hoch. Es vergehen acht Minuten, aber der Tee meines Nachbarn ist immer noch nicht fertig, der Primuskocher rauscht und rauscht. Ich schließe die Augen und schlummere ein.

Mir träumt, mein Nachbar sei gegangen, und ich sei, zusammen mit ihm, ins Treppenhaus hinausgegangen und hätte die Tür hinter mir ins Schnappschloß fallen lassen. Einen Schlüssel zur Wohnungstür habe ich nicht, und deshalb kann ich nicht in die Wohnung zurück. Ich muß klingeln und die anderen Mieter wecken, und das ist schon schlecht. Ich stehe auf dem Treppenabsatz und überlege, was zu tun sei, und plötzlich sehe ich, ich habe keine Hände. Ich senke den Kopf, um besser hinschauen zu können, ob ich Hände habe oder nicht, und sehe, auf der einen Seite ragt statt einer Hand ein Messer, auf der anderen eine Gabel.

– Hier, – sage ich zu Sakredon Michajlovič, der aus irgendeinem Grunde hier auf einem Klappstuhl sitzt, – hier, sehen Sie, – sage ich zu ihm, – was ich für Hände habe.

Aber Sakerdon Michajlovič sitzt da und schweigt, und ich sehe, es ist gar nicht der echte Sakerdon Michajlovič, sondern einer aus Lehm.

Hier wache ich auf, und sofort ist mir klar, ich liege in meinem Zimmer auf dem Bett, und dort am Fenster in meinem Sessel sitzt die tote Alte.

Ich wende schnell den Kopf zu ihr hinüber. Die Alte sitzt nicht mehr in dem Sessel. Ich starre auf den leeren Sessel, und eine wilde Freude wallt in mir auf. Es war also alles nur ein Traum. Nur – wo hatte der dann begonnen? War die Alte gestern in mein Zimmer gekommen? Vielleicht war auch das nur ein Traum? Ich war gestern nach Hause zurückgekommen, weil ich vergessen hatte, den elektrischen Ofen abzustellen. Aber vielleicht war auch das nur ein Traum gewesen? Jedenfalls: wie schön, daß bei mir im Zimmer keine tote alte Frau sitzt, daß ich also nicht zum Hausverwalter gehen muß und keine Scherereien mit der Leiche habe.

Aber, wie lange hatte ich eigentlich geschlafen? Ich sah auf die Uhr: halb zehn, es muß also Morgen sein.

Herrgott! Was einem nicht alles im Traum erscheint!

Ich hob die Beine vom Bett und wollte aufstehen, und plötzlich sah ich die tote Alte – sie lag auf dem Boden, hinter dem Tisch, neben dem Sessel. Sie lag mit dem Gesicht nach oben, und das stählerne Gebiß, das ihr aus dem Mund gerutscht war, hatte sich der Alten mit einem Zahn ins Nasenloch gebohrt. Die Arme lagen verdreht unter dem Rumpf und waren nicht zu sehen, dafür ragten unter dem hochgestreiften Rock, in weißen, schmutzigen, langen Strümpfen, ihre knochigen Beine hervor.

– Die alte Hexe! – rief ich, stürzte auf die Alte zu und trat ihr mit dem Stiefel gegen das Kinn.

Das Gebiß flog in die Ecke. Ich wollte der Alten noch einen Tritt verpassen, aber da bekam ich Angst, an ihrem Körper könnten Spuren zurückbleiben, und dann würde man daraus noch schließen, ich hätte die Alte umgebracht.

Ich ließ von der Alten ab, setzte mich aufs Bett und rauchte meine Pfeife an. So vergingen etwa zwanzig Minuten. Und jetzt wurde mir klar, daß man die Sache sowieso der Kriminalpolizei übergeben und daß der schwachköpfige Untersuchungsrichter mich verdächtigen würde, sie ermordet zu haben. Die Lage war ernst genug, und dann noch dieser Tritt mit dem Stiefel.

Ich trat wieder auf die Alte zu, bückte mich und begann, ihr Gesicht zu untersuchen. Am Kinn hatte sie einen dunklen Fleck. Nein, daraus konnte man mir keinen Strick drehen, da war nichts zu wollen. Vielleicht hatte sich die Alte noch zu Lebzeiten irgendwo gestoßen?
Ich beruhige mich ein wenig und beginne, im Zimmer auf und ab zu gehen und, Pfeife rauchend, meine Lage zu überdenken.
Ich gehe im Zimmer auf und ab und beginne, Hunger zu verspüren, immer stärker und stärker. Vor Hunger beginne ich sogar zu zittern. Noch einmal krame ich in dem Schränkchen, in dem ich meine Lebensmittel aufbewahre, finde aber nichts außer dem einen Stück Zucker.
Ich zücke mein Portemonnaie und zähle das Geld. Elf Rubel. Ich kann mir also Schinkenwurst und Brot kaufen, es bleibt sogar noch etwas übrig für Tabak.
Ich rücke die über Nacht verrutschte Krawatte zurecht, nehme meine Uhr, ziehe das Jackett an, gehe auf den Korridor hinaus, schließe sorgsam die Tür zu meinem Zimmer ab, stecke den Schlüssel in die Tasche und gehe auf die Straße hinaus. Vor allem muß ich etwas essen, dann werden die Gedanken klarer, und dann werde ich mit diesem Kadaver etwas unternehmen.
Auf dem Weg zum Kaufhaus kommt mir noch in den Sinn: soll ich nicht zu Sakerdon Michajlovič gehen und ihm alles erzählen, vielleicht fällt uns gemeinsam eher ein, was zu tun sei. Aber schon hier verwerfe ich diesen Gedanken, denn bestimmte Dinge muß man allein tun, ohne Zeugen.
Schinkenwurst gab es im Kaufhaus keine, deshalb kaufte ich ein halbes Kilo Bockwürste. Tabak gab es auch keinen. Vom Kaufhaus ging ich zur Bäckerei.
In der Bäckerei waren viele Leute, und vor der Kasse stand eine lange Schlange. Ich bekam sofort schlechte Laune, stellte mich aber trotzdem hinten an. Die Schlange bewegte sich sehr langsam vorwärts, dann stockte sie ganz, weil es an der Kasse irgendeinen Skandal gegeben hatte.

Ich gab mir den Anschein, als hätte ich nichts bemerkt, und schaute auf den Rücken der kleinen jungen Dame, die vor mir in der Schlange stand. Die kleine Dame war offenbar sehr neugierig: sie reckte den Hals, mal nach rechts, mal nach links, und hob sich jeden Augenblick auf die Zehenspitzen, um besser sehen zu können, was an der Kasse vor sich ging. Schließlich drehte sie sich zu mir um und sagte:

– Sie wissen nicht, was da vorne los ist?

– Verzeihen Sie, ich weiß es nicht, – sagte ich so trocken wie möglich. Die kleine Dame wand sich hin und her, schließlich drehte sie sich wieder zu mir um:

– Könnten Sie nicht hingehen und herausfinden, was da vorne los ist?

– Verzeihen Sie, aber das interessiert mich nicht im geringsten, – sagte ich noch trockener.

– Wie: interessiert Sie nicht? – rief die kleine Dame. – Aber Sie müssen deswegen doch selber länger Schlange stehn!

Ich antwortete nicht, sondern verbeugte mich nur leicht. Die kleine Dame musterte mich aufmerksam.

– Ist natürlich auch nicht Männersache, nach Brot anzustehen, – sagte sie. – Sie tun mir leid. Daß Sie hier stehen müssen. Sie sind sicher Junggeselle.

– Ja, Junggeselle, – antwortete ich, ein wenig außer Fassung, fuhr aber aus Trägheit fort, ziemlich trocken zu antworten, wobei ich mich leicht verbeugte.

Die kleine Dame musterte mich noch einmal von Kopf bis Fuß und sagte plötzlich, wobei sie mich mit dem Finger am Ärmel berührte:

– Kommen Sie, ich kaufe für Sie ein, was Sie brauchen, und Sie warten draußen auf der Straße auf mich.

Ich war völlig durcheinander.

– Vielen Dank, – sagte ich. – Das ist sehr nett von Ihnen, aber wirklich, ich könnte das auch selber ...

– Nein, nein, – sagte die kleine Dame, – gehen Sie, gehen Sie nur. Was haben Sie kaufen wollen?

– Sehen Sie, – sagte ich, – ich habe ein halbes Kilo Schwarzbrot kaufen wollen, aber das einfache, billigere. Das esse ich am liebsten.
– Na schön, – sagte die kleine Dame. – Und jetzt gehen Sie. Ich kaufe es für Sie, und nachher verrechnen wir es miteinander.
Und sie gab mir sogar einen leichten Stoß gegen den Ellenbogen.
Ich ging hinaus und blieb gleich neben der Eingangstür stehen. Die Herbstsonne scheint mir direkt ins Gesicht. Ich rauche meine Pfeife an. So eine nette kleine Dame! So was ist so selten heutzutage. Ich stehe da, kneife der Sonne wegen die Augen zusammen, rauche meine Pfeife und denke an die nette kleine Dame. Sie hat hellbraune Augen. Einfach reizend, wie hübsch sie ist!
– Sie rauchen Pfeife? – höre ich eine Stimme neben mir. Die nette kleine Dame hält mir mein Brot entgegen.
– Oh, ich bin Ihnen unendlich dankbar, – sage ich und nehme das Brot.
– Und Sie rauchen Pfeife! Das gefällt mir schrecklich gut, – sagt die nette kleine Dame.
Und zwischen uns ergibt sich folgendes Gespräch:
SIE Sie gehen sich also Ihr Brot selbst holen?
ICH Nicht nur das Brot; ich kaufe mir alles selbst.
SIE Und wo essen Sie zu Mittag?
ICH Meistens koch ich mir mein Mittagessen selbst. Und manchmal esse ich in der Bierkneipe.
SIE Trinken Sie gern Bier?
ICH Nein, ich trinke lieber Vodka.
SIE Ich trinke auch gern Vodka.
ICH Sie trinken gern Vodka? Das ist aber schön! Ich würde gern mal mit Ihnen Vodka trinken.
SIE Ich würde auch gern mal mit Ihnen Vodka trinken.
ICH Verzeihen Sie, darf ich Sie etwas fragen?
SIE *errötet sehr* Aber natürlich, fragen Sie.
ICH Also schön, ich frage Sie: Glauben Sie an Gott?
SIE *erstaunt* An Gott? Ja, natürlich.

Ich Und was würden Sie sagen, wenn wir uns jetzt eine Flasche Vodka kaufen würden und zu mir aufs Zimmer gehen? Ich wohne hier gleich in der Nähe.
Sie *sehr angeregt* Ja nun, einverstanden.
Ich Dann kommen Sie.
Wir gehen ins Kaufhaus, und ich kaufe einen halben Liter Vodka. Mehr Geld habe ich nicht, es bleibt nur noch irgendwelches Kleingeld! Wir unterhalten uns die ganze Zeit über die verschiedensten Dinge, und plötzlich fällt mir ein, daß bei mir im Zimmer auf dem Fußboden ja die tote Alte liegt.
Ich sehe mich nach meiner neuen Bekannten um: sie steht an einem Ladentisch und betrachtet die Gläser mit Varenje. Ich schleiche mich vorsichtig zur Tür und dann zum Kaufhaus hinaus. Da hält gerade, direkt vor dem Kaufhaus, die Straßenbahn. Ich springe auf, ohne auch nur nach der Nummer gesehen zu haben. Michajlovskaja steige ich aus und gehe zu Sakerdon Michajlovič. In den Händen halte ich die Flasche Vodka, die Bockwürste und das Brot.
Sakerdon Michajlovič selbst machte mir die Tür auf. Er war im Morgenrock, den er über dem nackten Körper trug, und hatte russische Stiefel mit abgeschnittenen Schäften an, auf dem Kopf eine Pelzmütze mit Ohrenklappen, die Ohrenklappen waren aber hochgeklappt und über dem Scheitel mit einem Bändchen verschnürt.
– Ich freue mich sehr, – sagte Sakerdon Michajlovič, als er mich sah.
– Habe ich Sie auch nicht aus der Arbeit gerissen? – fragte ich.
– Nein, nein, – sagte Sakerdon Michajlovič. – Ich habe gerade überhaupt nichts getan. Ich habe auf dem Fußboden gesessen.
– Sehen Sie, – sagte ich zu Sakerdon Michajlovič, – ich habe Vodka und Zakuska mitgebracht. Wenn Sie nichts dagegen haben, trinken wir.
– Sehr gut, – sagte Sakerdon Michajlovič. – Kommen Sie. Wir gingen in sein Zimmer. Ich öffnete die Flasche mit dem Vodka, und Sakerdon Michajlovič stellte zwei Gläser und einen Teller mit kaltem Suppenfleisch auf den Tisch.

– Hier habe ich auch Bockwürste, – sagte ich. – Wie wollen wir sie essen: kalt oder aufgewärmt?

– Setzen wir Wasser auf, aufgewärmt sind sie besser, – sagte Sakerdon Michajlovič, – bis dahin können wir den Vodka ja zu dem Fleisch trinken. Es ist Suppenfleisch, hervorragendes Fleisch.

Sakerdon Michajlovič stellte eine kleine Kasserolle auf den Petroleumkocher, und wir setzten uns zum Vodkatrinken.

– Vodka trinken ist gesund, – sagte Sakerdon Michajlovič und schenkte die beiden Gläser voll. – Mečnikov hat einmal geschrieben, Vodka sei gesünder als Brot, das Brot sei nur Stroh, das in unseren Mägen dahinfault.

– Auf Ihre Gesundheit, – sagte ich und stieß mit Sakerdon Michajlovič an.

Wir tranken und aßen das kalte Suppenfleisch dazu.

– Schmeckt gut, – sagte Sakerdon Michajlovič.

In diesem Augenblick jedoch knackte etwas ganz scharf im Zimmer.

– Was war das ? – fragte ich.

Wir saßen schweigend da und horchten. Plötzlich knackte es wieder, Sakerdon Michajlovič sprang von seinem Stuhl auf, lief ans Fenster und riß die Gardine herunter.

– Was machen Sie da? – rief ich.

Aber Sakerdon Michajlovič stürzte, ohne zu antworten, auf die Kasserolle zu, packte, die Gardine in der Hand, die Kasserolle und setzte sie am Boden ab.

– Zum Teufel, – sagte Sakerdon Michajlovič. – Ich habe vergessen, Wasser in die Kasserolle zu gießen, und die Kasserolle ist emailliert, jetzt ist das Email abgeplatzt.

– Verstehe, – sagte ich und nickte. Wir setzten uns wieder an den Tisch.

– Zum Teufel, – sagte Sakerdon Michajlovič, – essen wir die Bockwürste eben kalt.

– Ich möchte schrecklich gern essen, – sagte ich.

– Essen Sie doch, – sagte Sakerdon Michajlovič und rückte die Bockwürste vor mich hin.
– Ich habe nämlich gestern zum letztenmal gegessen, als ich mit Ihnen in der Kneipe war, seitdem nichts mehr, – sagte ich.
– Essen Sie, – sagte Sakerdon Michajlovič, – ja, ja, ja.
– Ich habe die ganze Zeit geschrieben, – sagte ich.
– Zum Teufel, – rief Sakerdon Michajlovič übertrieben betont. – Wie angenehm, ein Genie vor sich zu sehen.
– Auch das noch, – sagte ich.
– Und haben Sie viel aufgeschichtet? – fragte Sakerdon Michajlovič.
– Ja, – sagte ich. – Ich habe eine Unmasse von Papier vollgeschrieben.
– Auf das Genie unserer Tage, – sagte Sakerdon Michajlovič und erhob sein Glas.
Wir tranken. Sakerdon Michajlovič aß von seinem Suppenfleisch, ich von meinen Bockwürsten. Als ich vier Bockwürste gegessen hatte, rauchte ich meine Pfeife an und sagte:
– Wissen Sie, ich bin nämlich zu Ihnen gekommen, um mich einer Verfolgung zu entziehen.
– Und wer hat Sie verfolgt? – fragte Sakerdon Michajlovič.
– Eine Dame, – sagte ich. Aber nachdem Sakerdon Michajlovič nicht weiter nachfragte, sondern schweigend Vodka einschenkte, fuhr ich fort:
– Ich habe sie in der Bäckerei kennengelernt und mich sofort in sie verliebt.
– Ist sie hübsch? – fragte Sakerdon Michajlovič.
– Ja, – sagte ich, – ganz mein Geschmack.
Wir tranken, und ich fuhr fort:
– Sie war gleich einverstanden, zu mir zu kommen und Vodka mit mir zu trinken. Wir sind ins Kaufhaus gegangen, aber aus dem Kaufhaus habe ich mich in aller Stille verdrückt.
– Kein Geld? – fragte Sakerdon Michajlovič.
– Nein, das Geld hat gerade noch gereicht, – sagte ich. – Aber mir ist eingefallen, daß ich sie nicht in mein Zimmer lassen kann.

– Wieso denn, haben Sie vielleicht eine andere Dame in Ihrem Zimmer? – fragte Sakerdon Michajlovič.
– Ja, wenn Sie so wollen, in meinem Zimmer befindet sich eine andere Dame, – sagte ich lächelnd. – Zur Zeit kann ich niemanden in mein Zimmer lassen.
– Sie werden sie heiraten. Laden Sie mich ein zum Hochzeitsschmaus? – sagte Sakerdon Michajlovič.
– Nein, – sagte ich, prustend vor Lachen. – Diese Dame werde ich nicht heiraten.
– Na, dann heiraten Sie doch die aus der Bäckerei, – sagte Sakerdon Michajlovič.
– Warum wollen Sie mich denn dauernd verheiraten? – sagte ich.
– Na und? – sagte Sakerdon Michajlovič und füllte die Gläser erneut. – Auf Ihre Erfolge.
Wir tranken. Der Vodka zeitigte allmählich Wirkung. Sakerdon Michajlovič setzte die Pelzmütze mit den Ohrenklappen ab und schleuderte sie aufs Bett. Ich stand auf und ging im Zimmer auf und ab, wobei ich bereits ein gewisses Schwindelgefühl im Kopf verspürte.
– Wie ist Ihr Verhältnis zu den Toten? – fragte ich Sakerdon Michajlovič.
– Absolut negativ, – sagte Sakerdon Michajlovič, – ich habe Angst vor ihnen.
– Ja, ich kann Tote auch nicht ausstehen, – sagte ich. – Man gebe mir einen Toten, und wenn er kein Verwandter von mir ist, ich würde ihm bestimmt einen Tritt versetzen.
– Ja nun, treten sollte man Leichen aber trotzdem nicht, – sagte Sakerdon Michajlovič.
– Ich würde ihm bestimmt mit dem Stiefel ins Gesicht treten, – sagte ich. – Ich kann Tote und Kinder nicht ausstehen.
– Ja, Kinder sind was Widerliches, – pflichtete Sakerdon Michajlovič mir bei.
– Was ist Ihrer Ansicht nach schlimmer: Tote oder Kinder? – fragte ich.

– Doch wohl Kinder, sie stören öfter. Die Toten brechen trotz allem nicht so oft in unser Leben ein, – sagte Sakerdon Michajlovič.
– Brechen ein! – rief ich aus und verstummte sofort. Sakerdon Michajlovič sah mich aufmerksam an.
– Wollen Sie noch Vodka? – fragte er.
– Nein, – sagte ich, fügte aber, besonnen, hinzu: – Nein danke, ich möchte nicht mehr.
Ich ging zum Tisch und setzte mich. Eine Zeitlang schwiegen wir.
– Ich möchte Sie etwas fragen, – sagte ich endlich. – Glauben Sie an Gott?
Auf Sakerdon Michajlovičs Stirn erscheint eine Querfalte, und er sagt:
– Es gibt etwas wie Unanständigkeit. Unanständig ist, jemanden zu fragen, ob er einem fünfzig Rubel borgen kann, wenn Sie gesehen haben, daß er eben zweihundert in die Tasche gesteckt hat. Seine Sache ist nun: soll er Ihnen das Geld geben, oder soll er es Ihnen nicht geben; die bequemste und angenehmste Art, eine solche Bitte abzuschlagen, ist, daß man sagt, man habe kein Geld. Sie aber haben gesehen, daß der Mensch Geld hat, und ihn damit der Möglichkeit beraubt, Ihnen das Geld auf die angenehmste Art einfach abzuschlagen. Sie haben ihn der Möglichkeit der Wahl beraubt, und das ist eine Schweinerei. Das ist unanständig und taktlos. Und einen Menschen zu fragen: »Glauben Sie an Gott?« – ist ebenfalls taktlos und unanständig.
– Aber, – sagte ich, – das hat doch nichts miteinander zu tun.
– Ich stelle auch keine Vergleiche an, – sagte Sakerdon Michajlovič.
– Also schön, – sagte ich, – lassen wir das. Entschuldigen Sie, daß ich Ihnen eine so unanständige und taktlose Frage gestellt habe.
– Bitte sehr, – sagte Sakerdon Michajlovič. – Ich habe ja abgelehnt, sie zu beantworten.
– Ich würde sie auch nicht beantworten, – sagte ich, – nur aus einem anderen Grunde.
– Aus welchem denn? – fragte Sakerdon Michajlovič träge.
– Sehen Sie, – sagte ich, – meiner Ansicht nach gibt es keine gläubi-

gen und ungläubigen Menschen. Es gibt nur die einen, die glauben wollen, und andere, die nicht glauben wollen.
– Das heißt, diejenigen, die nicht glauben wollen, glauben bereits an etwas? – sagte Sakerdon Michajlovič. – Und diejenigen, die glauben wollen, glauben schon von Anfang an an nichts?
– Vielleicht, – sagte ich. – Ich weiß nicht.
– Und Sie glauben oder glauben nicht an was? an Gott? – fragte Sakerdon Michajlovič.
– Nein, – sagte ich, – an die Unsterblichkeit.
– Warum haben Sie mich dann gefragt, ob ich an Gott glaube?
– Ganz einfach, weil die Frage: »Glauben Sie an die Unsterblichkeit?« irgendwie dumm klingt, – sagte ich zu Sakerdon Michajlovič und stand auf.
– Was denn, Sie wollen gehen? – fragte mich Sakerdon Michajlovič.
– Ja, – sagte ich, – für mich wird es Zeit.
– Und der Vodka? – sagte Sakerdon Michajlovič. – Es ist sowieso nur noch ein Glas für jeden übrig.
– Also schön, trinken wir ihn aus, – sagte ich. Wir tranken den Vodka aus und aßen die Reste von Sakerdon Michajlovičs Suppenfleisch dazu.
– Jetzt muß ich aber gehen, – sagte ich.
– Auf Wiedersehen, – sagte Sakerdon Michajlovič und begleitete mich durch die Küche zur Treppe. – Vielen Dank für die Bewirtung.
– Ich danke Ihnen, – sagte ich. – Auf Wiedersehen.
Und ich ging.
Wieder allein, räumte Sakerdon Michajlovič den Tisch ab, warf die leere Vodkaflasche auf den Schrank, setzte die Pelzmütze mit den Ohrenklappen wieder auf und setzte sich unter dem Fenster auf den Fußboden. Die Arme verschränkte Sakerdon Michajlovič auf dem Rücken, so daß sie überhaupt nicht mehr zu sehen waren. Und unter dem abgetragenen Morgenrock ragten, in russischen Stiefeln mit abgeschnittenen Schäften, die nackten, knochigen Beine hervor.
Ich ging, in Gedanken versunken, den Nevskij entlang. Ich muß jetzt

sofort zum Hausverwalter gehen und ihm alles erzählen. Und wenn ich das mit der Alten erledigt habe, werde ich die folgenden Tage nur noch vor der Bäckerei stehen, bis ich die nette kleine Dame wiedersehe. Ich bin ihr doch noch 48 Kopeken schuldig für das Brot. Habe also einen sehr guten Vorwand, ihr aufzulauern. Der Vodka, den wir getrunken hatten, wirkte noch nach, und alles schien sich ganz einfach und in Wohlgefallen aufzulösen.

An der Fontanka trat ich an eine Bude und kaufte mir für das verbliebene Kleingeld einen Krug Kvas. Der Kvas war schlecht und sauer, und ich ging mit einem widerwärtigen Geschmack im Munde weiter.

An der Ecke Litejnaja rempelte mich irgendein dahintorkelnder Betrunkener an. Gut, daß ich keinen Revolver hatte: ich hätte ihn auf der Stelle erschossen.

Nach Hause kam ich bestimmt mit einem von Zorn entstellten Gesicht. Jedenfalls drehten sich alle, die mir entgegenkamen, nach mir um.

Ich ging ins Büro der Hausverwaltung. Am Tisch saß ein zu kurz geratenes, schmutziges, stumpfnasiges, krummes und semmelblondes Mädchen, das sich, in einen Handspiegel starrend, die Lippen schminkte.

– Und wo ist der Hausverwalter? – fragte ich.

Das Mädchen schwieg und schminkte sich weiter.

– Wo ist der Hausverwalter? – fragte ich mit anderer Stimme.

– Kommt erst morgen, heute nicht, – antwortete das schmutzige, stumpfnasige, krumme und semmelblonde Mädchen.

Ich ging auf die Straße hinaus. Auf der gegenüberliegenden Seite ging der Invalide mit dem Holzbein und stakte laut hörbar mit seinem Holzbein über das Pflaster. Sechs kleine Jungen rannten hinter dem Invaliden her und äfften seinen Gang nach.

Ich kehrte ins Haus zurück und stieg die Treppe hinauf. In der zweiten Etage blieb ich stehen; ein widerwärtiger Gedanke schoß mir durch den Kopf – die Alte mußte doch angefangen haben zu verwesen. Ich hatte das Fenster zuzumachen vergessen, und bei offenem Fenster verwesen Tote angeblich schneller. So etwas Dummes! Und dieser verteufelte Hausverwalter kommt erst morgen! Ich stand einige Augenblicke unschlüssig da und stieg dann weiter die Treppe hinauf. An der Wohnungstür blieb ich wieder stehen. Sollte ich mich nicht lieber vor die Bäckerei stellen und dort der netten kleinen Dame auflauern? Und sie dann anflehen, mich zu sich zu lassen, für zwei oder drei Nächte. Aber da fällt mir ein, daß sie heute ja schon Brot gekauft hatte, heute also mit Sicherheit nicht mehr in die Bäckerei gehen würde. Und überhaupt, es wäre doch nichts dabei herausgekommen. Ich schloß die Tür auf und betrat den Korridor. Am Ende des Korridors brannte eine Lampe, und Marja Vasiljevna rieb, einen Lappen in der Hand, mit einem zweiten Lappen die Lampe sauber. Als sie mich sah, rief Marja Vasiljevna:

– Ein alter Mann hat Schie schpreschen wollen!

– Was für ein alter Mann? – sagte ich.

– Isch weisch esch nischt, – antwortete Marja Vasiljevna.

– Und wann war das? – fragte ich.

– Dasch weisch isch auch nischt, – sagte Marja Vasiljevna.

– Haben Sie mit dem alten Mann gesprochen? – fragte ich Marja Vasiljevna.

– Ja, – sagte Marja Vasiljevna.

– Wieso wissen Sie dann nicht, wann das war? – fragte ich Marja Vasiljevna.

– Vor tschwei Schtunden vielleischt, – sagte Marja Vasiljevna und ging zur Küche.

– Und wie hat er ausgesehen? – fragte ich.

– Dasch weisch isch auch nischt, – sagte Marja Vasiljevna und verschwand in der Küche.

Ich ging zu meinem Zimmer.

– Und auf einmal, – dachte ich, ist die Alte verschwunden. Ich komme in mein Zimmer, und die Alte ist wirklich weg. Mein Gott! Geschehen etwa doch noch Wunder?!

Ich schloß die Tür auf und öffnete sie ganz langsam. Vielleicht kam es mir nur so vor, aber mir schlug der süßliche Geruch einsetzender Verwesung entgegen. Ich warf einen Blick durch die halbgeöffnete Tür und erstarrte auf der Schwelle. Die Alte kroch auf allen vieren langsam auf mich zu.

Mit einem Schrei schlug ich die Tür zu, drehte den Schlüssel um und prallte mit dem Rücken an die meiner Tür gegenüberliegende Wand.

Im Korridor erschien Marja Vasiljevna.

– Schie haben misch gerufen? – fragte sie.

Ich zitterte so, daß ich nicht imstande war zu antworten und nur verneinend den Kopf schüttelte. Marja Vasiljevna kam näher.

– Schie haben doch mit jemandem geschprochen, – sagte sie. Ich schüttelte wieder verneinend den Kopf.

– Schie schind wahnschinnig, – sagte Marja Vasiljevna und ging wieder in die Küche, wobei sie sich unterwegs mehrmals nach mir umdrehte.

– Hier stehenbleiben kann ich nicht. Hier stehenbleiben kann ich nicht, – wiederholte ich in Gedanken. Dieser Satz kam von irgendwo aus meinem Inneren. Ich bejahte ihn, noch bevor er in mein Bewußtsein gedrungen war.

– Ja, hier stehenbleiben kann ich nicht, – sagte ich zu mir, blieb aber stehen wie im Starrkrampf. Etwas Entsetzliches war geschehen, aber vielleicht mußte noch etwas viel Entsetzlicheres getan werden als das, was vorgefallen war. Ein Wirbel scheuchte meine Gedanken durcheinander, und ich sah nur noch die bösen Augen der toten Alten, die langsam auf allen vieren auf mich zukroch.

Ins Zimmer stürzen und der Alten den Schädel zertrümmern. Das war zu tun! Ich suchte sogar schon mit den Augen und freute mich, als ich den Krocketschläger erblickte, der – niemand wußte wozu – schon seit Jahren in einer Ecke des Korridors lehnte. Den Schläger packen, ins Zimmer stürzen und und und, trrrach!

Der Schüttelfrost war noch nicht vergangen. Ich stand da, die Schul-

tern hochgezogen vor innerer Eiseskälte. Meine Gedanken sprangen, immer neue Bereiche erfassend, und ich stand, horchte auf meine Gedanken und stand gleichsam neben ihnen, so, als wäre nicht ich es, der sie befehligt.
– Die Toten, – erklärten mir meine eigenen Gedanken, – sind ein unseriöses Volk. Sie werden zu Unrecht Tote genannt, viel eher müßten sie Scheintote heißen. Man muß sie beobachten und beobachten, darf sie nicht aus den Augen lassen. Fragen Sie doch den Wächter von der Leichenhalle. Wozu glauben Sie, daß er dort steht? Nur um aufzupassen, daß die Toten nicht wegkriechen. Da sind schon die komischsten Fälle vorgekommen. Einmal ist ein Toter, als sich der Wächter auf Anordnung der Vorgesetzten im Bad mit Seife sauberschrubbte, aus der Leichenhalle weggekrochen, ist in die Desinfektionskammer gekrochen und hat dort ein Bündel Wäsche verschlungen. Das Desinfektionspersonal hat dem Toten zwar eine Mordstracht Prügel verabreicht, aber die verdorbene Wäsche aus der eigenen Tasche bezahlen müssen. Ein anderer Toter ist in die Entbindungsstation gekrochen und hat die schwangeren Frauen dort so erschreckt, daß eine von ihnen augenblicklich eine Frühgeburt hatte, und der Tote hat sich auf den Fötus gestürzt und ihn unter Schmatzen zu verzehren begonnen. Und als eine tapfere Krankenschwester dem Toten einen Hocker auf dem Rücken zertrümmerte, hat er diese Krankenschwester ins Bein gebissen, und sie ist kurz darauf an Blutvergiftung gestorben. Leichengift. Ja, die Toten sind ein unseriöses Volk, vor ihnen muß man auf der Hut sein.
– Stopp! – sagte ich zu meinen eigenen Gedanken. – Ihr redet Blödsinn. Tote können sich nicht bewegen.
– Na schön, – sagten meine eigenen Gedanken zu mir, – dann geh doch in dein Zimmer, dort befindet sich eine Tote, die sich, wie du sagst, nicht bewegen kann.
Da auf einmal begann der Trotz in mir die Stimme zu erheben.
– Und ich gehe hinein! – sagte ich entschlossen zu meinen eigenen Gedanken.

– Versuchs doch! – sagten meine eigenen Gedanken spöttisch zu mir. Dieser Spott brachte mich vollends zur Raserei. Ich packte den Krocketschläger und stürzte zur Tür.
– Warte! – riefen mir meine eigenen Gedanken nach.
Aber schon hatte ich den Schlüssel umgedreht und die Tür aufgestoßen. Die Alte lag auf der Schwelle, das Gesicht an den Boden gepreßt. Ich stand mit erhobenem Schläger, zum Schlage bereit. Die Alte bewegte sich nicht. Der Schüttelfrost war vorüber, meine Gedanken strömten wieder klar und scharf. Ich war es, der sie befehligte.
– Vor allem die Tür zu! – befahl ich mir selber.
Ich zog den Schlüssel aus dem Schloß und steckte ihn von innen wieder hinein.
Das tat ich mit der linken Hand, in der rechten hielt ich weiter den erhobenen Krocketschläger und ließ die ganze Zeit kein Auge von der Alten. Ich schloß die Tür ab, stieg mit einem vorsichtigen Schritt über die Alte hinweg und ging in die Zimmermitte.
– Jetzt rechnen wir miteinander ab, – sagte ich.
Mir war ein Plan gekommen, zu dem gewöhnlich nur die Mörder aus Groschenromanen und dem Polizeibericht der Zeitungen Zuflucht nehmen. Ich wollte die Alte einfach in einen Koffer packen, vor die Stadt fahren und sie dort in einem Sumpf versenken. Ich kannte da so eine Stelle.
Mein Koffer stand unter dem Bett. Ich zog ihn hervor und machte ihn auf. Es waren verschiedene Sachen darin: ein paar Bücher, ein alter Filzhut und zerlöcherte Wäsche. Ich legte alles aufs Bett.
In diesem Augenblick klappte laut die Wohnungstür, und mir war, als hätte die Alte gezittert.
Augenblicklich springe ich auf und packe den Krocketschläger.
Die Alte liegt ruhig. Ich stehe und horche. Es ist der Lokomotivführer, der von der Arbeit nach Hause kommt, ich höre, wie er in sein Zimmer geht. Jetzt geht er über den Korridor in die Küche. Wenn Marja Vasiljevna ihm von meinem Wahnsinnsanfall erzählt, sieht es

schlecht aus. Alte Hexe, verdammte! Also muß ich ebenfalls in die Küche gehen und sie durch meinen Anblick beruhigen.
Ich stieg wieder über die Alte hinweg, lehnte den Schläger neben der Tür an die Wand, damit ich ihn bei meiner Rückkehr, ohne das Zimmer auch nur zu betreten, packen konnte, und trat auf den Korridor hinaus. Aus der Küche hörte ich Stimmen, aber Worte waren nicht zu unterscheiden. Ich schloß meine Zimmertür und ging vorsichtig in Richtung Küche: ich wollte herausbekommen, worüber sich Marja Vasiljevna und der Lokomotivführer unterhielten. Den Korridor durchmaß ich rasch, vor der Küche verlangsamte ich meine Schritte. Es sprach der Lokomotivführer, offenbar erzählte er etwas, das ihm heute auf der Arbeit passiert war.
Ich trat ein. Der Lokomotivführer stand mit einem Handtuch in der Hand und sprach, Marja Vasiljevna saß auf einem Hocker und hörte zu. Als er mich sah, winkte mir der Lokomotivführer zu.
– Guten Tag, guten Tag, Matvej Filippovič, – sagte ich zu ihm und ging ins Badezimmer. Bis dahin war alles ruhig. Marja Vasiljevna war mein merkwürdiges Benehmen gewohnt und konnte diesen letzten Fall ebensogut auch schon vergessen haben.
Plötzlich durchfuhr es mich: ich hatte meine Zimmertür nicht abgeschlossen, was, wenn die Alte inzwischen aus meinem Zimmer gekrochen kam?
Ich stürzte zurück, besann mich aber rechtzeitig und durchquerte, um die anderen Mieter nicht zu erschrecken, die Küche mit ruhigem Schritt.
Marja Vasiljevna pochte mit den Fingern auf den Küchentisch und sagte zu dem Lokomotivführer:
– Dasch isch rescht. Scho ischt esch rescht! Isch hätte genauscho gpfiffen, genau wie Schie!
Ersterbenden Herzens betrat ich den Korridor, und von hier wäre ich bis zu meinem Zimmer beinahe gerannt.
Äußerlich war alles ruhig. Ich stand vor der Tür, öffnete sie einen Spalt weit und warf einen Blick in mein Zimmer. Die Alte lag ruhig,

wie zuvor, das Gesicht an den Boden gepreßt. Der Krocketschläger stand neben der Tür, an seinem alten Platz. Ich nahm ihn in die Hand, betrat das Zimmer und schloß hinter mir ab. Ja, in dem Zimmer roch es unverkennbar nach Leiche. Ich stieg über die Alte hinweg, ging ans Fenster und setzte mich in den Sessel. Daß mir jetzt bloß nicht übel wurde von diesem zwar erst schwachen, aber dennoch unausstehlichen Geruch! Ich rauchte meine Pfeife an. Mir war flau im Magen, und ich hatte leichte Bauchschmerzen.

Aber was sitze ich hier herum? Ich muß handeln, bevor diese Alte endgültig verfault ist. Aber: wenn ich sie in den Koffer lege, muß ich jedenfalls sehr vorsichtig sein, sie kann mich ja unverhofft in den Finger beißen. Und dann an Blutvergiftung sterben – ergebensten Dank!

– Hehe! – rief ich plötzlich. – Mich würde da noch interessieren: beißen womit? Ihre hübschen Beißerchen, die liegen doch dort!

Ich beugte mich im Sessel vor und schaute in die Ecke, wo meiner Berechnung nach das Gebiß der Alten liegen mußte. Aber das Gebiß lag nicht mehr da.

Ich verfiel in Gedanken: war die Alte vielleicht in meinem Zimmer herumgekrochen und hatte ihr Gebiß gesucht? Hatte sie es vielleicht sogar gefunden und sich selbst wieder eingesetzt?

Ich nahm den Krocketschläger und stocherte damit in der Ecke herum. Nein, das Gebiß lag nicht mehr da. Da nahm ich ein dickes Frieslaken aus der Kommode und ging auf die Alte zu. Den Krocketschläger hielt ich in der rechten Hand erhoben, zum Schlag bereit, in der linken das Frieslaken.

Ekel und Angst flößte mir diese tote Alte ein. Ich hob ihr mit dem Schläger den Kopf hoch: der Mund stand offen, die Augen starrten nach oben, und über den ganzen Unterkiefer, gegen den ich sie getreten hatte, breitete sich ein großer dunkler Fleck. Ich schaute der Alten in den Mund. Nein, sie hatte ihr Gebiß nicht gefunden. Ich ließ den Kopf los. Der Kopf fiel zurück und krachte auf den Fußboden.

Dann breitete ich das dicke Frieslaken auf dem Boden aus und zog es nah an die Alte heran.
Dann drehte ich die Alte mit der Fußspitze und dem Krocketschläger über die linke Seite auf den Rücken. Jetzt lag sie mitten auf dem Laken. Die Beine der Alten waren in den Knien angewinkelt, die Fäuste zu den Schultern erhoben. So auf dem Rücken liegend, sah die Alte aus wie eine Katze, die sich gegen einen angreifenden Adler verteidigen will. Nur schnell weg mit diesem Kadaver!
Ich schlug die Alte in das dicke Laken ein und hob sie an. Sie war leichter, als ich gedacht hatte. Ich verstaute sie in dem Koffer und versuchte, den Deckel zuzumachen. Hierbei hatte ich mit allen möglichen Schwierigkeiten gerechnet, aber der Deckel schloß sich verhältnismäßig leicht. Ich ließ die Kofferschlösser zuschnappen und richtete mich auf.
Der Koffer steht vor mir, äußerlich vollkommen wohlanständig, als lägen Wäsche und Bücher darin. Ich faßte ihn am Griff und versuchte, ihn zu heben. Ja, er war natürlich schwer, aber nicht übermäßig, bis zur Straßenbahn tragen konnte ich ihn durchaus.
Ich sah auf die Uhr: zwanzig Minuten vor sechs. Das war gut. Ich setzte mich in meinen Sessel, um ein wenig auszuruhen und meine Pfeife zu Ende zu rauchen.
Offenbar waren die Bockwürste, die ich heute gegessen hatte, nicht sehr gut gewesen, denn meine Bauchschmerzen wurden immer stärker. Aber vielleicht war das nur, weil ich sie kalt gegessen hatte? Oder vielleicht waren diese Bauchschmerzen auch nur nervlicher Art.
Ich sitze da und rauche. Die Minuten verrinnen.
Die Herbstsonne scheint zum Fenster herein, und ich kneife vor ihren Strahlen die Augen zusammen. Jetzt versteckt sie sich hinter dem Schornstein des gegenüberliegenden Hauses, der Schatten des Schornsteins läuft über das Dach, überfliegt die Straße und legt sich mir aufs Gesicht. Mir fällt ein, wie ich gestern um dieselbe Zeit dagesessen und angefangen hatte, eine Geschichte zu schreiben. Da

liegt sie: das karierte Rechenpapier und darauf in kleinen Buchstaben die Schrift: »Der Wundertäter war von hohem Wuchs.«
Ich blickte zum Fenster hinaus. Auf der Straße ging der Invalide mit dem Holzbein und stakte laut hörbar mit seinem Holzbein und seinem Stock über das Pflaster. Zwei Arbeiter und eine alte Frau, die Arme in die Hüften gestemmt, lachten laut über den komischen Gang des Invaliden.
Ich stand auf. Es war Zeit! Zeit zu fahren! Zeit, die Alte an den Sumpf zu bringen! Ich muß mir vorher nur noch vom Lokomotivführer Geld borgen.
Ich ging auf den Korridor hinaus und trat an seine Tür.
– Matvej Filippovič, sind Sie das? – fragte ich.
– Ja, – antwortete der Lokomotivführer.
– Entschuldigen Sie, Matvej Filippovič, sind Sie gerade bei Kasse? Ich bekomme erst übermorgen etwas. Könnten Sie mir nicht dreißig Rubel borgen?
– Doch, kann ich, – sagte der Lokomotivführer. Und ich hörte, wie er mit Schlüsseln klapperte und irgendeinen Kasten aufschloß. Dann öffnete er die Tür und hielt mir einen neuen roten Dreißigrubelschein hin.
– Vielen Dank, Matvej Filippovič, – sagte ich.
– Keine Ursache, keine Ursache, – sagte der Lokomotivführer.
Ich steckte das Geld in die Tasche und ging zurück in mein Zimmer. Der Koffer stand ruhig an seinem alten Platz.
– Nun auf den Weg, und nicht gezögert, – sagte ich zu mir selbst.
Ich nahm den Koffer und ging auf den Korridor hinaus. Marja Vasiljevna sah mich mit dem Koffer und rief:
– Wo wollen Schie hin?
– Zu meiner Tante, – sagte ich.
– Und schind Schie bald wieder tschurück? – fragte Marja Vasiljevna.
– Ja, – sagte ich. – Ich muß meiner Tante nur die Wäsche hinbringen, ich komme vielleicht noch heute abend zurück.

Ich trat auf die Straße hinaus. Bis zur Straßenbahn kam ich wohlbehalten, den Koffer bald in der linken, bald in der rechten Hand.
In der Staßenbahn blieb ich auf der vorderen Plattform stehen und winkte der Schaffnerin, damit sie sich das Geld für Fahrschein und Gepäck holen kam. Ich wollte meinen einzigen Dreißigrubelschein nicht durch den ganzen Wagen wandern lassen, konnte mich aber auch nicht entschließen, den Koffer einfach stehen zu lassen und selbst zur Schaffnerin vorzugehen. Die Schaffnerin kam zu mir auf die Plattform und erklärte, sie könne nicht wechseln. An der nächsten Haltestelle mußte ich aussteigen.
Wütend stand ich da und wartete auf die nächste Straßenbahn. Ich hatte Bauchschmerzen, und mir zitterten ein wenig die Knie.
Da sah ich auf einmal meine nette kleine Dame: sie überquerte die Straße und schaute nicht zu mir herüber.
Ich packte den Koffer und stürzte ihr nach. Ich wußte nicht, wie sie hieß, konnte sie also nicht rufen. Der Koffer war mir schrecklich hinderlich: ich hielt ihn mit zwei Händen vor mir und stieß ihn mit Knien und Bauch vorwärts. Die nette kleine Dame ging ziemlich rasch, und ich merkte, ich würde sie nicht einholen können. Ich war schweißüberströmt, und meine Kräfte ließen nach. Die nette kleine Dame bog in eine Seitengasse ein. Als ich die Stelle erreichte, war sie spurlos verschwunden.
– Alte Hexe verdammte! – zischte ich und knallte den Koffer aufs Pflaster.
Die Ärmel meines Jacketts waren völlig schweißdurchnäßt und klebten mir an den Armen. Ich setzte mich auf den Koffer, zückte mein Taschentuch und wischte mir Hals und Gesicht trocken. Zwei kleine Jungen blieben vor mir stehen und fingen an, mich zu beobachten. Ich machte ein ruhiges Gesicht und schaute hartnäckig auf die nächstliegende Hauseinfahrt, als würde ich auf jemanden warten. Die Jungen flüsterten sich etwas zu und zeigten mit den Fingern auf mich. Der wilde Zorn würgte mich. Oh, wenn ich ihnen doch den Starrkrampf auf den Hals schicken könnte.

Aber diesen grindigen Rotzjungen zum Trotz stehe ich auf, packe den Koffer und gehe damit auf das Haustor zu und werfe einen Blick hinein. Ich mache ein steinernes Gesicht, ziehe die Uhr hervor und zucke die Achseln. Die Jungen beobachten mich von weitem. Ich zucke noch einmal die Achseln und werfe einen weiteren Blick in das Haustor.

– Merkwürdig, – sage ich laut, nehme den Koffer und schleppe ihn zur Straßenbahnhaltestelle.

Den Bahnhof erreichte ich fünf Minuten vor sieben. Ich löse eine Rückfahrkarte nach Lisij Nos und setze mich in den Zug.

Im Eisenbahnwagen sind außer mir noch zwei: einer, offenbar ein Arbeiter, er ist müde und schläft, die Schirmmütze über die Augen gezogen. Der andere, ein noch junger Kerl, ist gekleidet wie ein Beau vom Dorf: unter dem Jackett ein rosa Bauernhemd, mit Stehkragen, und unter der Schirmmütze schaut das Kraushaar hervor. Er raucht eine Zigarette, die in einer hellgrünen Bakelit-Spitze steckt.

Ich stelle den Koffer zwischen die Bänke und setze mich. Ich habe solche Bauchschmerzen, daß ich die Fäuste zusammenpresse, um nicht laut aufzustöhnen vor Schmerz.

Über den Bahnsteig führen zwei Milizionäre einen Bürger zur Wache. Er geht, die Hände auf dem Rücken, den Kopf gesenkt.

Der Zug fährt an. Ich sehe auf die Uhr: zehn Minuten vor acht.

Oh, mit welcher Genugtuung werde ich diese Alte in den Sumpf stoßen! Schade, daß ich keinen Stock mitgenommen habe, bestimmt werde ich die Alte hinunterstoßen müssen.

Der Beau im rosa Bauernhemd mustert mich frech. Ich drehe ihm den Rücken zu und schaue zum Fenster hinaus.

In meinem Bauch wüten fürchterliche Schmerzen; ich beiße die Zähne aufeinander, presse die Fäuste zusammen und spanne die Beinmuskeln an.

Wir fahren durch Lanskaja und Novaja Derevnja. Dort glitzert die goldene Spitze der Buddhistischen Pagode, und da taucht aus dem Dunkel das Meer auf.

Aber hier springe ich von meinem Platz auf und gehe, alles um mich her vergessend, mit Trippelschritten zur Toilette. Eine Welle des Wahnsinnns wiegt und schaukelt mein Bewußtsein ...
Der Zug verlangsamt die Fahrt. Wir fahren in Ljachta ein. Ich sitze und habe Angst mich zu rühren, damit mich auf der Haltestelle niemand von der Toilette verjagt.
– Wenn er doch nur wieder anfahren würde! Wenn er doch nur wieder anfahren würde!
Der Zug fährt an, und ich schließe vor Genuß die Augen. Oh, diese Minuten sind süß wie die Augenblicke der Liebe! Alle meine Kräfte sind angespannt, aber ich weiß, sie werden gleich darauf schrecklich nachlassen.
Der Zug hält schon wieder. Das ist Olgino. Also noch einmal dieselbe Prüfung.
Aber jetzt ist es schon falscher Drang. Der kalte Schweiß bricht mir aus, und eine leichte Kühle regt sich mir in der Herzgegend. Ich stehe auf und halte eine Zeitlang meine Stirn gegen die Wand gepreßt. Der Zug fährt, und das Hin- und Herschaukeln des Waggons ist sehr angenehm.
Ich raffe alle meine Kräfte zusammen und verlasse torkelnd die Toilette.
In meinem Wagen ist niemand mehr. Der Arbeiter und der Beau im rosa Bauernhemd sind offenbar in Ljachta oder in Olgino ausgestiegen. Ich gehe langsam zu meinem Fenster.
Und plötzlich bleibe ich stehen und schaue stumpf vor mich hin. Der Koffer ist weg. Dort, wo ich ihn hingestellt hatte, ist er nicht mehr. Bestimmt habe ich mich im Fenster geirrt. Ich laufe ans nächste Fenster. Der Koffer ist auch da nicht. Ich renne vor und zurück, laufe den gesamten Wagen ab, auf beiden Seiten, schaue unter jede Bank – der Koffer ist nirgends.
Kann hier irgendein Zweifel bestehen? Natürlich, während ich auf der Toilette war, ist der Koffer gestohlen worden. Das hätte ich voraussehen können!

Ich sitze mit weit aufgerissenen Augen auf meiner Bank, und aus irgendeinem Grunde fällt mir ein, wie bei Sakerdon Michajlovič mit einem Knacken das Email von der erhitzten Kasserolle abgeplatzt war.

– Und nun? – frage ich mich. – Wer wird jetzt noch glauben, daß ich die Alte nicht ermordet habe? Ich werde noch heute verhaftet, entweder hier oder in der Stadt auf dem Bahnhof, so wie jener Bürger, der mit gesenktem Kopf vor den Milizionären hergegangen war.

Ich trete hinaus auf die Plattform. Der Zug nähert sich Lisij Nos. Die kleinen weißen Pfähle, die die Strecke begrenzen, blitzen auf. Der Zug hält. Die Treppen des Waggons reichen nicht bis zur Erde. Ich springe ab und gehe zum Stationsgebäude. Bis zum nächsten Zug, der in die Stadt geht, ist noch eine halbe Stunde.

Ich gehe in das Wäldchen. Da sind schon die Wacholdersträucher. Hinter ihnen kann mich niemand sehen. Ich lenke meine Schritte dorthin.

Über den Erdboden kriecht eine große grüne Raupe. Ich knie mich hin und berühre sie mit dem Finger. Sie rollt sich kräftig und sehnig mehrmals nach der einen und nach der anderen Seite zusammen.

Ich sehe mich um. Niemand kann mich sehen. Ein leichtes Schaudern läuft mir über den Rücken.

Ich senke den Kopf und sage leise:

– Im Namen des Vaters, des Sohnes und des Heiligen Geistes in Ewigkeit. Amen.

. . . .

. . . .

. . . .

Hier beende ich rechtzeitig mein Manuskript, in der Meinung, daß es ohnehin schon viel zu lang geraten ist.

RITTER

Es war einmal ein Haus voll mit alten Frauen. Die alten Frauen wankten und wackelten durch das Haus und schlugen mit Papiertüten die Fliegen tot. Insgesamt waren sechsunddreißig alte Frauen in diesem Haus. Die wendigste Alte mit Namen Jufleva führte das Kommando über die anderen Alten. Ungehorsame zwickte sie in die Schulter oder stellte ihnen ein Bein, so daß sie fielen und sich die Visage aufschlugen. Die alte Zvjakina, von der Jufleva bestraft, fiel so unglücklich, daß sie sich beide Kiefer brach. Der Doktor mußte geholt werden. Der kam, zog den Kittel über und sagte, nachdem er die Zvjakina untersucht hatte, sie sei zu alt, als daß Hoffnung auf Heilung ihrer Kiefer bestünde. Dann bat der Doktor um Hammer, Brecheisen, Zange und Bindfaden. Die Alten schwärmten lange durchs Haus, und weil sie nicht wußten, wie eine Zange und ein Brecheisen aussahen, brachten sie dem Doktor alles, was in ihren Augen diesen Instrumenten ähnlich schien. Der Doktor schimpfte und fluchte lange, aber schließlich, als er alle erforderlichen Gegenstände beisammen hatte, bat er die Alten, sich zu entfernen. Die Alten, brennend vor Neugier, entfernten sich höchst unwillig. Als alle Alten schimpfend und murrend das Zimmer verlassen hatten, schloß der Doktor hinter ihnen die Tür ab und trat auf die Zvjakina zu. »Also los«, – sagte der Doktor, packte die Zvjakina und fesselte sie mit dem Bindfaden. Dann setzte der Doktor, das laute Geschrei und Geheul der Zvjakina ignorierend, das Brecheisen an ihre Kiefer und schlug mit dem Hammer kräftig gegen das Eisen. Die Zvjakina heulte mit heiserem Baß. Als er die Kiefer der Zvjakina mit dem Stemmeisen zerkleinert hatte, nahm der Doktor die Zange und riß der Zvjakina die Kiefer heraus. Die Zvjakina heulte, schrie und röchelte, blutüberströmt. Der Doktor warf die Zange und die ausgerissenen Kiefer der Zvjakina auf den Fußboden, zog den Kittel aus, wischte sich daran die Hände ab, trat zur Tür und öffnete sie. Die

Alten drängten unter Gewinsel ins Zimmer und starrten mit hervorquellenden Augen bald auf die Zvjakina, bald auf die blutigen Stücke, die auf dem Fußboden herumlagen. Der Doktor stieß die Alten beiseite und ging. Die alten Frauen beugten sich über die Zvjakina. Die Zvjakina war verstummt und lag offensichtlich im Sterben. Die Jufleva stand dabei, sah die Zvjakina an und knabberte Sonnenblumenkerne. Die alte Bjašečkina sagte:

– Warte nur, Jufleva, mit dir rechnen wir auch noch einmal ab.

Die Jufleva schlug nach der Bjašečkina, aber die konnte rechtzeitig zur Seite springen.

– Kommt, Leute! – sagte die Bjašečkina. – Was können wir hier noch tun? Soll sich die Jufleva um die Zvjakina kümmern, gehen wir Fliegen totschlagen.

Und die Alten verließen das Zimmer.

Die Jufleva knabberte weiter Sonnenblumenkerne, stand mitten im Zimmer und sah die Zvjakina an. Die Zvjakina war verstummt und lag regungslos. Vielleicht war sie gestorben.

Aber damit beendet der Autor seine Erzählung, denn er kann sein Tintenfaß nicht finden.

21. Juni 1940

Ich wollte mir die Ohren nicht zuhalten. Alle hielten sie sich zu, nur ich nicht, und deshalb habe ich als einziger alles gehört. Ich hielt mir auch keinen Lappen vor die Augen, wie es alle taten, und deshalb habe ich alles gesehen. Ja, ich als einziger habe alles gesehen und gehört. Aber leider habe ich nichts verstanden, was lohnt es also, daß ich als einziger alles gesehen und gehört habe? Ich habe mir nicht einmal merken können, was ich gesehen und gehört habe. Irgendwelche Erinnerungsfetzen, Haltegriffe und sinnlose Klingelzeichen. Der Straßenbahnschaffner kam vorbei, gefolgt von einer älteren Dame mit einem Spaten in den Lippen. Jemand sagte: » ... wahrscheinlich unter dem Sessel hervor ...« Ein nacktes Judenmädchen spreizt die Beine und gießt aus einer Tasse Milch über seine Geschlechtsorgane. Die Milch läuft in einen großen tiefen Teller. Aus dem Teller gießt man die Milch zurück in die Tasse und bietet sie mir zu trinken an. Ich trinke; die Milch riecht nach Käse ... Das nackte Judenmädchen sitzt mit gespreizten Beinen vor mir, die Geschlechtsorgane in Milch gebadet. Es beugt sich vor und betrachtet seine Geschlechtsorgane. Aus den Geschlechtsorganen fließt eine farblose und zähe Flüssigkeit ... Ich gehe über den großen und ziemlich dunklen Hof. Auf dem Hof liegt in hohen Stapeln Brennholz. Hinter dem Brennholz schaut ein Gesicht hervor. Ich weiß: es ist Limonin, der mich beobachtet. Er schaut: ob ich nicht zu seiner Frau gehe. Ich biege rechts ab und trete durch das Haustor auf die Straße. Aus dem Tor schaut mir das freudige Gesicht Limonins hinterher ... Da bietet mir Limonins Frau Vodka an. Ich trinke vier Gläschen, esse Sardinen dazu und denke plötzlich an das Judenmädchen. Ich trinke noch ein Glas und rauche meine Pfeife an. »Du bist heute so traurig«, – sagt Limonins Frau zu mir. Ich sage ihr irgendeine Dummheit und gehe zu dem Judenmädchen.

– Ja, – sagte Kozlov, das Bein ausschüttelnd, – sie war furchtbar erschrocken. Und ob! Ho-ho! Aber ihr war klar, an ein Entkommen war nicht zu denken. Das war ihr klar. Aber da kamen die Rowdies näher und fingen an, ihr laut ins Ohr zu pfeifen. Sie dachten, sie würden sie mit diesen Pfiffen betäuben. Aber daraus wurde nichts, denn genau auf diesem Ohr war sie taub. Da haute ihr einer der Rowdies mit einem Stock gegen das Bein. Aber daraus wurde ebenfalls nichts, weil ihr genau dieses Bein schon vor fünf Jahren amputiert und durch eine Prothese ersetzt worden war. Die Rowdies blieben sogar stehen vor Verwunderung, als sie sahen, daß sie seelenruhig weiterging.

– Hervorragend! – sagte Tečorin. – Großartig! Denn was wäre gewesen, wenn ihr die Rowdies von der anderen Seite gekommen wären? Da hat sie Glück gehabt.

– Ja, – sagte Kozlov, – aber normalerweise hat sie kein Glück. Vor vierzehn Tagen hat man sie vergewaltigt, und vorigen Sommer einfach so, aus Frechheit, mit der Pferdepeitsche durchgeprügelt. Die arme Elizaveta Platonovna ist sogar schon gewöhnt an derlei Geschichten.

– Die Ärmste, – sagte Tečorin, – ich hätte nichts dagegen, ihr einen Besuch abzustatten.

ABENTEUER EINES CATERPILLARS

Mišurin war ein Caterpillar. Deshalb, vielleicht aber auch nicht deshalb, lag er gern unter dem Sofa oder unter dem Schrank und atmete Staub ein. Er war kein besonders ordentlicher Mensch, und manchmal war seine Schnauze den ganzen Tag voller Staub und voller Fusseln.

Einmal war er eingeladen, deshalb beschloß Mišurin, sich die Physiognomie ein wenig zu spülen. Er schüttete warmes Wasser in eine Schüssel, goß einen Schuß Essig dazu und tauchte sein Gesicht in dieses Wasser. Offensichtlich war in diesem Wasser aber zu viel Essig, denn Mišurin erblindete. Bis ins hohe Alter ging er vorsichtig tastend, und deshalb, vielleicht aber auch nicht deshalb, bekam er noch mehr Ähnlichkeit mit einem Caterpillar.

Wie leicht der Mensch sich in Kleinigkeiten verliert. Er kann stundenlang vom Tisch zum Schrank und vom Schrank zum Sofa gehen und keinen Ausweg finden. Er kann sogar vergessen, wo er sich befindet, und Pfeile gegen irgendein kleines Wandschränkchen werfen. »He! Schrank! – kann er ihm zurufen. – Dich mach ich fertig!« Oder er kann sich auf den Fußboden legen und den Staub beobachten. Darin liegt sogar etwas Inspirierendes. Man tut das am besten stundenweise, die Zeit im Auge behaltend. Zwar ist es äußerst schwierig, hierfür Fristen festzulegen, denn welche Fristen hat der Staub?

Noch besser ist es, in eine Schüssel mit Wasser zu schauen. Ins Wasser zu schauen ist immer nützlich und lehrreich. Sogar wenn dort nichts, aber auch gar nichts zu sehen ist – trotzdem ist es gut. Wir schauten auf das Wasser, sahen in ihm nichts, und bald wurde uns langweilig. Aber wir trösteten uns damit, dennoch ein gutes Werk getan zu haben. Wir streckten unsere Finger aus und zählten. Aber was wir zählten, wußten wir nicht, denn gibt es am Wasser irgend etwas zu zählen?

Samstag 17. August 1940

Lieber Aleksandr Ivanovič,
ich hörte, Du sparst Geld und hast schon fünfunddreißigtausend beisammen. Wozu? Weshalb Geld zusammenscharren? Warum nicht das, was Du hast, mit denen teilen, die nicht einmal ein zweites Paar Hosen besitzen? Denn was ist schon Geld? Ich habe diese Frage untersucht. Ich besitze Photographien der gängigsten Banknoten: im Wert von einem, von drei, vier, ja sogar fünf Rubeln. Ich habe von Banknoten gehört, die auf sich mit einem Schlag den Wert von 30 Rubeln vereinen! Aber sie zusammenscharren – wozu? Ich bin doch kein Sammler. Ich habe Sammler immer verachtet, die Briefmarken aufheben, Federn, Knöpfe, Töpfe usw. Das sind dumme, stumpfsinnige und eitle Menschen. Ich weiß zum Beispiel, daß die so genannten »Numismatiker«, also Menschen, die Geld aufheben, die eitle Gewohnheit besitzen, das Geld, nun was meinst Du wohin zu legen? Nicht in die Schublade, nicht in die Schachtel, sondern ... aufs Sparbuch! Wie gefällt Dir das? Dabei kann man das Geld nehmen und mit ihm ins Kaufhaus gehen und es eintauschen gegen, sagen wir, eine Suppe (es gibt so ein Nahrungsmittel) oder gegen eine Sos Kefal (das ist so etwas wie Brot).
Nein, Aleksandr Ivanovič, Du bist ein beinahe ebensowenig stumpfsinniger Mensch wie ich, aber sparst Geld und tauschst es nicht ein gegen verschiedene andere Dinge. Verzeih, lieber Aleksandr Ivanovič, aber das ist dumm! Du bist einfach verblödet in Deiner Provinz. Du hast dort sicher niemanden, mit dem Du reden kannst. Ich schicke Dir meinen Paß, damit Du wenigstens ein kluges, kultiviertes, intellektuelles und schönes Gesicht vor Dir hast.

Dein Freund
Daniil Charms

Alle Menschen lieben das Geld: sie streicheln es, küssen es, drücken es ans Herz, wickeln es in schöne Tücher, hätscheln es wie eine Puppe. Manche lassen sich einen Geldschein einrahmen, hängen ihn an die Wand und verbeugen sich vor ihm wie vor einer Ikone. Manche füttern ihr Geld: sie sperren ihm den Mund auf und stecken die fettesten Bissen ihres Essens hinein. Bei Hitze tragen sie das Geld in den kalten Keller, und im Winter, bei grimmigem Frost, werfen sie das Geld in den Ofen, ins Feuer. Manche unterhalten sich einfach mit ihrem Geld oder lesen ihm interessante Bücher vor oder singen ihm schöne Lieder. Ich dagegen schenke dem Geld keine besondere Beachtung und trage es einfach im Portemonnaie oder in der Brieftasche und gebe es, je nach Bedarf, aus. Leichtfuß!

FALLEN

Zwei Menschen fielen vom Dach. Sie fielen beide vom Dach eines fünfstöckigen Hauses, eines Neubaus. Anscheinend einer Schule. Sie rutschten in sitzender Stellung das Dach hinab bis an den äußersten Rand, und hier begannen sie zu fallen. Ihr Fallen als erste bemerkte Ida Markovna. Sie stand am Fenster des gegenüberliegenden Hauses und spuckte gegen die Fensterscheibe. Da plötzlich sah sie, daß jemand vom Dach des gegenüberliegenden Hauses zu fallen begann. Als sie näher hinschaute, sah Ida Markovna, daß es gleich zwei waren, die zu fallen begannen. Ida Markovna riß sich das Hemd vom Leib und begann, mit diesem Hemd so schnell wie möglich die beschlagene Fensterscheibe abzuwischen, um besser sehen zu können, wer dort vom Dach fällt. Als ihr jedoch bewußt wurde, daß die Fallenden sie nackt sehen und wer weiß was von ihr denken könnten, sprang Ida Markovna vom Fenster weg und versteckte sich hinter dem geflochtenen Dreifuß, auf dem einmal ein Blumentopf gestanden hatte. In diesem Augenblick sah die beiden vom Dach Fallenden eine andere Person, die im selben Haus wohnte wie Ida Markovna, nur zwei Stockwerke tiefer. Diese Person hieß ebenfalls Ida Markovna. Sie saß gerade auf dem Fensterbrett und nähte einen Knopf an ihren Pantoffel. Als sie zum Fenster hinausschaute, sah sie die beiden vom Dach fallen. Ida Markovna schrie auf, sprang vom Fensterbrett und beeilte sich, das Fenster aufzumachen, um besser sehen zu können, wie die vom Dach Gefallenen auf der Erde aufschlugen. Aber das Fenster ging nicht auf. Da fiel Ida Markovna ein, daß sie das Fenster von unten zugenagelt hatte, und stürzte zum Ofen, in dem sie ihr Werkzeug aufbewahrte: vier Hämmer, Meißel und Zange. Die Zange in der Hand, lief sie zum Fenster und zog den Nagel aus dem Rahmen. Jetzt sprang das Fenster mit Leichtigkeit auf. Ida Markovna beugte sich weit aus dem Fenster und sah, wie die beiden vom Dach Fallenden pfeifend auf die Erde zusausten.

Auf der Straße hatte sich bereits eine kleine Menschenmenge gebildet. Schon ertönten Pfiffe aus einer Trillerpfeife, und an den Ort des zu erwartenden Geschehens trat ohne Eile ein klein gewachsener Milizionär. Ein dicknasiger Hauswart lief geschäftig hin und her, er trieb die Leute auseinander und machte darauf aufmerksam, daß die Fallenden den Versammelten auf die Köpfe fallen könnten. In diesem Augenblick kreischten beide Ida Markovnas, die eine bekleidet, die andere nackt, beide aus dem Fenster hängend, auf und strampelten mit den Beinen. Und da schlugen die beiden Fallenden, mit ausgebreiteten Armen und weit aufgerissenen Augen, dumpf auf dem Erdboden auf.

So schlagen manchmal auch wir, aus erreichten Höhen herabfallend, auf dem trostlosen Förderkorb unserer Zukunft auf.

D. Ch.
Geschrieben in vier Tagen
Abgeschlossen am 7. September 1940

MACHT

Faol sagte: »Wir sündigen blindlings und tun das Gute blindlings. Ein Rechtsanwalt fuhr mit dem Fahrrad und war plötzlich, als er zur Kathedrale der heiligen Mutter von Kazan kam, verschwunden. Weiß er, was zu tun ihm beschieden war: das Gute oder das Böse? Oder dieser Fall: ein Schauspieler kaufte sich einen Pelzmantel und tat damit jener alten Frau Gutes, die Not litt und deshalb diesen Pelzmantel verkaufte, dafür aber tat er einer anderen alten Frau, und zwar seiner Mutter, die bei dem Schauspieler wohnte und gewöhnlich auf dem Korridor schlief, wo der Schauspieler seinen neuen Pelzmantel aufhängte, offensichtlich Böses, denn dieser neue Pelzmantel roch dermaßen unerträglich nach irgendwelchem Formalin oder Naphtalin, daß die alte Frau, die Mutter des Schauspielers, eines Tages nicht mehr aufwachen konnte und starb. Oder noch ein anderer: ein Graphologe besoff sich mit Vodka und stellte Dinge an, daß wohl sogar Oberst Dibič nicht mehr hätte unterscheiden können, was gut und was böse war. Die Sünde vom Guten zu unterscheiden ist sehr schwierig.«

Myšin, der über Faols Worte nachdachte, fiel vom Stuhl.

– Ho-ho, – sagte er, auf dem Fußboden liegend, – te-te.

Faol fuhr fort: »Nehmen wir die Liebe. Mal scheint sie gut, mal scheint sie schlecht. Einerseits wird gesagt: Du sollst lieben, andererseits wird gesagt: Du sollst nicht verwöhnen. Soll man besser überhaupt nicht lieben? Aber dir ist gesagt: Du sollst lieben. Wenn du aber liebst, so verwöhnst du. Was also sollen wir tun? Sollen wir vielleicht lieben, aber nicht zu sehr? Warum wird dann bei allen Völkern das Lieben beider Arten mit ein und demselben Wort benannt? Ein Schauspieler liebte seine Mutter und liebte ein fülliges junges Mädchen. Und er liebte beide auf verschiedene Weise. Er gab dem jungen Mädchen die größere Hälfte seiner Gage. Die Mutter litt oft Hunger, das junge Mädchen lebte in Saus und Braus. Die Mutter des

Schauspielers schlief im Korridor auf dem Fußboden, das junge Mädchen dagegen hatte zwei schöne Zimmer zur Verfügung. Das junge Mädchen hatte vier Mäntel, die Mutter nur einen einzigen. Und da nahm der Schauspieler seiner Mutter auch noch diesen einen Mantel und ließ daraus für das junge Mädchen einen Rock nähen. Das heißt, der Schauspieler verwöhnte das junge Mädchen, seine Mutter aber verwöhnte er nicht und liebte sie mit der reinen Liebe. Aber vor dem Tod der Mutter hatte der Schauspieler Angst, vor dem Tod des jungen Mädchens dagegen hatte der Schauspieler keine Angst. Und als die Mutter starb, weinte der Schauspieler, als jedoch das junge Mädchen sich aus dem Fenster stürzte und ebenfalls starb, weinte der Schauspieler nicht, sondern schaffte sich ein anderes Mädchen an. Woraus man sieht: eine Mutter wird geschätzt wie ein Unikat, wie eine seltene Briefmarke, die gegen keine andere einzutauschen ist.«

– Scho-scho, – sagte Myšin, auf dem Fußboden liegend. – O-ho-ho.

Faol fuhr fort: »Und das nennt man die reine Liebe! Ist eine solche Liebe gut? Und wenn nicht, wie soll man dann lieben? Eine Mutter liebte ihr Kind. Dieses Kind war zweieinhalb Jahre alt. Die Mutter brachte es in den Park und setzte es dort in den Sand. Auch andere Mütter brachten ihre Kinder dorthin. Manchmal kamen dort im Sand bis zu vierzig Kinder zusammen. Eines Tages aber drang in diesen Park ein tollwütiger Hund ein, raste direkt auf die Kinder los und fing an, sie zu beißen. Die Mütter warfen sich mit Geheul über ihre Kinder, unter ihnen auch unsere Mutter. Unter Aufopferung ihrer selbst sprang sie auf den Hund zu und entriß ihm, wie sie meinte, ihr Kind. Als sie ihm das Kind aber entrissen hatte, sah sie, daß dieses Kind ihr Kind nicht war, und die Mutter stürzte zurück, um das neben ihm liegende Kind zu ergreifen und es vor dem Tode zu retten. Wer will mir antworten: hat sie gesündigt oder hat sie das Gute getan?

– Su-su, – sagte Myšin, der auf dem Fußboden lag.

Faol fuhr fort: »Sündigt der Stein? Sündigt der Baum? Sündigt das wilde Tier? Oder sündigt allein der Mensch?«

– Mljam-mljam, – sagte Myšin, indem er auf die Worte Faols hörte, – sup-sup.

Faol fuhr fort: »Wenn allein der Mensch sündigt, so bedeutet dies, daß alle Sünden der Welt sich allein im Menschen befinden. Die Sünde geht nicht in den Menschen, sondern geht von ihm allein aus. Wie die Nahrung: der Mensch ißt das Gute und scheidet nur das Schlechte aus. Es gibt in der Welt nichts Schlechtes, nur das, was durch den Menschen hindurchgegangen ist, kann schlecht werden.«

– Umnjaf, – sagte Myšin beim Versuch, sich vom Fußboden zu erheben.

Faol fuhr fort: »Ich habe von der Liebe gesprochen, ich habe gesprochen von jenen unserer Zustände, die mit dem einen einzigen Wort ›Liebe‹ benannt werden. Ist es ein Fehler der Sprache, oder sind alle diese Zustände eins? Die Liebe der Mutter zu ihrem Kinde, die Liebe des Sohnes zur Mutter und die Liebe des Mannes zur Frau – vielleicht ist das alles ein und dieselbe Liebe?«

– Bestimmt, – sagte Myšin und nickte.

Faol sagte: »Ja, ich denke, das Wesen der Liebe ändert sich nicht durch denjenigen, der liebt. Jedem Menschen ist eine gewisse Menge an Liebe gegeben. Und jeder Mensch sucht, wohin er sie vergeben kann, ohne abzulassen von seinen Gewohnheiten. Die Entdeckung des Geheimnisses der Permutationen und der klein(lich)en Qualitäten unserer Seele ist gleich dem Sägemehl ...«

– Aus, Schluß! – rief Myšin, vom Boden aufspringend. – Verrecke!

Und Faol löste sich auf wie schlechter Zucker.

Sonntag 29. September 1940

MYŠINS SIEG

Myšin hörte: »He, Myšin, aufstehn!«
Myšin sagte: »Ich stehe nicht auf«, und blieb auf dem Fußboden liegen. Da trat Kulygin auf Myšin zu und sagte: »Myšin, wenn du nicht aufstehst, zwinge ich dich aufzustehen.« »Nein«, sagte Myšin und blieb auf dem Fußboden liegen. Die Seleznëva trat auf Myšin zu und sagte: »Myšin, ewig liegen Sie hier im Korridor auf dem Fußboden und stören uns, hin und her zu gehen.«
»Ich störe und werde stören«, – sagte Myšin.
– Also wissen Sie, – sagte Koršunov, doch Kulygin unterbrach ihn und sagte:
– Was soll das lange Gerede! Rufen Sie die Miliz an.
Sie riefen bei der Miliz an und ließen einen Milizionär kommen.
Eine halbe Stunde später kam der Milizionär in Begleitung des Hauswarts.
– Was ist hier los? – fragte der Milizionär.
– Sehen Sie sich das an, – sagte Koršunov, doch Kulygin unterbrach ihn und sagte:
– Da. Dieser Bürger liegt die ganze Zeit hier auf dem Fußboden und stört uns, über den Korridor zu gehen. Wir sagen zu ihm so, und er so . . .
Doch da unterbrach Kulygin die Seleznëva und sagte:
– Wir haben ihn gebeten zu gehen, aber er geht nicht.
– Ja, – sagte Koršunov.
Der Milizionär trat auf Myšin zu.
– Warum liegen Sie hier, Bürger? – fragte der Milizionär.
– Ich ruhe mich aus, – sagte Myšin.
– Hier ist nicht der rechte Ort sich auszuruhen, Bürger, – sagte der Milizionär. – Wo wohnen Sie, Bürger?
– Hier, – sagte Myšin.
– Wo ist Ihr Zimmer? – fragte der Milizionär.

– Er ist unserer Wohnung zugeteilt worden, aber er hat kein Zimmer, – sagte Kulygin.
– Einen Augenblick, Bürger, – sagte der Milizionär, – ich rede gerade mit ihm. Bürger, wo schlafen Sie?
– Hier, – sagte Myšin.
– Erlauben Sie bitte, – sagte Koršunov, doch ihn unterbrach Kulygin und sagte:
– Er hat nicht mal ein Bett und liegt hier einfach auf dem nackten Boden.
– Sie beschweren sich schon seit langem über ihn, – sagte der Hauswart.
– Es ist absolut unmöglich, über den Korridor zu gehen, – sagte die Seleznëva. – Ich kann doch nicht ewig über einen Mann steigen. Und er macht mit Absicht die Beine breit und die Arme breit und legt sich noch auf den Rücken und schaut. Ich komme müde von der Arbeit nach Hause, ich brauche meine Ruhe.
– Ich möchte hinzufügen, – sagte Koršunov, doch ihn unterbrach Kulygin und sagte:
– Er liegt hier auch nachts. Im Dunkeln stolpern alle über ihn. Seinetwegen habe ich mir meinen Anzug zerrissen.
Die Seleznëva sagte:
– Ihm fallen dauernd irgendwelche Nägel aus der Tasche. Man kann unmöglich barfuß über den Korridor gehen, ehe man sichs versieht, hat man sich einen Nagel in den Fuß getreten.
– Neulich wollten sie ihn mit Kerosin überschütten und anzünden, – sagte der Hauswart.
– Wir haben ihn mit Kerosin überschüttet, – sagte Koršunov, doch ihn unterbrach Kulygin und sagte:
– Wir haben ihm nur Angst machen wollen und ihn mit Kerosin überschüttet, verbrennen wollten wir ihn nicht.
– Das hätte ich auch nicht gestattet, in meiner Gegenwart einen Menschen bei lebendigem Leibe zu verbrennen, – sagte die Seleznëva.

– Aber warum liegt dieser Bürger auf dem Korridor? – fragte plötzlich der Milizionär.

– Aber ich bitte Sie sehr! – sagte Koršunov, doch Kulygin unterbrach ihn und sagte:

– Darum, weil für ihn kein anderer Wohnraum da ist: in diesem Zimmer wohne ich, in dem – die da, in dem – der hier, und Myšin wohnt eben hier auf dem Korridor.

– Das geht nicht, – sagte der Milizionär. – Jeder muß in seinem Wohnraum liegen.

– Aber er hat keinen andern als auf dem Korridor, – sagte Kulygin.

– Exactement so ist es, – sagte Koršunov.

– Und ewig liegt er da, – sagte die Seleznëva.

– Das geht nicht, – sagte der Milizionär und ging in Begleitung des Hauswarts.

Koršunov sprang auf Myšin zu.

– Nun? – schrie er. – War das nach Ihrem Gusto?

– Warten Sie, – sagte Kulygin, ging auf Myšin zu und sagte:

– Hast du gehört, was der Milizionär gesagt hat? Steh sofort auf!

– Nein, – sagte Myšin und blieb auf dem Fußboden liegen.

– Jetzt wird er mit Absicht ewig hier herumliegen, – sagte die Seleznëva.

– Bestimmt, – sagte Kulygin gereizt.

Und Koršunov sagte:

– Das bezweifle ich nicht. Parfaitement!

Charms
Dienstag 8. Oktober 1940

PASCHQUILL

Der berühmte Rezitator Anton Išaakovič S., eben jene historische Persönlichkeit, die im Monat September des Jahres 1940 im Litejnyj Lektorium aufgetreten war, liebte es, vor ihren Konzerten ein-zwei Stündchen zu liegen und auszuruhen. Sie legt sich manches Mal auf die Chaiselongue und sagt: »Jetzt werde ich schlafen«, schläft aber nicht. Nach den Konzerten liebte sie es, zu Abend zu essen. So kommt sie nach Hause, nimmt am Tisch Platz und sagt zu ihrer Frau: »Also, mein Liebes, nun koch mir doch was Schönes mit Nudeln.« Und während ihre Frau kocht, sitzt sie am Tisch und liest ein Buch. Ihre Frau ist hübsch, mit Spitzenschürzchen, mit einem Täschchen in der Hand, in dem ein Taschentüchlein und ein Käsetörtchen liegen, ihre Frau läuft durch das Zimmer, klappert mit den Absätzchen ihrer Schuhe wie ein kleiner Schmetterling, sie dagegen sitzt bescheiden am Tisch, in Erwartung des Abendessens. Alles ist so harmonisch und wohlanständig. Ihre Frau sagt ihr etwas Angenehmes, und sie nickt beifällig. Und husch eilt die Frau zum Buffet und klirrt dort schon mit den Gläschen. »Schenk mir ein Gläschen ein, mein Liebes«, – sagt sie. »Aber paß auf Liebling, daß du dich nicht betrinkst«, – sagt die Frau zu ihr. »Wie könnte ich, mein Schnäbelchen, ich werde mich doch nicht betrinken«, – sagt sie und stürzt das Gläschen herunter. Ihre Frau aber droht ihr mit dem Fingerchen, während sie selbst eilends durch die Tür zur Küche läuft. So, unter solch angenehmen Tönen verläuft das ganze Abendessen, und danach legen sie sich schlafen. Nachts, wenn die Fliegen sie nicht stören, schlafen sie ruhig, denn sie beide sind sehr gute Menschen!

Sonnabend 12. Oktober 1940

DER VORTRAG

Puškov sagte: – Die Frau ist die Werkbank der Liebe, – und schon hatte er eine in der Fresse.

– Wieso? – fragte Puškov, da er aber auf seine Frage keine Antwort bekam, fuhr er fort:

– Ich meine: der Frau muß man von unten kommen. Frauen haben das gern und tun nur so, als ob sie es nicht gern hätten.

Da hauten sie Puškov wieder eine in die Fresse.

– Aber was ist denn los, Genossen! Dann sage ich eben nichts mehr, – sagte Puškov, aber nachdem er eine Viertelminute gewartet hatte, fuhr er fort:

– Die Frau ist so gebaut, daß sie ganz weich und feucht ist.

Da hauten sie Puškov wieder eine in die Fresse. Puškov versuchte, so zu tun, als hätte er nichts bemerkt, und fuhr fort:

– Wenn man an einer Frau riecht ...

Aber da hauten sie Puškov eine solche in die Fresse, daß er sich an die Wange griff und sagte:

– Genossen, unter solchen Umständen ist es völlig unmöglich, einen Vortrag zu halten. Wenn sich das noch einmal wiederholt, werde ich schweigen.

Puškov wartete einige Sekunden und fuhr fort:

– Wo war ich stehengeblieben? Ach, ja! Also: die Frau betrachtet sich gern. Sie setzt sich vor den Spiegel, völlig nackt ...

Bei diesem Wort bekam Puškov wieder eine in die Fresse.

– Nackt, – wiederholte Puškov.

– Zack! Zack! Zack! – hauten sie ihm in die Fresse.

– Nackt! – rief Puškov.

– Zack! Zack! Zack! Zack! – bekam er die Fresse voll.

– Nackt! Eine nackte Frau! Ein nacktes Weib! – schrie Puškov.

– Zack! Zack! Zack! Zack! – bekam Puškov wieder welche in die Fresse.

– Ein nacktes Weib mit der Kelle in der Hand! – schrie Puškov.
– Zack! Zack! Zack! Zack! – hagelten die Schläge auf Puškov nieder.
– Weiberschwanz! – rief Puškov und suchte vor den Schlägen Deckung. – Nackte Nonne!
Doch da schlugen sie Puškov so schrecklich, daß er das Bewußtsein verlor und wie vom Blitz getroffen zu Boden stürzte.

Sonnabend 12. Oktober 1940

STÖRUNG

Pronin sagte:
– Sie haben sehr schöne Strümpfe.
Irina Mazer sagte:
– Ihnen gefallen meine Strümpfe?
Pronin sagte:
– Oh, ja. Sehr. – Und faßte sie mit der Hand an.
Irina sagte:
– Und warum gefallen Ihnen meine Strümpfe?
Pronin sagte:
– Sie sind so schön glatt.
Irina hob ihren Rock hoch und sagte:
– Und sehen Sie, wie lang sie sind?
Pronin sagte:
– Oh, ja, ja.
Irina sagte:
– Aber hier sind sie schon zu Ende. Hier fängt das nackte Bein an.
– Oh, was für ein Bein! – sagte Pronin.
– Ich habe sehr dicke Beine, – sagte Irina. – Und in den Hüften bin ich sehr breit.
– Zeigen Sie, – sagte Pronin.
– Das geht nicht, – sagte Irina, – ich habe keine Unterhosen an.
Pronin ging vor ihr auf die Knie.
Irina sagte:
– Warum haben Sie sich hingekniet?
Pronin gab ihr einen Kuß auf das Bein etwas oberhalb des Strumpfes und sagte:
– Darum.
Irina sagte:
– Warum heben Sie mir den Rock noch höher? Ich habe Ihnen doch gesagt, ich habe keine Unterhose an.

Doch Pronin hob ihr den Rock trotzdem höher und sagte:
– Macht nichts, macht nichts.
– Was heißt das, macht nichts? – sagte Irina.
Doch da klopfte jemand an die Tür. Irina streifte schnell den Rock herunter, Pronin stand vom Fußboden auf und trat ans Fenster.
– Wer ist da? – fragte Irina durch die Tür.
– Öffnen Sie die Tür, – sagte eine schroffe Stimme.
Irina öffnete die Tür, und ins Zimmer trat ein Mann in einem schwarzen Mantel und hohen Stiefeln. Ihm folgten zwei Soldaten, niedere Ränge, mit Gewehren in der Hand, und ihnen folgte der Hauswart. Die niederen Ränge nahmen neben der Tür Aufstellung, der Mann im schwarzen Mantel ging auf Irina Mazer zu und sagte:
– Ihr Name?
– Mazer, – sagte Irina.
– Ihr Name? – fragte der Mann im schwarzen Mantel, an Pronin gewandt.
Pronin sagte:
– Mein Name ist Pronin.
– Haben Sie eine Waffe? – fragte der Mann im schwarzen Mantel.
– Nein, – sagte Pronin.
– Setzen Sie sich da hin, – sagte der Mann im schwarzen Mantel und zeigte auf einen Stuhl.
Pronin setzte sich.
– Und Sie, – sagte der Mann im schwarzen Mantel, an Irina gewandt, – ziehen Sie Ihren Mantel an. Sie müssen mitkommen.
– Wohin? – fragte Irina.
Der Mann im schwarzen Mantel antwortete nicht.
– Ich muß mich umziehen, – sagte Irina.
– Nein, – sagte der Mann im schwarzen Mantel.
– Aber ich muß mir noch etwas anziehen, – sagte Irina.
– Nein, – sagte der Mann im schwarzen Mantel.
Irina zog schweigend den Pelzmantel über.
– Leben Sie wohl, – sagte sie zu Pronin.

– Unterhaltungen sind verboten, – sagte der Mann im schwarzen Mantel.
– Muß ich auch mitkommen? – fragte Pronin.
– Ja, – sagte der Mann im schwarzen Mantel. – Ziehen Sie sich an.
Pronin stand auf, nahm Hut und Mantel vom Kleiderhaken, zog sich an und sagte:
– So, ich bin soweit.
– Kommen Sie, – sagte der Mann im schwarzen Mantel.
Die niederen Ränge und der Hauswart trappten mit den Schuhsohlen.
Alle gingen hinaus auf den Korridor.
Der Mann im schwarzen Mantel schloß die Tür zu Irinas Zimmer ab und versiegelte sie mit zwei braunen Siegeln.
– Ab auf die Straße, – sagte er.
Und alle verließen die Wohnung, laut fiel die Wohnungstür ins Schloß.

Sonnabend 12. Oktober 1940

SYMPHONIE NR. 2

Anton Michajlovič spuckte aus, sagte »Ech!«, spuckte wieder aus, sagte wieder: »Ech!«, spuckte wieder, sagte wieder: »Ech!« und ging. Gott mit ihm. Ich erzähle lieber von Ilja Pavlovič.

Ilja Pavlovič wurde 1893 in Konstantinopel geboren. Noch als kleiner Junge kam er nach Petersburg und absolvierte hier die deutsche Schule in der Kiročnaja-Straße. Dann war er in einem Kaufhaus beschäftigt, dann tat er noch irgend etwas, und bei Ausbruch der Revolution emigrierte er ins Ausland. Nun, Gott mit ihm. Ich erzähle lieber von Anna Ignatjevna.

Aber von Anna Ignatjevna zu erzählen ist gar nicht so leicht. Erstens weiß ich gar nichts von ihr, und zweitens bin ich eben vom Stuhl gefallen und habe vergessen, wovon ich erzählen wollte. Ich erzähle lieber von mir.

Ich bin ziemlich groß, nicht dumm, kleide mich elegant und geschmackvoll, trinke nicht, gehe nicht zu Pferderennen, sondern fühle mich zu den Damen hingezogen. Und die Damen weichen nicht vor mir zurück. Sie haben es sogar gern, wenn ich mit ihnen spazierengehe. Serafima Izmajlovna hat mich mehrmals zu sich eingeladen, und Zinaida Jakovlevna hat ebenfalls gesagt, daß sie mich jederzeit gern sieht. Aber mit Marina Petrovna ist mir etwas Lustiges passiert, und davon will ich eigentlich auch erzählen. Der Vorfall war ganz alltäglich, aber dennoch lustig, weil Marina Petrovna meinetwegen eine Glatze bekam, glatt wie ein Bauch. Und das kam so:

Ich komme eines Tages zu Marina Petrovna, und – ritsch-ratsch! hatte sie eine Glatze. So war das.

Daniil Charms
Nacht, von Montag auf Dienstag 9.–10. Juni 1941

REHABILITIERUNG

Ohne angeben zu wollen, kann ich sagen, daß ich Volodja, als er mir eine aufs Ohr gehauen und mir ins Gesicht gespuckt hatte, so erwischt habe, daß er es nie vergessen wird. Erst danach habe ich ihm den Primuskocher drübergehauen, und mit dem Bügeleisen habe ich ihn erst gegen Abend geschlagen. So daß er also keineswegs gleich tot war. Daß ich ihm das Bein dann am Tage abgeschnitten habe, ist kein Beweis. Zu der Zeit hat er noch gelebt. Und Andrjuša habe ich einfach aus Trägheit erschlagen, das kann ich mir nicht zum Vorwurf machen. Warum sind Andrjuša und Elizaveta Antonovna mir in die Hände gefallen? Sie hätten nicht plötzlich hinter der Tür hervorspringen dürfen. Blutrünstigkeit wirft man mir vor, man sagt, ich hätte Blut getrunken, aber das ist nicht wahr, ich habe die Blutlachen und Blutflecken aufgeleckt; es ist ein natürliches Bedürfnis des Menschen, die Spuren seines auch noch so geringen Verbrechens zu beseitigen. Auch habe ich Elizaveta Antonovna nicht vergewaltigt. Erstens war sie keine Jungfrau mehr, und zweitens hatte ich mit der Leiche zu tun und keine Zeit, sie zu trösten. Und daß sie kurz vor der Niederkunft stand? Ich habe das Kind doch rausgezogen. Und daß es überhaupt kein Erdenbewohner war, das ist nun mal nicht meine Schuld. Ich habe ihm den Kopf nicht abgerissen, schuld war der dünne Hals. Es war für dieses Leben nicht geschaffen. Es ist wahr, daß ich ihr Hündchen mit dem Stiefel in den Erdboden gestampft habe. Aber es ist schon Zynismus, mich der Tierquälerei zu bezichtigen, wenn dicht daneben, kann man sagen, drei Menschenleben vernichtet wurden. Das Kind nicht mitgezählt. Also schön: in alledem (und dem kann ich zustimmen) möge man eine gewisse Brutalität meinerseits erkennen. Aber mir als Verbrechen anzurechnen, daß ich mich auf meine Opfer gesetzt und meine Notdurft verrichtet habe, – Sie müssen schon entschuldigen, das ist einfach absurd. Sich entleeren ist ein natürliches Bedürfnis, folglich durchaus kein verbrecherisches. Weshalb ich die Besorgnis meines Herrn Verteidigers zwar verstehe, aber dennoch auf meinen Freispruch hoffe.

Dienstag 10. Juni 1941

ANLAGE

BRIEFE AN TAMARA ALEKSANDROVNA MEJER-LIPAVSKAJA

1.

Nein! nein! nein!

Ich kann nicht schweigen.

Bitte! sollen alle denken, was sie wollen, aber ich sage. Ich sage es Ihnen, Tamara Al., offen und ehrlich.

Wozu! Wozu jene Gefühle verbergen, derentwegen viele große Männer ins Feuer gegangen sind.

Zum Beispiel:

Pavel Lopov ist im Jahre 1847 verbrannt mit den Worten: Mir, was mir gebührt!

Anatolij Vlad. Leštukov (dessen Name eine unserer Gassen ziert) ist im Jahre 1859 verbrannt.

Žorž Svindiminsov hat zu Beginn unseres Jahrhunderts seine Schwiegermutter, seine Kinder und sich selbst verbrannt.

Was soll man dazu auch sagen! Sie wissen ja selbst, wozu der Mensch fähig ist. Und ein großer Mensch ist zu allem fähig.

Ich weiß! Ich weiß, T. Al., Sie denken, ich sei ein Dummkopf.

2.

Tamara Aleksandrovna,

ich muß Ihnen sagen: ich habe alles verstanden. Lassen Sie uns aufhören, uns dumm zu stellen und dumme Briefe an Unbekannte zu schreiben. Sie denken: er ist dumm. Er wird es nicht verstehen. Aber Daniil Charms ist nicht dumm. Er versteht alles. Mich, Mütterchen, führen Sie nicht hinters Licht. Das tue eher ich. So weit kommt's noch! Einen Dummkopf gefunden! Aber dieser Dummkopf ist klüger als andere, die klug sind.

Ich will nicht zu Wörtern greifen wie Hohn, Frechheit ust. usw. All das brächte mich nur vom Ziele ab.

Nein, ich sage geradeheraus, das ist doch *weiß der Teufel was!*
Ich habe immer gesagt, Sie haben einen verbrecherischen Zug im Gesicht. Sie haben mit mir gestritten, eine andere Meinung vertreten, aber jetzt halten Sie lieber die Zunge im Baum, oder Zaum, oder wie man so sagt!
Ich frage Sie geradeheraus: was soll das bedeuten? Aha, ich sehe, wie Sie erröten und mit Ihrem schnöden Händchen das unerbittliche Phantom der allerhöchsten Gerechtigkeit verscheuchen wollen.
Ich lache, wenn ich sehe, welch blasse Worte Sie zu Ihrer Rechtfertigung stammeln. Ich lache, und zwar laut, über Ihre Versuche sich zu entschuldigen.
Soll sie! Soll die Bobrikova, dieses Schwein, mich für einen Auswurf halten.
Sollen die Rognedovs mich mit Spülwasser überschütten!
Ja! ... Übrigens, nein.
Das ist es ja nicht.
Ich sage Ihnen in aller Ruhe und Kühnheit: Ich bin ergrimmt.
Und wissen Sie, wozu ich fähig bin? Ich bin ein Wolf. Ein wildes Tier. Ein Leopard. Ein Tiger. Ich spiele mich nicht auf. Warum sollte ich? Ich verachte Bosheit. Zorn ist mir fremd. Aber – der heilige Ingrimm! Wir kennen diese kleinrussischen Felder und Gräben.
Wir kennen diese berüchtigten 20 Pfund. Valentina Efimovna ist nach Moskau gefahren. Die Lebensmittelpreise steigen.

20. August 1930
Daniil Charms

3.
Liebe Tamara Aleksandrovna,
ich liebe Sie. Gestern wollte ich es Ihnen sogar sagen, aber Sie sagten, ich hätte immer so einen Ausschlag auf der Stirn, da war es mir peinlich. Aber dann, als Sie Radieschen aßen, dachte ich: »Also schön, ich habe eine häßliche Stirn, aber dafür ist Tamaročka auch keine Göttin.« Das dachte ich zu meiner Beruhigung. Aber in Wahr-

heit sind Sie eine Göttin – groß, schlank, klug, ein wenig heimtückisch und vollkommen unschätzbar!
Nachts rieb ich mir die Stirn mit Politur ein und dachte:
»Wie schön ist es doch, eine Göttin zu lieben, wenn man selber ein Gott ist.« Damit schlief ich ein.
Geweckt wurde ich von meinem Herrn Papa, der mich, ziemlich streng, fragte, wer gestern bei mir gewesen wäre. Ich sage, es waren Freunde.
– Freunde? – sagte Papa.
Ich sage: bei mir waren Vvedenskij, Lipavskij und Kalašnikov.
Aber Papa fragte, ob nicht auch jemand von den, sozusagen, Damen dagewesen wäre. Ich sage, ich könne mich nicht sogleich an alles erinnern. Aber Papa tat etwas (nur sage ich nicht was), mir fiel alles wieder ein, und ich sage zu ihm: »Jawohl, Papočka, es waren auch die und die mir bekannten Damen da, die ich sehen mußte wegen Staatsverlag, Haus der Presse und Schriftstellerföderation.« Aber es half nichts.
Sehen Sie, die Sache ist die, daß Sie geglaubt haben, ich wäre wie ... entschuldigen Sie, wie Jaša Druskin, aber das bin ich viel seltener als er.
Also, Papa hatte es früher gelesen als ich und schon Lidija Alekseevna gezeigt (das ist so eine, die wohnt bei uns).
Und ich weiß nicht mal, was da steht.
– Nein, – sagte Papa, – bitte folge mir und erklär mir das bitte.
Ich ziehe die Pantoffeln an und gehe mit.
Ich komme hin, sehe es, o du mein Gott! Zum einen war es ja angenehm zu sehen, aber andererseits standen Papa und Lidija Alekseevna daneben.
– Ich, – sagt Lidija Alekseevna, – kann diesen Ort nicht mehr betreten, sonst schreiben sie auch noch etwas über mich hierhin.
Und auch Papa fing an zu brüllen.
– Das, – schreit er, – ist hier doch keine öffentliche Bedürfnisanstalt!
Was sollte ich sagen! Ich stehe da und denke: »Ja, sie liebt mich, kein

Zweifel, sie liebt mich, wenn sie so was schreibt! Und denke nur, wie schlau sie es dich wissen läßt! Aber welche war es? Das ist die Frage. Ach, wärs doch sie, d. h. Tamara!«

Kaum hatte ich das gedacht, klingelt es, der Briefträger kommt, bringt mir drei Einschreibebriefe. Und klar wird: mich lieben alle drei. Nur, was soll ich mit den anderen, wo ich doch Sie, ja Sie, liebe Tamara Aleksandrovna, liebe.

Seit ich Sie zum ersten Mal gesehen habe, vor fünf Jahren, im Dichterverband – seitdem liebe ich Sie.

Das hat meine Natur gebrochen. Ich laufe umher wie ein Dummkopf. Habe keinen Appetit mehr. Und esse ich etwas, so nur unter Mühen und bekomme sofort Sodbrennen. Ich kann auch nicht mehr schlafen. Kaum lege ich mich schlafen, ist mein linkes Nasenloch verstopft, es ist einfach zum Verrecken.

Aber die Liebe, darf man sagen, ist eine heilige Flamme, sie brennt alles nieder!

Fünf Jahre schon ergötze ich mich an Ihrem Anblick! Wie schön Sie sind! Tamara Aleksandrovna, ach, wenn Sie es nur wüßten!

Liebe, liebste Tamara Aleksandrovna! Warum nur ist Šurka mein Freund! Welch Hohn des Schickals! Wenn ich Šurka nicht kennen würde, würde ich auch Sie nicht kennen!

Nein! …

Oder doch ja! Ja, nur Sie, Tamara Aleksandrovna, sind fähig, mich glücklich zu machen.

Sie schreiben mir: »Ich bin Ihr Geschmack.«

Wo denken Sie hin, Tamara Aleksandrovna? Als ginge es hier um Geschmack!

Ach! Die Wörter sind machtlos und Töne nicht darstellbar.

Tamaročka, mein Regenbogen!

Dein Danja

5. Dezember 1930

4.
Meine liebe, teure Tamara Aleksandrovna,
ich schreibe nicht gern, wenn nichts zu schreiben ist. Nichts, gar nichts hat sich verändert, seit Sie weggefahren sind. Valentina Efimovna läuft dauernd zu Tamara Grigorjevna, Tamara Grigorjevna zu Valentina Efimovna, Aleksandra Grigorjevna zu Leonid Saveljevič, und Leonid Saveljevič zu Aleksandr Ivanovič. Auch kann ich gar nichts sagen über mich. Ich bin ein bißchen brauner geworden, ein bißchen dicker, ein bißchen hübscher, aber nicht einmal das finden alle.
Aber vielleicht sollte ich Ihnen einen Fall beschreiben, der Leonid Saveljevič widerfahren ist. Kam doch Leonid Saveljevič mal bei mir vorbei und traf mich nicht zu Hause an. Man hat ihm nicht einmal die Tür aufgemacht, sondern nur durch die Tür gefragt: wer da? Er fragte zuerst nach mir, dann nannte er seinen Namen, irgendwie Saveljev. Und mir wird ausgerichtet, ein Fräulein habe mich besuchen wollen, mit Namen Sevilla. Nur mit Mühe bin ich darauf gekommen, wer es in Wirklichkeit war. Ja, und vor ein paar Tagen ist noch ein Fall passiert. Leonid Saveljevič und ich gingen in den Zirkus, und stellen Sie sich vor, es gibt keine einzige Karte mehr. Ich sage: kommen Sie, Leonid Saveljevič, wir gehen schwarz. Und wir gingen. Aber am Eingang halten sie mich fest und lassen mich nicht durch, er dagegen, sehe ich, kommt ungeschoren hinein. Ich sage böse: der da hat auch keine Karte. Warum lassen Sie den rein? Und da sagt man mir: das ist unser Stehaufmännchen, der rollt bei uns in der Manege den Teppich zusammen. Er ist völlig abgehärmt, unser Leonid Saveljevič, wissen Sie, und wenn er Staatsverlag nur hört, winkt er ab, er will Friseur werden. Aleksandr Ivanovič hat sich ein Paar Hosen gekauft, Oxford, versichert er. Tatsächlich sind sie schrecklich weit, weiter als Oxford, aber dafür sehr kurz, man sieht den Sockenbund. Aleksandr Ivanovič läßt sichs nicht verdrießen, er sagt: ich trage sie – bis sie aufgetragen sind. Valentina Efimovna ist in eine andere Wohnung gezogen. Sicher wird man sie bald auch da

rausschmeißen. Tamara Grigorjevna und Aleksandra Grigorjevna sitzen dick und breit in Ihrem Zimmer; ich rate Ihnen, bleiben Sie wachsam. Übrigens sind das ganz schöne Schweine.
Das ist annähernd alles, was in Ihrer Abwesenheit vorgefallen ist. Sowie etwas Interessantes geschieht, schreibe ich ausführlich.
Wir haben alle sehr große Sehnsucht nach Ihnen. Ich habe mich schon in drei schöne Frauen verliebt, die Ihnen ähnlich sind. Leonid Saveljevič hat zu Hause über sein Bett mit Buntstift geschrieben: »Tamara A.K.N«. Olejnikov hat seinen Sohn Tamara genannt. Aleksandr Ivanovič nennt alle seine Bekannten Tamasja. Val. Ef. hat Barskij einen Brief geschrieben und unterschrieben mit »T« – entweder »Tua« oder »Tamara«. Ob Sie es glauben oder nicht, aber sogar Boba Levin hat aus Simbirsk einen Brief geschickt, in dem er schreibt: » ... wie gehts Dir, wen siehst Du?« »Offensichtlich interessiert ihn, ob ich Sie sehe. Vor ein paar Tagen traf ich Danilevič. Er strahlte förmlich und bebte, aber als er mich erkannt hatte, wurde er plötzlich ganz hohlwangig. Ich, sagte er*, habe Sie doch für Tamaročka gehalten, jetzt sehe ich, ich habe mich getäuscht. Genauso sagte er: für Tamaročka. Ich sage nichts, ich habe ihm nur nachgeschaut und leise gemurmelt: Eiszapfen! Er muß das gehört haben, denn er trat schnell auf mich zu und knallte mir eins vor die Backe, ich weiß nicht womit. Ich habe sogar weinen müssen, Sie haben mir so leidgetan.
Ich kann nicht mehr mit Bleistift schreiben.

Ihr Daniil Charms
17. Juli 1931
Nadeždinskaja, 11. Whn. 8

(Schreiben Sir mir an diese Stadtadresse.)

* In diesem Moment hat Tantchen mir die Tinte weggenommen.

5.

Liebe Tamara Aleksandrovna und

Leonid Saveljevič,

ich danke Ihnen für Ihren wundervollen Brief. Ich habe ihn mehrmals gelesen und auswendig gelernt. Man kann mich nachts wecken, und sofort beginne ich, ohne zu stocken. »Seien Sie gegrüßt, Daniil Ivanovič, wir haben große Wehnwucht nach Ihnen. Lënja hat sich neue ...« usw. usw.

Ich habe den Brief allen meinen Bekannten in Carskoe Selo vorgelesen. Allen gefällt er sehr. Gestern kam mein Freund Balnis zu mir. Er wollte bei mir übernachten. Ich habe ihm Ihren Brief sechsmal vorgelesen. Er lächelte breit, übers ganze Gesicht, der Brief gefiel ihm sichtlich, aber eine genaue Meinung zu äußern fand er keine Zeit mehr, denn er ging fort, ohne bei mir zu übernachten. Heute ging ich selbst zu ihm und las ihm den Brief noch einmal vor, um ihn in seiner Erinnerung aufzufrischen. Dann fragte ich ihn nach seiner Meinung. Er aber riß von einem Stuhl ein Bein ab und jagte mich mit diesem Stuhlbein auf die Straße und sagte, wenn ich mit dieser Schweinerei noch einmal ankäme, würde er mich an den Händen fesseln und mir Müll aus der Abfallgrube in den Mund stopfen. Das waren natürlich grobe und wenig geistreiche Worte von ihm. Ich ging selbstverständlich und begriff, daß er womöglich stark verschnupft war und deshalb schlechte Laune hatte. Von Balnis ging ich in den Katharinenpark und fuhr Boot. Auf dem ganzen See schwammen, außer meinem, noch zwei-drei Boote. Unter anderem fuhr in einem Boot ein sehr hübsches Mädchen. Und ganz allein. Ich wendete mein Boot (übrigens muß man beim Wenden vorsichtig rudern, weil die Ruder aus den Ruderrollen springen können) und ruderte der Schönen hinterdrein. Mir war, als sähe ich aus wie ein Norweger und als müßten meine Gestalt in der grauen Weste und die flatternde Krawatte Frische und Gesundheit ausstrahlen und, wie man so sagt, nach Meer riechen. Aber an der Orlov-Säule badeten irgendwelche Rowdies, und als ich vorbeifuhr, wollte einer von ihnen quer über meine Bahn

schwimmen. Da rief ein anderer: »Warte, bis diese krumme, verschwitzte Type vorbei ist!« – und zeigte mit dem Fuß auf mich. Es war mir sehr unangenehm, denn die Schöne konnte alles hören. Und da sie vor mir ruderte und man im Ruderboot bekanntlich mit dem Rücken zur Fahrtrichtung sitzt, konnte die Schöne nicht nur hören, sondern auch sehen, wie der Rowdy mit dem Fuß auf mich zeigte. Ich versuchte, den Anschein zu erwecken, als sei nicht ich gemeint, und schaute lächelnd nach links und rechts. Aber nirgends ringsum war ein Boot. Da rief der Rowdy auch noch: »Was glotzt du so! Mann, du bist gemeint! Ha, du Pumpe mit Hut!«
Ich legte mich mit aller Kraft in die Ruder, aber die Ruder sprangen aus den Ruderrollen, und das Boot bewegte sich nur langsam vorwärts. Endlich, unter großen Anstrengungen, hatte ich die Schöne eingeholt, und wir machten uns bekannt. Sie hieß Ekaterina Pavlovna. Wir gaben ihr Boot zurück und Ekaterina Pavlovna stieg in mein Boot um. Sie erwies sich als eine sehr geistreiche Gesprächspartnerin. Ich beschloß, mit dem Geist meiner Bekannten zu glänzen, zog Ihren Brief hervor und begann zu lesen: »Seien Sie gegrüßt, Daniil Ivanovič, wir haben große Wehnwucht nach Ihnen. Lënja hat sich neue ...« usw. Ekaterina Pavlovna sagte, wenn wir ans Ufer fahren würden, dann könnte ich was sehen. Und ich sah, wie Ekaterina Pavlovna davonlief, während aus dem Gebüsch ein dreckiger Rotzbengel kroch und sagte: »Onkel, fahr weiter.«
Heute abend ging der Brief verloren. Das kam so: Ich stand auf dem Balkon, las Ihren Brief und aß Grießbrei. In diesem Augenblick rief mich Tantchen ins Zimmer, ich solle ihr helfen, die Uhr aufzuziehen. Ich deckte den Brief über den Grießbrei und ging ins Zimmer. Als ich zurückkam, hatte der Grießbrei den Brief ganz aufgesogen, so habe ich ihn aufgegessen.
Das Wetter in Carskoe Selo ist schön: wechselnde Bewölkung, Südwestwind Stärke Vier. Schauerneigung.
Heute morgen kam zu uns in den Garten ein Leierkastenmann, er spielte den Flohwalzer, dann den Jägermarsch und lief davon.

Ich habe ein sehr interessantes Buch darüber gelesen, wie sich ein junger Mann in eine junge Person verliebte, aber diese junge Person liebte einen anderen jungen Mann, und dieser junge Mann liebte eine andere junge Person, und diese junge Person wiederum liebte einen anderen jungen Mann, der nicht sie liebte, sondern eine andere junge Person.

Und plötzlich tritt diese junge Person auf eine Falltür und verletzt sich an der Wirbelsäule. Als sie jedoch schon beinahe wieder gesund ist, erkältet sie sich und stirbt. Da setzt der junge Mann, der sie liebt, seinem Leben mit einem Revolverschuß ein Ende. Da wirft sich die junge Person, die diesen jungen Mann liebt, vor einen Zug. Da klettert der junge Mann, der diese junge Person liebt, vor Kummer auf einen Hochspannungsmast, berührt die Stromleitung und stirbt am elektrischen Schlag. Da ißt die junge Person, die diesen jungen Mann liebt, zerstoßenes Glas und stirbt an ihren inneren Verletzungen. Da wandert der junge Mann, der diese junge Person liebt, nach Amerika aus und ergibt sich dort dem Suff, derart, daß er sein letztes Kleidungsstück versetzt und, da er nichts mehr anzuziehen hat, gezwungen ist, im Bett liegenzubleiben, er liegt sich den Rücken durch und stirbt daran.

Ich bin in den nächsten Tagen in der Stadt. Ich will Sie unbedingt sehen. Einen Gruß an Valentina Efimovna und Jakov Semënovič.

Daniil Charms
28. Juni 1932
Carskoe Selo

6.

Liebe Tamara Aleksandrovna, Valentina Efimovna, Leonid Saveljevič, Jakov Semënovič und Valentina Efimovna.

Bitte grüßen Sie Leonid Saveljevič, Valentina Efimovna und Jakov Semënovič von mir.

Wie geht es Ihnen, Tamara Aleksandrovna, Valentina Efimovna, Leonid Saveljevič und Jakov Semënovič? Was macht Valentina Efi-

movna? Schreiben Sie mir unbedingt, Tamara Aleksandrovna, wie sich Jakov Semënovič und Leonid Saveljevič fühlen.
Ich habe große Sehnsucht nach Ihnen, Tamara Aleksandrovna, ebenso nach Valentina Efimovna, nach Leonid Saveljevič und nach Jakov Semënovič. Ist Leonid Saveljevič noch immer auf dem Land oder ist er schon zurück? Wenn er zurück ist, grüßen Sie ihn von mir. Aber auch Valentina Efimovna, und Jakov Semënovič, und Tamara Aleksandrovna. Sie sind mir alle in einem Maße gegenwärtig, daß mir scheint, ich könnte Sie nie vergessen. Valentina Efimovna steht mir wie lebendig vor Augen, und wie lebendig sogar Leonid Saveljevič. Jakov Semënovič ist mir wie ein leiblicher Bruder und eine leibliche Schwester oder, zumindest, wie eine Cousine. Leonid Saveljevič ist mir wie ein Schwager, und Valentina Efimovna wie eine Verwandte.
Auf Schritt und Tritt denke ich an Sie, mal an den einen, mal an den anderen, und immer mit solcher Klarheit und Deutlichkeit, daß es einfach schrecklich ist. Nur im Traum erscheint mir niemand von Ihnen, und mich wundert, warum das so ist. Denn wenn mir Leonid Saveljevič im Traum erschiene, so wäre das das eine, wenn es Jakov Semënovič wäre, so wäre das schon etwas anderes. Dem nicht beizupflichten ist ein Ding der Unmöglichkeit. Und wenn Sie mir im Traum erschienen, so wäre das noch etwas anderes, als wenn mir Valentina Efimovna im Traum vorgeführt würde. Was mir da vor ein paar Tagen passiert ist! Stellen Sie sich vor, ich wollte gerade weggehen und griff nach meinem Hut, um ihn aufzusetzen, plötzlich sehe ich genau hin, und der Hut ist nicht meiner, ist meiner und doch nicht meiner. Zum Kuckuck! – denke ich, – ist das eine Geschichte! Ist das nun mein Hut oder ist es nicht meiner? Und ich setze den Hut immer wieder auf. Kaum hatte ich den Hut auf und schaue in den Spiegel, da sehe ich, sieht aus, als wäre es doch mein Hut. Und ich denke: und wenn es nun doch nicht meiner ist? Obwohl er doch meiner zu sein scheint. Und wie sich herausstellte, war es tatsächlich mein Hut. Und auch Vvedenskij, als er im Fluß ba-

dete, hat sich in einem Fischernetz verheddert und sich so darüber aufgeregt, daß er, kaum war er wieder frei, nach Hause lief, um zu schlafen. Schreiben Sie, was sie so erleben. Was macht Leonid Saveljevič, ist er auf dem Land oder schon zurück?

Daniil Charms
1. August 1932, Kursk

7.
Liebe Tamara Aleksandrovna,
wie steht es um Ihre Gesundheit? Aleksandr Ivanovič hat mir Ihren Brief vorgelesen und sofort *gekotzt*. Was ist das denn mit Ihren Nieren? Ich habe lange darüber nachgedacht, bin aber zu keinerlei positiven Ergebnissen gelangt. Die Nieren dienen, bekanntlich, der Ausscheidung von Stoffen, die dem Organismus schädlich sind, und haben äußerlich die Form von Bohnen. Was kann denen schon Besonderes geschehen? Jedenfalls ist bei Ihnen eine hübsche Nummer daraus geworden. Was bedeutet Wanderniere? Stellen Sie sich, der Anschaulichkeit halber, vor, Sie und Valentina Efimovna wären zwei Nieren. Und plötzlich fängt eine von Ihnen an zu wandern. Was bedeutet das? Es ist absurd. Nehmen Sie statt Valentina Efimovna und setzen Sie Leonid Saveljevič, Jakov Semënovič oder wen auch immer an Ihre Stelle, es käme trotzdem der blanke Unsinn heraus. Valentina Efimovna habe ich meinen Glückwunsch gesandt. Wie sie auch sein mag, beglückwünschen muß man sie, denke ich, trotzdem.

Daniil Charms
♀ 2. September 1932
Kursk.

Šura — Wieviel
in diesem Wort
fürs russische Herz
zusammenfließt.*

* Zuschrift von Aleksandr Vvedenskij [Anm. d. Hg.]

8.
Liebe Tamara Aleksandrovna,
vielleicht ist es sehr dumm von mir, so zu schreiben, aber meiner Ansicht nach waren Sie immer sehr *schön.* Ob Sie es glauben oder nicht, aber es *ist so*. Ich war davon sogar überzeugt. Ja, ich denke so. Ich will nicht komisch und nicht originell sein, aber ich behaupte nach wie vor, jede schöne Frau hat hundert Punkte gut. Möge ich der erste sein, der ihre Schönheit ausgekostet hat. Ich rechne nicht damit, Nachfolger zu haben. O nein! Sondern möge ich mit meiner Meinung allein bleiben. Ich werde nicht von ihr abweichen.
Das ist keine Dickköpfigkeit. Und was die anderen über mich denken, darauf kann ich pfeifen.
Ich hörte, aus Ihrem Brief, daß Sie sich die Nase angestoßen haben. Schade. Das ist ein Verlust. Das Fehlen der Symmetrie, Ihren vorübergehenden Defekt können die Sie Umgebenden nutzen.
Valentina ist Ihnen ebenbürtig. Eine schöne Frau. Das üppige Haar, der Mund, die Augen ... Ein Wunder, wieso nicht eine Meute von Verehrern ihre Tür belagert. Ihr Gang? Ihre Figur? Was ist der Grund? Warum wendet jedermanns Nase sich ab?
Der verwilderte Geschmack?
Leonid ist kein Apoll, er hat eine Menge Fehler. Und doch hat ihn, muß man zugeben, ein geschickter Architekt gebaut. Das Miniaturenhafte seiner Formen, das in Gebrechlichkeit übergeht, kann man unmöglich Vollkommenheit nennen. Aber Vollkommenheit ist ein toter Löwe, und Leonid ist ein lebendiger Hund. Daß Ihre Wahl auf ihn gefallen ist, begrüße ich! Sie haben in der Müllgrube die Perle gefunden!
Jakov erweckt warme Gefühle für sich. Er ist ein Student, der zu so mancher Hoffnung Anlaß gibt.
Jakov! Ich verfluche Dich! Granit sollst Du beißen!
Und Sie, Tamara Aleksandrovna, unterstützen Sie ihn! Flößen Sie seinem Bewußtsein Hoffnung ein, das jahrhundertelang das Denken über die Dinge bewahrt hat, Dinge der Ehre, der Pflicht und der

Übermoral, über Kenntnisse, an denen das irdische Dasein so übervoll ist, das alle menschlichen Leidenschaften verkörpern soll, welche mit solcher Erbitterung einen Kampf geführt haben mit jenen Absichten des Menschen, welche in nicht abnehmbaren Strömen unseren Wohnort des Denkens erfüllen, unter Zuhilfenahme welches*

Tamara Aleksandrovna! Jakov ist die Seele der Gesellschaft! Der Orient!

Möge Nikolaj Ihre Schönheit besingen, Tamara Aleksandrovna. Und wäre ich Goilath, ich würde mit der Hand den Himmel berühren und dort, in die Wolken, Ihren Namen schreiben.

Aber bitte! Mögen alle über mich lachen und sagen, ich hätte einen dünnen Hals und eine Brust wie ein Faß. Ein anständiger Mensch lacht darüber nicht. Ich trinke jetzt Lebertran!

Ich spreche gerade nicht von mir, sondern von Ihnen, von Ihrer Schönheit, Tamara Aleksandrovna!

Geben Sie auf sich acht!

Daniil Charms

25. September 1932. Kursk

---

* Lücke im Manuskript [Anm. d. Hg.]

BRIEFE AN RAISA POLJAKOVSKAJA

I

Liebe Raisa Iljinišna,
vielleicht ist es so, wie alles gekommen ist, zum besten.
Ich habe mich nämlich in sie verliebt.
Und wenn ich Sie noch einmal sehen würde, wüde ich Ihnen alles gestehen.
Das wäre nicht gut.
Haben Sie die Zeichen an den Wänden meines Zimmers nicht vergessen?
Sehr oft finden Sie dort das Zeichen ⊟, ich nenne es das »Fenster«. In dem Taschenspiegel, den ich Ihnen geschenkt habe, liegt ein Zettel, auf den ich das »Fenster« in verschiedenen Versionen gezeichnet habe.
Und erinnern Sie sich an den Schriftzug über meinem Bett:
An das Paradies denken.
Also gut, Raisa Ilijnišna, Sie können es für einen Scherz halten, aber vor Ihnen habe ich nur ein einziges Mal wirklich geliebt.
Das war Esther (ins Russische übersetzt: der Stern).
Ich liebte sie sieben Jahre lang.
Sie war für mich nicht nur die Frau, die ich liebte, sondern noch etwas anderes, das all mein Denken und Handeln durchdrang.
Ich nannte sie das Fenster, durch das ich in den Himmel schaue und den Stern sehe. Und den Stern nannte ich das Paradies, wenn auch ein sehr fernes.
Esther und ich sprachen nicht russisch miteinander, und ihren Namen schrieb ich mit lateinischen Buchstaben: ESTHER. Dann bildete ich aus ihnen ein Monogramm, und heraus kam ⊟.
Und einmal erkannte ich dann, daß das Zeichen ⊟ die Darstellung des Fensters ist.
Dann trennten wir uns, Esther und ich. Ich hörte nicht auf, sie zu

lieben, auch sie hörte nicht auf, mich zu lieben, aber ich hatte als erster den Wunsch nach Trennung.

Warum, fällt mir schwer zu erklären. Aber ich fühlte, daß es genug war »durch das Fenster auf den fernen Stern« zu schauen.

Einmal konnte ich die ganze Nacht nicht schlafen. Ich legte mich hin und stand sofort wieder auf. Doch aufgestanden, begriff ich, daß ich mich hinlegen mußte. Ich legte mich wieder hin, sprang aber sofort wieder auf und ging im Zimmer auf und ab.

Ich setzte mich an den Tisch und wollte schreiben. Ich legte Papier vor mich hin, nahm die Feder in die Hand und dachte nach. Ich wußte, daß ich etwas schreiben mußte, wußte aber nicht was.

Ich wußte nicht einmal, ob es ein Gedicht sein sollte oder eine Erzählung oder eine Erörterung oder einfach nur ein Wort. Ich schaute nach beiden Seiten, und mir schien, als würde gleich etwas geschehen. Aber es geschah nichts.

Es war entsetzlich.

Besser wäre die Zimmerdecke herabgefallen, als so dazusitzen und auf etwas Unbekanntes zu warten.

Schon war die Nacht vorüber, die Straßenbahnen fuhren bereits, und ich hatte noch immer kein einziges Wort geschrieben.

Ich stand auf und trat ans Fenster. Ich setzte mich und begann, aus dem Fenster zu schauen.

Und auf einmal sagte ich zu mir: Da sitze ich und schaue auf ...

Aber worauf schaue ich? Mir fiel ein: »das Fenster, durch das ich auf den Stern schaue«. Aber ich schaue nicht mehr auf den Stern. Ich weiß nicht, worauf ich heute schaue. Aber das, worauf ich schaue, ist eben jenes Wort, das ich nicht habe schreiben können.

Da sah ich Sie. Sie waren an Ihr Fenster getreten im Badeanzug.

So habe ich Sie zum ersten Mal gesehen.

Ich sah Sie durch das Fenster.

Finden Sie komisch, Iljinišna, was ich Ihnen hier schreibe?

Aber ich bitte Sie ja auch nicht, es ernstzunehmen.

Aber hören Sie weiter.

Ich lernte Sie kennen und erfuhr, daß sie Raja heißen.
Ich begann, viel über Sie nachzudenken, über das Paradies. Das Denken an das Paradies wurde mein wichtigster Gedanke. Und so hängte ich über meinem Bett den Spruch auf:

An das Paradies denken.

Mein wichtigster Gedanke, außer dem an Sie, wurde der Gedanke an das Paradies, und Sie verstehen, Sie wurden für mich nicht nur die Frau, in die ich mich verliebt hatte, sondern Sie durchdrangen all mein Denken und Handeln.
Das Wortspiel Raja und Paradies tut hier nichts zur Sache.
All das ist nicht gerade zeitgemäß, und ich beschloß, Ihnen nichts davon zu sagen.
Ich kam also zu Ihnen und sagte: Wissen Sie, Raja, mir ist heute nacht etwas Schreckliches geschehen, und Sie haben mich gerettet.
Mehr habe ich nicht zu Ihnen gesagt.
Als ich dann mit Ihnen an der Buddhistischen Pagode und auf den Inseln spazierenging, fühlte ich, daß ich Ihnen alles würde sagen müssen, aber etwas hielt mich zurück und ich sagte nichts. Ich ging und erzählte dummes Zeug. Und Sie waren am Ende sogar beleidigt.
So ging es jedesmal, wenn ich mich mit Ihnen traf.
Ich mußte Ihnen entweder alles sagen, oder mich von Ihnen trennen. Ich habe Ihnen auch jetzt, in diesem Brief, fast nichts gesagt. Nur in Andeutungen.
Und sicher sind Sie der Meinung, daß ich entweder scherze oder verrückt bin. Und ich schreibe Ihnen das alles nur, weil ich beschlossen habe, mich nicht mit Ihnen zu treffen, um Sie nicht zu beunruhigen.
Heute riefen Sie an, als ich eben angefangen hatte, Ihnen diesen Brief zu schreiben.
Natürlich habe ich Ihre Stimme sofort erkannt, da ich aber nicht wußte, was ich Ihnen hätte sagen sollen, fragte ich dauernd nur: »Wer ist am Apparat?«
Übermorgen wird Ihnen Boris Michajlovič Levin diesen Brief übergeben.

Gott beschütze Sie, liebste Raja.

Daniil Charms

2. November 1931

II

Liebe Raisa Iljinišna, ich kann Ihnen nicht sagen, warum ich Sie seit dem 19. September nicht gesehen habe.

Natürlich habe ich Ihre Stimme erkannt, als Sie mich anriefen.

Da ich Sie auf keinen Fall wiedersehen werde, kann ich es Ihnen sagen: ich habe mich in Sie verliebt und ich liebe Sie.

Ich liebte Esther sieben Jahre lang, und jetzt werde ich sieben Jahre lang Sie lieben.

Wo immer ich sein werde, ich werde nur an das Paradies denken.

Daniil Charms

2. November 1931

BRIEFE AN ALEKSEJ PANTELEEV

Lieber Aleksej Ivanovič,
Kursk ist eine sehr unangenehme Stadt. Ich ziehe das DPZ vor. Hier, bei allen hiesigen Einwohnern, gelte ich als Idiot. Auf der Straße muß mir unbedingt jeder etwas hinterherrufen. Deshalb sitze ich, fast die ganze Zeit, bei mir im Zimmer. Abends sitze ich und lese Jules Verne, tagsüber tue ich absolut nichts. Ich wohne in einem Haus mit Vvedenskij; auch darüber bin ich unzufrieden, sehr. An unserm Haus ist ein Obstgarten. Es gibt gerade viel Kirschen.
Verzeihen Sie so eine läppische Karte, aber zu einem Brief reicht einstweilen die Inspiration nicht.
Grüßen Sie Samuil Jakovlevič.

Daniil Charms
23. Juli 1932
Kursk, Pervyševskaja 16

Lieber Aleksej Ivanovič,
eben habe ich Ihren Brief bekommen. Freue mich sehr, daß Sie baden gehn und in der Sonne liegen. Hier gibt es weder Sonne noch irgendeinen Platz, wo man badengehen könnte. Hier ist die ganze Zeit Regen und Wind, es hat überhaupt mit Petersburg wenig Ähnlichkeit. Meine Stimmung ist übrigens durchaus nicht düster. Ich fühle mich wohl und ruhig, aber nur, solange ich in meinem Zimmer sitze. Es reicht, über die Straße zu gehen, und man kommt böse und gereizt zurück. Aber das geschieht selten, denn ich verlasse das Haus einmal in drei Tagen. Und zwar nur: auf die Post und zurück. Wenn ich zu Hause sitze, denke ich, schreibe und lese viel. Es stimmt, ich lese nicht nur Jules Verne. Eben schreibe ich an einem großen Text mit dem Titel *Don Juan*. Bis jetzt ist nur der Prolog und ein Stück des ersten Teils geschrieben. Mit dem, was geschrieben ist,

bin ich nicht sehr zufrieden. Dafür habe ich zwei Traktate über die Zahlen geschrieben. Mit ihnen bin ich vollauf zufrieden. Es ist mir gelungen, zwei Theoreme zu entwickeln, dann sie zu widerlegen, dann die Widerlegung zu widerlegen, dann sie erneut zu widerlegen. Auf dieser Grundlage ist mir gelungen, zwei weitere Theoreme zu entwickeln. Eine gymnastische Übung, aber es ist nicht nur Gymnastik. Die Theoreme haben allzu direkte Folgen, materielle, als daß sie nur Gymnastik sein könnten. Eine der Folgen zum Beispiel ist die Definition von absolut Null der Temperatur. Die Schlußfolgerungen waren für mich so unerwartet, daß ich, ihretwegen, bald ein Naturdenker bin. Zudem ein Naturdenker aus der Stadt Kursk. Bald wird zu mir passen, daß ich mich mit der Quadratur des Kreises befasse oder der Trisektion des Winkels.

Die Tätigkeit eines halbanalphabetischen Gelehrten habe ich immer gemocht. Aber hier wird das gefährlich.

Für Molodaja Gvardija habe ich noch nichts geschrieben, aber jetzt werde ich vielleicht etwas schreiben.

Was ist, wie Sie schreiben, mit Samuil Jakovlevič? Aber sein Charakter ist unabänderlich. Wenn man ihm pro Tag einen armseligen Vers zu lesen gibt, bringt er es fertig, sich Tag und Nacht damit zu beschäftigen. Über dieses Verschen stellt er eine Theorie auf, Pläne und Projekte, und macht es dann zum Weltereignis.

Für Menschen wie ihn geschieht nichts umsonst. Alles, jede Kleinigkeit, wird zu einem Teil des einen Ganzen. Allein eine Tomate zu essen, welche Verantwortung darin liegt! Ein anderer trägt für ein ganzes Leben weniger Verantwortung. Richten Sie Samuil Jakovlevič meinen innigsten Gruß aus. Ich habe ihm noch keinen Brief geschrieben. Aber bisher also sollte das nicht sein. Grüßen Sie Lidija Korneevna.

Daniil Charms
10. August 1932, Kursk

Aleksej Ivanovič, danke für Ihre rührende Anteilnahme. Wenn ich etwas schreiben sollte, das man einem Brief anvertrauen kann, schicke ich es Ihnen.

D. Ch.

Lieber Aleksej Ivanovič,
dieser Brief wird ebenfalls nicht sehr heiter. Ich bin jetzt schon einen ganzen Monat lang krank. Wie sich herausstellt, habe ich Turberkulose. In letzter Zeit hat sie sich verschlimmert, jedenTag steigt die Temperatur. Angesichts dessen – etwas für Gosizdat schreiben, kann ich jetzt nicht. Hier ist es sehr schwer, ein regelmäßiges Leben, wie der Arzt es verordnet, einzuhalten, deshalb ist die Lage ziemlich ernst.
Es freut mich sehr, daß Sie Bašilov gesehen haben. Seine Aphorismen haben mir gefallen. Ich habe ihm einen Brief geschrieben, aber keine Antwort erhalten.
Wenn Samuil Jakovlevič in der Stadt ist, richten Sie ihm einen Gruß aus.
Einen Gruß an Tamara Grigorjevna.

Daniil Charms
18. September 1932

BRIEFE AN BORIS ŽITKOV

[Ende September 1936]

Lieber Boris Stepanovič,
jeden Tag, wenn ich mich ans Harmonium setze, denke ich an Sie. Besonders, wenn ich die II. Fugette von Händel spiele, die auch Ihnen gefiel. Erinnern Sie sich, wie dort der Bass von Zeit zu Zeit mit den oberen Stimmen zusammengeht über diesem Thema:

Diese Fugette ist in meinem Repertoire die Krönungsnummer. Einen Monat lang habe ich sie zweimal pro Tag gespielt, aber dafür spiele ich sie jetzt frei. Marina ist meinen Übungen nicht eben wohlgesonnen, und da sie fast nie aus dem Haus geht, übe ich höchstens eine Stunde am Tag, was viel zu wenig ist. Außer der Fugette spiele ich Palestrinas »Stabat mater« in einer Transposition für Chor, ein Menuett von John Bloy (XVII. Jhdt.), »O Feld, o Feld« aus dem »Ruslan«, den Choral es-dur aus der Johannespassion, und zur Zeit übe ich eine Arie in c-moll aus einer Bachpartita. Das ist eine der schönsten Sachen von Bach, und sehr einfach. Ich schicke Ihnen die Sopranstimme für Geige, denn wenn ich sie nur mit einem Finger spielte, empfand ich riesieges Vergnügen. Druskin ist oft bei mir. Aber seine große Klaviertechnik hindert ihn am Harmoniumspielen. Dafür war hier bei mir ein junger Dirigent, ein Freund von Nikolaj Andreevič, und er hat gezeigt, was man in Wirklichkeit aus einem Harmonium herausholen kann. Mal durch Wechsel der Register, mal durch eine besondere Art der Luftzufuhr hat er es zu einer Vielfalt gebracht und geradezu einen orchestralen Klang erreicht, daß ich nur staunen konnte. Außerdem spielt er von einer Partitur mit 22 Stimmen so frei, wie Sie ein französisches Buch auf russisch lesen. Darüber hinaus singt er alle Stimmen. Er sang das Sextett aus dem Don Juan und sprang mit einer Leichtigkeit von Stimme zu Stimme, wobei er immer die wichtigsten Momente hervorhob, daß ich das Sextett vollständig zu hören meinte. Wie schade, daß Sie nach Moskau gezogen sind. Ich bin überzeugt, dieser junge Dirigent hätte Ihnen viel Freude bereitet.

Schreiben Sie mir, Boris Stepanovič, ob Sie eine Wohnung gefunden haben und ob Sie Geige spielen.

Von mir kann ich nur sagen, daß meine materiellen Dinge schlimmer stehen denn je zuvor. Den September habe ich ausschließlich vom Verkaufen gelebt. so rechnend, daß wir zwei Tage zu essen haben und einen Tag hungern, aber ich hoffe, es wird irgendwann einmal besser.

Wenn Sie im Detizdat sind und es Ihnen nicht schwerfällt, so bringen Sie in Erfahrung, warum ich von Olejnikovs Zeitschrift kein Geld bekommen habe. Olejnikov sagt, er habe 500 Rubel für mich anweisen lassen, aber ich habe sie nicht bekommen. Und geben Sie mir doch einen Rat hierbei: ich habe Busch für den Čiž übersetzt. Der Čiž hat mir angeboten, ihn als Buch herauszubringen. Dann kam Švarc aus Moskau und richtete mir aus, die Obolenskaja wolle den Busch in Moskau herausbringen. Da ich dachte, daß in Moskau Honorare und Auflagen höher seien, habe ich das Angebot des Čiž abgelehnt. Ich habe Olejnikov einen Brief an die Obelenskaja mitgegeben, in dem ich schreibe, ich wolle den Busch in Moskau herausbringen und bäte, mir die Bedingungen zu nennen. Den Worten Oljenikovs entnahm ich, die Obolenskaja sei irgendwie beleidigt gewesen, daß ich nach den Bedingungen frage. Dann habe sie sich mit Vvedenskij beraten und von meinem Busch Abstand genommen. Jetzt bekomme ich von ihr dieses Telegramm: »Nehmen Ihre Übersetzung Buschs, Bedingung 1000 Rub. pro 100 Zeilen. Telegraphieren Sie einverstanden. Schicken Sie Gedichte. Obolenskaja.« Wenn man mir diese Bedingungen in Leningrad böte, fände ich sie anständig, aber für Moskau, ich weiß nicht. Ich brauche sehr dringend Geld, aber das Büchlein verschleudern will ich nicht. Es umfaßt insgesamt 200 Zeilen. Vielleicht verlange ich besser Beteiligung an der Auflage? Und dann wieviel? Vielleicht ist, was die Obolenskaja bietet, sehr gut? Oder vielleicht sehr schlecht? Und wie hoch die Auflage? Boris Stepanovič, Sie kennen das alles besser. Wenn Sie fünf Rubel übrig haben, schicken Sie mir ein Telegramm. Ich kenne mich in Verlagsdingen nicht aus.

Ich verbleibe Ihr

Daniil Charms
Majakovskogo, Whn. 8

[Oktober 1936]

Lieber Boris Stepanovič,

vielen Dank für Ihre Antwort. Ich hatte das Gefühl, daß alle Menschen, die nach Moskau ziehen, sich verändern und ihre Leningrader Bekannten vergessen. Mir schien, die Moskauer stellten sich die Leningrader als Spinner vor, mit denen man über nichts reden könne. Es blieb mir nur mein Glaube an Ihre Unveränderlichkeit. In den neun Jahren, die ich Sie kenne, haben sich alle verändert. Sie dagegen sind noch genau derselbe, der Sie immer waren, ungeachtet der Tatsache, daß Sie wie keiner meiner Bekannten Ihr äußeres Leben verändert haben. Aber auf einmal dachte ich, Sie seien Moskauer geworden und würden meinen Brief nicht beantworten. Das wäre aber so unwahrscheinlich gewesen, wie wenn ich Nikolaj Makarovič einen Brief schreiben muß und er mir antworten würde. Deshalb war, als ich heute Ihren Brief bekam, meine Freude groß, etwas wie ein »Hurra! Die Gerechtigkeit triumphiert!«

Wenn jemand nach Moskau zieht, nehme ich, als Leningrader Patriot, das als persönliche Beleidigung. Doch Ihr Wechsel nach Moskau, lieber Boris Stepanovič, ist für mich nur unendlich traurig. Unter meinen Bekannten in Leningrad ist kein einziger echter Mann und lebendiger Mensch mehr geblieben. Der eine fängt an zu gähnen, wenn man mit ihm über Musik sprechen will, der andere kann nicht mal einen elektrischen Teekocher auseinanderschrauben, der dritte raucht keine Zigarette nach dem Aufwachen, ehe er nicht etwas gegessen hat, und der vierte belügt und betrübt einen, daß man am Ende bloß staunen kann. Der beste von allen ist Nikolaj Andreevič. Sie fehlen mir sehr, sehr, lieber Boris Stepanovič.

Ich bin verblüfft über Ihre Kraft: so lange Zeit ohne eigenes Zimmer zu leben und dennoch sich selbst treu zu bleiben. Es waren doch Sie, der sagte, das schönste Geschenk sei – ein Morgenrock mit dreißig Taschen! Sie erinnern mich an den Engländer, der schon den achten Tag trinkt und, wie man so sagt, nichts doppelt sieht und kerzengerade dasitzt. Es erschreckt einen geradezu. All das kommt natürlich nur, weil Sie eine Million verschiedener Angewohnheiten und Bedürfnisse haben, deren wichtigste Tee und Tabak sind.

Im nächsten Brief schreibe ich Ihnen über meine Dinge. Nur, teilen Sie mir mit, an welche Adresse ich Ihnen schreiben soll.

Charms

3. Oktober

ANHANG

BIBLIOGRAPHISCHE NOTIZ

Obwohl eine textkritische, vernünftig kommentierte russische Gesamtausgabe des Werks von Daniil Charms bis heute nicht vorliegt und auf sie, aller Voraussicht nach, noch lange zu warten sein wird, scheint die Sammlung des dichterischen Nachlasses im wesentlichen abgeschlossen.

Etliche Überraschungen und Entdeckungen bergen, wie die eine oder andere Anmerkung in Einzelausgaben belegt, die über dreißig Notizhefte des Dichters, die sich im Besitz der Schwester Jakov Druskins, Lidija Semënovna Druskins, befinden und noch nicht transkribiert sind, die jedoch von einigen Petersburger und Moskauer Obėriu-Forschern eingesehen werden konnten und in deren Werkkommentaren verarbeitet wurden.

Teile von Charms' dichterischem Werk sind dem russischen Leser seit einigen Jahren in mehreren konkurrierenden Auswahlbänden zugänglich; dies sind, in chronologischer Folge:

1. *Polet v nebesa* [Flug in den Himmel], herausgegeben von Anatolij Aleksandrov, Leningrad 1988, ²1991 in unverändertem Nachdruck, Auflage jeweils 50 Tsd. Der Band enthält, auf 504 kleinformatigen Seiten, von jeder Werkgruppe einen kleinen Ausschnitt: 50 Gedichte, die Dramen *Elizaveta Bam* und *Gvidon*, 18 Gedichte und Geschichten für Kinder, eine schmale Auswahl aus der Prosa, den Zyklus *Fälle*, den Roman *Die alte Frau*, den Traktat *Der Säbel* sowie eine Reihe von Briefen; er ist wegen zahlreicher Fehler und Unstimmigkeiten, der Oberflächlichkeit des Kommentars und der Auswahl von vielen Seiten heftig kritisiert worden – gewiß zu Recht, aber er enthält immerhin eine Art Kommentar und eine lückenhafte Vita von Charms.

2. *Menja zovut kapucinom* [Man nennt mich Kapuziner], mit dem vielsagenden Untertitel »Einige Werke von Daniil Ivanovič Charms« herausgegeben von Anna Gerasimova, Moskau 1993. Der Band ent-

hält, auf 345 großformatigen, durch Illustrationen an Umfang verminderten Seiten, in chronologischer Anordnung eine Auswahl von über 240 Texten ausschließlich aus der Prosa, den philosophischen Trakten, Briefen sowie Auszüge aus den Notizbüchern; er enthält, von einigen lakonischen Anmerkungen abgesehen, keinen Kommentar: die Texte kommentieren sich, in ihrer Abfolge, gleichsam aus sich selbst.

3. *Daniil Charms*, zwei Bände, Moskau 1994, in einer Auflage von 25 Tsd., herausgegeben von einem anonymen Kenner. Diese Ausgabe enthält, wiederum nach Werkgruppen eingeteilt, in Band 1 auf 310 Seiten, ca. 40 Texte und Gedichte für Kinder, 95 der wichtigsten Gedichte für Erwachsene, den Zyklus *Fälle*, *Die alte Frau*, und in Band 2, mit demselben Umfang, 50 ausgewählte Prosatexte und -szenen, die Dramen *Elizaveta Bam*, *Gvidon* und die *Komödie der Stadt Petersburg*, eine Auswahl aus den Briefen und den Notizbüchern sowie einen Materialienanhang, doch keine Zeile eines Kommentars, der das Geheimnis des anonymen Herausgebers lüften könnte.

Die vierte, als Gesamtausgabe konzipierte, von Michail Mejlach und Vladimir Erl vorbereitete, im Verlag der Bremer K-Presse begonnene Ausgabe ist ein Torso geblieben. Erschienen sind 1978–1988, in geringer und längst vergriffener Auflage, vier Bände, die auf über 600 Seiten mit 370 Titeln das lyrische Gesamtwerk enthalten. Diese Ausgabe ist ausführlich kommentiert, bringt wichtige Lesarten, Varianten und stellt, obwohl auch sie nicht vollständig sein dürfte, die bislang umfangreichste Sammlung des lyrischen Nachlasses von Charms dar. Sie hat bis heute keinen Verlag in Rußland gefunden, möglicherweise haben sich die Herausgeber aufgrund neuerer Forschungsergebnisse um einen Nachdruck dieser Ausgabe auch nicht sonderlich bemüht.

Ein Großteil dieser Arbeit – »etwa ein Drittel der Lyrik« – ist eingegangen in die Anthologie *Poėty gruppy Obėriu* [Die Dichter der Gruppe Obėriu], Leningrad 1994, die von Charms ca. 100 Gedichte enthält, erstmals einen Kommentar, der diesen Namen verdient und der auch für die Prosatexte von Interesse ist.

Angelegt war die Bremer Ausgabe insgesamt auf neun Bände. Nach Erscheinen des dritten Bandes – und des zweiten Bandes der Vvedenskij-Werkausgabe im US-amerikanischen Verlag Ardis, Ann Arbor – wurde Michail Mejlach im Sommer 1983 verhaftet und zu fünf Jahren Zwangsarbeit verurteilt. Ein halbes Jahr zuvor gelang es jedoch, das Manuskript der beiden geplanten Prosabände ins Ausland zu schaffen, das Michail Mejlach dem Herausgeber dieses Bandes in Freundschaft zur Verfügung stellte und das die Grundlage für die Veröffentlichung der Bände *Geschichten von Himmelkumov und anderen Persönlichkeiten*, Berlin, Friedenauer Presse, 1983, sowie *Fälle* und *Fallen*, Zürich, Haffmans Verlag, 1984 und 1985, darstellte. Dieses Manuskript enthielt insgesamt 200 Titel der Prosa und Prosafragmente von Charms.

Doch auch das Manuskript von Anna Gerasimova, auf das der Herausgeber mit freundlicher Genehmigung von ihr zurückgreifen durfte, umfaßt bei weitem mehr Texte, als in dem Band *Menja zovut kapucinom* publiziert.

Der Dank des Verlags und des Herausgebers gilt Michail Mejlach und Anna Gerasimova, die durch ihr Verständnis, von ihrer Arbeit ganz zu schweigen, diese erste und vollständigste Ausgabe der Prosa von Daniil Charms ermöglicht haben. Parallel gelesen zur Edition des Bandes *Die Kunst ist ein Schrank. Aus den Notizbüchern 1924–1940*, Friedenauer Presse, Berlin 1992, liegt zumindest die Prosa von Charms erstmals nahezu vollständig auf deutsch vor. Katharina Wagenbach sei gedankt für die großzügige Unterstützung, vor allem für die Abdruckgenehmigung der *Geschichten von Himmelkumov und anderen Persönlichkeiten* und einiger Texte aus der Notizbuch-Edition, die hier nicht fehlen durften.

Daß eine verbindliche russische Charms-Ausgabe bis heute fehlt, hat mehrere Gründe. Sie liegen zum einen in der desolaten Situation der russischen Verlage, die derzeit unter Mühen versuchen, sich auf den Markt umzustellen, der im Zweifel auch in Rußland eher auf Kriminalromane, Kitsch und Pornographie reagiert als auf Charms, Druskin oder Lipavskij. Sie liegen zum anderen in gegenseitigen persönlichen Animositäten der Charms-Herausgeber.

Wichtigster Streitpunkt sind die Editionsprinzipien, die einer Charms-Ausgabe zugrundezulegen wären. Da Charms zu Lebzeiten nie ein Buch veröffentlichen konnte, gibt es keine Vorlagen und kaum Anhaltspunkte dafür, wie der Autor seine Texte für den Druck eingerichtet hätte.

Sollten die Texte in einer Gesamtausgabe nach Gattungen in Werkgruppen zusammengefaßt werden, wie es Mejlach, Aleksandrov und der Herausgeber der anonymen Moskauer Ausgabe vorschlagen? Aber wo wären die Grenzen zu ziehen zwischen Gedicht und Gedicht in Prosa? Soll man unterscheiden zwischen abgeschlossenem Text und Fragment, zwischen Entwurf und dem durch das Charmssche »Aus« als fertig erklärten Gedicht? Diese Unterscheidung traf Mejlach noch in der Bremer Ausgabe, er trifft sie nicht mehr in der Obėriuten-Anthologie 1994, die zwar in der Mehrzahl abgeschlossene Gedichte enthält, aber auch einige wichtige »Fragmente«. Wie ist mit den Texten im einzelnen zu verfahren? Darf man sie in Orthographie und Interpunktion vereinheitlichen nach den heute allgemein üblichen Regeln, nachdem Charms sich eine Zeitlang der alten, nichtreformierten Orthographie bedient hat, diesen Protest jedoch später aufgab? In den frühen Gedichten setzte Charms, dem Beispiel Vvedenskijs folgend, keine Interpunktionszeichen, zumindest keine Kommata und, spärlich, Punkte, Doppelpunkte und Gedankenstriche. In den späten Gedichten gliedert Charms sehr viel genauer. Ähnliche Fragen ergeben sich bei der Notierung von Dialog, zumal dramatischem Dialog, wo Charms im Entwurf die Namen der Sprecher nur mit den Initialen festhält usw.

Die Hauptfrage indessen ist die nach dem Text. Da Charms alle seine Papiere aufhob, die Entwürfe mit verschiedenen, teils durchgestrichenen, teils nicht weiter verfolgten Lesarten neben dem fertigen Text, ist – wie z. B. an dem Dramenfragment *Don Juan* – die Frage, wo der Entwurf aufhört, Entwurf zu sein und einen eigenständigen Text darzustellen, nicht ohne weiteres zu beantworten, und eine Charms-Ausgabe ist wohl erst dann vollständig zu nennen, wenn der Leser durch den Abdruck sämtlicher Varianten und Lesarten instand gesetzt wird, diese Frage für sich selbst zu entscheiden.

Für die Anordnung einer Werk-Ausgabe hat Charms mit dem Zyklus *Fälle* – dem einzigen, den er selbst zusammengestellt und in kalligraphisch gestalteter Form abgeschlossen hat – einen Anhaltspunkt geliefert, gewissermaßen ein Grundmuster, das allen philologischen Prinzipien und Kategorien zuwiderläuft. In den *Fällen*, wie auch in anderen Heften, mischt Charms die Gattungen bunt durcheinander, ob dialogischer Kalauer, Prosatext, Gedicht, dramatische Szene; die *Fälle* scheren sich nicht um Entstehungsdaten, sondern folgen ihrer eigenen Logik. Anders einige Arbeitshefte von Charms wie das *Blaue Heft* und *Harmonius*, beide vollständig abgedruckt im Band *Die Kunst ist ein Schrank*, in denen sich ebenfalls die Gattungen mischen, in denen jedoch das chronologische Prinzip vorherrscht, auch das des abgeschlossenen Textes.

Im Gegensatz zu den Arbeitsheften und Notizbüchern befinden sich im Nachlaß jedoch auch zahlreiche Einzelblätter mit abgeschlossenen, teilweise auch datierten Texten, deren Rückseiten weitere Entwürfe, Fragmente, Verse, Textzeilen enthalten, die – undatiert – reinen Arbeitscharakter tragen und deren Datierung ein weiteres Problem darstellt, das eine strikte Chronologie als das wünschenswerte Ordnungsprinzip einer Charms-Werkausgabe erschwert. Im übrigen sind Zweifel an den Charms'schen Datierungen insoweit erlaubt, als sie nicht in jedem Fall mit dem Entstehungsdatum des Textes identisch sein können; es ist nicht anzunehmen, daß Charms beispielsweise am 18. September 1934 drei so gewichtige Texte wie *Über Schein und Sein Nr. 1* und *Nr. 2* und *Über das Gleichgewicht* wirklich geschrieben hätte: er hat sie an diesem Tag ins Reine geschrieben, für abgeschlossen erklärt.

Der vorliegende Band vereinigt alle Prosatexte und in Prosa gehaltenen Szenen in zeitlicher Folge, soweit sie zugänglich sind, die Quellen, nach denen gearbeitet wurde, sind in den Anmerkungen benannt; nicht verschleiert werden Zweifel an notgedrungen mutmaßlichen Datierungen undatierter Texte, die wohl exakt nicht mehr zu datieren sind und deren Datierungsvorschläge bei den russischen Charms-Herausgebern in einigen Fällen auseinandergehen. Der Band folgt einer gemäßigt leserfreundlichen Textgestalt nach dem Beispiel Michail Mejlachs; die akribische Nachbildung des Charms'schen Manuskriptes, wie sie Anna Gerasimova bevorzugt, bleibt der historisch-kritischen Gesamtausgabe vorbehalten. Respektiert hingegen wurden Eigenheiten in der Notation des Dialoges innerhalb von Prosa, teilweise auch der Interpunktion. Datierungen, soweit sie von Charms stammen, erscheinen wie auch die von Charms ans Ende des Textes gesetzten Unterschriften, als Bestandteil des Textes aufrecht und in der Grundschrift.
Historische Personen werden in den Anmerkungen an der Stelle erklärt, wo sie erstmals erscheinen; ihre Auffindbarkeit garantiert ein Personenregister. Dem Band beigegeben ist, dem chronologischen Aufbau entsprechend, eine synchron zu lesende Zeittafel, in der die jeweils rechte Seite Charms und seiner unmittelbaren Umgebung gewidmet ist und die den jüngsten Stand der Charms-Forschung zusammenfaßt, während die linke Seite die politische Entwicklung mit dem Schwerpunkt Petersburg-Petrograd-Leningrad beschreibt, die Charms in der *Komödie der Stadt Petersburg* »Letheburg« nannte.

Peter Urban
Weidmoos, August 1995

CHRONOLOGIE

1905 *9. Januar:* Der Blutsonntag von St. Petersburg. Erste russische Revolution.

1912 *Dezember:* Geburtsstunde des russischen Futurismus. In St. Petersburg erscheint das Manifest *Eine Ohrfeige dem öffentlichen Geschmack*, unterzeichnet von Velimir Chlebnikov, Aleksej Kručenych, Majakovskij u. a.

1914 *August:* Ausbruch des ersten Weltkriegs. Die Stadt St. Petersburg wird umbenannt in Petrograd; aus Patriotismus lassen zahlreiche deutschstämmige Russen ihre Familiennamen russifizieren.

1905 *17. Dezember:* Daniil Ivanovič Juvačev in St. Petersburg geboren. Die Mutter, Nadežda Ivanovna Koljubakina, 1876–1928, entstammte einer Adelsfamilie aus dem Gouvernement Saratov, leitete in Petersburg ein Asyl für ehemalige weibliche Strafgefangene, eine Wohltätigkeitsinstitution der Hofdame Naryškina, mit der sie befreundet war. Der Vater, Ivan Pavlovič, 1860–1940 Hofrat, ehemals Leutnant der Marine, 1883 zusammen mit N. A. Morozov u. a. Mitgliedern der ›Narodnaja volja‹ verurteilt; I. P. Juvačev verbüßt vier Jahre Einzelhaft in der Festung Schlüsselburg, danach als Strafkolonist nach Sachalin. Rückkehr nach Petersburg 1903. War während der Haft zum streng gläubigen Christen geworden, Anton Čechov, der ihn 1890 auf Sachalin sprach, schildert ihn, einen »privilegierten Verbannten«, als »bemerkenswert fleißigen und gutherzigen Menschen«, der inoffiziell die meteorologische Station von Rykovskoe leitete und »außerdem das Amt des Kirchenvorstehers« versah. Veröffentlichte 1901 [unter dem Pseudonym I. P. Miroljubov] *Acht Jahre auf Sachalin* und 1907 *Die Festung Schlüsselburg*.

Eintragung im väterlichen Notizuch, er habe beschlossen, den Sohn Daniil zu nennen: »1) ist heute Gedächtnis Daniils, 2) habe ich ihn vor 12 Tagen um 6 Uhr morgens im Traum gesehen, 3) kann man das ›Gottesgericht‹ und die eigenen Leiden von vor 14 Tagen und die ›Revolution Rußlands‹ nach ihm benennen, 4) ist er der mir liebste Prophet, auf dem meine Philosophie beruht.«

1914 *15. Dezember:* Geburt der Schwester Elizaveta Ivanovna, verheiratet: Gricina. E. I. Gricina faßt ihre Erinnerungen an die wohlbehütete Kindheit zusammen in dem Satz: »Gott schenke jedem so eine!« Im Haus lebten ein deutsches Fräulein für die Tochter, ein englischer Erzieher für Daniil; Lieblingslektüre der Kindheit: *Alice im Wunderland* und die Bildergeschichten Wilhelm Buschs.

1917 *Februar:* Zweite russische Revolution. Arbeiter- und Soldatenräte fordern sofortige Beendigung des Krieges.
2. März: Abdankung Nikolaus II.
Juli: Gescheiterter Putsch der Bolševiki in Petrograd.
August: Der Kornilov-Putsch scheitert.
25. Oktober: Erstürmung des Winterpalais: Oktoberrevolution. Flucht der Provisorischen Regierung Kerenskij.
25. November: Wahlen zur Verfassungsgebenden Versammlung in der Lenins Bolševiki die Minderheit bilden.

1918 *18. Januar:* Machtergreifung der Bolševiki durch gewaltsame Auflösung der Verfassungsgebenden Versammlung.
Ende Januar: Per Dekret des Rates der Volkskommissare unter Vorsitz Lenins Einführung des westlichen [Gregorianischen] Kalenders, der dem in Rußland üblichen um 12 Tage voraus ist; der erste Tag nach dem 31. Januar ist nicht der 1., sondern der 14. Februar. Eine der Konsequenzen: der Jahrestag der Oktoberrevolution wird fortan am 7. November begangen.
12. März: Moskau wird Regierungssitz.
8. April: Die Rote Fahne wird Staatsflagge der RSFSR.
20. Juni: Attentat auf Volodarskij in Petrograd.
9. Juli: Verbot aller nichtkommunistischen Zeitungen, darunter auch der Gorkijs, ›Novaja Žizn‹ [Neues Leben].
16. Juli: Ermordung Nikolaus II. in Ekaterinburg.
30. August: das Kaplan-Attentat auf Lenin in Moskau, am selben Tag Ermordung des Petrograder ČK-Chefs Urickij.
11. September: Per Dekret Einführung des metrischen Systems in der RSFSR.
18. Oktober: Einführung einer neuen, vereinfachten Rechtschreibung der russischen Sprache.

1918–1921 Bürgerkrieg, Kriegskommunismus und roter Terror in Rußland, in deren Folge im ganzen Land Hungersnot herrscht.

1919 *20. Oktober:* Höhepunkt der weißen Offensive gegen Petrograd: Judenič' Truppen erobern Carskoe Selo und Gatčina.
21. Oktober: Beginn der roten Gegenoffensive. General Judenič wird vernichtend geschlagen.

1915 *September:* Eintritt Daniil Juvačevs in die erste Klasse der deutschen Petrischule in St. Petersburg – wie Charms seine Vaterstadt, allen Umbenennungen zum Trotz, zeitlebens nennen wird.
Von Velimir Chlebnikov, der bereits in seinem Dialog *Lehrer und Schüler* [1912] für 1917 den Zusammenbruch eines Großen Reiches errechnet hatte, erscheint der Aufsatz *Die Zeit ist das Maß der Welt* – über die Rolle der Zahlen 365 ± 48 in der Menschheitsgeschichte und der iher Kriege.

1918 Aus den Erinnerungen der Schwester von Charms, E.I. Gricina: »Während der Revolution, im Jahre 1918 fuhren wir nach Saratov: dort leitete ein Vetter [mütterlicherseits] ein großes Krankenhaus, er war Professor. Mama hatte Angst um uns: der Hunger, der Beschuß ... Zu der Zeit wohnten wir [in Petersburg] schon in der Tverskaja in der Nähe des Taurischen Gartens; wir schlossen die Wohnung mit der gesamten Einrichtung ab, übergaben den Schlüssel dem Portier und fuhren nach Saratov. Und als wir zurückkamen – war dort nichts mehr. Alles hatte man gestohlen ...
Nach der Revolution lebte Papa eine Zeitlang in Moskau – er hatte dort vorübergehend irgendeine Arbeit.«
1918: Carsko Selo, die alte Zarenresidenz bei St. Petersburg, wo sich auch das berühmte Elite-Lyzeum des Zarenregimes befand – prominentester Absolvent des Lyzeums: Aleksandr Puškin –, wird umbenannt in Detskoe Selo [Kinderdorf].
Direktorin und Lehrerin am Mariengymnasium in Carskoe Selo ist eine Tante mütterlicherseits von Charms, Natalija Ivanovna Koljubakina.
St. Petersburg-Petrograd in – späteren sowjetischen – Angaben zur Bevölkerungsstatistik: 1917 eine Millionenstadt mit 2,3 Millionen Einwohnern, 1920 eine Einwohnerzahl von 720 000.

1919 Daniil Juvačev verbringt den Sommer bei seiner Tante in Carskoe Selo. Aus dieser Zeit überliefert sind erste Kinderzeichnungen, u.a. die in deutscher Sprache beschriftete Zeichnung *Das Wunder.*

1920 *November:* Entscheidender Sieg der Roten über die weiße Freiwilligenarmee General Vrangels bei Perekop.
17. November: General Vrangel verläßt mit 140000 Mann und 140 Schiffen der Schwarzmeerflotte die Krim.

1921 *Februar:* Erste Streiks gegen die Bolševiki.
16. März: Niederschlagung des Aufstands von Kronštadt, danach erste große Säuberungswelle in der Partei.
Sommer: Mißernte, es herrscht weiter Hunger.
Herbst: Beginn einer Kampagne der Partei gegen die nichtmarxistische Wissenschaft und Philosophie, was in Petrograd zur faktischen Abschaffung des Lehrstuhls für Philosophie von Nikolaj Losskij führt.

1922 *Februar:* Umbenennung der ČK [»Tscheka«] in »Hauptverwaltung Politik«, abgekürzt GPU.
3. April: Stalin wird, auf Vorschlag Lenins, zum Generalsekretär des Zentralkomitees ernannt.

16.–17. August: Verhaftungsaktion in allen Universitätsstädten gegen parteilose Wissenschaftler, die, nach sechswöchiger Haft, per Schiff ins Ausland verfrachtet werden; unter ihnen N. Losskij, N. Berdjaev, S. Frank, S. Bulgakov u. v. a.

November: Letzte öffentliche Rede Lenins.

1923 *Januar:* Das Haus der Künste, Petrograd, Treffpunkt der literarischen und künstlerischen Avantgarde, geschlossen.
März: Dritter Schlaganfall Lenins. Beginn des Machtkampfes zwischen Stalin und Trockij, deren Verhältnis spätestens seit dem Polnisch-Russischen Krieg 1920 gespannt ist.
17. April [bis 25.]: XII. Parteikongreß der RKP (b) beobachtet Abweichungen von der Parteilinie. »Besonders gefährlich und verder-

1920–1921 Aus den Erinnerungen von E. I. Gricina:
»1920 oder 1921 kamen wir zurück – aber nicht nach Petrograd, sondern zu unseren Tanten nach Carskoe Selo. Aber Mama drängte es dauernd in die Stadt. Sie kannte hier viele Ärzte und fand als Wirtschafterin Arbeit in den Botkinschen Baracken. Eine Zeitlang wohnten wir sogar dort, denn wir hatten keine Wohnung. Wir hatten nichts.
Vater arbeitete nach der Revolution für irgendwelche Banken als Revisor. Vor allem aber schrieb er: Aufsätze, Erinnerungen.«
7. August: Aleksandr Blok gestorben.
24. August: Der Dichter Nikolaj Gumilëv wegen angeblicher Beteiligung an einer konterrevolutionären Verschwörung erschossen.
16. Oktober: Emigration Maksim Gorkijs.
Herbst: Erster Gedichtband K. Vaginovs, *Die Reise ins Chaos.*
Zu Hörern N. Losskijs, Radlovs u. a. gehören Charms' spätere Freunde Ja. Druskin [seit 1919], L. Lipavskij [1920], E. Vigiljanskij.

1922 *28. Juni:* Velimir Chlebnikov, für den Dichter Daniil Charms eines der Genies der Weltliteratur, gestorben.
1. September: Daniil Juvačev wechselt an das ehemalige Mariengymnasium in Carskoe Selo; seine Tante »Natalja Ivanovna liebte Danja sehr – und er sie. Und nur ihr ist es zu danken, daß er die Schule abschloß.« [E. I. Gricina]
Aus diesem Jahr stammt das erste erhaltene Gedicht, das gezeichnet ist mit den Initialen D. Ch. – Daniil Charms. Der Dichtername [vgl. dt./engl. harm, frz. charme, aber auch: Sherlock Holmes] bleibt nicht das einzige Pseudonym, Charms zeichnet später auch mit Chaarms, Chchorms, Chchoerms, Čarms, Šardam, Daniil Dandan, Garmonius u. a.

1923 *Im Laufe des Jahres:* In der Zeitschrift ›Žizn iskusstava‹ wird Aleksandr Vvedenskij, einer der späteren Freunde von Charms, erstmals erwähnt und als »futuristischer Dichter« bezeichnet.
Der Avantgardelyriker Venedikt Mart kehrt nach Rußland zurück.
11.–13. Mai: Vladimir Tatlin inszeniert in Petrograd das opus magnum Velimir Chlebnikovs, das dramatische Gedicht *Zangezi*, in dem er selbst die Rolle des Sehers Zangezi verkörpert.

benbringend für die historische Mission unserer Partei sind Abweichungen, die einen Keil treiben zwischen die Arbeiterklasse und den Sowjetstaat.«
15. Juli: Eröffnung der ersten sowjetischen Fluglinie von Moskau nach Nižnij Novgorod.
8. Oktober: Brief Trockijs über die Wirtschaftskrise und innerparteiliche Zustände an das ZK, analoge Briefe von 46 Anhängern Trockijs und des »demokratischen Zentralismus« führen zur Einberufung des Plenums von ZK und Zentraler Kontrollkommission.

1924 *21 Januar:* Tod Lenins.
26. Januar: Umbenennung Petrograds in Leningrad.
März: Das ZK der RKP (b) überträgt der GPU das Recht zu Inhaftierung und Verbannung »sozial gefährlicher Personen«.
Mai [bis Dezember]: Stalin setzt eine Linie von »Aufbau des Sozialismus in einem Land« gegen Trockijs Idee der Weltrevolution durch. Das ZK lehnt die Veröffentlichung von Lenins Testament mit 40:10 Stimmen ab. Der XIII. Parteikongreß verurteilt Trockijs Position als »kleinbürgerliche Abweichung vom Marxismus und Revision des Leninismus«; dies ist Hauptthema auch des V. Kongresses der Komintern, Moskau. Im Dezember hat sich Stalins These offiziell durchgesetzt. Vollzug durch den XIII. Parteitag.

1925 *Januar:* Absetzung Trockijs als Volkskommissar für Verteidigung; sein Nachfolger an der Spitze der Roten Armee wird General Frunze, der Sieger über General Vrangel 1920.
März: Die XIV. Parteikonferenz beschließt Stalins Leitidee vom »Aufbau des Sozialismus in einem Land«.
10. April: Zu Ehren des »geliebten Führers und Lehrers aller Werktätigen, des großen Stalin« [Kleine Sowjetenzyklopädie, 1938] wird die Stadt Caricyn umbenannt in Stalingrad.
18. Juni: ZK-Resolution *Über die Politik der Partei im Bereich der schönen Literatur*, die gegen die Hegemonieansprüche der RAPP das Prinzip der »Nichteinmischung in die Diskussion von Schriftstellern« festlegt.
Oktober: Armeeführer Frunze muß sich auf Beschluß des Politbüros einer Operation unterziehen, an deren Folgen er unter mysteriösen Umständen stirbt.

August: Igor Terentjev, futuristischer Lyriker und Avantgarderegisseur, zieht nach Petersburg.
15. August: Die Maler Kazimir Malevič, Pavel Filonov und Michail Matjušin werden Direktoren am Museum für Künstlerische Kultur in Petersburg.
Herbst: Der Dichter K. Vaginov immatrikuliert sich im Institut für Kunstgeschichte; Lehrer dort: Jurij Tynjanov, Boris Ejchenbaum, V. Šklovskij.
2. Hälfte: Aleksandr Vvedenskij lernt I. Terentjev kennen, der am selben Institut eine Studie für Phonologie leitet.

1924 *Anfang des Jahres/Frühjahr:* Aleksandr Tufanov gründet den postfuturistischen »Orden DSO« und nennt sich selbst, in Nachfolge Velimir Chlebnikovs, »Vorsitzender des Erdballs«.
4. März: Aufnahme Vvedenskijs in den Dichterverband Leningrads.
14. Juli: Charms besteht am Mariengymnasium [II. Sowjetische Arbeiter-Einheits-Schule von Detskoe Selo] das Abitur.
1. September: Charms beginnt ein Studium am Leningrader Elektrotechnikum, das er jedoch noch vor Ablauf des ersten Studienjahres abbricht.
Herbst: Bekanntschaft mit Esther Rusakova, Tochter eines 1918 nach Rußland zurückgekehrten Altkommunisten. Charms 1931: »Ich liebte sie sieben Jahre lang.«

1925 *Winter–Frühling:* Auftritte Daniil Charms' als Rezitator eigener Gedichte, vor allem aber von Texten seiner Lieblingsdichter in Sälen des Elektrotechnikums, der Turgenev-Bibliothek sowie des INChUK [Institut für künstlerische Kultur] zu seinem Repertoire gehören Gedichte von Blok, Chlebnikov, Majakovskij, Anna Achmatova u. a.
März. Charms lernt A. Tufanov kennen; tritt, gemeinsam mit E. Vigiljanskij, dem »Orden DSO« bei.
Frühjahr: Bekanntschaft mit A. Vvedenskij und Beginn einer intensiven Freundschaft; Charms erkennt in Vvedenskij seinen »Lehrer«, durch ihn lernt er Leonid Lipavskij und Jakov Druskin kennen, mit denen ihn eine lebenslange Freundschaft verbindet.
Intensive Beschäftigung mit Philosophie und Psychologie, Lektüre Chlebnikovs, Hamsuns, H. G. Wells'.
9. Oktober: Charms beantragt Aufnahme in den Dichterverband,

Dezember: Der XIV. Parteitag bestätigt die Beschlüsse der Parteikonferenz und stellt fest, daß »die linke wie auch die rechte Abweichung zerschlagen und ausgemerzt« ist. Aufstieg Molotovs, Kalinins und Vorošilovs ins Politbüro; der Stalin-Vertraute S. M. Kirov wird Erster Parteisekretär von Leningrad.
28. Dezember: Im Leningrader Hotel »Anglija« Selbstmord des Dichters Sergej Esenin.

1926 *Januar* [bis Oktober]: Der innerparteiliche Machtkampf steuert dem Höhepunkt zu. Stalin gelingt es, ein Bündnis der Parteilinken mit Trockij, die ein »Gegengewicht zum stalinschen Zentrum« bilden wollen, zu verhindern, schwört die Partei auf die »Generallinie« ein.
März: In der Zeitschrift ›Novyj mir‹ [Neue Welt] Majakovskijs Nachruf auf Sergej Esenin, dichtersisches Pamphlet gegen einen unliebsamen Konkurrenten.
Mai: In ›Novyj mir‹ Boris Pilnjaks *Geschichte vom nicht erloschenen Mond*, eine Schlüsselgeschichte über den Tod General Frunzes, löst die erste sowjetische Hetzkampagne gegen parteilose Schriftsteller aus.
Mai: Isaak Babel, *Die Reiterarmee.*
10. Juni: In der ›Leningrader Pravda‹ scharfer Angriff von G. Seryi gegen das INChUK mit dem Titel *Ein Kloster auf Staatskosten*, in dem »konterrevolutionäre Propaganda« betrieben werde.
4. Oktober: Kapitulation des sogenannten »Blocks«: Trockij und andere führende Vertreter der Partei verpflichten sich in einer Erklärung, die »Partei in der Partei« aufzulösen.
23.–26. Oktober: Lev Trockij von der Zentralen Kontrollkommission des ZK aus dem Politbüro ausgeschlossen, zugleich Entmachtung von Kamenev und Zinojev.
15. November: Entlassung vom Kazimir Malevič als Direktor des INChUK, das bereits seit längerem von der Parteipresse als »Kloster auf Staatskosten« angefeindet worden war. Das INChUK wird dem Institut für Kunstgeschichte unterstellt.

fügt dem Aufnahmeantrag zwei Hefte mit Gedichten bei. K. Vaginov befürwortet die Aufnahme.

17. Oktober: Auftritt, zusammen mit Vvedenskij und Tufanov, im Dichterverband Leningrad.

Herbst: Bekanntschaft mit dem Maler Pavel Mansurov, mit dem er bis zu dessen Emigration 1928 befreundet ist.

Ende 1925: Umzug der Familie in die Nadeždinskaja Nr. 11, in der Charms bis August 1941 lebt, zwar im eigenen Zimmer, doch mit Vater, Mutter und Schwester in der sowjetischen Gemeinschaftswohnung. – Nach 1934 wird die Nadeždinskaja umbenannt in Majakovskij-Straße.

1926 *Anfang:* Charms und Vvedenskij bilden eine eigene Gruppe, die »Schule der Činari«. – Am Haus der Presse, geleitet von N. Baskakov, gründet Igor Terentjev ein eigenes Theaterstudio.

Charms schreibt den ersten Entwurf der *Komödie der Stadt Petersburg.*

26. März: Charms in den Dichterverband aufgenommen. Ein vom Verband 1926 herausgebrachter Almanach [Sbornik stichov] enthält von Charms das Gedicht *Vorfall in der Straßenbahn* und ein Fragment Vvedenskijs, *Anfang eines Poems*, beider erste Publikation.

Frühjahr: Bekanntschaft mit dem Dichter Nikolaj Zabolockij; dieser widmet das Gedicht *Der Aufstand* »Daniil Charms, dem Autor der *Komödie der Stadt Petersburg*«.

September: Charms inskribiert sich am INChUK, Sektion Film. Studenten der Theatergruppe *Radiks* bitten Charms und Vvedenskij um ein Theaterstück.

21. September: Charms und Vvedenskij beginnen das Stück zu schreiben: *Meine Mama ganz in Stunden* (Kindern ein Geschenk, Lehrern ein Kerzenstummel), der Text ist verschollen.

18. Oktober: Malevič stellt der Gruppe Radiks den Weißen Saal des INChUK zur Verfügung, intensive Proben bis zum 10. November, daran beteiligt: E. Vigiljanskij, Zabolockij, Igor Bachterev, als Regisseur: G. Kacman, als Musiker: Jakov Druskin, der Kompositionen von Satie und Poulenc ins Spiel bringt.

12. Oktober: »Unser Auftritt vor dem Dichterverband.«

10. November: »Radiks ist zusammengebrochen«, Zabolockij und Vigiljanskij werden zu Übungen in der Roten Armee eingezogen.

1927 *24. Januar:* Vsevolod Mejerchold verteidigt in Leningrad in einem Vortrag seine umstrittene *Revisor*-Inszenierung mit dem Hinweis darauf, daß das sowjetische Zeitstück noch nicht geschrieben sei: »Zurück zu Ostrovskij, zurück zu Griboedov, zurück zu Gogol!«
März: Als Trockist beschuldigt wird der Literaturkritiker und Herausgeber der liberalen Zeitschrift ›Krasnaja nov‹ [Rotes Neuland], Aleksandr Voronskij, von der Redaktionstätigkeit entbunden. Der »Fall Voronskij« hat einen für diese Phase typitschen Verlauf. Entlassung, Verhaftung, Verurteilung zu drei Jahren Verbannung in entlegene Gebiete [Voronskij wird in die Provinzstadt Lipeck verbannt]. Nach erfolgter Selbstkritik Rückkehr in die Hauptstädte möglich.
3. April: Vernichtende Kritik des Auftritts vom 28. März in der Zeitung ›Smena‹ [Die Wachablösung].
Mai: In Nr. 1 der Literaturzeitschrift ›Leningrad‹ erscheint ein Aufsatz von N. Slepnev, der die Dichtung der Obėriuten eine »unserem sozialistischen Aufbau und unserer revolutionären sowjetischen Literatur offen feindselig gegenüberliegende Strömung« nannte.

Sommer: Letzter Versuch der Partei-Linken, das Blatt zu wenden. In der Sprache der Sieger *[Geschichte der KPdSU. (Bolschewiki).*

Herbst: Bekanntschaft mit K. Vaginov, V. Mart.
Charms liest Gustav Meyrinks *Golem.*
Dezember: Plan einer Gruppe »Linke Flanke«; Begegnung mit Kazimir Malevič, Gespräche über ein gemeinsames Aktionsprogramm.
Der Band *Gedichte* von Konstantin Vaginov erschienen.

1927 *9. Januar:* Auftritt der *Linken Flanke* [Charms, Vvedenksij, Bachterev] im Kreis der Freunde der Kammermusik.
16. Februar: Weiteres Treffen mit Kazimir Malevič, dem Charms das Gedicht *Versuchung* widmet. Malevič schenkt Charms sein Buch *Gott ist nicht abgeschafft* mit der Widmung: »Gehen Sie und halten Sie den Fortschritt auf.«
Februar [bis September]: Charms arbeitet intensiv an der Endfassung seiner *Komödie der Stadt Petersburg.*
8. März: Malevič geht für ein halbes Jahr ins Ausland, Stationen: Warschau, Berlin, Dessau; deponiert in Berlin einen Großteil seines theoretischen Nachlasses. Als Bauhaus-Buch erscheint *Die gegenstandslose Welt.*
18. März: Charms liest im Haus der Presse vor Vertreter der LAPP [Leningrader Assoziation proletarischer Schriftsteller].
25. März: Gründung der Gruppe *Akademie der linken Klassiker.* Ziele: »Kampf der Makulatur, der Verbiegung von Form und Gefühl; die Neue Form ist Die Revolution.« Organisatorische Ziele: Beitritt der Gruppe [Bachterev, Vvedenskij, Charms] zum Haus der Presse, Bildung einer eigenen Sektion mit Gruppenstatus, Edition eines eigenen Almanachs.
28. März: Auftritt der Gruppe im Institut für Kunstgeschichte; dort Bekanntschaft mit dem Schriftsteller Boris Žitkov.
9. April: Premiere von Igor Terentjevs *Revisor*-Inszenierung im Haus der Presse, die alle Rahmen des Begriffs von Avantgardetheater sprengt.
14. April: Charms trifft Igor Terentjev; gemeinsamer Plan eines Stückes *Die Liebe.*
16. April: Gaga Kacman, Regisseur der Gruppe Radiks, verhaftet. Seine Rolle übernehmen I. Bachterev und E. Vigiljanskij.
Frühjahr: Plan des Almanaches Radiks mit Texten der Dichter Vvedenskij, Charms, Bachterev, Vaginov, Chlebnikov; im theoretischen Teil Arbeiten von Šklovskij [über Chlebnikov], Leonid Lipavskij Charms, Vvedenskij] und von Kazimir Malevič.

Kurzer Lehrgang]: die »antileninistische *Plattform der 83*«, die Stalin die Schuld an zahlreichen Fehlschlägen zuspricht, wird als eines der »verlogensten und pharisäischsten Dokumente« zurückgewiesen.
Oktober: Plenum des ZK der RKP (b), die umbenannt wird in Kommunistische Partei der Sowjetunion (Bolševiki).

25. Oktober [bis 3. November]: Majakovskij liest in der Kapelle in Leningrad aus seinem neuen Oktoberpoem *Gut und schön.*
14. November: Das ZK und die Kontrollkommission des ZK schließen in gemeinsamer Sitzung Trockij, Zinovjev und Kamenev aus der Partei aus.
16. November: Trockijs Vertrauter A. A. Joffe begeht Selbstmord.
2.–19. Dezember: Der XV. Parteikongreß. Insgesamt 75 Führer der innerparteilichen Opposition werden aus der KPdSU ausgeschlossen; Zinovjev und Kamenev widerrufen. Der Kongreß beschließt einen »Fünfjahresplan für die Volkswirtschaft« und die Bildung »sozialistischer Großwirtschaften«: den Beginn der Kollektivierung, die im darauffolgenden Jahr anzulaufen beginnt.

1928 *Januar–Juni:* In der Parteipresse Kampagne gegen die innerparteiliche Opposition, begleitet von Massenverhaftungen. Die erneute Säuberungswelle innerhalb der Partei währt bis Juni.
25. Januar: Verriß der Veranstaltung in der ›Krasnaja gazeta‹ [Rote Zeitung] durch L. Lesnaja als postfuturistische Epatage: »1928 epatiert und erschreckt man mit einer roten Perücke niemanden mehr.«
13. Februar: Brief Stalins an alle Parteiorganisationen, der als Prolog zur Kollektivierung angesehen wird.
Februar: Repressalien gegen die Familie Esthers; ihr Vater, als Trockist beschuldigt, wird 1928 das erste Mal verhaftet.

Herbst: Rückkehr von Malevič nach Petersburg. Zabolockij, aus der Armee entlassen, wird Lektor im Staatsverlag Leningrad. Am Aufbau einer Kinderbuchabteilung führend beteiligt: Samuil Maršak, Nikolaj Olejnikov, Boris Žitkov; auch Leonid Lipavskij findet hier zeitweilig Arbeit.
Oktober: Konstantin Vaginovs erster Roman, *Bocksgesang.*
Ende Oktober: Folgenlose Begegnung von Charms und Vvedenskij mit Majakovskij, Gespräch über die Veröffentlichung von Texten der Leningrader Gruppe in seiner Zeitschrift ›Novyj Lef‹.
Herbst: Charms lernt den Journalisten, Kinderbuchautor und Lyriker Nikolaj Olejnikov kennen.
23. November: Im Haus der Presse Gründung der *Vereinigung der Realen Kunst,* abgekürzt auf Vorschlag von Charms: *Obėriu;* N. Baskakov stellt der Gruppe Räume für Veranstaltungen zur Verfügung. Die Gruppe entfaltet sofort fieberhafte Aktivitäten zur Vorbereitung eines ersten Abendprogramms.
Dezember: Erstes Gedicht von Nikolaj Zabolockij, *Fußball,* in der Leningrader Literaturzeitschrift ›Zvezda‹ [Der Stern].
Dezember: Charms im Notizbuch: »Olejnikov und Žitkov haben die Assoziation ›Schriftsteller der Kinderliteratur‹ organisiert. Wir (Vvedenskij, Zabolockij und ich) sind eingeladen.«
12.–24. Dezember: Niederschrift des Stückes *Elizaveta Bam.*
1927: Der vom Dichterverband Leningrad herausgegebene Almanach ›Koster‹ [Das Lagerfeuer] enthält von Vvedenskij ein Fragment des dramatischen Dialogs *Minin und Požarskij,* von Charms das *Gedicht des Pëtr Juškin.*

1928 *Januar:* In den ›Mitteilungen des Hauses der Presse‹, Nr. 2, erscheint die *Deklaration Obėriu,* das Manifest der Gruppe. Intensive Vorbereitungen des Abends ›Drei linke Stunden‹, die treibende Kraft: Daniil Charms.
24. Januar: Der legendäre Abend ›Drei linke Stunden‹ im Haus der Presse: 1. Stunde – Gedichte von Charms, Vvedenskij, Bachterev gelesen, 2. Stunde – Uraufführung von *Elizaveta Bam,* 3. Stunde – Vorführung des Films *Der Fleischwolf* von A. Razumovskij und K. Minc. Der erhoffte Skandal blieb aus.
Februar: In Heft Nr. 1 der Kinderzeitschrift ›Ež‹ [Der Igel], Organ des Zentralbüros der Jungen Pioniere, erscheint von Charms das

26. März: Direktive des Präsidiums des ZK und des Rates der Volkskommissare über die Politik der Bestrafung und die Zustände in den Haftanstalten, fordert härtere Gangart gegen »Klassenfeinde, Rezidivisten und deklassierte Elemente«.
18. Mai – 6. Juli: Der »Šachty«-Prozeß gegen in- und ausländische Bergwerksingenieure wegen angeblicher Sabotage in den Kohlegruben des Donec-Beckens, die als »Spez-Schädlinge« enttarnt werden, die die »Sowjetmacht stürzen« wollen. Beginn der Karriere des Staatsanwaltes A. Vyšinskij. Von 53 Angeklagten werden fünf zum Tode, 40 zu Haft zwischen einem und zehn Jahren verurteilt.
28. Mai: Deportation Trockijs nach Alma Ata, Kasachstan.
3. Juni: In der ›Pravda‹ Aufruf des ZK an alle Mitglieder der Partei zur Selbstkritik. »Die Losung der Selbstkritik ›ohne Ansehen der Person‹, der Kritik von oben nach unten und von unten nach oben ist eine der zentralen Losungen des Tages.«
1928: Unter Freunden und Bekannten von Charms verhaftet: der Dichter Venedikt Mart, wird ohne Urteil für drei Jahre nach Saratov verbannt; der Pädagoge Dmitrij Michajlov, kommt [spätestens 1933] wieder frei; Victor Serge-Kibalčič, Altrevolutionär und Anarchosyndikalist, ein Verwandter von Esthers Vater Rusakov.

1929 *18. Januar:* Stalin fordert, Trockij des Landes zu verweisen, was noch im selben Monat erfolgt.
Frühjahr: Der Widerstand der Bauern gegen die Zwangskollektivierung wird durch Armee und GPU gebrochen; Gebiete, in denen Widerstand geleistet wird, werden abgeriegelt. In der Ukraine verhungern ca. eine Million Menschen.
1. April: Einführung des Lebensmittelkartensystems auf Brot.
April: Aufruf der XVI. Parteikonferenz zum »sozialistischen Wettbewerb«. Stalin bereitet den Schlag gegen die sogenannte Rechts-Opposition, d.h. gegen die »Kulakenseele der Bucharin-Rykov-Gruppe« vor.
14. April: Im Zuge der atheistischen Kampagne schlagen die Moskauer ›Izvestija‹ vor, die religiösen Feiertage, insbesondere den

Gedicht *Ivan Ivanovič Samovar* unter dem Pseudonym D. Baš; im ›Ež‹ des Jahrgangs 1928 drei weitere Arbeiten von Charms.
4. Februar: Im Haus der Presse letzte Premiere Igor Terentjevs, *Natalja Tarpova* nach S. Semënov; Terentjev geht Ende des Jahres nach Kiev, von dort nach Chavkov.
8. März: Sitzung der Obèriuten.
Frühjahr: In Leningrad erscheint Band I der Werkausgabe von Velimir Chlebnikov, dem bis 1934 vier weitere folgen.
Frühjahr: Charms' Mutter an Tbc gestorben.
Frühjahr–Sommer: Erste größere Schaffenskrise bei Charms, Krise in der Beziehung zu Esther.
Mitte August: Charms übergibt dem Maler Pavel Mansurov, der nach Frankreich reist, um dort zu bleiben, ein Textkonvolut mit Arbeiten von Vvedenskij, sich und anderen in der Hoffnung, Mansurov könne es in Paris in einem Verlag der Emigration publizieren. Das Textkonvolut muß als verschollen gelten.
Oktober: Entwurf des Obèriuten-Abends *Winterspaziergang.*
28. Oktober: Zu »Wirklichen Mitgliedern« der Gruppe zählt Charms nurmehr sich, Bachterev, B. Levin und Vvedenskij.
14. November: Sitzung der Gruppe des *Obėriu.*
25. November: Obèriuten-Abend im Haus der Presse.
Dezember: In Heft Nr. 12 des ›Ež‹ erscheint Charms' Erzählung für Kinder *Die alte Frau, die Tinte kaufen wollte.*
12. Dezember: Charms plant den nicht zustandegekommenen Abend *Vasilij Obèriutov.*

1929 *3. Januar:* Aleksandr Vvedenskij schreibt das Gedicht *Die Antwort der Götter.*
21. Januar: Charms schreibt das Gedicht *Flug in den Himmel.*
24. März: Charms beginnt die Eintragungen in das Heft *Ku Šu* mit dem philosophischen Gedicht *Die Stadt hab ich vergessen.* Eintragungen und Texte dort bis April 1931.
April: Erster längerer Prosatext von Charms, die *Geschichte Ruckrr apprr.* Bekanntschaft mit dem Dichter Jurij Vladimirov, der zum Kreis der Obèriuten stößt.
5. April: Vvedenskij widmet sein Gedicht *Alles* [Schluß, Aus] dem »Obèriuten« Nikolaj Zabolockij, dessen erster Lyrikband *Spalten* 1929 erscheint und ihn mit einem Schlag berühmt macht.
Frühjahr: Leningrader Schriftsteller, u.a. V. Kaverin, planen den

Sonntag abzuschaffen, um die sozialistische Produktivität zu steigern. Eine landesweite Debatte um eine neue Kalenderreform [der Tag 1: der 25. Oktober bzw. 7. November] wird aufgelöst.
Sommer: Schwere Versorgungskrise in der Sowjetunion.
26. August: Angriffe der Parteipresse gegen E. Zamjatin und B. Pilnjak, mit Verlagen in der Emigration zusammengearbeitet zu haben; Zamjatin betreibt seine Ausreise.
September: Ablösung A. V. Lunačarskijs als Volkskommissar für Volksauflösung. Eine seiner letzten Amtshandlungen: die Entfernung der Bibel aus öffentlichen Bibliotheken.
24. September: Nicht, wie von den ›Izvestija‹ vorgeschlagen, die Sechstagewoche [Abschaffung des Sonntags] wird eingeführt, sondern die Fünftagewoche.
10.–20. Oktober: In Leningrad Auftritte Majakovskijs mit Lesungen aus den Theatersatiren *Das Schwitzbad* und *Die Wanze*; in seinen politischen Äußerungen propagiert der Autor ein Zusammengehen der literarischen Linken mit der RAPP.
November: Unvereinbarkeitsbeschluß des ZK mit den sogenannten »Rechtsopportunisten«; deren Führer, Bucharin, wird aus dem Politbüro des ZK ausgeschlossen.
21. November: Beginn der vierwöchigen Feiern zum 50. Geburtstag Stalins. In seinem Aufsatz *Das Jahr des Umschwunges* begeht Stalin das Jahr 1929 als das des »Entscheidungsangriffs des Sozialismus auf alle kapitalistischen Elemente in Stadt und Land«; Übergang der »Politik der Liquidierung zur Politik der Vernichtung des Kulakentums als Klasse.«

1929: Unter Charms' Bekannten verhaftet: der Literaturwissenschaftler Michail Bachtin [sechs Jahre Kasachstan], die Pianistin Marija Judina, sie verbringt 15 Jahre in Straflagern.

1930 *Januar* [bis Frühjahr]: Die Partei feiert die »gewaltigen Erfolge« bei der Kollektivierung der Landwirtschaft. Registriert werden aber auch »gefährliche Anzeichen ernstlicher Unzufriedenheit in der Bauernschaft« infolge von »Überspitzungen«, die von den Kulaken und ihren Helfershelfern« zu Provokationen genutzt worden seien. Stalin dämpft in mehreren Reden den sozialistischen »Übereifer« und betont den »freiwilligen Charakter« der Kollektivierung.

Almanach ›Die Wanne des Archimedes‹ unter Einbeziehung von Autoren wie Charms, Chlebnikov, Dobyčin, Vvedenskij sowie, im theoretischen Teil, der Formalisten: B. Ėjchenbaum, Ju. Tynjanov, V. Šklovskij. Der Almanach kommt nicht zustande; der Plan eines Sammelbandes unter diesem Titel beschäftigt Charms noch Ende des Jahres.

Mai: K. Vaginovs, Roman *Werke und Tage Svistonovs* erschienen; darin karikiert der Autor des Abend ›Drei linke Stunden‹ im Haus zu der Presse, woraufhin Charms' Verhältnis zu Vaginov abkühlt, faktisch beendet ist.

September: Charms im Notizbuch: »SOS. SOS. SOS. Ich kenne kein schändlicheres Publikum als den Schriftstellerverband. Diese Leute kann ich wirklich nicht ertragen.«

30. September: Daniil Charms, Aleksandr Vvedenskij, Osip Mandelštam u. a. aus dem Leningrader Dichterverband ausgeschlossen; Grund: nicht gezahlte Beiträge.

Oktober: Mehrere philosophische Gedichte und Traktate von Charms wie *Das Maß der Dinge; Der Säbel;* eine Art Selbstvergewisserung: *Was ist noch was?*

Oktober: In der ›Zvezda‹ erscheinen Auszüge aus Zabolockijs Erzählgedicht *Triumph der Landwirtschaft.*

6.–21. November: Das Gedicht *Zerstörung* von Charms handelt von der Zahl Fünf als Antwort auf die Einführung der Fünftagewoche.

Dezember: Der Plan des Almanaches ›Die Wanne des Archimedes‹, von den ursprünglichen Organisatoren aufgegeben, reduziert sich für Charms, der ihm immer noch nachhängt, auf die Autoren Zabolockij, Vvedenskij und Charms; als Lyriker erstmals genannt sind Nikolaj Olejnikov und Evgenij Švarc [Zvenigorodskij].

12. Dezember: Charms entwirft einen weiteren Auftritt der Obėriuten; ob er stattgefunden hat, ist nicht geklärt und scheint eher zweifelhaft.

1930 *Januar–Februar:* Charms ist ungemein produktiv, schreibt etwa zwanzig große Gedichte.

Januar: Erstes Heft der Zeitschrift ›Čiž‹ [Der Zeisig] für Kinder im Vorschulalter, Pendant zum ›Ež‹, Chefredaktion: Nina Gernet. »Ich war täglich zusammen mit Charms, Švarc, Olenikov (der eine Zeitlang verantwortlicher Redakteur war), Zabolockij, Vvedenskij, Bianki, Žitkov, Čarušin, Zoščenko – und begriff nicht recht, daß dies

5. März: In Leningrads Eröffnung der zuvor bereits in Moskau gezeigten Ausstellung *Vladimir Majakovskij – Zwanzig Jahre Arbeit.*
17. März: Leningrader Premiere von Majakovskijs Komödie *Das Schwitzbad* am Großen Dramatischen Theater, mit überwiegend negativem Echo.

9. April: In der Zeitung ›Smena‹ von L. Nilvič der Aufsatz *Reaktionäre Jongleurkünste (über einen Anschlag literarischer Rowdies).* Daraus: »Die Obèriuten stehen dem Aufbau fern. Sie hassen den Kampf, den das Proletariat führt. Ihre Abkehr vom Leben, ihre unsinnige Poesie, ihre sinnlose Jongleurkunst sind ein Protest gegen die Diktatur des Proletariats. Deshalb ist ihre Poesie konterrevolutionär. Es ist die Poesie uns fremder Menschen, Poesie des Klassenfeindes, – erklärte die proletarische Studentenschaft.«

14. April: In Moskau begeht Majakovskij Selbstmord.

26. Juni: Im Zeichen der »voll entfalteten Offensive des Sozialismus an allen Fronten« fordert der XVI. Parteikongreß von den Parteimitgliedern auch in Zukunft ein »kämpferisches Tempo beim sozialistischen Aufbau« sowie die Erfüllung des Fünfjahresplanes innerhalb von vier Jahren.
Juni: Aus dem Exil empfiehlt Gorkij als potentielle Autoren einer Geschichte des Bürgerkrieges: Fedin, Šolochov, Vs. Ivanov, Tichonov, Gladkov, Fadeev, Olga Forš und den »roten Grafen« Aleksej Tolstoj.

9. Oktober: Das Parteikomitee der Stadt Leningrad bezeichnet die Malerei Pavel Filonovs als »konterrevolutionär«. Anweisung an das

ein Glück war, ein ausschließliches und seltenes Glück. Doch der erstaunlichste und und unwiederholbarste inmitten dieser literarischen Elite war Daniil Ivanovič. Äußerlich war er am ehesten zu charakterisieren mit dem Wort Gentleman. Hoch aufgeschossen, schön, sehr gut erzogen, korrekt bis in die Haarwurzeln, sauber, zutiefst anständig hatte er ein vollkommenes Gespür für Humor und, nicht weniger vollkommen, für das Wort – und für Literatur das absolute Gehör.«

Anfang April [kein genaues Datum]: Auftritt der beiden Obèriuten Boris Levin und Jurij Vladimirov im Studentenheim der Universität.

Der denunziatorische Artikel der Zeitung ›Smena‹ bedeutete das Ende der Obèriutischen Bewegung. Laut Aussage von A. Razumovskij gab es, nach diesem Generalangriff, weder im Haus der Presse noch sonst irgendwo, Auftritte der Obèriuten.

Frühjahr: Daniil Charms entdeckt, als schöpferisches Prinzip in der Dichtung, die »cisfinite Logik«, verfaßt nach diesem Prinzip einen Gedichtszyklus.

24. Juni [bis 7. August]: Charms beginnt mit der Niederschrift des dramatischen Gedichtes *Lapa*, das der Vorstellungswelt Velimir Chlebnikovs nicht nur zutiefst verbunden ist, sondern in dem Chlebnikov sogar dramatis persona iat.

Sommer: Zerwürfnis zwischen Aleksandr Vvedenskij und Zabolockij.

13. August: Begegnungen zwischen Charms und Kornej Čukovski, der in einem Aufsatzband Charms' Arbeiten für Kinder als beispielhaft bezeichnet hatte.

22.–24. August: Charms schreibt den Versdialog *Die Rache*, eine Art Faust-Drama, in dem ein Chor der Schriftsteller höchst unrühmlich davonkommt.

Filonov-Schülerinnen aus dem Atelier MAI [Meister der Analytischen Kunst] wie A. Poret und T. N. Glebova, mit denen Charms und Vvedenskij befreundet sind, haben zahlreiche Kinderbücher für den Leningrader Kinderbuchverlag illustriert.

16. Oktober: Brief an Leonid Lipavskij über das *Cisfinitum*, d.h. eine schöpferische Wissenschaft, die der Kunst ähnlich ist.

Russische Museum, die seit einem Jahr aufgebaute, aber nie eröffnete Werkschau Filonovs wieder abzubauen. Filonov ist fortan arbeitslos.
25. November: Beginn des Schauprozesses gegen Vertreter der so genannten »Industriepartei«, einer »konterrevolutionären Spionage-Organisation« bürgerlicher Intellektueller, deren »Führer« am 7. Dezember zum Tode verurteilt werden.
Dezember: Stalins Vertreter Molotov wird Vorsitzender des Rates der Volkskommissare [Ministerpräsident].

1931 *Winter–Frühling:* Massive Versorgungsschwierigkeiten infolge der Kollektivierung, in weiten Teilen des Landes herrscht Hunger.

19. Februar: Heftige Angriffe gegen Leonid Dobyčin in der ›Literaturnaja gazeta‹ [Literaturzeitung], die *Das Porträt* ein »schändliches Buch« nennt.

14. Mai: Ankunft Gorkijs in Moskau, wo er sich willig von der Parteipresse vereinnahmen läßt. Lobeshymnen auf die »Arbeitskolonnen der OGPU«, Aufruf an die RAPP zur »Vereinigung aller Sowjetschriftsteller« in einem gemeinsamen Verband.
Ende Mai: Reise Gorkijs, mit Delegation, nach Sibirien, um die Erfolge bei der Erfüllung des 1. Fünfjahresplans zu begutachten.
Ende Juli: Bei Gorkij zu Gast: G. B. Shaw.
15. August: Den ZK-Beschluß über die Reorganisation des Verlagswesens nutzt Gorkij am 27. August in der ›Pravda‹ zu Angriffen gegen »gewissenlose« [parteilose] Schriftsteller.
20.–30. September: Gorkij in Leningrad . Fortsetzung des offiziösen Programms, Begegnungen mit Vertretern des Schriftstellerverbands Leningrad, Verlagsmitarbeitern, Gorkij propagiert die Edition einer »Bibliothek der Dichter«.
16. Dezember: Im Dichterverband Leningrad richtet der ehemalige futuristische Dichter Nikolaj Aseev schwere Vorwürfe gegen Charms und Vvedenskij, die er zwar »durchaus nicht unbegabt« nennt, deren »Versuche« er jedoch als fruchtlos bezeichnet, da sie lediglich auf dem Prinzip des Parodierens und des Spottes beruhten.

11. November: Charms schreibt das Gedicht *Die Freude.*
13. Dezember [1930?]: Charms im Notizbuch: »Wir kämpfen mit dem Schicksal und verstummen vor dem Unvermeidlichen.«
17.–20. Dezember: Charms schließt die zweite große Versdichtung des Jahres 1930 ab: *Gvidon.*
Ende des Jahres: In Leningrad erscheint der zweite Prosaband von Leonid Dobyčin, *Das Porträt.*

1931 *Januar* [bis April]: Charms ist von großer Produktivität in der Lyrik.
13.–14. Januar: Verfaßt das Gedicht *AnDor.*
24. Januar: Igor Terentjev in Dnepropetrovsk verhaftet.
März: Gedichte um das »Fenster« [okno], der Versdialog *Oknov und Kozlov.*
März: Charms erfindet die Figur »Chnju«, um die herum ein Gedichtzyklus sowie ein größeres Prosafragment entstehen.
10. April: Ankunft Andrej Belyjs in Carskoe Selo, wo er die Arbeit an seinem Buch über Nikolaj Gogol aufnimmt; er bleibt bis Dezember.
30. Mai: A. Belyjs Lebensgefährtin K.N. Vasiljeva verhaftet. Auf Intervention Belyjs wird sie am 3. Juli wieder freigelassen.
Anfang September: Aleksandr Vvedenskij schreibt das dramatische Gedicht *Kuprijanov und Nataša.*

4. Oktober: Der Dichter Jurij Vladimorov an Tbc gestorben.
30. November: Der angesehene Verlag Academia schlägt Pavel Filonov die Illustration des *Kalevala* vor; Filonov gibt den Auftrag an seine Schüler und Schülerinnen weiter.
10. Dezember: Unter Beschuldigung der »Organisation und Beteiligung an einer illegalen antisowjetischen Vereinigung von Literaten« verhaftet: Charms, Vvedenskij, A. Tufanov, I. Andronikov, N.M. Voronič und P. Kalašnikov.
14. Dezember: Igor Bachterev verhaftet.

1931: Igor Terentjev, der in Charkov in ukrainischer Sprache ein experimentelles Theater eröffnet hatte, verbringt ein Jahr lang im Gefängnis, wird zu fünf Jahren Straflager verurteilt, die er in Karelien beim Bau des Weißmeerkanals verbringt. Terentjev gründet selbst im Lager eine Theatergruppe, erlangt damit über die Lagertore hinaus eine gewisse Berühmtheit und wird 1935 noch einmal für kurze Zeit freigelassen.

1932 *27. Januar:* Mit dem letzten Verhör Aleksandr Vvedenskijs sind die Vernehmungen der inhaftierten Autoren im wesentlichen abgeschlossen.

Ende Januar [Anfang Februar?]: Verhaftung von N.P. Baskakov, dem ehemaligen Leiter des Hauses der Presse, der den Obėriuten Räume der von ihm geleiteten Institution zur Verfügung gestellt hatte; er kommt im Lager um.

27. Januar: I. Andronikov wird nach seinem letzten Verhör, in dem er die »antisowjetische Gruppe« um Charms, Vvedenskij u.a. nochmals schwer belastet hatte, entlassen.

Februar: Aseevs Ausführungen über die Poesie der »durchaus nicht unbegabten« Dichter Charms, Vvedenskij und Zabolockij erscheinen in Nr. 2 der ›Krasnaja nov‹.

23. April: Beschluß des ZK *Über den Umbau der Künstler- und Schriftstellerorganisationen:* Auflösung sämtlicher Verbände und Gruppierungen einschließlich der RAPP zugunsten eines einheitlichen Sowjetischen Schriftstellerverbands.

Anfang Mai: Gorkij, in Moskau eingetroffen, wird Ehrenpräsident des Gründungskomitees des Schriftstellerverbands.

23. Mai: In der ›Literaturnaja gazeta‹ erscheint erstmals der Begriff »sozialistischer Realismus«.

Dezember: Verhaftet werden die Malerin E. V. Safonova, die Maler B. M Erbštejn und S. M. Geršov.

11. Dezember: Charms gibt in Haft zu Protokoll, eigenhändig geschrieben nach dem ersten Verhör: »Ich arbeite im Bereich der Literatur. Ich bin kein politisch denkender Mensch, die Frage, die mir nahesteht, ist: die Literatur. Ich erkläre, daß ich im Bereich der Literatur mit der Politik der Sowjetregierung nicht einverstanden bin, und wünsche mir als Gegengewicht zu den in diesem Punkt bestehenden Maßnahmen die Freiheit der Presse sowohl für mein eigenes Werk als auch für das literarische Schaffen der mir nahestehenden Literarten, die mit mir eine Gruppe bilden.«

Aus dem konfiszierten »Belastungsmaterial« stellten die OGPU-Beamten ein Dossier zusammen, das die »konterrevolutionäre« Haltung der Gruppe belegen sollte; auf diese Weise haben verschollen geglaubte Gedichte von Charms und Vvedenskij in den Archiven der Staatspolizei überlebt. Die weiteren Vernehmungen, in ihrer Abfolge genau kalkuliert, sind dokumentiert in Schreibheft Nr. 40.

1932 *13. Januar:* Im Wortlaut der OGPU liest sich Charms' letztes Vernehmungsprotokoll wie eine Selbstanzeige: »Meiner antisowjetischen Tätigkeit, über die ich bereits ausgesagt habe, lagen politische Anschauungen zugrunden, die der bestehenden Ordnung feindlich sind. Dadurch, daß ich mich für gewöhnlich und vorsätzlich von aktuellen politischen Fragen fernhielt – ich lese grundsätzlich keine Zeitungen – bildete ich meine politischen Anschauungen mithilfe der mir nahestehenden Menschen, den Mitgliedern meiner Gruppe ...« Fazit: »Mithilfe der mir künstlerisch und ideologisch nahestehenden Menschen, die politisch besser informiert sind als ich, habe ich mich in meinen Bestrebungen zum Sturz der bestehenden Ordnung bestärken lassen.«

21. März: In der Strafsache 4246-32 ergehen die Urteile: A. Tufanov – 5 Jahre Lager; D. Charms und P. Kalašnikov – 3 Jahre Lager, N. Voronič – 3 Jahre Verbannung nach Kasachstan; A. Vvedenskij und I. Bachterev – 3 Jahre Verbot des Aufenthalts in Großstädten. Vvedenskij und Bachterev werden aus der Haft entlassen.

E. I. Gricina berichtet in ihren Erinnerungen, ihr Vater habe nach Bekanntwerden der Urteile über seinen alten Mitstreiter Morozov in Moskau für Charms Strafmilderung erreichen können.

Im Laufe des Jahres: Die Kathedrale der Heiligen Mutter von Kazan in Leningrad-Petersburg wird zu einem Staatlichen Museum des Atheismus eingerichtet.

25. September: Festakt im Moskauer Bolšoj Theater im Beisein Stalins zum 40jährigen Jubiläum Gorkijs als Schriftsteller. Überreichung des Leninordens an Gorkij, Umbenennung der Tverskaja in Gorkijstraße. Das Moskauer Künstlertheater wird in Gorkij-Theater umbenannt [Moskovskij chudožestvennyj teatr imeni M. Gorkogo].

7. Oktober: Nižnij Novgorod, die Geburtsstadt Gorkijs, wird in Gorkij umbenannt.

26. Oktober: Stalin, zu Besuch bei Gorkij, prägt das geflügelte Wort vom Schriftsteller als dem »Ingenieur der Seele.«

8. November: Stalins Ehefrau, Nadežda Alilueva, verübt Selbstmord.

1932: Das Jahr 1932 geht als das Krisenjahr des stalinistischen Systems in die Geschichte ein, im Lande herrscht Hunger, die allgemeine Stimmung ist verheerend. Die Parteipresse begegnet diesem Umstand mit Wolken von »Sowjetpatriotismus«. Der 1. Fünfjahresplan wird zum 31. Dez. für vorzeitig beendet erklärt.

27. Dezember: Neues sowjetisches Paßgesetz, das die ungehinderte Bevölkerungsbewegung vom Land in die Industriezentren und umgekehrt regeln, d.h. einschränken soll.

1933 *Januar:* Vor dem ZK rechtfertigt Stalin seinen Kurs und spricht vom »Endsieg des Sozialismus«. Zugleich läßt er, um der Lebensmittelknappheit zu begegnen, die Magazine der Roten Armee öffnen.

30. Januar: Adolf Hitler Reichskanzler.

27. Februar: Reichstagsbrand in Berlin, »Notverordnungen« zur »Abwehr kommunistischer Gewaltattentate.«

19. Februar: Vor verdienten Kolchos-»Stoßarbeitern« rechtfertigt Stalin erneut die Kollektivierung.

12.–19. April: Prozeß gegen sechs englische Angestellte der Elektro-

18. Juni: Charms entlassen mit der Auflage, sich binnen vier Wochen an seinem Verbannungsort, der Provinzstadt Kursk, einzufinden.
13. Juli: Charms reist, gemeinsam mit A. Vvedenskij, nach Kursk, wohnt dort, zusammen mit Vvedenskij, in der Pervyševskaja Nr. 16.
2. *August:* Charms schließt den absurd-philosophischen Traktat *Über das Unendliche* ab.
10. September: N. Zabolockij sagt sich von jeder Gruppenzugehörigkeit los: »Ich stehe nur für mich und werde nur dem Sowjetischen Schriftstellerverband beitreten.«
26. September: Die Vvedenskij befreundete Malerin E. V. Safonova erfährt ihren Verbannungsort: Vologda, wohin ihr Vvedenskij am 1. Oktober folgt.
Herbst: In Leningrad erhält Kazimir Malevič am Russischen Museum Räume für ein experimentelles Atelier.

13. November: Feierliche Eröffnung der Ausstellung *Künstler der RSFSR in XV Jahren* unter Beteiligung von Malevič und Filonov.
18. November: Charms darf nach Leningrad zurückkehren.
20. November: Charms mit Zabolockij und Olejnikov bei Boris Žitkov. Beschluß, mit Leonid Lipavskij den »Klub der halbanalphabetischen Denker« zu gründen; regelmäßige Treffen des »Klubs«, ab 1933, werden Grundlage für Lipavskijs *Gespräche.*
Dezember: Trotz weiteren Begegnungen ist für Charms die Beziehung mit Esther beendet.
6. Dezember: Charms im Notizbuch über Olejnikov: »Er glaubt mir nicht, daß ich ihn für einen guten Dichter halte.«

1933 *Januar–Februar:* Charms verliebt sich in die Malerin Alisa Poret, bis er Anfang März erfährt, daß diese mit dem Bühnenbildner P. P. Snopkov liiert ist; mit dieser Feststellung bricht das Tagebuch, das Charms seit seiner Rückkehr führt, abrupt ab.
Anfang Februar: Victor Serge erneut verhaftet und zu 3 Jahren nach Orenburg verbannt.
Februar: In Heft Nr. 2–3 der ›Zvezda‹ erscheint N. Zablolockis episches Gedicht *Triumph der Landwirtschaft*, das eine lang anhaltende Kampagne gegen Zabolockij auslöst.

technischen Gesellschaft Metropolitan-Vickers wegen angeblicher Spionage und Diversion zum Ziel der »Unterminierung der sowjetischen Industrie und Schwächung des Sowjetstaats«.

20. Juni: Eröffnung des »Stalin-Weißmeerkanals«, bei dessen Bau Tausende politischer Häftlinge umgekommen waren.
21. Juli: Höhepunkt der Kampagne gegen Zabolockij. Der RAPP-Führer V. Ermilov nennt ihn in der ›Pravda‹ einen »Kulaken und Volksfeind.

30. August: Heftiger Angriff gegen Osip Mandelštam und dessen Buch *Reise nach Armenien* in der ›Pravda‹.
3. September: Rede Gorkijs vor einer Versammlung ausgewählter »Stoßarbeiter« des Weißmeerkanals, die von der ›Pravda‹ wie auch den ›Izvestija‹ publiziert wird.
30. September: Erster sowjetischer Stratosphärenflug mit Weltrekordhöhe von 19 km.
Herbst: Schlag für den Sowjetpatriotismus: der Literaturnobelpreis geht nicht an Gorkij, sondern an den in Paris lebenden Emigranten Ivan Bunin.
16. November: De-jure-Anerkennung der UDSSR durch die USA.
26. Dezember: In Mentone stirbt A. Lunačarskij, erster Volkskommissar für Volksaufklärung unter Lenin.

1934 *29. Januar–10. Februar:* XVIII. Parteikongreß, der »Parteitag der Sieger«; Selbstkritik von rechts (Bucharin, Rykov) wir von links (Zinovjev, Kamenev). Beschluß der Intensivierung des »ideologischen Kampfes gegen feindliche Strömungen in der Partei«, Beschluß eines zweiten Fünfjahresplans.
Februar: Dramatische Rettung des Eisbrechers »Čeljuskin« und seiner Besatzung aus der Luft, weiterer Höhepunkt des Sowjetpatriotismus.

Frühjahr: Charms lernt die Schauspielerin Klavdija Pugačeva kennen. Im selben Jahr Bekanntschaft mit seiner späteren Ehefrau Marina Malič.
April: Beginn der Gespräche der »halbanalphabetischen Denker«, zumindest ihrer Aufzeichnung durch L. Lipavskij; Teilnehmer: Charms, Vvedenskij, D. Michajlov, Ja. Druskin, Olejnikov, Zabolockij, Lipavskij, T. Mejer-Lipavskaja, zeitweilig auch V. Propp. Im Zusammenhang damit Charms' Notizen »Was mich interessiert« und »Was ich liebe« im Notizbuch.
Mai: Charms im Notizbuch: »Interessant ist, daß beinahe alle großen Schriftsteller ihre Idee hatten und diese für größer hielten als ihre künstlerische Werke. So zum Beispiel: Blake, Gogol, Tolstoj, Chlebnikov, Vvedenskij.«
Juli: In Heft Nr. 7 des ›Čiž‹ von Charms die ersten Geschichten von *Professor Truborčkin*, weitere in den Heften 8, 11 und 12. Charms wendet sich verstärkt der Prosa zu.
Sommer: Liest Stevenson, Tynjanov, Tolstoj, Freud, Byron.
8. August: Charms schreibt das Gedicht *Mir ist alles ekelhaft.*
24. August: Das Gedicht *Haltet alle das Maul!*
20. September: Erster Brief an Klavdija Pagačeva, die an ein Theater nach Moskau gewechselt ist. Beginn eines »Romans in Briefen«, vgl. *Briefe aus Petersburg.*
25. September: Entwurf eines Essays über das Lachen. Schlußsatz: »Rindviecher sollen nicht lachen.«
4. Oktober: Traktat über das Rauchen. »Ein Herr, der raucht, gleicht einem Knopf, eine Dame, die raucht, einem Knopfloch. Und deshalb, meine Herrschaften, hören wir auf zu rauchen.«
November: Mandelštams berühmtes Stalin-Gedicht.
25. Dezember: Mejerchold inszeniert am Leningrader Dramentheater den *Maskenball* von Lermontov.

1934 *Januar:* Charms beteiligt sich an Redaktionssitzungen des ›Čiž‹ und erfindet die Figur der »Klugen Maša«, die sich wie Professor Trubočkin großer Beliebtheit erfreut.
Januar–Februar: Aleksandr Vvedenskij schreibt die Elegie *Leider bin ich kein Tier.*
Ende Februar: Letzter Brief von Charms an Klavdija Pugačeva, Beendigung des Romans in Briefen. Charms heiratet noch im selben Jahr Marina Malič.

20. April: Erste »Helden der Sowjetunion«.
30. April: In Deutschland der Röhmputsch, Abrechnung Hitlers mit der innerparteilichen Opposition; denkbares Vorbild für Stalins Vorgehen im Falle Kirov.
11. Mai: Gorkijs Sohn Maksim gestorben [vom NKVD ermordet, um Gorkij einzuschüchtern].
16. Mai: Osip Mandelštam wird verhaftet und für drei Jahre nach Voronež verbannt.
23. Mai: Gorkij begründet in der ›Pravda‹ das Prinzip des »Proletarischen Humanismus.«
8. Juni: ZK-Beschluß über »Staatsverbrecher«.
Juni: Umbenennung der OGPU in NKVD; neuer Chef der Staatspolizei wird G. G. Jagoda.
17. August: 1. Kongreß des Sowjetischen Schriftstellerverbands, der den »Sozialistischen Realismus« als verbindliche Literaturdoktrin beschließt. Einleitung und Schlußwort: M. Gorkij, das Hauptreferat hält der Parteifunktionär A. A. Ždanov.
18. September: Eintritt der UdSSR in den Völkerbund.
Herbst: Der Literaturnobelpreis geht an Pirandello.
Oktober: In der Literaturzeitschrift ›30 Tage‹ erscheinen drei Gedichte von Nikolaj Olejnikov, die von der Parteipresse heftig angegriffen werden; erste und letzte Lyrikpublikation Olejnikovs zu Lebzeiten.

1. Dezember: In Leningrad Ermordung des beliebten Parteiführers S. M. Kirov, mit Wissen, wenn nicht auf Weisung Stalins; das Attentat wird der Partei-Linken angelastet. Massenverhaftungen, 117 Erschießungen, Deportation unbescholtener Bürger [V. Serge schätzt die Zahl auf 100 000].
Dem Schlag Stalins gegen das ungeliebte Leningrad fallen unter Charms' Bekannten zum Opfer: V. Ermolaeva, A. Kartašov, M. Kazanskaja, A. Baturin, Vl. Sterligov; die Verhaftungen ziehen sich bis ins Jahr 1935, Anfang 1935 wird V. P. Matveev verhaftet und vermutlich kurz darauf erschossen.

1935 *Januar:* Der VII. Allunions-Sowjetkongreß setzt unter Vorsitz Stalins eine Kommission zur Ausarbeitung einer neuen Verfassung der UdSSR ein.

März: Charms schreibt das Gedicht *Das Schwitzbad.*
26. April: Konstantin Vaginov in Petersburg gestorben.
April: In Moskau ohrfeigt Mandelštam den roten Grafen Tolstoj.
1. Mai: Eintritt Aleksandr Vvedenskij in den Sowjetischen Schriftstellerverband, möglicherweise zum selben Datum auch Daniil Charms [das Datum auf Charms' Mitgliederausweis liest sich wie »1. VII.«

August: Die berühmten Schriftsteller-Anekdoten von Charms über Aleksej Tolstoj, Olga Forš, Bezymenskij, Pasternak u. a.
17. August: Tod des Vaters von Jakov Druskin.
18. September: Charms schreibt die Traktate *Über Schein und Sein Nr. 1* und *Nr. 2* ins Reine, sowie den *Über das Gleichgewicht.*
14. Oktober: In Petersburg stribt der Maler und Komponist Michail Matjušin, einer der letzten großen Anreger aus der Avantgarde-Generation der Zeit vor 1917.
15. Oktober: Charms schreibt das Gedicht *Was sollen wir tun?*
16. Oktober: Charms notiert Aufgaben und Pflichten des Ehemannes und der Ehefrau: »Wie gern würde ich wieder Junggeselle werden, aber so, daß es schön, friedlich und ohne Skandal abgeht.«

1934: Charms entwirft den Plan »Für jeden Tag«: »Ungeachtet finanzieller Erfolge und Mißerfolge täglich das Folgende tun:

1). Mindestens 10 Gedichtzeilen schreiben.
2). Mindestens eine Seite Prosa im Heft schreiben.
3). Etwas über Religion oder Gott lesen, oder die Wege, zu ihm zu gelangen, mindestens drei Seiten. Über das Gelesene nachdenken.
4). Die auferlegte Gymnastik treiben.
5). Abends Briefe schreiben an Iti (ITI).«

1935 *1. Januar:* Charms beschließt für das neue Jahr: »Täglich mindestens 10 Gedichtzeilen schreiben und ein Vaudeville. 2) Nicht später als zu Mittag aufstehen. Nicht später als 2 Uhr nachts zu Bett gehen.

20. Januar: Angriffe der ›Pravda‹ gegen den angesehenen Leningrader Verlag Academia, der Dostoevskijs *Dämonen* [Literatur der Fäulnis] erneut zugänglich gemacht hatte.
Frühjahr: »Aufdeckung« des ›Moskauer Zentrums‹: »Schon damals wurde es klar, daß die Sinowjew-Gruppe eine maskierte weißgardistische Organisation war«, ihr Hauptorganisator und Hauptinspektor war der Judas Trotzki.« Weisung des ZK an das Parteivolk, die »bolschweistische Wachsamkeit in jeder Weise zu erhöhen.«
7. April: Verwahrloste, obdachlose Kinder verschwinden von der Straße: in Besserungslagern des NKVD.
13. Mai: Bildung einer Sonderkommission zur »Vernichtung der Volksfeinde«, bestehend aus Stalin, Ežov, Ždanov und Vyšinskij; Überprüfung sämtlicher Parteimitglieder (3,5 Millionen).
18. Mai: Absturz des Großflugzeuges ANT-21 »Maksim Gorkij« in Moskau.
25. Juli [bis 30. August]: VII. und letzter Kongreß der Komintern in Moskau.
31. August: Im Donbass baut der Bergarbeiter A. Stachanov in einer Schicht 102 t Kohle ab und übererfüllt die Norm um 1300 %; Beginn der »Stachanov«-Bewegung, d. h. der verschärften Ausbeutung von Arbeitern. 1936 wird zum »Stachanov-Jahr« erklärt. In der Landwirtschaft folgt die Kolchosbäuerin M. Demčenko, in der Industrie die Textilarbeiterinnen E. und M. Vinogradova usw.

22. *September:* Einführung von Dienstgraden in der Roten Armee.
Ende 1935: Verspätet zur Eröffnung des Stalin-Weißmeerkanals das Huldigungsbuch der Sowjetschriftsteller, hg. v. Maksim Gorkij, L. Averbach und S. Firin, das Buch zum Kanal, der »gebaut wurde auf Initiative des Gen. Stalin unter Leitung der OGPU, von Kräften der ehemaligen Feinde des Proletariats«, »Konterrevolutionären, Schädlingen, Kulaken, Dieben, Prostituierten, Spekulanten, umerzogen durch Arbeit.«
4. Dezember: Stalin an Lilja Brik: »Majakovskij war und bleibt der begabteste Dichter der Sowjetepoche.«
Der Literaturnobelpreis wurde 1935 nicht vergeben.

1936 *28. Januar:* In der ›Pravda‹ Generalangriff gegen künstlerischen »Formalismus«, nicht nur in der Musik; die Oper *Lady Macbeth aus dem Kreise Mcensk*, 1934 uraufgeführt in Leningrad, eines der

3) Zeitungen lesen. 4) Jeden Tag die Anzahl der nutzlos verbrachten Stunden notieren.«
12. März: Haussuchung bei den Eltern Jurij Vladimirovs. Die von Charms, Levin und Bachterev gesammelten Manuskripte Vladimirovs werden beschlagnahmt und sind seitdem verschollen.
April: Eröffnung der *1. Ausstellung Leningrader Künstler*, auf der auch fünf Porträts von Malevič im frühen Stil der Jahre 1907–1908 gezeigt werden.
April: Charms schreibt das Gedicht *Schrecklicher Tod.*

15. Mai: Kazimir Malevič in Petersburg gestorben.
17. Mai: Charms verliest auf der Beerdigungsfeier das Gedicht *Auf den Tod von Kazimir Malevič.*

Juli: Charms im Notizbuch: »Eines der Grundprinzipien, denen zufolge sich die Wege der Menschen trennen, ist die Leidenschaft für magere und füllige Frauen.«
Juli: In Nr. 7 des ›Čiž‹ von Charms *Das Märchen*. Weitere Texte von ihm in den Heften 9–12.
Juli: Charms notiert im Notizbuch, *Was schlecht ist* – u. a. »Der gegenwärtige kulturelle Geschmack ... Verl[ag] Academia, Schräge Taschen, breite Aufschläge auf Herrenjacketts, Mode an mageren Frauen, Tango, Kino, Jazz ... Die Verkürzung des Wortes ›Metropolitan‹ zu ›Metro‹ u. a.
28. September: Charms schreibt die satirische Miniatur *Über das Drama* [Notizbuch].
Herbst: Charms liest die *Matthäus-Passion* von J. S. Bach, will sich von Jakov Druskin den *Don Quijote* leihen [Notizbuch].
Ende 1935: Von Leonid Dobyčin erscheint der Roman *Die Stadt N.*

1936 Charms, befreundet mit Ja. Druskin und selbst ein großer Musikkenner, 1933 über Šostakovič. »Besser man nennt das Schlechte gut, als das Gute schlecht, und darum sage ich, daß Šostakovič, wahr-

Hauptwerke des Komponisten Dmitrij Šostakovič, wird als »schädlich« und »feindlich« regelrecht niedergemacht.

März: Die Leningrader Sektion des Schriftstellerverbandes diskutiert Leonid Dobyčins Roman *Die Stadt N.* und stuft ihn als »ideologisch feindselig« ein. Am 27. März erscheint der Bericht hierüber in der ›Literaturnaja gazeta‹.

Frühjahr [genaues Datum nicht ermittelt]: In den ›Izvestija‹ erscheint Nikolaj Zabolockijs *Symphonie von Gori*, Huldigungsgedicht auf den »Führer der Völker der Welt« [Gori: Geburtsort Stalins].

18. Juni: Maksim Gorkij gestorben. Ehrenwache halten: Stalin, Ordžonikidze, Vorošilov, Mikojan, Chruščev. Der Tod Gorkijs wird später, im dritten Moskauer Schauprozeß, den kriminellen Machenschaften der Rechtsopposition angelastet.

19.–24. August: Erster Schauprozeß in Moskau, der »Prozeß der Sechzehn«. Wegen »Bildung eines trotzkistisch-sinowjewistischen Zentrums«, der Ermordung Kirovs und Vorbereitung von Terrakten [Terrorakten] gegen Stalin, Vorošilov, Ordžonikidze u.a. sind die Führer der Partei-Linken mit Zinovjev und Kamenev an der Spitze, laut Chefankläger Vyšinskij »tollgewordene Hunde.«

21. August: Der Sowjetische Schriftstellerverband fordert für die sechzehn Angeklagten die Höchststrafe. Zabolockij verfaßt das Gedicht *Eiserner August.*

24. August: Todesurteil für alle Angeklagten, die am 25. August erschossen werden.

26. September: Genrich Jagoda, Organisator und Regisseur des Prozesses der Sechzehn, wird als Chef des NKVD abgelöst, sein Nachfolger im Amt wird der Chef der Kontrollkommission der Partei, der »blutige Zwerg« N. I. Ėžov.

Herbst-Winter: Die Sowjetunion rüstet, in sämtlichen Bereichen der Kultur, zu großen Feierlichkeiten zu Ehren Aleksandr Puškins, dessen Todestag sich im Januar 1937 zum hundertsten Male jährt.

5. Dezember: Der VIII. Allunions-Parteikongreß nimmt in Moskau die neue, nach Stalin benannte Verfassung der UdSSR einstimmig an.

scheinlich, ein Genie ist. Nachdem ich die beiden ersten Akte der Oper ›Lady Macbeth‹ gehört habe, neige ich zu der Annahme, daß Šostakovič kein Genie ist.«
1. März: Michail Kuzmin, Dichter und eine der letzten bedeutenden Integrationsfiguren der literarischen Moderne, gestorben.
Vor 27. März: Als der Bericht der ›Literaturnaja gazeta‹ erscheint, ist Dobyčin möglicherweise bereits tot; angenommen wird, daß er sich in der Neva ertränkt hat. Der Leichnam wurde nie gefunden.
März: Anna Achmatova besucht Osip Mandelštam in der Verbannung in Voronež.
April: Auf internationalen Druck darf Victor Serge ausreisen.
Mai: In Heft Nr. 5 des ›Čiž‹ von Charms [Karl Ivanovič Šusterling] der Text: *Ich habe lange darüber nachgedacht, wie der Tiger auf die Straße kommt.*
Frühjahr [bis Sommer]: Arbeit an der freien Nachdichtung von Wilhelm Buschs *Plisch und Plum.*
23. August: Charms beginnt mit den Eintragungen in das *Blaue Heft.* Erster Eintrag: »In ein Album. Einmal sah ich, wie sich eine Fliege mit einer Wanze prügelte. Das war so schrecklich, daß ich auf die Straße stürzte und davonlief, der Teufel weiß wohin.«

September [bis Dezember]: Im ›Čiž‹ erscheint, in der freien Nachdichtung von Daniil Charms, Wilhelm Buschs *Plisch und Plum;* russischer Titel: *Plich i Pljuch.*
September [möglicherweise früher]: Aleksandr Vvedenskij lernt in Charkov die dortige Sekretärin des Schriftstellerverbandes, Galina Viktoreva, kennen, die er noch im selben Jahr heiratet, und zieht nach Charkov.
Herbst: Charms entwirft die Zeitschrift ›Tapir‹, die in nur einem handgeschriebenen Exemplar erscheinen und Charms' Wohnung nicht verlassen soll. Aus dem Redaktionsprogramm: »Nicht zugelassen werden Texte 1. antireligiösen, 2. liberalen, 3. antialkoholischen, 4. politischen, 5. satirischen, 6. parodistischen Inhalts.« Mitarbeiten können auch Tote, unter ihnen die »wichtigsten Ehrenmitglieder: Kozma Petrovič Prutkov und Gustav Meyrink.«
23. Dezember: Charms im Notizbuch: »Gestern sagte mir Papa, so-

1937 *23.–30. Januar:* In Moskau der 2. Schauprozeß. Angeklagt im »Prozeß der Siebzehn« ist das sogenannte »zweite trotzkistische Zentrum« mit den Altbolševiken Pjatakov, Sokolov. Serebrjakov und Karl Radek. Der Prozeß, geführt von Chefankläger, Vyšinskij, verläuft wie der von 1936, er endet mit 13 Todesurteilen.

18. Februar: S. Ordžonikidze, ein enger Vertrauter Stalins, begeht Selbstmord. Wie heute bekannt ist, durch Ėžovs Mitarbeiter und späteren Nachfolger L. Berija in den Tod getrieben.

10. März: Im Pariser Exil stirbt Evgenij Zamjatin.

Frühjahr: Aus dem Exil kehrt, als todkranker Mann, der Schriftsteller Ivan Kuprin nach Rußland zurück, er stirbt im Jahr darauf in Moskau.

11. Mai: Marschall Tuchačevskij, beliebter Heerführer, wird seines Postens als Stellvertretender Volkskommissar für Verteidigung enthoben.

11. Juni: Tuchačevskij verhaftet, mit ihm die gesamte Offizierselite der Roten Armee. Der »Spionage für Hitlerdeutschland und Japan« in einem Geheimverfahren für schuldig befunden, wird Tuchačevskij am 12. Juni erschossen.

Bilanz der Säuberungen 1937: Von 140, vom VII. Parteitag 1934 gewählten Mitgliedern des ZK der KPdSU befinden sich im Herbst 1937 nur mehr 15 auf freiem Fuß [G. v. Rauch].

September, 2. Hälfte: Angriff der Zeitschrift ›Detskaja literatura‹ [Kinderliteratur] enthält unter dem Titel *Über Humor* einen Angriff auch auf Charms und seine Wilhelm-Busch-Nachdichtung: »Unsere Kinder wollen wissen, wer Freund ist und wer Feind.«

Herbst: In Moskau Schließung des Mejerchold-Theaters.

lange ich Charms bliebe, würde mich die Not verfolgen.« Zeichnet danach tatsächlich mehrfach mit Čarms.

1937 *Anfang des Jahres:* Im Kinderbuchverlag Leningrad erscheint die Buchausgabe von *Pilch i Pljuch.* Von seinen wenigen Einkünften, Zeitschriftenhonoraren usw. können Charms und seine Frau nicht leben. In den Notizbüchern immer häufiger der Vermerk: »Heute nicht gegessen«, »Wir hungern.«

Anfang 1937: Grigorij Belych, Co-Autor von Charms' Freund Leonid Pantaleev, verhaftet. Verhaftet wird 1937 auch die Lyrikerin Olga Berggole; sie kommt 1939 wieder frei.

März: Von Charms erscheint in Heft Nr. 3 des ›Čiž‹ das Gedicht *Kleines Lied*, wird danach ein Jahr nicht mehr gedruckt.

27. März: Charms beginnt mit den Eintragungen in das Heft *Harmonius*, russ.: Garmonius, in Anlehnung an seinen Dichternamen Charms.

Frühjahr–Sommer: Krise in der Ehe mit Marina, Charms hat ein Verhältnis mit Vvedenskijs ehemaliger Frau, A.S. Ivanter.

1937: Vvedenskij schreibt das Drama *Weihnachten bei Ivanovs.*

3. Juli: Nikolaj Olejnikov verhaftet; mit ihm verhaftet der ›Ež‹-Redakteur D.E. Rachmilov, die Redaktionssekretärin des Kinderbuchverlags E. Papernaja.

21. Juli: Charms im Notizbuch: »So weit habe ich es gebracht. Ich habe Angst vor dem Leben. Der Mensch darf sich nicht vor seinem Leben fürchten.«

1.–12. August: Charms in Carskoe Selo bei seiner Tante.

6. August: M.P. Bronštejn und N.I. Spirodonov, Mitarbeiter des Kinderbuchverlags Leningrad, werden verhaftet.

28. August: Verhaftung der gesamten Familie Rusakov; Charms' erste Frau, Esther, stirbt 1938 im Lager.

5. September: Zerschlagung des Leningrader Kinderbuchverlags. Samuil Maršak kann sich der Verhaftung durch Flucht in die Klinik eines befreundeten Arztes entziehen, verhaftet werden sämtliche verantwortliche Mitarbeiter des Verlages: T.G. Gabbe, A.I. Ljubarskaja, S.K. Bezborodov, M. Majsler, N.K. Bogoljubov, E.B. Javrov, A.B. Serebrjannikov, J. Kalnyn, G.D. Levitin.

28. September: Charms schreibt das Gedicht *So beginnt der Hunger.*

23. Oktober: Im Notizbuch: »Mein Gott, ich habe nur mehr die ein-

25. Oktober: Boris Pilnjak verhaftet.
11. November: Vollversammlung des Schriftstellerverbandes, Sektion Leningrader Schriftsteller, auf der von Maršak gefordert wird, sich von »Volksfeinden« wie Nikolaj Olejnikov loszusagen.
14. November: Nikolaj Olejnikov als »Schädling und Volksfeind« erschossen.
1937: Verhaftungsaktion des NKVD unter den Dichtern Georgiens: erschossen werden T. Tabidze, M. Dzavachišvili, N. Micišvili; Paolo Jašvili begeht Selbstmord.
In Kiev verhaftet und erschossen: Venedikt Mart.

1938 *6. Januar:* In Moskau wird die Schließung des Mejerchold-Theaters offiziell.
2.–13. März: In Moskau der 3. Schauprozeß. Im »Prozeß der Einundzwanzig« ist die sogenannte »Rechtsopposition« angeklagt: Bucharin, Rykov, Rakovskij, mit ihnen der ehemalige Sicherheitschef G.G. Jagoda sowie die Kreml-Ärzte L. Levin und D. Pletnëv wegen angeblichen Mordes an Gorkij. Der Prozeß endet mit 18 Todesurteilen.
19. März: Nikolaj Zabolckij verhaftet, er wird zu fünf Jahren Lager verurteilt.
21. April: Pilnjak erschossen.
3. Mai: Osip Mandelštam zum zweiten Mal verhaftet, kommt im Dezember in einem Lager bei Vladivostok ums Leben.
Frühjahr: Hitler in Wien, Anschluß Österreichs.
September: Sudetenkrise, Münchener Konferenz.
9. November: Judenpogrom in Deutschland, »Kristallnacht«.
Dezember: In Moskau wird Nikolaj Ėžov seines Postens als Chef des NKVD enthoben. Sein Nachfolger im Amt wird sein Mitarbeiter Lavrentij Berija mit dem Auftrag: »Säuberung der Säuberer«. Die Ära der Schauprozeße, die der Weltöffentlichkeit »Rechtsstaatlichkeit« vorspiegeln sollte, ist vorüber, der neue Stil des NKVD wird: in aller Stille verfahren.

1939 *März:* »Erledigung der Rest-Tschechei«.
16. März: Hitler in Prag.

zige Bitte an Dich: vernichte mich, zerschlage mich endgültig, stoße mich in die Hölle, laß mich nicht auf halbem Weg stehen, sondern nimm von mir die Hoffnung und vernichte mich schnell, in Ewigkeit.«
26. Oktober: Letzte Eintragung im *Blauen Heft.*
14. Nobember: Eintragung der Lieblingsschriftsteller im Notizbuch [nach einem nicht entschlüsselten Punkte-System]. »Gogol, Prutkov, Meyrink, Hamsun, Edward Lear, Lewis Carroll.«
30. November: Im Notizbuch: »Mein Gott, was für ein entsetzliches Leben, und ich in was für einem entsetzlichen Zustand. Ich kann nichts tun. Dauernd will ich schlafen, wie Oblomov. Keine Hoffnung. Heute haben wir das letzte Mal gegessen, Marina ist krank, hat beständig Temperatur ... Ich habe keine Energie.«

1938 *12. Januar:* Im Notizbuch: »Ich staune über die menschlichen Kräfte! Heute ist schon der 12. Januar, unsere Lage ist noch um vieles schlimmer, aber wir schleppen uns immer noch weiter. Mein Gott, schick uns nur bald den Tod.«
13. Februar: Letzte Eintragung im Heft *Garmonius* ist die Fabel *Die vierbeinige Krähe.*
25. März: »Ich weiß nicht, was wir heute essen werden. Und was wir weiter essen werden, weiß ich ganz und gar nicht. Wir hungern.«
9. April: Im Notizbuch: »Habe gestern mit Andreev gesprochen. Ein sehr schlechtes Gespräch. Keine Hoffnung. Wir hungern.«
9. Juni: »Marišenka hat mich verlassen und ist vorläufig zu V. S. gezogen.«
27. Juni: Charms schreibt das Gedicht *Der Tod des wilden Kriegers*, eines der letzten abgeschlossenen Gedichte.
September: Bis Dezember erscheinen in der Zeitschrift ›Čiž‹ einige Texte für Kinder: *Das Spiel, Abzählvers; Das erstaunliche Kätzchen* u. a.
19. Oktober: In Moskau stirbt Boris Žitkov an Lungenkrebs.
1938: Aus dem Bekanntenkreis von Charms verhaftet und, in der Mehrzahl der Fälle, sofort erschossen: Evgenij Vigiljanskij, Zigfrid Kelson, Nikandr Tjuvelev; Georgij Kuklin; Jurij Poletika erhält 8 Jahre Kolyma, Elena Tager verbringt 17 Jahre im Lager.

1939 *Frühjahr* [?]: Charms im Notizbuch: »Zur Zeit vergeht und verwirklicht sich in den Weltereignissen immer die langweiligste und uninteressanteste Variante.«

28. März: Kampflose Einnahme Madrids durch General Franco, Ende des Spanischen Bürgerkriegs.
3. Mai: Molotov wird zum Volkskommissar für Auswärtige Angelegenheiten ernannt.
20. Mai: Beginn deutsch-sowjetischer Gespräche.
16. Mai: Isaak Babel verhaftet.
20. Juni: Vsevolod Mejerchold verhaftet.
23. August: Ribbentrop in Moskau. Der »Hitler-Stalin-Pakt«, ein Nichtangriffspakt. Ein geheimes Zusatzprotokoll regelt die Interessenssphären der Vertragspartner in Ostmitteleuropa.

1. September: Überfall Hitlers auf Polen. Ausbruch des zweiten Weltkriegs.
17. September: Die Rote Armee rückt in Ostpolen ein: die vierte Teilung Polens.
27. September: Kapitulation von Warschau. Sowjetische »Beistandspakte« mit den Balten-Republiken Estland, Lettland und Litauen.
19. Oktober: Ausbruch des Sowjetisch-Finnischen Kriegs.
30. November: Sowjetische Luftangriffe auf Helsinki.
15. Dezember: Verurteilung der UdSSR als Aggressor und Ausschluß aus dem Völkerbund.

1940 *27. Januar:* Isaak Babel erschossen.
2. Februar: Vsevolod Mejerchold erschossen. Michail Kolcov, einer der großen Sowjet-Journalisten, erschossen.
4. Februar: N. I. Ėžov, der »blutige Zwerg«, erschossen.
12. März: Sowjetisch-Finnischer Friedensvertrag.
12. März: In Moskau stirbt Michail Bulgakov.

10. Mai: Hiterdeutschlands »Blitzkrieg« gegen Frankreich, der am 14. Juni mit dem Fall von Paris endet.
Juni: Annexion der Baltenstaaten durch die UdSSR.
20. August: Lev Trockij in Coyoacan, Mexico, ermordet.

15. März: Charms schreibt das Gedicht *Ich dachte lange an die Adler*, das letzte, das von ihm überliefert ist.
April [bis September]: Einige Beiträge in der Zeitschrift ›Čiž‹.
Mai: Im ›Čiž‹ von Charms: *Bulldogge und Dackel.*
Mitte Mai [bis Juni]: Niederschrift des Romans *Die alte Frau.*
Mai: V. Trenin schreibt in der Zeitschrift ›Detskaja literatura‹ [*Über »komische Poesie«*] positiv über Charms' Kinderliteratur.
Juni: Im ›Čiž‹ von Charms: *Sonderbarer Rauschebart.*
Juli–August: Ebenda: *Kraniche und Schiffe.*
Juli: Charms im Notizbuch: »Vergleicht man den Staat mit dem menschlichen Körper, so möchte ich, im Falle eines Krieges, in der Ferse leben.«
September: Im ›Čiž‹ von Charms: *Der fröhliche Geiger.*
Herbst: Charms stellt den Zyklus *Fälle* zusammen, den er Marina Malič widmet. Der Zyklus umaßt Texte von 1933–1939, einige wie *Fedja Davidovič* und *Historische Episode* entstanden 1939.
Oktober: Charms begibt sich für einige Tage zur Beobachtung in eine Psychiatrische Klinik, er wird daraufhin von der militärischen Dienstpflicht befreit.

1940 Das letzte Kinderbuch von Charms, *Der Fuchs und der Hase*, erscheint.
1940: Im Alter von 80 Jahren stirbt Charms' Vater, Ivan Pavlovič Juvačev.
März: Im ›Čiž‹ von Charms: *Was war das?*
11. März: Charms im Notizbuch: »In den Psalmen Davids gibt es viel Trost für die verschiedensten Fälle, aber ein Mensch, der in sich den völligen Mangel an Talent entdeckt hat, findet keinen Trost, nicht einmal in den Psalmen Davids.«
April: Im ›Čiž‹ von Charms: *Lange lehrt man die Pferde.*
April: In der ›Zvezda‹, nach über 15 Jahren Schweigen, Gedichte von Anna Achmatova. Lidija Ginzburg berichtet in ihren Erinnerungen von einer Begegnung zwischen Achmatova und Charms.
Mai: Im ›Čiž‹ von Charms: *Das Schiffchen.*
Juni: Im ›Čiž‹ von Charms: *Der fröhliche Alte.*
14. August: Die – soweit bekannt – letzten Eintragungen von Charms im Notizbuch.

1941

6. April: Beginn des Balkanfeldzugs der Deutschen Wehrmacht.
6. Mai: Stalin ernennt sich zum Vorsitzenden des Rates der Volkskommissare, d. h. zum Regierungschef.
22. Juni: Überfall von Hitlers Wehrmacht auf die Sowjetunion, Vernichtungsfeldzug nach Osten. Für die völlig unvorbereitete UdSSR beginnt der Große Vaterländische Krieg. Rede Molotovs über Rundfunk, Stalin wendet sich erst zwölf Tage später ans Volk.
8. Juli: »Feststehender Beschluß des Führers ist es, Moskau und Leningrad dem Erdboden gleichzumachen, um zu verhindern, daß Menschen darin bleiben, die wir dann im Winter ernähren müßten. [...] ›Volkskatastrophe, die nicht nur Bolschewismus, sondern auch das Moskowitertum der Zentren beraubt.‹« [Gen.-Oberst Halder, Kriegstagebuch]
Anfang August: Beginn der Evakuierung Moskaus.
Sommer [Herbst?]: Bei der Verteidigung Leningrads gegen die vorrückenden Deutschen fällt Leonid Lipavskij.

1941 *1941:* Der letzte von Aleksandr Vvedenskij erhaltene Text ist das Gedicht in Prosa *Wann. Wo.*

März: Von Charms im ›Čiž‹ zwei Texte: *Printimpram* und *Wer hat wen überlistet?*

April: Im ›Čiž‹ von Charms: *Ich reite, reite auf dem Pferd* und *Unverhoffter Fang.*

Juni: Letzte Ausgabe des ›Čiž‹ mit Charms' Text: *Neun/Bilder/gemalt.*

9.–10. Juni: Die beiden letzten, von Charms überlieferten Texte: *Symphonie Nr. 2* und *Rehabilitierung.*

23. oder 24. Juni: Charms bringt seine Schwester E.I. Gricina und deren Kind aus Leningrad nach Carskoe Selo.

Ende Juni [Anfang Juni]: Charms kehrt nach Petersburg zurück. E.I. Gricina: »Als wir [in Carskoe] ankamen, war Danja schrecklich nervös, so sehr ihn unsere Tante auch beruhigen mochte: ›Nein, die erste Bombe, die fällt, trifft unser Haus, und überhaupt ist alles aus.‹ Dann fuhr er wieder weg, denn Marina war zu dieser Zeit in Moskau, wir schickten ihr ein Telegramm, sie solle zurückkommen. Marina kam, und er fuhr zurück nach Leningrad.«

23. August: Charms zum zweiten Mal verhaftet, ihm zur Last gelegt wird »Verbreitung defaitistischer Propaganda« nach Art. 58/10. »Noch im August, glaube ich, 1941 kam der Hausverwalter zu ihm, bat ihn aus irgendeinem Grunde, auf den Hof herunterzukommen. Und da stand schon der ›Schwarze Rabe‹. Sie nahmen ihn mit, so wie er war, halbangezogen, mit Pantoffeln an den bloßen Füßen. Ich hatte Daniil Ivanovič zwei, drei Tage vor der Verhaftung gesehen. Ich wußte immer, daß er klug war, sein kauziges Benehmen war nur eine Maske, und der Hanswurst, für den ihn einige hielten, war er nie. Wir tranken an jenem Abend billigen Rotwein, aßen Weißbrot dazu (noch gab es in Leningrad Weißbrot). Daniil Ivanovič glaubte, daß die Deutschen zerschlagen werden würden, und war der Meinung, daß gerade Leningrad – die Standhaftigkeit seiner Bewohner und Verteidiger – den Ausgang des Krieges entscheiden würden.« [A. Panteleev]

E.I. Gricina: »Eine der ersten Bomben traf tatsächlich unser Haus, aber zerstört wurde die andere Hälfte des Hauses, unsere erst durch die Explosionswelle. Das war schon nach Danjas Verhaftung. Nichts von seinen persönlichen Sachen ist geblieben, nur die Manuskripte, die Marina in einem Köfferchen Druskin übergeben hatte.« Jakov

Anfang September: Erste deutsche Bomben auf Leningrad.
9. September: Deutsche Truppen schließen den Kessel von Leningrad, Beginn der Blockade der Stadt, die 900 Tage andauern wird. Die Verteidiger leisten heroischen Widerstand. In der Stadt herrscht bald verzweifelte Hungersnot.
September: Deutscher Vormarsch auf die Stadt Charkov, Beginn der Evakuierung.
27. September: Aleksandr Vvedenskij, während der Evakuierung, zum zweiten Mal verhaftet.
Winter: Bei der Verteidigung Leningrads gefallen: die Freunde Daniil Charms' Boris Levin und Lev Judin.
3. Dezember: Der Maler Pavel Filonov stirbt in Leningrad an Hunger und Auszehrung.
20. Dezember: Offizielles Todesdatum Aleksandr Vvedenskijs – auf dem 1956 ausgestellten Totenschein. Dokumente dieser Provenienz enthalten oft frei erfundene Angaben, die Umstände, unter denen Vvedenskijs ums Leben gekommen ist, sind nach wie vor ungeklärt.

1942 *20. Januar.* Die Wannsee-Konferenz beschließt die »Endlösung der Judenfrage«, Errichtung der ersten Vernichtungslager in Auschwitz, Maidanek, Treblinka.

Druskin bewahrt den Nachlaß von Charms, unter Gefahr für Leib und Leben, in der Evakurierungszeit und später, und rettet ihn.
10. September: Charms wird einer gerichtsmedizinischen Untersuchung auf seinen Geisteszustand unterzogen.

30. September: Marina Malič erfährt, als angeblichen Aufenthaltsort ihres Mannes, das Etappen-Gefängnis des NKVD in Novosibirsk.

7. Dezember: Die Anschuldigung gem. Art 58/10 gegen Charms wird fallen gelassen, Charms zur Zwangsheilung in die Gefängnispsychiatrie eingewiesen.

1942 2. *Februar:* Daniil Charms in Haft gestorben.
Über den Ort, an dem Charms starb, gibt es zwei sich widersprechende Hypothesen. A. Aleksandrov nimmt, gestützt auf Briefe von M. Malič, an, Charms sei in Novosibirsk umgekommen. Die Auffassung von Michail Mejlach, Charms sei in Leningrads berüchtigtem Gefängnis Kresty gestorben, wird gestützt durch die Tagebucheintragung Jakov Druskins:
10. Februar: »Am 3. oder 4. Februar ist D. I. gestorben. So sagte man mir gestern, und wenn das wahr ist, so ist ein Teil des Lebens dahingegangen, ein Teil der Welt. In der Nacht habe ich mehrmals geträumt, Träume suchen Rechtfertigung für den Tod, und diese Nacht war der Tod irgendwie erklärt, aber ich erinnere mich nicht wie, ich erinnere mich an ein zerbrochenes Rutenbündel. Wenn sein Tod ein Opfer ist, dann ein zu großes.«

ANMERKUNGEN

Die wichtigsten Quellen [Q] in den verwendeten Abkürzungen.

MM	– *Michail Mejlach:* Manuskript der für die K-Presse Bremen geplanten, aber nie erschienenen Bände V und VI, fertiggestellt vor 1983 von Michail Mejlach und Vladimir Erl. Zu Rate gezogen wurden auch die Bände I–IV, die bislang vollständigste russische Ausgabe der Lyrik.
AA	– *Polet v nebesa* [Flug in den Himmel], hg. v. Anatolij Aleksandrov, Leningrad: Sovetskij pisatel, 1988, ^{2}1991.
AG	– *Menja zovut kapucinom.* Nekotorye proizvedenija Daniila Ivanoviča Charsma, [Men nennt mich Kapuziner. Einige Werke von Daniila Ivanoviča Charmsa] hg. v. Anna Gerasimova, Moskau: MP »Karavento« und Fa. »Pikment«, 1993. Benutzt wurde gelegentlich auch das umfangreichere Manuskript, das die Herausgeberin Anna Gerasimova freundlicherweise zur Verfügung stellte.
DX	– *Daniil Charms*, 2 Bände, anonym herausgegeben, Moskau: AO »Viktoria«, 1994.
WSlA	– *Wiener Slavistischer Almanach* 1991, Heft 27, Frühe Gedichte, publ. v. J.-Ph. Jaccard u. A. Ustinov.
NRL	– *Neue russische Literatur*, Doppelheft 1979–1980, Traktate v. Gleb Urman, Salzburg.
Teatr	– *Teatr* 1991, Heft 11, Moskau; ausschließlich dem Obėriu gewidmet.
Logos	– *Logos* 1993; Heft 4, Moskau. Philosophische Zeitschrift mit einem Schwerpunkt zur »Schule der Činari«.
Jaccard	– *Daniil Harms, Ecrits*, publiés, préfacés et traduits du russe par Jean-Philippe Jaccard. Notes et chronologie établies par Jean-Philippe Jaccard, Christian Bourgois éditeur, Paris 1993. Diese bislang umfangreichste französische Edition wurde in Zweifelsfällen zu Rate gezogen; ihr Herausgeber ist Autor einer umfänglichen Monographie über *Daniil Harms et la fin de l'avant-garde russe*, Bern u.a.: Peter Lang, 1991. [Reihe Slavica Helvetica, Band 39].

Verwiesen wird auf die nachstehenden deutschen Charms-Ausgaben:

Himmelkumov	– *Geschichten von Himmelkumov und anderen Persönlichkeiten,* Berlin: Friedenauer Presse, 1983.
Fälle	– *Fälle.* Szenen, Gedichte, Prosa. Zürich: Haffmans Verlag, 1984; Ausgabe im Taschenbuch Zürich ²1988.
Fallen	– *Fallen.* Prosa, Szenen, Kindergeschichten, Briefe. Zürich: Haffmans Verlag, 1985, Ausgabe im Taschenbuch Zürich ²1992.
Schreibheft	– *Schreibheft,* hg. v. Norbert Wehr, Essen 1992; die Hefte Nr. 39 und 40 mit jeweils einem Dossier zur Gruppe der Obėriuten: Charms, Vvedenskij, Leonid Lipavskij, Jakov Druskin u. a.
Schrank	– *Die Kunst ist ein Schrank.* Aus den Notizbüchern 1924–1940, Berlin: Friedenauer Presse, 1992. Diese Publikation beruht, außer auf den oben genannten Quellen, auf drei russischen Ausgaben: Tagebuchaufzeichnungen, hg. v. A. Kobrinskij und A. Ustinov, in: *Minuvsee,* Band 11, Paris: Éditions atheneum, 1991; Tagebuchaufzeichnungen, Prosa und Anekdoten, hg. v. A. Kobrinskij und A. Ustinov, in: *Glagol,* Heft 4, Riga 1991; Tagebuch und Notizen, hg. v. V. Glocer in *Novji mir* 1992, Heft 2.

Seite 9

Wie Ivan Ivanovič einmal wollte – Q: WSIA. DE: Schreibheft Nr. 40.
Eines der frühen, noch unter dem Einfluß der postfuturistischen Lautpoesie [der »Zaum«] stehenden Gedichte aus dem Lyrik-Konvolut, das Charms seinem Aufnahmeantrag in den Dichterverband Leningrad beigefügt hatte. Anstelle eines Vorworts insofern, als das Gedicht bereits alle wesentlichen Merkmale der späteren Prosa in sich vereint.

Seite 12

Zatočnik (Charms) – mit dem Pseudonym »Daniil Charms« zeichnete D. I. Juvačëv schon sehr froh; hier spielt er mit dem Namen Daniil Zatočnik [der Verbannte, Einsiedler], Verfasser des *Slovo Daniila Zatočnika,* eines als Bittschrift und Ermahnung an den Fürsten gerichteten Pamphlets und bedeutenden Denkmals der russischen Literatur des 11. Jhdts.

Seite 13

Die Geschichte Ruckrr Apprr – Q: MM V, AA, DX 2. Dat. übereinstimmend: April [?] 1929. DE. Fallen.

APPR – anagrammatisch verschlüsselt für: RAPP, Russische Assoziation proletarischer Schriftsteller, von der Partei dominierte Schriftstellervereinigung, die in den 20er Jahren in immer schrilleren Tönen Hegemonieansprüche geltend machte und die, 1932 wie alle anderen Gruppierungen aufgelöst, 1934 im Sowjetischen und Schriftstellerverband aufging, um fortan dort die Führungsrolle zu übernehmen.

Guten Morgen! – im Original deutsch.

Pëtr Pavlovič packten – in der Dienstbotensprache des 19. Jds. gebräuchlicher pluralis majestatis, als Zeichen des Respekts vor Höhergestellten, der Herrschaft.

Seite 15

Karabister, Guindalea – wie auch im folgenden Wortfindungen von Charms, der Zaum-Poesie zuzuordnen.

Seite 18

Kremartorium – mit ›r‹ auch im Original: kremartorij, möglicherweise um die Bedeutungsebene Martyrium einzubringen. – Zu den philosophierenden Milizionären vgl. »Das theoretische Heft«, vgl. auch A. Vvedenskij, *Weihnachten bei Ivanovs.*

Hoch! – im Original deutsch.

Seite 22

Es war einmal ein Mensch – Q: MM VI. Dat.: 22[?]. Mai 1929. DE: Fallen.

Seite 23

Was sagt man dazu! – Q: MM V, AG. Dat.: übereinstimmend: 22. Mai 1929. Im russ. Original, das AG nachbildet, sind die Namen der dramatis personae im weiteren Verlauf nur durch Initialen gekennzeichnet. DE: Fallen.

Wehe dem unbehausten Wanderer – vgl. Čechov, *Die Möwe*, IV. Akt, das Turgenev-Zitat im Monolog der Nina.

Seite 25

Ein Ding – Q: MM V, AG, AA, DX 2 Dat. von Charms DE: Fälle.

Russ. Titel: vesc, übersetzbar mit »Sache«, einem Terminus, der auch »Text« meint.

Seite 26
Wie eine Blume – vgl. Čechov, *Der Kirschgarten*, III. Akt, Dunjaša.

Seite 30
An der Quaimauer – Q: MM V, Dat.: Anfang Juni 1929. DE: Fälle.

Seite 31
Eine Fliege durchschlug die Stirn – Q: MM V, AA, AG, DX 2; in den drei letztgenannten Ausgaben nur die ersten beiden Texte, ohne Bezifferung. Die Fragmente 3 bis 6 nur bei MM. Frühes Prosastück, das auf die von Charms auch in der Lyrik bevorzugte Zyklenbildung verweist. Dat. bei MM: 1930 [?], in den anderen Ausgaben: 1929–1930. DE: Fallen.

Seite 32
Ich sterbe – die letzten Worte Čechovs auf dem Totenbett in Badenweiler, von Čechov deutsch gesprochen – was V. Šklovskij im hohen Alter zu der Charms würdigen Mutmaßung veranlaßte, Čechov habe nicht gemeint, er sterbe, sondern auf russich, an seine Frau O. Knipper gerichtet, gesagt: »sterva« – du Aas.

Seite 33
Vintvivek – russ. vint: die Schraube, vek: das Jahrhundert; möglicherweise verballhorntes Deutsch.

Dionysius Aeropagita – Apostelgeschichte 17, 34; von Paulus bekehrt und erster Bischof Athens, Märtyrer. Ihm zugeschrieben die vier Schriften über die himmlische Hierarchie, über die kirchliche Hierarchie, über den göttlichen Namen, über die mystische Theologie, dazu vier Briefe. Sie sind [Brockhaus 1901] ein »Versuch zur Verschmelzung neuplatonischer Spekulation mit den Lehren der christl. Religion, indem nach ihnen die wahre Theologie die Hülle der kirchlich-traditionellen Lehre abstreift und sich durch Kontemplation und Ekstase zur unmittelbaren Anschauung der göttlichen Dinge erhebt.«

Kapustinscher Berg – russ. kapústa: der Kohl.

Dundukov – russ. a.d. Kasachischen dundúk: dummer, dümmlicher Mensch, mit dem Unterton von dicklich.

Mirinos – den griech.-orthodoxen Namen nachgebildet, vgl. russ. mironosnyj: die Welt tragend; mir: die Welt; nos: die Nase.

Plecharisiast – wie Mirinos; russ. plechá: liederliches Frauenzimmer, Hure. Vgl. auch Päderast.

Dernjatin – russ. dern: der Rasen, dernit': etwas mit Rasen belegen, dërnut': ziehen, zerren, ruckweise ziehen.

spuckten in den Trog – vgl. den Text *Andrej Ivanovič spuckte in ein Glas Wasser* vom 21. August 1934.

Seite 34

mit dem Instrument Lärm erzeugen – vgl. *Fünf unvollendete Erzählungen*, Ziffer 13.

Das Wunder gesehen – das Wunder: zentraler Begriff in Charms' Denken, vgl. A. Gerasimova / A. Nikitaev, *Charms und der Golem*, in: Schreibheft, vgl. Vorwort Jakov Druskins zu: Schrank, vgl. vor allem *Die alte Frau* und die Geschichte vom Wundertäter, in diesem Band S. 375.

Seite 35

dreifaltiger Aufbau der Welt – vgl. »Das theoretische Heft«.

mitten in Petersburg eine echte Pyramide errichten – Anspielung auf die ägyptischen Sphinxen am Neva-Ufer der Basilius-Insel; vgl. auch den Text *Thema für eine Erzählung*, in: Schrank.

besser sitzen als auf dem Dach eines Hauses – vgl. in: Schrank, die Eintragung vom 22. Mai 1929: »Ich saß auf dem Dach des Gosizdat und beobachtete, ob alles in Ordnung sei«.

Seite 36

Sie wissen! Ja? Sie wissen? – Q: MM VI, AG [Manuskript]. DE: Fälle.

Obernibesov – handelnde Person in Charms' *Komödie der Stadt Petersburg*, 1926 / 1927, deshalb möglicherweise früher zu datieren; russ. bes.: der Dämon, der Teufel; obernut': umkehren, umdrehen, auf den Kopf stellen. In etwa: Dämon der Zerstörung, den Charms in vielen Bereichen des sowjetischen Alltags wirken sah.

Pavlinova – russ. pavlin: der Pfau.

Baraban – russ.: die Trommel.

Knutikov – russ. knut: die Knute, Peitsche, hiervon der Diminutiv.

Deridasov – russ. deribat': mit Nägeln, Klauen schlagen, sich verbeißen.

Fjufjufov – vgl. fjufju: nichts wert, leicht wie Luft.

Galkin – russ. galka: die Dohle.

Seite 38

Es geht ein langer Mann – Q: MM V, AG [Manuskript]. Dat.: 1929–1931. DE: Fallen.

Onkel Vanj – russ. bei Charms: Djadja Von' und damit Anspielung mit Čechovs *Onkel Vanja*, durch Veränderung des ›a‹ in ›o‹ und Weglassung des letzten Vokals im Namen erhält der Name die Bedeutung »Gestank«, russ. von'.

Tatjana Nikolaevič – so, in der maskulinen Form des Patronyms, im russ. Original.

Seite 41

Guten Tag! Guten Tag! Guten Tag! – Q: MM V. DE: Fallen.
Vermutlich handelt es sich bei diesem Dialog um eine Satire auf die Sitzung der Autoren, die den Namen für die Gruppe finden sollte, die sich am Ende ›Obèriu‹ nannte. Nicht geklärt ist, wem die sprechenden Namen im einzelnen zuzuordnen sind.

Teternik – russ. téterev: der Birkhahn.

Kamuškov – russ. kamyš: Schilfrohr [das im Winde schwankt]; kamešek: das Steinchen.

Grek – der Grieche.

Lampov – russ. lampa: die Lampe. Einer Figur dieses Namens begegnet man in den Gedichten und Versdialogen dieser Jahre häufiger.

Nüwürsütät – vgl. die ganz ähnliche Verballhornung des Wortes Universität durch den analphabetischen Gerichtsboten Marko bei Čechov, *Die Vaterlosen*. – Der Name der Gruppe lautete, bevor sie auf ›Obèriu‹ kam, ›Akademie der linken Klassiker‹.

Seite 43

Es ging eine Straßenbahn – Q: MM, AG. Dat.: 1930. DE: Fallen. Vgl. hierzu *Die Straßenbahn fährt* in: Schrank.

Seite 44

Schauen wir durchs Fenster – Q: MM V, AG. Dat. genauer bei MM: [März?] 1930. DE: Fallen.

Fernrohr – russ. truba, bedeutet Rohr, Röhre und Fernglas auch den [Fabrik] Schornstein; vgl. dasselbe Wortspiel in dem Traktat *Der Säbel*.

Zählen an den Fingern ab – vgl. hierzu in: Fälle das Gedicht.

Woher komme ich?
Warum stehe ich hier?
Was sehe ich?
Wo bin ich?
So versuch'ich alle Dinge.

abzuzählen an den Fingern.
(Zählt an den Fingern ab)
Hocker Tischchen Fäßchen
usw.

Bild gleichsam der Selbstvergewisserung und Prüfung, was – angesichts der zahllosen Neuerungen – noch mit der gewohnten Begrifflichkeit übereinstimmt, was noch da ist; eine Frage, die in der Lyrik von Charms im Zentrum steht und auch die Traktate entscheidend bestimmt.

Seite 45

Weil die Kirgisen alles Hornvieh weggetrieben haben – Spott über propagandistisch aufgebauschte »Sabotage« durch die Kulaken, die vor und während der Kollektivierung der Landwirtschaft für die Versorgungsschwierigkeiten verantwortlich gemacht werden.

Seite 46

Ivan Petrovič Lundapundov hatte Appetit – Q: MM VI. Dat.: 1930 [?]. Deutsche Erstveröffentlichung.

Lundapundov – komischer Name durch onomatopoetischen Effekt.

Morozov – geläufiger russ. Name; moròz: der Frost.

Ugrozov – russ. ugròza: die Drohung.

Zanozov – zanòza: der Splitter; in übertrag. Bedeutung: Streitsüchtiger, Streithammel, vgl. dt. Erbsenzähler.

Seite 47

Es ist schon 7 Uhr in der Früh – Q: Mm, AG [Manuskript]. Dort dat.: Ende der 20er Jahre. Deutsche Erstveröffentlichung.

Dudkin – russ. dudka: die Pfeife, Schalmei.

Seite 48

Valaamov – Valaam: Insel und berühmtes orthodoxes Kloster im Ladoga-See, 20 km östlich Petersburg, zugleich russischer Name des Bileam, 4. Mose, 22–24; 31,8.

Seite 50

Ich möchte Ihnen einen Vorfall erzählen – Q: MM V. Dat.: [Frühjahr] 1930. DE: Fallen. Vgl. hierzu im »Theoretischen Heft« den *Säbel* sowie, in: Schreibheft, die Gedichte in »cisfiniter Logik«.

Patrulëv – russ. patrul': die Patrouille.

Seite 52

der Engel Eršov – russ. erš: der Kaulbarsch, vgl. zu Beginn: »Vorfall, der sich mit einem Fisch ereignet hat«; erš bedeutet auch: die Flaschenbürste und, im Jargon der Trinker, Bier und Vodka gemischt. Nicht auszuschließen ist, daß es sich um eine versteckte Anspielung auf N.I. Ėžov handelt, 1930–1934 zuständig in der Kaderabteilung des ZK der KP (b).

Seite 53

Petuchov – russ. petuch: der Hahn, Gockel.

Seite 54

Christoph Columbus – Q: MM V, AG. Genauer dat. bei MM: [11. ?] November 1930, das vorangestellte Personenverzeichnis nur bei AG. DE: Fälle.

Bobrov – russ. bobr. der Biber; Titelfigur mehrerer Skizzen und Entwürfe jener Jahre in den Notizbüchern, vgl.: Schrank.

Seite 57

Einmal ging Andrej Vasiljevič – Q: MM V, DX 2.Von MM dat. auf: zwischen 16. und 31. März 1931. DE: Fallen.

Das Leben ist eine Schmiede – Die ›Schmiede‹, russ. kuznica, nach 1917 Name einer der dem Proletkult nahestehenden proletarischen Schriftstellergruppe.

Professor Mamaev – Mamaj: Chan der Goldenen Horde, historische Gestalt, die auch Chlebnikov fasziniert hatte.

Seite 59

Bubnov – russ. f. die Spielfarbe Karo, Schellen.

Fy – vgl. franz. fi: pfui.

Chnju – vgl. russ.: chny-chny, lautmalerisch für Schluchzen,Weinen, auch Schnarchen; redensartlich [jemandem chny geben]: jemanden töten; chnyka: Heulsuse, Weinerliche[r], Bettler[in]. Um die Figur Chnju hat Charms 1931 einen ganzen Gedicht-Zyklus verfaßt.

Seite 60

Anton Gavrilovič Nemeckij – Q: MM V, AG. Dat.: 1931. Deutsche Erstveröffentlichung.

Nemeckij – russ. nemeckij: der Deutsche.

Seite 61

Wie merkwürdig, wie unaussprechlich merkwürdig – Q: MM V, AG. Datierung durch den Autor. DE: Himmelkumov.

Seite 62

Wir stehen beiseite – Q: MM V. Dat.: 1930–1935 [?]. Deutsche Erstveröffentlichung.

Seite 63

Morgen – Q: MM V, AG, DX 2. Dat.: 1931. DE: Fallen.

Haus der Presse – in den Fontanka Nr. 7, bis 1934 geleitet von N. P. Baskakov, der den Obèriuten 1928 Räume für Veranstaltungen zur Verfügung gestellt hatte.

Seite 64

Heute ist Sonntag – den es, seit Einführung der Fünftagewoche, offiziell nicht mehr gab.

ein Wunder – vgl. Anm. zu *Eine Fliege durchschlug die Stirn.*

Seite 69

»Das theoretische Heft« – Q: Logos, AG.

Anna Gerasimova merkt in beiden Publikationen an, daß Charms 1931 ein eigenes Heft mit seinen Traktaten anlegte, in das er, unabhängig von ihren Entstehungsdaten, sechs theoretische Texte noch einmal abschrieb; ihnen vorangestellt ist das Gedicht *Das Maß der Dinge*, ein typisches und wichtiges Beispiel für die philosophische Lyrik von Charms Anfang der 30er Jahre. Die deutsche Publikation folgt der Abfolge dieses Hefts.

Seite 71

Das Maß der Dinge – Q: AA, DX 1. Deutsche Erstveröffentlichung.

Zu lesen ist dieses Gedicht auch als Reaktion auf die Einführung des metrischen Systems durch die bolševistische Regierung 1918, was die Abschaffung aller alten russischen Maße und Gewichte bedeutete.

Zoll – im russ. Original der »veršok«, russ. Längenmaß, 44,45 mm.

Lapoljanov – russ. poljana: die Wiese, Grünfläche; hier unmißverständlich im Sinne von: einebnen.

Gurindurin – komischer Name allein durch seine Lautgestalt, enthält im zweiten Teil mit der Wurzel ›dur-‹ die Bedeutung: Sohn einer dummen Gans [dura].

Seite 72

Elle – im Original: aršin, 16 veršok oder 71,1 cm.

Seite 75

Der Säbel – Q: NRL, AA, AG, Logos, DX 2. Erstveröffentlichung dieser Übersetzung.

Seite 80

Kozma Prutkov – 1803–1863, fiktive Dichtergestalt, erfunden von dem Dichter Aleksej Tolstoj und den Gebrüdern Žemčužnikov, trat zuerst mit parodistischen Gedichten und Epigrammen in der Zeitschrift ›Sovremennik‹ in Erscheinung [1851f.], dann auch mit Dramoletts und schließlich mit seinen sprichwörtlichen Aphorismen und Lebensweisheiten; Figur des zaristischen Beamten, der die Zeit nicht mehr versteht und sich daheim am Schreibtisch seinen Betrachtungen hingibt. In der Liste der Lieblingsschriftsteller von Charms, 1937, rangiert Kozma Petrovič Prutkov gleichauf mit Gogol an erster Stelle.

Chlebnikov – Velimir [Viktor] Chlebnikov, 1885–1922, für Charms der größte russische Dichter der Moderne, wie die Notizbücher belegen, erklärtes Vorbild nicht nur im Lyrischen, sondern vor allem auch im dichterisch-philosophischen Bereich seiner Weltentwürfe.

Lomonosov – Michail Vasilijevič, 1711–1756, russ. Universalgelehrter und Dichter, bahnbrechende Arbeiten auf den verschiedensten Gebieten, Verfasser der ersten Grammatik der russ. Sprache, Gründer der Universität Moskau, Naturphilosoph.

Kozma Prutkovs Traum – bezieht sich auf die 1884 von V.M Žemčužnikov publizierten *Biographischen Angaben über Kozma Prutkov*, die den berühmten Traum schildern, der dem Leben Kozmas die entscheidende Wende von der militärischen zur zivilen Karriere geben sollte: »In der Nacht vom 10. auf den 11. April 1823 [d. i.: seines 20. Geburtstags – d. Hg], als er von einem Zechgelage mit Kameraden spät abends heimgekehrt war und sich auf seiner harten Pritsche ausgestreckt hatte, sah er einen nackten Brigadegeneral mit Epauletten vor sich stehen, der ihn an der Hand von seiner Pritsche zog und ihn schweigend, ohne ihm Zeit zu lassen sich anzukleiden, durch irgendwelche langen Flure schleppte, hinauf zum Gipfel eines hohen und scharfkantigen Berges, um dort aus einem Grabgewölbe die verschiedensten wertvollen Stoffe hervorzuholen, die er ihm einen nach dem anderen zeigte und deren einige er sogar an seinen erschaudernden Körper legte [...]; doch plötzlich, von der Berührung mit dem teuersten aller dieser Stoffe, verspürte er am ganzen Leib einen heftigen elektrischen Schlag, von dem er schweißgebadet erwachte.« Noch am selben Morgen, dem seines Geburtstags, quittiert Kozma Prutkov den Dienst in der Armee, um in die Staatliche Probirkammer, das Eichamt einzutreten.

Die Zeit – das Maß der Welt – Titel im Russ. kürzer [Vremja – mera mira], bedeutet zugleich den Aussagesatz: die Zeit ist das Maß der Welt, Aufsatz von V. Chlebnikov 1915, vollständig 1916 erschienen, in dem Chlebnikov die Bedeutung der Zahl 365 ± 48 = 317 in der Geschichte untersucht. Schon die alliterative Form des Titels z eigt ein dichterisches Verfahren, das auch Charms in seiner Lyrik anzuwenden versucht.

Seite 81

Elf Feststellungen von Daniil Ivanovič Charms – Q: Logos, AG. DE: Schrank.

Seite 83

Gegenstände und Figuren, entdeckt von Daniil Ivanovič Charms – Q: Logos, AG. DE: Schrank.

Seite 86

Wält – Q: AA, AG, Logos, DX 2. DE: Schrank. Der russ. Titel [Myr] ist ein Charms'scher Neologismus, oszillierend zwischen den Bedeutungen der Wörter ›mir‹ [die Welt, der Friede] und ›my‹ [wir].

Seite 88

Cisfinitum – Q: NRL, Logos, AG. Datierung nach Jaccard, während AG den Text auf 1932 datiert. Erstveröffentlichung dieser Übersetzung.

Leonid Lipavskij – 1904–1941, Schriftsteller, Kinderbuchautor [Pseudonym Saveljev], Philosoph, eng befreundet mit Jakov Druskin, Charms, Vvedenskij, Nikolaj Olejnikov, verheiratet mit Vvedenskijs erster Frau, Tamara Mejer. Initiator und Zentrum des Gesprächskreises der Gruppe 1933–1934, verfaßte Protokolle [»Photographien«] dieser Gespräche sowie eine Reihe meist noch unveröffentlichter philosophischer Traktate. Vgl. Teile der *Gespräche* und die Abhandlung über das Entsetzen in: Schreibheft.

Boole – im Original lat. geschrieben [Bool], George, 1815–1864, englischer Mathematiker, Begründer der mathematischen Logik und der nach ihm benannten Algebra der Logik.

Peirce – Charles Sanders, 1839–1914, amerikanischer Philosoph, Begründer

der Relationenlogik, beschrieb die Schlußform der Abduktion; im Original russ. transkribiert [Pirs].

Seite 92

Null und Noll – Q: NRL, Logos, AG. Erstveröffentlichung dieser Übersetzung. Im russ. Original in der alten, nichtreformierten Orthographie.

Michail Mejlach weist darauf hin, daß in Notizbuch Nr. 18 (1930) zwei Titel figurieren, die möglicherweise die ursprünglichen zu diesem Aufsatz waren: »Schrank und Null« bzw. »Noll und Schrank«.

Noll – aus dem Russischen übernommen, wo neben der mathematisch korrekten Bezeichnung [nul] auch die Form nol' existiert.

Seite 94

Über den Kreis – Q: NRL, Logos, AG. DE: Schrank.

Mit diesem Text brechen die Eintragungen im »Theoretischen Heft« ab. In den Umkreis dieser poetisch-philosophischen Überlegungen gehören, als Fortsetzung, die drei Traktate aus dem Jahr 1932, vor allem *Über das Unendliche, Mich interessiert nur das Wasser* und *Zahlen sind durch keine Anordnung verbunden*, vgl.: Schrank.

Seite 97

Don Juan – Q: MM II. Dat.: 1930; genauer datierbar erst seit Bekanntwerden der drei Briefe an A. Panteleev: Kursk, Sommer 1932. Deutsche Erstveröffentlichung.

Der Stoff des Don Juan spielte in der russischen Literatur eine überragende Rolle, er hat, angefangen mit Puškin [und dessen Tragödie *Der steinerne Gast*], viele russische Dichter herausgefordert, so Marina Cvetaeva, Vladimir Kazakov, aber auch Aleksei Tolstoj, den Erfinder des Kozma Prutkov. Ob Charms den Urtext Tiros de Molinas, *El burlador de Sevilla* von 1630, kannte, ist ungeklärt; sehr genau hingegen kannte er A. Tolstojs »dramatische Dichtung« [poėma] mit dem Titel *Don Žuan*, geschrieben 1862, in der überarbeiteten Fassung von 1867 uraufgeführt 1905. Schon das Charms'sche Personenverzeichnis weist zahlreiche Übereinstimmungen mit Tolstojs Text auf, der dem »Gedächtnis Mozarts und Hoffmanns« gewidmet ist und als Motto folgenden Text E. T. A. Hoffmanns zitiert: »Aber das ist die entsetzliche Folge des Sündenfalls, daß der Feind die Macht behielt, dem Menschen aufzulauern, und ihm selbst in dem Streben nach dem Höchsten, worin er eine göttliche Natur ausspricht, böse Fallstricke zu legen. Dieser Conflict der göttlichen und dämonischen Kräfte erzeugt den Begriff des irdischen, so wie der erfochtene Sieg den Begriff des überirdischen Lebens.« Schon dieses Motto steht in engstem Zusammenhang mit Charms' philosophischen Fragen.

Tolstojs *Don Žuan* beginnt mit einem Prolog, in dem, wie bei Charms, nicht nur sieben Geister auftreten, sondern auch die »vorüberziehenden Wolken«, die »erblühenden Blumen« usw., sie sind sämtlich Erfindungen Aleksej Tolstojs. Wie im *Faust* schließen bei Tolstoj im Prolog Gott und Satan eine Wette um die Seele Don Juans ab.

Charms' Manuskript besteht, laut Beschreibung Michail Mejlachs, aus »fünf Blättern aus einem linierten Schreibheft und einem gesonderten Blatt mit dem Personenverzeichnis. Die letzten vier dramatis personae sind später hinzugefügt worden und beziehen sich auf den durchgestrichenen Stückanfang. ›Don Juan. Das Genie D. Ch. schaut aus dem Fenster ...‹«.

Niceta – in Tolstojs *Don Žuan* Frauengestalt, stadtbekannte Person, die jedoch niemand öffentlich zu grüßen wagt; ihr bringt Don Žuan, um Dona Annas Vater zu provozieren, vor allen Leuten ein Ständchen..

Boabdil – nicht der historische letzte Maurenkönig von Granada, der 1492, im Jahr der Vertreibung der Juden aus Spanien, vor den Kastiliern floh, sondern der Boabdil Tolstojs: ein Maure, den Don Žuan aus den Fängen der Inquisition zu retten versucht hatte, erfolglos: die Inquisition ergreift ihn erneut, um ihn als Spitzel, dann als gedungenen Mörder auf Don Žuan anzusetzen. Im II. Akt wird Boabdil, von Don Žuan enttarnt, mit dessen Geld zum Seeräuber, auf dessen Schiff Don Žuan Spanien zu verlassen plant.

Seite 98
Firmapelius, Bustalbalius – auf Lateinisch stilisierte Phantasienamen.

Seite 98
Inquisitor: Bleib stehen! – Teil I des Charms'schen Fragments verarbeitet unverkennbar die Erfahrungen der Haft, insbesondere der Verhöre im Untersuchungsgefängnis der OGPU 1931. Michail Mejlach verweist überdies auf direkte Übereinstimmungen im Inhalt des Hefts mit den Notizbüchern von Charms.

Seite 103
Wir wohnten in zwei Zimmern – Q: MM V, AG. Dat.: 1932 [?], AG: Ende 1932-Anfang 1933. DE: Fallen.

Der Text reflektiert die Umstände, unter denen Charms 1932 für ein halbes Jahr in der Verbannung in Kursk lebte; vgl. hierzu den autobiographischen Text von September 1932 *Ich bin allein in:* Schrank. Am 23. Juli schrieb Charms aus Kursk an A. Panteleev: »Kursk ist eine sehr unangenehme Stadt, Ich ziehe ihr das DPZ [Untersuchungsgefängnis] vor« usw., vgl. Chronologie.

Mein Freund – Aleksandr Vvedenskij.

Seite 104

Riesenverstand – Bedeutungen der Beispielwörter, soweit sie von den deutschen Begriffen abweichen: razum [Verstand, Vernunft], radost' [Freude]; mysl' [Gedanke, Denken].

Seite 105

Ich heirate heute – Q: MM V, AG. Dat. durch MM: April 1933. DE: Fallen.

Brjanskij – aus Brjansk, Provinzstadt in Westrußland, 27 000 Einw.

Seite 106

Historischer Einschnitt – Q: MM V, DX 2. Dat. durch MM: April 1933 [?]. Deutsche Erstveröffentlichung.

Seite 107

Endlich sehe ich dich, Liebste – Q: MM V. Dat.: 1931–1933 [?]. DE: Fallen.

Seite 108

Die Blumen hierhin – Q: MM V, AG. Dat.: Sommer 1933. AG folgt in der Textgestalt der russ. Handschrift, die die dramatis personae nur mit den Initialen notiert. DE: Fälle.

Seite 115

Foma Bobrov und seine Gattin – Q: Rossija v. 22.2.1991, DX 2, DE: Schreibheft 39.

Bobrov – russ. bobr: der Biber.

Seite 119

Vier Deutsche aßen Schweinefleisch – Q: MM V, AG. Dat. übereinstimmend: Juni 1933. DE: Fallen.

Seite 120

Geschichten von Himmelkumov – Q: MM V, AG; Dat.: Juni oder Anfang Juli 1933. DE: Himmelkumov. Im russ. Original kein Titel.

Himmelkumov – russ. Gimmel'kumov, von deutsch Himmel, zusammengesetzt mit russ. kum: der Gevatter, Vetter.

Seite 121

Geistestiefe – im Original das russische Wort estestvo: Natur, Wesen, wobei das Suffix -stvo nicht getrennt werden kann.

Seite 122

Šura, Kolja und Fedja – Q: MM V, AG. MM dat.: Spätestens 4. Juli 1933. DE: Fallen.

Seite 123

Vorfall in der Straßenbahn – Q: MM V. Dat.: Juli 1933 [?]. DE: Fallen.

Ljapunov – russ. ljapún: der Pfuscher, Pinselquäler.

Sorokin – geläuf. russ. Name; russ. soròka: die Elster; vgl. auch sòrok: vierzig.

Seite 124

Ein Mönch stieg hinab in die Gruft – Q: MM V. Dat.: Sommer 1933. DE: Fallen.

Christi ist erstanden – der russisch-orthodoxe Ostergruß.

Seite 125

Dem Schornstein der Lokomotive entstieg Dampf – Q: MM VI. Dat.: 1933–1934 [?]. Deutsche Erstveröffentlichung.

Seite 126

Lieber Nikandr Andreevič – Q: MM, AG. Dat. durch Charms. DE: Fallen. Dieser Kunst-Brief ist vermutlich gerichtet an Charms' Bekannten, den Dichter Nikandr Andreevič Tjuvelev, von dessen Werk nur Fragmente erhalten sind; gleich alt wie Charms, wurde Tjuvelev 1937 verhaftet und kam vermutlich 1938 im Lager um.

Seite 128

Wenn eine Ehefrau allein irgendwohin fährt – Q: MM V, AG. Dat.: Oktober 1933. DE. Himmelkumov.

Seite 120

Ich weiß nicht, warum alle denken – Q: Notizbücher, Oktober 1933. DE: Schrank.

Seite 130

Einmal war ich im Staatsverlag – Q: MM V, AG, DX 2. Dat. unterschiedlich: 30er Jahre, Mitte der 30er Jahre. Anhand der Notizen über das Genie, vgl. voraufgehenden Text, vgl. weitere Notizen in: Schrank, erscheint eine Datierung auf Oktober bzw. Herbst 1933 wahrscheinlich. DE: Fälle. Jaccard: 1933–1934.

Evgenij Lvovič – Švarc [Schwarz], 1896–1958, Schriftsteller, Dramatiker, begann unter dem Einfluß der Obèriuten zu schreiben, fand erst Mitte der 30er Jahre zum eigenen Stil dramatisierter Parabeln und Märchen: *Der nackte König* 1934 [publiziert erst 1960], *Rotkäppchen*, *Der Drache*, mehrfach erwähnt in Charms' Notizbüchern.

Nina Vladimirovna Gernet – 1904–1982, Lyrikerin, Kinderbuchautorin, in den 30er Jahren in der Kinderbuchabteilung des Gosizdat Leningrad, Chefredakteurin des ›Čiž‹.

David Efimovič Rachmilovič – D. E. Rachmilov, Kinderbuchautor, Redakteur des ›Ež‹, am 3. Juli 1937 zusammen mit N. Olejnikov verhaftet, im Lager umgekommen.

Tiflis – in den 30er Jahren wegen des großen Interesses, das die georgische Lyrik genoß, ein Mekka der russischen Dichter, die sich, da sie kaum Eigenes publizieren konnten, auf das Übersetzen georgischer Lyrik verlegten, wie A. Achmatova, B. Pasternak u. a. Zabolockij übersetzte das georgische Nationalepos *Der Held im Tigerfell* von Šota Rustaveli ins Russische.

Zabolockij – Nikolaj Alekseevič, 1903–1958, Lyriker, lebte seit 1921 in Petrograd, wo 1929 sein erster Gedichtband *Spalten* [versty] großen Erfolg hatte; Mitarbeit an den Zeitschriften ›Ež‹ und ›Čiž‹, maßgeblich an der Formulierung des Manifests der Obèriuten beteiligt. Trotz Huldigungsgedichten auf Kirov und Stalin 1938 verhaftet und zu 5 Jahren Lager und Verbannung verurteilt. Ab Mitte der 30er Jahre trat zwischen den Činari und Zabolockij eine Entfremdung ein.

Valentina Efimovna – Goldič, verheir. Kamenskaja, 1902–1968, Malerin, eng befreundet mit T. A. Mejer-Lipavskaja; in ihrer Wohnung fanden häufig Treffen der Gruppe der Činari statt.

Seite 131

Lipavskij – vgl. Anm. zu Seite 88.

Tamara Aleksandrovna – Mejer, verheir. Lipavskaja, Philologin, Lehrerin, 1903–1982; erste Ehefrau A. Vvedenskijs, Verfasserin eines umfassenden Wörterbuchs und Glossars zur dichterischen Sprache Vvedenskijs, nicht veröffentlicht.

Seite 132

Julij Beržin – Julij Solomonovič B., 1904–1938, Schriftsteller.

Volf Erlich – Volf Izrailevič E., 1902–1944, Dichter, Drehbuchautor.

Olejnikov – Nikolaj Makarovič, 1898–1937, Journalist, Lyriker, Mitbegründer der Zeitschriften ›Ež‹, ›Čiž‹ und ›Strekoza‹ 1936; konnte, ähnliche Vvedenskij und Charms, der ihn als Lyriker hoch schätzte, nur drei seiner Gedichte für Erwachsene publizieren, 1937 verhaftet und als »Volksfeind« erschossen.

Jakov Semënovič – Druskin, 1902–1980, Musikkritiker, Musiktheoretiker, Philosoph, Verfasser eines Buches über Vvedenskij [nicht publiziert], von Aufsätzen über Charms und zahlreicher, bislang nicht veröffentlichter philosophischer Werke; rettete 1941, nachdem Charms verhaftet worden war, dessen literarischen Nachlaß. Deutsch von Ja. S. Druskin: Die Betrachtung *Der Tod*, Auszüge aus den Tagebüchern, in: Schreibheft.

Seite 134

Wenn zwei Menschen gegeneinander Schach spielen – vgl. hierzu, September 1937, Eintragung im Notizbuch, in: Schrank.

Seite 135

Aleksandr Ivanovič – Vvedenskij, 1904–1941, Lyriker, Dramatiker, eng befreundet mit Charms und Lipavskij, Teilnehmer an den Gesprächen der ›Činari‹. In erster Ehe verheiratet mit T. A. Mejer, in zweiter mit A. S. Ivanter, heiratete 1936 G. B. Viktorova, mit der er bis zum Ende seines Lebens in Charkov lebte. Deutsch von Vvedenskij: *Kuprijanov und Natasa* 1986, *Eine gewisse Anzahl Gespräche* 1987, beide Berlin, Friedenauer Presse; *Weihnachten bei Ivanovs*, in: *Fehler des Todes.* Russische Absurde aus zwei Jahrhunderten, Frankfurt, Verlag der Autoren, 1990; *Das Graue Heft* und Gedichte sowie, über Vvedenskij, Michail Mejlach in: Schreibheft.

Drevackij – Konstantin Ignatjevič Drovackij, Buchhalter im Gosizdat Leningrad.

Makkaroni – 1933 möglicherweise noch in der eigentlichen Bedeutung, im heutigen Russisch Sammelbegriff für jede Art von Nudeln.

Seite 136

Švarcens – nicht E. L. Švarc, sondern dessen Vetter Anton Isaakovič, bekannter Vortragskünstler und Rezitator, vgl. den Text *Paschquill* [1940], A. I. Švarc und dessen Frau N. B. San'ko waren enge Freunde von Charms, figurierten in Charms' Notizbüchern als »Švarc Nevskie«, zur Unterscheidung von [E. L.] »Švarc Litejnyj«.

Seite 137

Kukuruzov erscheint aus dem Rauch – Q: MM VI, Ag. Dat. MM: 1933. DE: Fälle.

Kukuruzov – russ. kukurúz: der Mais, Maiskorn.

Seite 138

Streit – Q: MM V. Dat. durch Charms. DE: Fälle.

Kuklov – russ. kúkla: die Puppe.

Bogadelnev – bogadél'nja: das Armenhaus.

Seite 140

Tick! Tick! Tick! – Q: MM V. Dat.: 1933. DE: Fallen.

Derbantova – Bedeutung des Namens schillernd; russ.: drebeden': dummes Zeug, Geschwätz; derebit' wie dergat': rupfen, zerren, reißen.

Kukušin-Dergušin – russ. kukúška: der Kuckuck; dërgat' s. o.

Seite 142

Ein altes Männchen kratzte sich – Q: MM VI, AG. Dat.: 1933–1934. DE: Fallen.

Seite 143

Der Erfinder Anton Pavlovič Šilov – Q: MM V. Deutsche Erstveröffentlichung.

Anton Pavlovič – Vor- und Vatersname von A. P. Čechov.

Šilov – russ. šilo: die Ahle, redensartlich, šilo v meške, dem Sinne nach »die Katze im Sack«.

Sommergarten – »er heißt so«: der Sommergarten am Ufer der Neva war nicht umbenannt worden, wohl aber seine Umgebung. Der Führer durch Leningrad von 1935 gibt die Lage mit diesen Koordinaten an: Platz der Opfer der Revolution [ehemals: Marsfeld] und Quai des 9. Januar [ehemal. Palastquai].

Seite 144

Hier begannen alle, auf ihre Weise zu sprechen – Q: MM V, AG. Dat. MM: 1933–1934 [?], AG publiziert unter dem Datum »5. Oktober [1933]« nur die Texte 1 und 2, vermehrt um den Eintrag »Die Zahlen sind ein so wichtiger Teil der Natur«, vgl. NB. S. 177. Deutsche Erstveröffentlichung.

Chviliščevskij – russ. chvil, chviljuga: naßkaltes Wetter, Schneegestöber, hiervon abgeleitet: chvilevatyj.

Fakirov – von Fakir, so auch russisch. Auf Herbst 1933 datiert MM auch ein längeres Gedicht um die Gestalt Fakirovs.

Ujemov – russ. ujest': jemanden zugrunderichten.

Seite 145

Puzyrëv – russ. puzyr': die Blase, Seifenblase. Das Elternpaar in A. Vvedenskijs Drama *Weihnachten bei Ivanovs* [1937] heißt Puzyrëv, auch bei Charms öfter gebrauchter Name.

Seite 146

Trinken Sie Essig – Q: MM V, AG; Dat. durch MM: 1935. Deutsche Erstveröffentlichung.

Vgl. hierzu Seite 41, *Guten Tag!*, möglicherweise Parodie auf eine Sitzung von Autoren des Schriftstellerverbandes Sektion Leningrad zur Vorbereitung der Gründung des Sowjetischen Schriftstellerverbandes 1934.

Šuev – altslav, šuij: link, falsch.

Rastopjakin – russ. rastopit': anheizen.

Sučkov – russ. ssuka: die Hündin, im Gefängnisjargon der Zeit gebraucht für Kriminelle, die dem Ehrencodex der Kriminellen untreu geworden waren, Häftlinge, die mit den staatlichen Behörden zusammenarbeiten.

Ryvin – russ. ryt': graben, wühlen.

Seite 147

Park beim Schlosse des Barons – Q: AG [Manuskript] Deutsche Erstveröffentlichung.

Kaicher Wilhelm – Kaicher so im Original.

Seite 151

Amerikanische Straße – Q: V mire knig, 12/1987, AG [Manuskript]. Deutsche Erstveröffentlichung.

Im russischen Text, mit Ausnahme des Wortes »yes«, sämtliche fremdsprachlichen Einsprengsel russ. transkribiert.

Fenorov – russ. Fenorov, spielt wohl an auf die Stimmlage Tenor; ein bei Charms häufiger gebrauchter Name ist: Fonarëv, abgeleitet von fonar': Laterne.

Seite 152

Wer ist hier der letzte? – seit Ende der 20er Jahre beim Schlangestehen die berühmte Frage, geflügeltes Wort, vgl. Vladimir Sorokin, *Die Schlange.* Roman, Haffmans Verlag, Zürich 1990.

Seite 155

Eines Morgens betrachtete sich ein Mensch – Q: MM V, AG. Dat. übereinstimmend: 1934–1935. DE: Fallen.

Einen Teil seiner Komik bezieht der Text aus dem Spiel mit altertümlichen bis vorsintflutlichen Vor- und Vatersnamen.

Mafusail – russ. Form für Methusalem.

Seite 157

Ivan Jakovlevič Bobov erwachte – Q: MM V, AA; AG. Dat.: 1933–1935 [?]. DE: Fallen.

Bovov – russ. bob: die Bohne. Vgl. auch den oft gebrauchten Namen Bobrov.

Seite 158

Leningradodežd – typisch sowjetische Abkürzung für: Zentrales Leningrader Kaufhaus für Bekleidung [odežda].

Univermag – desgl. für: Universal'nyj magazin, Kaufhaus. Im Leningrad der 30er Jahre gab es das Univermag Nr. 1 im Gostinyj dvor am Nevskij, und Nr. 2 im Apraksin dvor, letzteres war auf Bekleidung spezialisiert.

Passage – Passaž, Nevskij Nr. 48, sowjet. Modeatelier.

Ochta – Vorort Leningrads.

Seite 160

Šilov – vgl. o., russ. šilo: die Ahle.

Seite 161

Kaum hatte sich Ivan Jakovlevič – Q: AG. Dat.: Mitte der 30er Jahre. DE: Schreibheft 40.

Seite 162

Was für ein merkwürdiger Vorfall – Q: MM V. Dat.: August 1934. DE: Fallen.

Rowdytum – russ. chuliganstvo, abgeleitet von engl. hooligan, neurussische Bildung des 20. Jhs., ursprünglich für Leute, die auf dreiste, unverschämte Weise die öffentliche Ordnung stören. Das Problem der seit Revolution und Bürgerkrieg eltern- und obdachlosen Halbwüchsigen löste der sowjetische Staat auf seine Weise. Bald auch im übertragenen Sinn gebraucht, auch die Obėriuten wurden von der Parteipresse als »literarische chuligany« bezeichnet.

Seite 163

Aus dem Hemdkragen eines Dummkopfes – Q: MM V, AG. Dat. übereinstimmend: August 1934. DE: Fälle.

Häftlingsvisage – vertrautes Bild aus dem Leben; der erste Bekannte von Charms, der 1927 verschwand, war der Radiks-Regisseur G. Kacman. Ende der 20er Jahre bis zum Einsetzen des großen Terrors kamen die Inhaftierten nach Verbüßung der Strafe öfter wieder frei.

Seite 164

Petja kommt in ein Restaurant – Q: MM V, AG. Dat.: Mitte der 30er Jahre. Bei MM nur Teil II. DE: Fallen [2. Teil]; Schreibheft 39.

Seite 166

Mironov wickelte die Uhr in die Bettdecke – Q: MM V, AG. Dat. durch Charms: 20. August [1934]. Fragment des zweiten Absatzes nur bei AG. DE: Fallen.

Mironov – russ. mirnyj: friedlich, ergeben, still. Mir: Frieden, Welt.

Golovlëv – russ. golovl', golavl': der Großkopf, Meeräsche.

Seite 167

Andrej Ivanovič spuckte in ein Glas Wasser – Q: MM V, AG. Dat. durch Charms: 21. August [1934]. DE: Fälle.

Der Sprung vom Vatersnamen Andrej »Ivanovič« zu Andrej »Semënovič« so im russischen Text.

Popugaev – russ. popugàj: der Papagei.

Seite 168

Durchnäßt vom Regen – Q: MM V, AG. Dat. durch Charms: 21. August [1934]. Deutsche Erstveröffentlichung.

Seite 169

Kulygin steckte den Arm – Q: MMV. Dat.: 30. August 1934 [?]. DE: Schrank.

Kulygin – vgl. Čechov. *Drei Schwestern*, der Ehemann Mašas; russ. kulyga: die Faust, Hand ohne Finger, auch Stummel, Stumpf.

Seite 170

Entwaffnet oder Fehlschlag der Liebe – Q: MM V, AG, DX 2. Dat.: Mitte der 30er Jahre. DE: Fälle.

Seite 171

Über Schein und Sein Nr. 1 – Q: MM V, AA, AG, DX 2. DE: Fälle. Wörtliche Übersetzung des Titels über Erscheinungen [Phänomene] und Daseinsformen [Existenzen].

Michel Angelo – im russ. Original: Mikkel Anželo.

Komarov – russ. komar: Mücke, Stechmücke.

Seite 172

im Jahre 1884 ein Komet – Brockhaus/Efron weiß vom Planeten Pons, der am 25. Januar 1884 der Sonne am nächsten kam.

Stupin – russ. stúpa: der Mörser, Stampfer, übertr. plumpes Weib, Trampel; stupà: langsamer Gang, langsamer Schritt.

Seite 173

Über Schein und Sein Nr. 2 – Q: wie *Nr. 1*. DE: Fälle.

Serpuchov – Kleinstadt südlich v. Moskau; russ. serp: die Sichel.

Seite 175

Über das Gleichgewicht – Q: wie *Schein und Sein*. DE: Fälle.

Stibiu – das Spiel mit den russischen Wörtern – kamni vnutr' opasno [Stein im Bauch ist ungesund] – ergibt kaveo bzw. caveo, latein.: ich nehme mich in acht, sehe mich vor, bin auf der Hut.

Seite 176

Lassalle-Straße – die ehemalige Michajlovskaja ulica.

Seite 177

Der Unterschied zwischen Mann und Frau – Q: MM V, AG, DX 2. Dat.: Mitte der 30er Jahre. DE: Fallen. Der russische Titel wörtlich: Der Unterschied im Körperbau von Ehemann und Ehefrau.

Seite 178

Der Sündenfall oder Die Erkenntnis des Guten und des Bösen – Q: MM V, AG. DE: Fallen.

Didaskalie – griech. Belehrung, Unterweisung des Chors in Theaterstücken des alten Athen; so genannt auch die im Theater ausgehängte Urkunde, die Angaben über den Autor, Schauspieler, Musiker sowie über Zeit, Ort und Handlung des aufgeführten Dramas enthielt.

figura – im russ. Originaltext latein.

Meister Leonardo – ursprünglich statt Leonardo: Lev Davidovič Trockij, gelesen von A. T. Nikitaev, mitgeteilt von A. Gerasimova.

Seite 183

Also trat der Kommandeur – Q: AG. Dat.: 1934–1936. Deutsche Erstveröffentlichung.

Seite 184

Aber der Maler setzte das Aktmodell – Q: Jaccard. Dat.: 1934–1937. Deutsche Erstveröffentlichung.

Strachova – russ. strach: die Angst, Schrecken.

Amonova – Ammon, Amon, Amun, ägypt. Ortshoheit von Theben, ursprünglich Gott der Zeugung und Fruchtbarkeit.

Zolotogromov – russ. zoloto: das Gold; grom: der Donner.

Seite 186

Der Maler setzte sich in den Hängekorb – Q: MM V, AG. Beide dat.: 1934. DE: Fälle.

Petrov und Komarov – mehrfach wiederkehrendes Komikerpaar, vgl. *Fälle* Nr. 5; russ. komar: die Mücke, Stechmücke.

Seite 190

Ein Ritter – Q: MM V, AA, AG, DX 2. Dat.: 1934–1935. DE: Fallen.

Aleksej Alekseevič – ursprünglich: Pantelej Nikolaevič Kozlov; der Name Kozlov, abgeleitet von russ. kozel: Ziegenbock, mehrmals in Charms' Gedichten bis 1931. Charms ändert zuerst in Aleksej Panteleevič, schrieb dann neben den Titel den Vermerk: »Statt Pant. Nik. lies Aleksej Alekseevič.« [Anmerkung A. Gerasimova].

Epauletten – vgl. den Traktat der Säbel und Anm. zu Kozma Prutkovs Traum.

an den Lenden – hier im Russischen das biblisch-kirchenslav. Wort.

Lebedev – geläuf. Name; russ. lébed': der Schwan.

Seite 191

Im Jahre 22 – als, nach Beendigung des Bürgerkriegs, die Not am größten war, so daß Lenin gezwungen war, die ›Neue ökonomische Politik‹ auszurufen, die privaten Handel wieder zuließ.

Puzyrëv – russ. puzỳr': die Blase, Seifenblase.

Heumarkt – in Petersburg, Sennaja.

Ecke Volodarskij Prospekt – der ehemalige Litejnyj Prospekt, der den Nevskij rechtwinklig schneidet und der schon in den 20er Jahren umbenannt worden war nach dem 1918 von Sozialrevolutionären ermordeten Petrograder Kommissar für Presseangelegenheiten V. Volodarskij. Auf dem Litejnyj befand sich das Hauptquartier der ČK = OGPU, später NKVD.

Seite 193

Richtung Admiralität – d. h. den Nevskij stadteinwärts; die Hauptverwaltung der Miliz der Stadt Leningrad residierte am ehemaligen Palastplatz, damals; Urickij-Platz, benannt nach dem ebenfalls 1918 von Sozialrevolutionären ermordeten roten Märtyrer, dem ČK-Chef des Bezirks Petrograd, M.S. Urickij.

Seite 194

Anton Antonovič hatte sich den Bart abrasiert – Q: AG. Dat.: Mitte der 30er Jahre. Vgl. hierzu *Fälle, Nr. 8.* Deutsche Erstveröffentlichung.

Naskokov – russ. naskákat': anrennen, anspringen, heransprengen.

Seite 195

Vasilij Antonovič ging auf die Straße – Q: AG. Dat.: Mitte der 30er Jahre. DE: Schreibheft 39.

Salol – Phenylester der Salicylsäure, medizin. angewandt bei Blasenkatarrh, Gonorrhöe, auch bei Dysenterie.

Seite 196

Lykin saß am Fenster – Q: MM V, AG. Dat.: Mitte der 30er Jahre. DE: Schreibheft 40.

Lykin – russ. l'yko: Bast

Sašin – durch besitzanzeigenden Suffix gebildet: der Mann Sašas.

Muchin – russ. múcha: die Fliege. Vgl. die sowjetische Monumentalbildhauerin Vera Ignatjevna Muchina, 1889–1953.

Seite 197

Um sieben stand Nikolaj Nikolaevič auf – Q: AG. Dat.: Mitte der 30er Jahre. DE: Schreibheft 40.

Seite 199

Geschichte – Q: MM V, AG, DX 2.DE: Fallen.

Pantopasov – griech. panto, in Zusammensetzungen: Alles-, All-; russ. pas: Kutschen-, Hängeriemen; im Kartenspiel: ich passe; vgl. auch paskùda: Garstigkeit, Abscheulichkeit; pàsmur: der Mürrische, Griesgram; vgl. auch pasti: weiden, abweiden, abgrasen.

Seite 201

Die Karriere des Ivan Jakovlevič Antonov – Q: MM V, AG, DX 2. DE: Fallen.

Seite 202

Feiertag – Q: MM V, AA, AG, DX 2, DE: Fallen.

Ibgragim – Ibrahim, Andeutung der Herkunft des Hauswarts: aus den mohammedanischen Gebieten der Sowjetunion.

Unser geliebter Dichter – meint wohl niemandem konkret; ironisches Zitat der Sprachregelung in der Parteipresse.

Seite 203

Vorfall auf der Straße – Q: MM V, AG,DX 2. DE: Fallen.

Karpov – russ. karp: der Karpfen.

Seite 204

Das Fenster hinter der Gardine – Q: MM V, AG. Von MM dat.: Januar [?] 1935. DE: Fallen.

Ružeckij – russ. ruž'ë: das Gewehr, die Flinte; ružejnik: Waffenschmied; eher ein polnisch-stämmiger Name.

Kalikothut – Kalikot, franz. calicot, glattes Baumwollnesselgewebe.

Seite 205

Unverhofftes Besäufnis – Q: MM V, AG, DX 2. DE: Himmelkumov.

Zakuska – russ. terminus technicus, meint die Speisen, die zum Glas Vodka bzw. unmittelbar danach unbedingt gegessen werden: Salzgurke, Salzhering, marinierte Pilze, zur Not ein Stück trocken Brot.

Seite 207

Adam und Eva – Q: Junost' 10/1987. Dat. durch Charms. Estveröffentlichung dieser Übersetzung.

Anton Isaakovič – Vor- und Vatersname von A. I. Švarč.

es hat zweimal geklingelt – d.h. A.I. und N.B. bewohnen ein Zimmer in einer Gemeinschaftswohnung, in der jeder einzelne Mieter sein eigenes Klingelsignal haben mußte.

Seite 209

Da gibt es nichts zu kichern – Q: MM V. Dat. durch Charms: 26. März [1935]. DE: Fallen.

Seite 210

Ein dicker Mann hatte ein Verfahren ersonnen – Q: MM VI, Dat.: März [?] 1935. DE: Fallen.

Seite 211

Schrecklicher Tod – Q: MM IV, Dat.: April 1935. DE: Fälle.

Seite 212

Erstaunliche Geschichte! – Q: MM V, AG. Dat.: Mitte der 30er Jahre. DE: Fallen.

Švelpin – unklar; russ. švelka, švylka: Schlitz im Kleid, möglicherweise auch von deutsch Schwelle abgeleitet.

Smuchov – russ. smuch: das Lammfell.

Seite 213

Märchen – Q: AA. Russisch erstmals in: ›Čiž‹ Nr. 7, Juli 1935. Im Manuskript Unterschrift:D. Charms-Šardam. DE: Fallen.

Seite 215

Čiž – ›Der Zeisig‹, Zeitschrift für Kinder im Vorschulalter, erscheint in Leningrad monatlich von 1930 bis 1941, redigiert von S. Maršak, N. Olejnikov u.a. Von Charms erschienen dort zahlreiche Arbeiten für Kinder, auch seine Nachdichtung von W. Buschs *Plisch und Plum.*

Seite 216

Lidočka saß in der Hocke – Q: AG. DE: Notizbuch, Schreibheft 39.

Seite 221

Persönliche Leiden eines Musikers – Q: AG, DX 2. AG. Dat.: 1935; vermutlich in zeitlicher Nähe des Gedichts *Es war einmal ein Musiker mit Namen Amadeus Faradon*, MM IV. DE: Schreibheft 39.

Michjus – Zärtlichkeitsform für: Michail.

Seite 222

Erstigneev lacht – Q: MM V, AG. Dat. übereinstimmend: 1935–1936. DE: Fälle. Französische Einsprengsel im Originaltext durchweg russisch transkribiert.

Seite 223

Doročka – Zärtlichkeitsform auch für den Vornamen Evdokija.

Seite 224

Sulipanova – russ. sulit': versprechen, verheißen; poln. pan: der Herr. Vgl. hierzu auch den Familiennamen Tjul'panov [von russ. Tulpe], dramatis persona einiger Versdialoge Ende der 20er Jahre, Anf. der 30er Jahre.

Zajcev – geläuf. russ. Name; von zajac: der Hase. Vom selben Begriff abgeleitet aber auch die umgangssprachliche Benennung der Hoden, zajčiki.

Seite 226

Ich will Kaffee trinken – Q: AG. Manuskript. Dat.: Mitte der 30er Jahre. Deutsche Erstveröffentlichung.

Rjabčikov – russ. rjabčik: zool. das Haselhuhn, botan. die Schachblume.

Seite 227

Dmitrij Petrovič Amelovanov – Q: MM VI. Dat.: 1935–1937 [?]. Deutsche Erstveröffentlichung.

Amelovanov – russ. melovoj: aus Kreide, kreidehaltig.

Seite 228

Vor genau 56 Jahren – Q: MM V, AG. Dat. v. MM: 1935 [?]. DE: Schreibheft 40.

Redkin – russ. red'ka: der Rettich.

Varchankin – Bedeutung schillernd, oszilliert zwischen russ. verch: Spitze, Gipfel, oberster Punkt, und russ. varjag: der Waräger.

Seite 229

Ich wurde im Schilf geboren – Q: MM V, AG. Dat. bei MM 1935–1937 [?]. DE: Schreibheft 40.

Seite 230

Jetzt will ich erzählen, wie ich geboren wurde – Q: MM V, AG, DX 2. DE: Fälle.

Seite 233

Erinnerungen eines weisen alten Mannes – Q: MM V, AA, AG, DX 2. Dat. Ag und MM übereinstimmend: 1935–1937. DE: Fälle.

Seite 234

Kinder nie mit dem Hammer schlagen – der Umgang mit Kindern: ein durchgehendes Motiv im Werk von Charms, vgl. das Tagebuch 1932/1933 [über das Kind Olejnikovs], den Text *1. Erziehung* sowie vereinzelte Eintragungen in: Schrank; vgl. insbesondere den Beginn des Romans *Die alte Frau.* Daraus resultierend die Legende, Charms habe Kinder gehaßt.

Seite 237

Printimpram – vgl. die Erzählung für Kinder *Der Zirkus Printimpram,* dt. nachzulesen in dem Bändchen *Einfach Schnickschnack,* München: dtv, 1995.

Seite 238

Sehen Sie, – sagte er – Q: MM V, AG. Dat. bei MM: 1935 [?]. DE: Fallen.

Klopov – russ. klop: die Wanze.

Seite 240

In einer großen Stadt, auf der Hauptstraße – Q: AG. Dat.: Mitte der 30er Jahre. DE: Schreibheft 40.

Seite 241

ins Europa – Hotel Evropejskaja, erstes »Intourist«-Hotel Leningrads, Lassalle-Straße 1–7, ehemals Hotel de l'Europe, Nevskij, Ecke Michailovskaja, eines der zentralen und elegantesten Hotels vor 1917.

Seite 242

Es war einmal ein Mann, der hieß Kuznecov – Q: MM V, AG. DE: Fallen.

Kuznecòv – russ. kuznèc: der Schmied.

Seite 243
Petuchòv – petùch: der Hahn.
Sapagòv – sapòg: der Stiefel.
Rysakòv – rysàk: der Traber, aber auch der geflohene Verbannte, auf der Flucht befindliche Sträfling. Vgl. den Familiennamen von Charms' erster Frau Esther: Rusakov.

Seite 244
Fabel – Q: MM V, AG. Dat. übereinstimmend: 1935. DE: Fälle.

Seite 245
Grigorjev haut Semënov in die Schnauze – Q: MM V, AG. Dat. nahezu übereinstimmend: Mitte der 30er Jahre. Fragment, ausführlicher mitgeteilt von A. Gerasimova, bei der der Text fortfährt.
»Auftritt Lojanev.
LOJANEV Was geht hier vor?«
DE: Fallen.

Seite 246
Die Schamlosen – Q: MM V. Dat.: 1935–1937 [?]. DE: Fälle.
Bogoljubov – russ. bogoljub: der Gott Liebende, Gottgefällige.
Poroškov – russ. porošok: das Pulver.

Seite 247
Über die Zeit, über den Raum, über die Existenz – Q: AG [Manuskript], Lo gos. DE: Schreibheft 40. Vgl. hierzu »Das theoretische Heft«, *Über Schein und Sein.*

Seite 256
Ein Franzose hatte ein Sofa – Q: MM VI, Ag. Dat. MM: 1936–1938 [?], Dat. AG: 1939–1940. DE: Himmelkumov.

Seite 257
Schicksal der Frau eines Professors – Q: MM VI, AA, AG, DX 2. Dat. durch Charms. DE: Himmelkumov.
Zu dieser Erzählung teilen A. Kobrinskij und A. Ustinov, im Zusammenhang mit Vvedenskijs zweiter Frau, A. S. Ivanter [Njuročka], in ihren Ausgaben der Notizbücher nachstehende Variante mit: auf den Satz »sitzt in der Scheune« folgt, durchgestrichen, dieser Dialog:

»Njuročka sagt:
– Und unter meinem Rock sitzt Danja.
Die Frau des Professors sagt:
– Wie das? Und wo ist Tolstoj?
Und Njuročka antwortet:
– Aber Šura ist nach Moskau gezogen.
Die Frau des Professors sagt:
– Nein, nicht Šura, sondern wo ist Tolstoj?
Und Njuročka gibt keine Antwort mehr, und die Frau des Professors sieht, das ist ja gar nicht mehr Njuročka, sondern eher ein Huhn.« [Kuročka].
Variante zu diesem Dialog:
»Die Frau des Professors sagt:
– Ach, Sie sind es?
Und Njuročka antwortet:
– Ja, ich bins. Und unter mir sitzt Danja.«

Seite 260
Wie ein Mensch zerfiel – Q: MM VI,AG. Dat. durch Charms. DE: Fallen. J.-Ph. Jaccard teilt den auf der Rückseite des Manuskriptblattes stehenden Dialog mit:
– Oh oh oh! Wo ist das Weib, das hier gesessen hat, in diesem Sessel?
– Und woher wissen Sie, daß hier ein Weib gesessen hat?
– Ich weiß es, weil der Sessel hier nach Weib riecht. (Riecht an dem Sessel.)
– Hier saß eine junge Dame, die jetzt in ihr Zimmer gegangen ist, um ihre Kleider in Ordnung zu bringen.

Seite 261
Tod eines alten Mannes – Q: MM VI, AG. Dat. MM: 1936–1937 [?], AG: 1935–1936. DE: Himmelkumov.

Seite 262
Ein Mechaniker beschloß – Q: MM VI, AG. Dat. durch Charms. Laut Anmerkung von A. Gerasimova hat der Text eine Fortsetzung, die von Charms durchgestrichen ist. DE: Fallen.

Seite 263
Die Kassiererin – Q: MM VI, AG. Dat. durch Charms. DE: Fallen.
Ozernyj-Gasse – im Zentrum Petersburg, Smolnyj Rayon, See-Gasse, die

russische Bezeichnung enthält Assonanzen zum Bedeutungsfeld unanständig, frech, schweinisch.

Seite 266

Vater und Tochter – Q: MM VI, AG. Dat. durch Charms. DE: Himmelkumov.

Seite 268

Die neuen Alpinisten – Q: MM VI, AG, DX 2. Dat. durch Charms 1.–2. September 1936. DE: Fallen.

Der heute für »Bergsteiger« übliche Begriff »Alpinist« kam erst in sowjetischer Zeit auf, wie zahllose Neubildungen auf das Suffix »-ist«, Aktivist, auch der »Lokomotivführer« in der *Alten Frau* ist Maschinist usw. Alpinisten in den Bergen des Kaukasus müssen für Charms eine befremdliche Vorstellung gewesen sein.

Bibikov – russ. bibika: der Treber, Trester, Traubenrückstände nach der Kelter.

Augenapfel – so im Original.

Seite 269

Duchan – kaukas. Lehnwort für: kleiner Dorfladen mit Schnapsausschank, Schenke.

Seite 270

Neue Anatomie – Q: MM VI, AG. MM. Dat.: 1936 [?], AG: 1935. DE. Fallen.

Seite 271

Guten Tag – Q: MM VI. Dat.: 1936. DE: Fälle.

Seite 272

Das Verzeichnis der Tiere – Q: MM VI, AG. Dat. AG: Mitte 30er Jahre, MM: 1936–1938. DE: Fallen.

Der Text hat keinen Titel und beginnt mit der *Zueignung;* A. Gerasimova teilt einige Varianten mit, die in vorliegender Auslage in eckigen Klammern erscheinen. Zum *Verzeichnis der Tiere* vgl. Velimir Chlebnikovs Prosa-Gedicht *Der Tiergarten.*

Seite 275

zu einer anderen Unterhaltung über – Hier folgen einige durchgestrichene Sätze [Anm. A. Gerasimova].

Seite 276

Welche ein Nebel in meinem Kopf! – Q: MM VI. Dat.: 1936–1938. DE: Himmelkumov.

Seite 277

Der Fall mit meiner Frau – Q: MM VI. Dat.: 1936–1938. DE: Fallen.

Seite 278

So begann das Ereignis – Q: MM VI. Dat.: 1936–1938. DE: Fallen.

Garochova – russ. goroch: Erbsen; in verächtlicher Bedeutung: šut gorochovoj: blöder Narr.

Seite 280

Fëdor Moisseevič war kleiner – Q: MM VI, AG. Dat. AG: Mitte der 30er Jahre, MM: 1936 [?]. Deutsche Erstveröffentlichung.

Avvakum – alter russischer Vorname, assoziiert den berühmten Protopopen Avvakum, Begründer des russischen Altgläubigentums, 17. Jh.

Seite 281

Kolkov bekam Schmerzen – Q: MM VI, AG. Dat. übereinstimmend: 1936–1938 [?]. DE: Himmelkumov.

Auf der Rückseite des Manuskriptblattes der Zweisitzer:

Im Hafen von Port Aul
hauten sie einem aufs Maul.

Seite 283

Über Puškin – Q: MM VI, AG. Dat. durch Charms: 15. Dezember 1936. DE: Fälle. Vgl. hierzu im Zyklus. *Fälle* Nr. 7 und die Puškin-Anekdoten Nr. 28.

In den Januar 1937 fiel der 100. Todestag Aleksandr Puškins, der mit Pomp und großen Festakten begangen wurde und in sämtlichen Bereichen des kulturellen Lebens seine Schatten vorauswarf.

Auch Charms arbeitete Ende 1936 an einem Puškin-Aufsatz für Kinder, ungeklärt ob für ›Ež‹ oder ›Čiž‹; erhalten sind zwei Entwürfe: ein Dialog über Puškin, mit eigenhändiger Bewertung von Charms: »Schlecht«, sowie eine formal traditionelle biographische Skizze, die Charms ebenfalls verwarf. A. Aleksandrov teilt diesen Entwurf über den jungen Puškin mit: »Puškin schrieb langsam. War ein schlechter Schüler. Puškin und Deržavin. Puškin und sein Freund Puščin. Wörter von Goldes Gewicht.«

Von den »frechen Abschweifungen«, die Charms sich in diesem Aufsatz »erlaubte« und später strich, zitiert Aleksandrov die Stelle, als Puškin dem greisen Deržavin, Doyen der russischen Dichtung, im Lyzeum von Carskoe Selo eigene Gedichte vortrug.

»Die Wörter flogen Deržavin in die Ohren, in die Augen und in die Nasenlöcher. Ein Wort kam sogar vom Wege ab und flog dem Alten ins Genick, wo es ihn schmerzhaft in den Rücken stach. Deržavin faßte mit der Hand unter das Kamisol, fing dieses Wort und wollte es mit dem Fingernagel auf dem Tisch zerdrücken. Aber das Wort entwischte den Greisenfingern Deržavins und hüpfte irgendwohin davon. Deržavin lauschte. Seine Augen füllten sich mit Tränen. Jedes Wort erschien ihm schön.«

Seite 285

Ein altes Mütterchen hatte nur vier Zähne – Q: MM VI, Dat. durch Charms: 8. Jan. 1937. DE: Fallen.

Seite 286

Ein Mensch, der sich nicht länger von Erbsen ernähren wollte – Q: MM VI, AG. Dat.: Januar 1937, beglaubigt durch das Datum 13. Januar 1937, das nach dem Satz steht: »Er hieß, glaube ich, Ivan Jakovlevič.«

Seite 287

Machorka – russ. Krümeltabak, der billigste Tabak.

Fontanka – Straße und Kanal in Petersburg, die den Nevskij im rechten Winkel schneiden, im belebten Zentrum gelegen.

Seite 289

Ich verschluckte mich – Q: MM VI. Dat.: 3. April [?] 1937. Aus dem »Blauen Heft«.

Seite 290

Allseitige Untersuchung – Q: MM VI, AG, DX 2. Dat. durch Charms: 21. Juni 1937. Unterschrift: Daniil Čarms. DE: Fälle.

Blinov – also jemand, der vom Bliny-Essen stark geworden ist.

Seite 292

Gibt es etwas auf der Erde – Q: MM VI, AG, DX 2. Dat. durch Charms: 16.–17. Juli 1937. Unterschrift: Daniil Charms. DE: Fälle.

Zu diesem Text vgl. Chronik: wenige Tage zuvor war Charms' Freund Nikolaj Olejnikov verhaftet worden.

Seite 293

Ich kletterte auf einen Zaun – Q: MM VI. Dat.: Ende Juli 1937. DE: Schrank.

Seite 294

Wie ich Besuch von den Boten bekam – Q: MM VI, AA, AG. Dat. durch MM: 22. August 1937; so auch AA, AG. DE: Schrank.

Antwort auf einen Brief Jakov Druskins, der [zitiert nach A. Aleksandrov] mit der Mitteilung beginnt: »Lieber Daniil Ivanovič, die Boten haben mich verlassen. Ich kann Ihnen nicht einmal sagen, wie das geschah. Ich saß nachts am offenen Fenster, die Boten waren noch mit mir, und dann auf einmal waren sie verschwunden.« Fortsetzung des Briefs bei Jaccard: »Sie können schon seit Jahren nicht mehr. Manchmal spüre ich sie näherkommen, aber etwas hindert mich daran, sie zu sehen; vielleicht haben sie Angst vor mir...«

Im Frühjahr 1937 hatten Charms und Druskin ungeachtet des Umstands, daß sie sich regelmäßig sahen, vereinbart, in einen ›innerstädtischen Briefwechsel‹ zu treten; Druskins Briefe an Charms, soweit erhalten, sind bis heute nicht publiziert. Zu dem Briefwechsel gehören von seiten Charms' außer *Wie ich Besuch von den Boten bekam* die Texte: *Fünf unvollendete Erzählungen*, *Der Zusammenhang* und *Philosoph!* sowie der Brief Nr. 3, vgl. w.u.

Die Boten – zentraler Begriff in der Philosophie Jakov Druskins, der heute eher bekannt ist als Interpret der Werke von Charms Vvedesnkij denn als Philosoph und Begründer einer eigenständigen nichtmarxistischen Philosophie in Rußland; begründet hat Druskin diesen Brief in einem kurzen Aufsatz *Die Boten und ihre Gespräche*, den M. Mejlach 1993 in *Logos* ver öffentlicht und kommentiert hat. Er zitiert dort Druskins Erklärung des Begriffs aus den 70er Jahren mit diesen Worten:

»Die Boten, αγγελα. Bote ist die erste Bedeutung dieses Wortes, Engel – die nachfolgende. Hier wird das Wort verwendet in der Bedeutung: ›benachbarte Welt‹, ›benachbarte Existenz‹. Die Boten gehören zur Schöp-

fung der geschaffenen Welt, sind aber gegenwärtig dem ›Zustand jenseits der Sünde‹, der ›Heiligkeit zu der der Mensch aufgerufen ist‹. Daher die Überlegungen zur Zeit (der sie nicht unterliegen} und zum Augenblick, der die Zeit in die Ewigkeit reißt, die für sie nicht erlischt. Welt, Glaube, Wunder. D.I. Charms hat eine Erzählung von einem Menschen, der beschlossen hat, jeden Tag bis zu zwei Stunden vor dem Schrank zu stehen, so lange, bis das Wunder geschieht. Er tat das jeden Tag, aber das Wunder will und will nicht eintreten, – bis er schließlich nicht mehr darauf achtete, daß er an der Wand ein Bild sieht, das hinter dem Schrank war: um es sehen zu können, mußte man sich um mindestens zwei Ellen in die Luft erheben. Der Sinn dieser Erzählung: ›wir leben im Wunder, aber bemerken es nicht.‹
Nach Lektüre der ›Boten‹ sagte Charms über sich: ›Ich bin ein Bote.‹ Vvedenskij sagte von Charms, er schaffe nicht Kunst, sondern sei selbst Kunst: Für Charms war das Wichtigste das Leben selbst, genauer, Leben und Kunst waren für ihn nicht getrennt. Er stand auf gegen den Autamatismus der Existenz. Das Kennzeichen war ihm wichtig als Art des Lebens, das bei ihm eine ›Gegenrichtung‹ annimmt. So war der ungewöhnliche Aufzug von Daniil Ivanovič weder modisch noch altmodisch (in beiden Fällen wäre das ein Automatismus gewesen), – sondern eine Art besonderen Benehmens, eine immer neue ›Gegenrichtung.‹«
Wie sehr die Bilder- und Vorstellungswelt der Philosophie Druskins Vvedenskij und Charms angeregt haben dürften, belegen schon wenige Kernsätze aus dem genannten Aufsatz:
»Worüber unterhalten sich die Boten? Gibt es in ihrem Leben Ereignisse? Wie verbringen sie den Tag? Das Leben der Boten verläuft in Unbeweglichkeit. Sie haben Anfänge von Ereignissen oder den Anfang eines Ereignisses, aber bei ihnen geschieht nichts ...
Zeit ist das zwischen zwei Augenblicken. Sie ist Leere und Abwesenheit: das verlorene Ende des ersten Augenblicks und die Erwartung des zweiten. Der zweite Augenblick ist unbekannt. Der Augenblick ist Anfang eines Ereignisses, aber sein Ende kenne ich nicht. Niemand kennt das Ende der Ereignisse, aber die Boten schreckt das nicht ...
Boten können sich nicht vereinigen. Aber sie beobachten die ursprüngliche Vereinigung des Bestehenden mit dem Nichtbestehenden. Die Boten kennen die Ordnungen anderer Welten und verschiedene Daseinsformen ...
Die Boten haben kein Gedächtnis. Auch wenn sie alle Anzeichen kennen, entdecken sie sie jeden Tag neu ...

Die Boten beobachten, wie die Knospen an den Bäumen aufgehen. Sie kennen die Anordnung der Bäume im Wald ...
Die Boten verstehen die Sprache der Steine.«

Seite 296
Philosoph! – Q: AG [Manuskript]. Dat.: September 1937. DE: Schrank.

Seite 297
Der Zusammenhang – Q: MM VI, AA, AG, DX 2. Dat. durch Charms. DE: Fälle.
Laut Anm. A. Gerasimovas Variante zu Ziffer 10: statt der »Fliege« die »Uhr«.

Seite 299
Fünf unvollendete Erzählungen – Q: MM VI, AA, AG, DX 2. Dat. durch MM: September [?] 1937, alle anderen Ausgaben übereinstimmend: 27. März 1937. Mit diesem Text eröffnete Charms das Heft »Harmonius«, dem das Datum 27. März 1937 voransteht; die auf die *Fünf unvollendeten Erzählungen* folgende Eintragung ist auf den 4. Oktober datiert. Die Hefte »Harmonius« und »Blaues Heft« vgl. Schreibheft 40 und Schrank. DE der *Fünf unvollendeten Erzählungen:* Fälle.
Im Obèriu-Heft der Zeitschrift ›Teatr‹, Heft Nr. 11, 1991 ist ein weiterer Brief *An den Philosophen. Brief Nr. 3* publiziert, datiert auf den 8.–9. Oktober 1937. Dieser Brief ist mit Buntstift in ein Schulheft gezeichnet und kann, aufgrund der schwachen Vorlage, nicht reproduziert, sondern nur beschrieben werden.
Der Brief beschreibt in Gestalt von graphischen Darstellungen (Diagrammen), auf 17 Seiten vermutlich im Format von DIN A5, drei ähnlich verlaufende, jeweils durch Charms'Schlußformel »Aus« abgeschlossene Prozesse.
1. Seite: enthält das Grundschema des Diagramms bzw. die Ausgangsstellung sowie die Erklärung der Farben. Das Grundschema stellt eine Art waagrecht schwebende Wolke in Gelb dar, an ihr hängen auf einer Achse nach unten drei gleich große Kugeln: der gelben Wolke am nächsten eine Kugel in Grün, darunter eine in Blau, zuunterst eine in Rot.
Am Fuß der Seite fünf rechteckige Kästchen mit den verwendeten Farben und Erklärung ihrer Bedeutungen.
Gelb in drei Farbnuancen: »Die unendliche Gottheit«, »Farbe des Geistes« und »Teile Gottes«.

Grün: »Farbe der Seele«.
Blau: »Farbe des Verstandes.«
Rot: »Farbe der niedrigsten Gefühle« [sic].
2. *Seite:* Überschrift: »Der Prozeß der Erhebung« [»Erhebung mit großem Anfangsbuchstaben, der Sprache der Bibel entlehnt, gebraucht auch im Zusammenhang mit Christ Himmelfahrt].
Darunter drei Diagramme: 1. »Die Ausgangsstellung«. Darunter, in den Diagrammen 2 und 3, durchdringt, von oben kommend, das Gelb von innen zuerst die grüne, dann die blaue Kugel.
3. Seite: Drei Diagramme Nr. 4 bis Nr. 6. In ihnen setzt sich der Prozeß der Durchdringung fort, die Umrisse der Kugeln lösen sich auf, im letzten Diagramm ist das Rot gänzlich aufgesogen. Daneben: »Der Triumph des Geistes.«
4. Seite: Drei Diagramme, Nr. 7 bis Nr. 9. Diagramm Nr. 7 beschriftet: »Beginn der Erhebung.« In drei Phasen verschmelzen die beiden verbliebenen Kugeln zu einer, desgleichen die Farben Grün und Blau, die für das Gelb nurmehr eine zarte Umrandung abgeben.
5. Seite: Zwei Diagramme. Nr. 10 stellt eine Art Spiegelei, in Gelb und Gelb gehalten, dar und ist beschriftet: »Verschmelzung, oder Auflösung, oder Nirwana.« Diagramm Nr. 11 ist ein einziges gelbes Oval. Darunter: »Aus.«
6. Seite: Überschrift: »Der Prozeß des Fallens oder der Vernichtung.« Diagramm Nr. 1 ist wieder »Die Ausgangsstellung.« In Diagramm Nr. 2 beginnt, von innen und von unten kommend, das Rot in die blaue Kugel einzudringen.
7. und 8. Seite: In vier Farben, den Diagrammen Nr. 3 bis Nr. 6. nimmt das Rot auch an Umfang zu, während sich die blaue und die grüne Kugel zu Knoten verjüngen und, in Diagramm Nr. 6, nurmehr einen Faden bilden.
9. Seite: Diagramm Nr. 7 stellt dar, wie sich die eine dicke rote Kugel von der gelben Wolke löst und abfällt, gleichsam gesättigt.
10. Seite: Diagramm Nr. 8: Die dicke rote Kugel fällt in ein loderndes Feuer. Darunter: »Aus.«
11. Seite: Zwei Diagramme der »Ausgangsstellung«, jedoch leicht verändert. In Diagramm Nr. 1 ist die rote Kugel dicker als die beiden anderen, das Rot dringt von unten von innen in die beiden darüber befindlichen Kugeln ein. Daneben: »Fall Nr. 1. Ihm nähere ich mich (siehe Prozeß der Vernichtung, Diagramm 3).«
In Diagramm Nr. 2 ist die blaue Kugel die dickste, die grüne nur schwach ausgeprägt, die rote mittelgroß. Daneben: »Fall Nr. 2. Ihm nähert sich Lipavskij.«

12. und 13. Seite: In vier Phasen Fortsetzung der Verdickung und Ausbreitung des Blaus zu einer einzigen blauen Kugel, an deren unterem Ende ein kleiner Rest Rot hängt. Unbeschriftet.
14. bis 16. Seite: Auf je einem ganzen Blatt drei Diagramme: Die blaue Kugel, jetzt einer Zwiebel ähnlich, löst sich vom Gelb und schwebt über einer angedeuteten blauen Wolke. Die blaue Kugel nähert sich in freiem Fall einem ovalen schwarzen, dunkelbraun geränderten Loch. Fällt in das Loch. Unbeschriftet.
17. Seite: Ebenfalls unbeschriftet: ein hell und dunkelbraun getöntes Oval: das Loch, leer.

Seite 301
Der erste Akt des »König Lear« – Q: MM VI. Dat.: 1937 [?]. DE: Fallen. Deutsch nach Schlegel-Tieck, nach welcher russischen Shakespeare-Übersetzung Charms gearbeitet hat, ist nicht ermittelt.

Seite 302
Ein Mensch legte sich als Gläubiger schlafen – Q: MM VI, AG. Dat.: 1936–1937. DE: Fälle.
Vermutlich zu datieren auf November 1937, vgl. entsprechende Eintragungen in den Notizbüchern: »Der Mensch, ›glaubt‹ oder ›glaubt nicht‹, nein – er ›will glauben‹ oder ›will nicht glauben‹« usw., Schrank, S. 229 f.

Seite 303
Schmutzige Persönlichkeit – Q: MM VI, AA, AG, DX 2. Dat. durch Charms. DE: Himmelkumov.
Vladivostok – Hafenstadt und Verkehrsknotenpunkt am Stillen Ozean in Fernost, insofern auch für Häftlingstransporte in den Gulag von großer Bedeutung; in einem Etappengefängnis bei Vladivostok kam z.B. Osip Mandelštam ums Leben. – Eines der zahlreichen Beispiele verschlüsselter Mitteilung jener Jahre; man legt sich »ins Krankenhaus« wie im *Schicksal der Frau eines Professors,* man »kam unters Auto«, wie in *Vater und Tochter,* ging in ein »Sanatorium« [Brief I. Babels an seine Mutter] – d.h. verschwand von der Bildfläche, in Haft, im Lager.

Seite 395
Ich gebe dir den guten Rat – Q: MM VI. Dat. durch Charms: 3. Januar 1938. DE: Fallen.

Seite 306

Die vierbeinige Krähe – Q: MM VI. Dat. durch Charms: 13. Februar 1938. DE: Fälle.

Seite 307

Wenn der Schlaf den Menschen flieht – Q: MM VI. Dat. durch Charms: 1938. 8. März. DE: Fallen.

Oknov – russ. oknò: das Fenster. Über die Bedeutung des Begriffes Fenster bei Charms vgl. den Brief an R. Poljakovskaja in den Anlagen. *Das Fenster* ist Titel eines Gedichts vom 15. März 1931, um dieselbe Zeit entstand auch der Versdialog *Oknov i Kozlov.*

Seite 308

Die Mütze – Q: MM VI, AA, AG, DX 2. Dat. Durch Charms. DE: Fälle.

Mütze – russ. šapka, d. h. nicht irgend eine Mütze, sondern die im Winter getragene schwere Pelzmütze; nicht auszuschließen ist, daß Charms hier auch das geflügelte Wort »Schwer bist du, Krone Monomachs« [šapka Monomacha] vor Augen hatte, das bedeutet: das Leben ist schwer.

Litejnyj – hier benützt Charms wieder den alten Petersburger Straßennamen; auf dem Litejnyj Prospekt, umbenannt in Volodarskij Pr. [vgl. Anm. zur Erzählung *Ein Ritter*] war das Hauptquartier des Leningrader NKVD. Die Flugroute der Mütze führte, wie Jaccard anmerkt, dort vorbei. Der Litejnyj Prospekt verläuft parallel zur Nadeždinskaja, der Straße, in der Charms wohnte.

Nekrasov-Straße – die alte Bassejnaja ulica.

Pantelejmonovskaja – Querstraße zum Litejnyj, Richtung Nordosten.

Furštadtskaja – Querstraße zum Litejnyj, weiter nördlich der Pantelejmonovskaja, in Richtung Osten bis zum Taurischen Garten.

Seite 310

Ein Mensch mit dummem Gesicht – Q: MM VI. Dat.: 1936–1938 [?]. Deutsche Erstveröffentlichung.

Seite 311

Men nennt mich Kapuziner – Q: MM VI, AG, DX 2. Dat. durch Charms. DE: Fälle.

Seite 312

Das Heft – Q: MM VI, AA, DX 2. Dat. durch Charms. Deutsche Erstveröffentlichung.

Seite 313

Ein neues Talent – Q: MM VI, AG. Dat. MM: 12. Oktober 1938, AG: 12.–30. Oktober 1938. DE: Fälle. Der russische Titel wörtlich: Ein neuer talentierter Schriftsteller.

Seite 314

Milieuszene – Q: MM VI, AG. Dat. durch Charms: 1938; lt. Jaccard: 30. September. Deutsche Erstveröffentlichung.

SNO – so im Text, vgl. russ. son: Schlaf, Traum.

Mariša – Koseform f. Marina [Malič].

Danja – Koseform f. Daniil.

Seite 315

Der Maler und die Uhr – Q: MM VI, AG. Dat. durch Charms: 12. Oktober 1938. DE: Fallen.

Serov, der Maler – ungeklärt, ob historische Figur; vom Ton – der an die Schriftstellerandekdoten von 1934 über Olga Forš, Aleksej Tolstoj, A. Be zymenskij und Boris Pasternak, vgl. Schrank, erinnert – möglicherweise Vladimir Aleksandrovič Serov, der früh aufgestiegene Klassiker sowjetischer Monumentalmalerei, der, geb. 1910, in Leningrad lebte. Werke: *Gegen Judenič* 1934. *Die Ankunft V. I. Lenins in Petrograd 1917* 1937, u. a.

Obvodnyj kanal – in Petersburg, stadtauswärts jenseits der Fontanka.

Seite 317

Ich wirbelte Staub auf – Q: MM VI, AG, DX 2. Dat. durch Charms: 1. Februar 1939. DE. Fallen.

Seite 318

Traktat mehr oder weniger nach Lektüre Emersons – Q: Logos, AG: Dat. durch Charms: 14. Februar 1939. DE: Schreibheft 40.

Darunter, von Hand des Autors, mit roter Tinte der Vermerk: »Gelesen. Dummmer Artikel. Charms.«

AG teilt in Logos einige Varianten mit; die wichtigsten betreffen Entwürfe zu den Kapiteln III und IV.

1) zu III, nach: »an jeglichem Erwerb«, gestrichen der Absatz:

»Frei finden wir uns ab mit dem Verlust von Gegenständen, die wir im Grunde nicht brauchen. Und wenn man sich zum Ziel setzt, alle seine Kräfte und Energie nur auf den Erwerb überflüssiger Gegenstände zu verwenden, kann man den Geschmack an jeglichem Erwerb verlieren.«

2) zu IV, Entwurf des Kapitels »IV. *Die Welt ohne Gegenstände«:*
»Ein Mensch, der alle ihn umgebenden Gegenstände abgeschafft hat, bleibt allein [nackt] sucht weiter.«
»Roman Timofeevič Suškarevskij zerschlug alles Geschirr, zerschmetterte dann in seinem Zimmer sämtliche Möbel, verbrannte Wäsche und Bücher, zog sich sämtliche Zähne, schnitt sich Nägel und Haare ab und legte sich auf den nackten Fußboden vor dem Ofen, in dem die Überreste seiner Habe niederbrannten.«
3) zu IV, Entwurf des Kapitels »IV. *Die richtige Abschaffung seiner selbst«:*
»Wenn man mir vorschlüge [sagte], willst du aufhören, du selbst zu sein, dich vergessen, um ein Enkel Henry Fords zu werden und glücklich zu sein, auch wenn dann zwar nicht du glücklich wirst, sondern der Enkel Henry Fords? Ich würde einen solchen Vorschlag ablehnen, nur um ich selbst zu bleiben, denn der Verlust meiner selbst würde Mitleid in mir hervorrufen. Wenn man mir vorschlüge, ein Bein oder mich selbst zu verlieren, ich würde auf das Bein verzichten.
Zusatz zum III. Kapitel:
»Eine Dame fiel aus der Straßenbahn und wurde von einem Trolleybus überrollt. Diese Dame wurde in die Klinik eingeliefert, wo ihr gegen Abend beide Beine und beide Arme amputiert wurden.«

Emerson, Ralph Waldo, 1803–1882, amerikan. Philosoph; Dichter; »seine Gedichte verraten hohe poet. Begabung und charakterisieren sich, wie alle seine Schriften, durch eine merkwürdige Mischung von poet. Einbildungskraft und praktischer Schärfe.« [Brockhaus 1901] Charms bezieht sich auf den Essay *On gifts.*

Seite 321

Das Konzert von Emil Gillels – Q: AA, AG. Deutsche Erstveröffentlichung. Vgl. hierzu Charms' Briefe an Boris Žitkov, 1936, in den Anlagen zu dieser Ausgabe. Daß im Haus, d.h. im Zimmer von Charms viel musiziert wurde, belegen, für die zweite Hälfte der 90er Jahre, Erinnerungen der Freunde wie die von V.N. Petrov, aber auch die Notizbücher: Schrank; vgl. im »Blauen Heft« die Eintragung vom 4. April: »Auf dem Rückweg gingen wir in ein Kommissionsgeschäft und sahen dort ein Harmonium Schildmeyer mit zwei Manualen, Kopie dessen aus der Philharmonie. Preis 500 Rub. Nur! Aber vor einer halben Stunde verkauft! 8) Wir gingen zu Žitkov. 9) Mit Žitkovs Hilfe brachten wir in Erfahrung, wer das Harmonium gekauft hatte, und fuhren hin: Pesočnaja 31, Whn. 46, Levinskij. 10) Es ihm abzukaufen mißlang.«

Emil Gillels – 1916–1985, einer der großen Pianisten der UdSSR.

Seite 322

kleiner Irrtum – auch. Fehler, Fehlerhaftigkeit [progrešnost'] im Sinne von Verschiebung, Abweichung von der Regel.

Rozanov – V.V. Rozanov, 1856–1919, russ. Philosoph und Dichter.

Seite 325

Čechov – »Sänger der Abenddämmerungen«: Platitüde und Gemeinplatz, den die Kritik, allerdings nicht nur die sowjetische, von vorrevolutionären Kritikern übernommen hatte; geht zurück auf den Titel des Erzählungsbandes *In der Dämmerung*, 1887.

Daquin – oder d' Aquin, Louis-Claude, 1694–1772, frz. Organist, Komponist.

Seite 326

Ein Herr von kleiner Gestalt – Q: MM VI, AG, DX 2. Dat. übereinstimmend: 1939–1949. DE: Himmelkumov.

Seite 327

Kalindov stand auf Zehenspitzen – Q: MM VI, AG. Dat.: 1939–1949. DE: Fälle.

Kalindov – russ. kalina: der Schneeball, Maßholder; kalinka; zool. Gründling, Weißfisch.

Seite 328

Wenn ich einen Menschen sehe – Q: MM VI, AG, DX 2. Dat.: 1939–1940. DE: Fälle.

Seite 330

Theaterstück – Q: MM VI, AG. Dat.: 1939–1940. DE: Fälle.

Šaškin – russ. šaška: der Säbel.

Kurov – russ. kura: das Huhn.

Öffentliche Bibliothek – meint die ehemalige Kaiserlich-Öffentliche Staatsbibliothek, heute nach Saltykov-Ščedrin benannt, in der künstlerische Nachlaß von Charms aufbewahrt wird.

Der Morgen – russisch transkribiert, desgl. im zweiten Absatz der verballhornte Satz »Der Magen findel mun« [Der Magen findt den Mund?].

Maler Kozlov – russ. kozël: Bock, Ziegenbock; in der späten Prosa von Charms häufig gebrauchter Name, vgl. *Fälle*.

Seite 331

Fälle

Im Gegensatz zu den anderen Notizbüchern und Arbeitsheften ist der Zyklus »Fälle«, Charms' Frau M. Malič gewidmet, das einzige Werk, das Charms aus seinen Texten der 30er Jahre selbst zusammengestellt hat, so als sei es zur Veröffentlichung bestimmt. Die Auswahl geht quer durch alle Textgattungen, wie um die Vielseitigkeit seines Talents zu beweisen, die einzelnen Texte sind besonders sorgfältig geschrieben, mit Initialen und kalligraphisch gestalteten Titeln. Der Zyklus ist vollständig in allen vier Textsammlungen enthalten und entstand 1939; die Datierung der einzelnen Texte, die in vielen Fällen möglich ist, vgl. die französische Ausgabe von J.-Ph. Jaccard, unterblieb entsprechend der Vorlage.

Seite 333

1. Das Blaue Heft Nr. 10 – meint den mit Nr. 10 bezifferten Text aus dem »Blauen Heft«, als ganzes nachzulesen in: Schrank. Dat.: 10. Juli 1937. DE: Fälle.

Notiz auf der gegenüberliegenden Seite, d. h. der Rückseite des Titelblatts: »Gegen Kant.« [Anmerkung A. Gerasimova]

Seite 334

2. *Fälle* – Dat.: 22. August [1936]. DE: Fallen.

Orlov – verbreiteter russ. Name; russ. orel: der Adler.

Krylov – russ. Name, z. B. des Fabeldichters der Puškinzeit, Ivan Krylov; russ. krylo: der Flügel.

Kruglov – russ. kruglyj: rund.

Seite 335

3. Die neugierigen alten Frauen – Dat.: 1937. DE: Fälle.

Malcev-Markt – heute Nekrasov-Markt, nahe von Charms' Wohnung.

Seite 336

4. Sonett – Dat.: 22. Nov[ember 1935]. DE: Fallen.

Znamenskaja, Bassejnaja – alte Petersburger Straßennamen, zu Charms' Zeiten umbenannt in: Straße des Aufstands, Nekrasov-Straße.

Seite 337

5. Pukin und Krakin – DE: Fallen.

Im russischen Wortlaut: Petrov und Komarov; wörtlich:

PETRÒV	He, Komaròv! Komm, wir erschlagen Mücken [komaròv]!
KOMARÒV	Nein, dazu bin ich nicht bereit [gotòv], besser, wir fangen Kater [kotòv].

Seite 338
6. Optische Täuschung – Dat.: 1934. DE: Fälle.

Seite 339
7. Puškin und Gogol – Dat.: 20. Febr[uar] 1934. DE: Fallen.

Seite 340
8. Der Tischler Kušakov – Dat.: 1935. DE: Fälle.
Kušakov – russ. kušat: essen, kušak: Gurt, Gürtel.

Seite 342
9. Die Truhe – Dat.: 30. Januar 1979. DE: Fälle.

Seite 344
10. Der Fall mit Petrakov – Dat.: 21. August 1936. DE: Fallen.

Seite 345
11. Geschichte einer Schlägerei – Dat.: 15. März 1936. DE: Fallen.

Seite 346
12. Traum – Dat.: 22. August 1936. DE: Fälle.

Seite 347
13. Der Mathematiker und Andrej Semënovič – Dat.: 11. April 1933. DE: Fallen.

Seite 349
14. Der junge Mann, der einen Wächter in Staunen versetzte – Dat.: 1936. DE: Fallen.

Seite 351
15. Vier Illustrationen – Dat.: 13. April 1933. DE: Fallen.

Seite 352
16. Verluste – DE: Fälle.

Seite 353
17. Makarov und Petersen Nr. 3 – Dat.: 1934.. DE: Fälle. Die Ziffer Nr. 3 bezieht sich, lt. A. Aleksandrov, auf die Texte *Über Schein und Sein, Nr. 1* und *Nr. 2*, als deren Fortsetzung dieser Text anzusehen sei.
MALGIL – bewußt dunkel, hat dieses Zauberwort mehrere Interpretationen erfahren: verballhornt »Magie«, möglich auch verballhornt russ. mogila, das Grab. Vgl. jidd. magl: die Mangel, Wäscherolle.

Seite 355
18. Lynchjustiz – DE: Fallen.

Seite 356
19. Begegnung – DE: Fallen.

Seite 357
20. Mißglückte Vorstellung – Dat.: 1940. DE: Fallen.
Petrakov-Gorbunov – russ. gorbun: der Bucklige.
Makarov – Makár hieß der Vater Nikolaj Olejnikovs.
Kurova – russ. kúra: das Huhn.

Seite 358
21. Zack! – Dat.: 11. April 1933. DE: Fallen.
Der Vorhang fällt langsam – vgl. Čechov, Onkel Vanja, IV Akt.

Seite 360
Was es heute in den Kaufhäusern gibt – Dat.: 19. August 1936. DE: Fälle.
Koratygin – russ. karátel': der Bestrafende; das Suffix -yga hat vergröbernde Bedeutung.
Tikakeev – russ. tikat': klopfen, pochen [von Spechten]; vgl. zu diesem Namen das Spttgedicht auf den RAPP-Funktionär und Schriftsteller A. Fadeev »Fadeev, Kaldeev und Pepermaldeev« vom 18.11.1930 in: Schrank.

Seite 361
23. Maškin hat Koškin erschlagen – DE: Fallen.
Maškin – russ. machat': winken, wedeln, auch: ausholen; das Suffix -kin hat auch die Funktion des Besitzanzeigens, also etwa: Mašas Mann.
Koškin – russ. koška: die Katze; vgl. oben: der Katzensohn, der Katze zugehörig.

Seite 362
24. *Der Schlaf narrt einen Menschen* – DE: Fallen.

Seite 363
25. *Jäger* – DE: Fälle.
Oknòv – russ. okno: das Fenster.
Kozlòv – kozël: der Bock, Ziegenbock.
Dem Paar Oknov und Kozlov ist ein Gedicht von Frühjahr 1931 gewidmet; am 15. März 1931 schrieb Charms das Gedicht *Das Fenster* ins reine.
Strjučkòv – russ. strjukom: in Strömen [fließen].
Motylkòv – motyl': der Schmetterling.

Seite 365
26. *Historische Episode* – Dat.: 1939. DE: Fallen.
V.N. Petrov – Vsevolod Nikolaevič, 1912–1978, Kunsthistoriker, lernte Charms 1938 kennen, enger Freund der letzten Lebensjahre, Autor von Erinnerungen an Charms.
Ivan Susanin – Bauer aus der Gegend von Kostroma, der 1613 polnische Truppen aufhielt, die den gewählten Zaren Michail Romanov greifen sollten, und der dafür mit dem Leben bezahlte; Held der Oper *Ein Leben für den Zaren* von Michail Glinka [1836]. 1937 hate S. Gorodeckij das Libretto im sowjetischen Zeitgeist umgeschrieben, die klassische Oper lief nunmehr unter dem Titel *Ivan Susanin.*
Spannen – im russischen Text kolo, veraltert für Kreis.
Kovšegub – russ. kovš: die Schöpfkelle; kuvšin: der Krug; kovčeg: Schrein, Arche; russ. guba: die Lippe.

Seite 366
Karp – russ. Vorname, aber auch: Karpfen.

Seite 368
27. *Fedja Davidovič* – Dat.: 10. Februar 1939. DE: Fallen.

Seite 370
28. *Anekdoten aus dem Leben Puškins* – Dat.: 1937. DE: Fälle.
Vgl. hierzu Anmerkung zu *Über Puškin.*
Žukovskij – Vasilij Andreevič, 1783–1852, russ. Dichter der Romantik.
Žukov – russ. žuk: der Käfer. An Žukovs, falls Charms hier zeitgenössische Gestalten im Auge gehabt sollte, stünden zur Wahl. Georgij Konstanti-

nović, 1896–1874, russ. Militär, ab 1943 Marschall, Befehlshaber der Truppen des Bezirks Leningrad; Nikolaj Nikolaević, geb. 1908, Grafiker, der Mitte der 30er Jahre mit Illustrationen zum Leben von Marx und Engels hervortrat.

Seite 372
29. Beginn eines sehr schönen Sommertages – DE: Fallen.
Zubov – russ. zub: der Zahn.
Komarov – komar: Stechmücke, Mücke; von Charms häufig verwendeter Name.
Feteljušin – russ. fitil': der Docht, Kerzendocht.

Seite 373
30. Pakin und Rakukin – Dat.: 1933–1939. DE: Fallen.
Rakukin – russ. rak: der Krebs, auch die gleichnamige Krankheit.
Pakin – russ. pakost': Gemeinheit, Schmutz, Unflat; pakostnyj: gemeiner Mensch.

Seite 375
Die alte Frau – Q: MM VI, AA, AG, DX 1. Geschrieben Ende Mai und erste Hälfte Juni 1939. DE: Fallen. Die Gattungsbezeichnung [russ. povest'] meinte Anfang des Jahrhunderts »Novelle« bzw. »Kurzroman«, Čechovs kleine Romane wie die *Langweilige Geschichte* z.B. Sie ist heute üblich für Prosatexte zwischen 100 und 400 Seiten; für Charms ist sie – vgl. den Schlußsatz – gleichbedeutend mit »Roman«.
A. Gerasimova teilt in ihrer Ausgabe mit: »Nach diesem Satz [nach der einen und nach der anderen Seite zusammen, am Schluß – P.U.] folgt eine durchgestrichene Variante des Schlußes, datiert auf den 16. Juni 1939. Dieses Datum ist ebenfalls durchgestrichen.«

Seite 377
Und zwischen ihnen ergab sich – Vgl. *Mysterien*, 2. Kapitel, zit. nach der Neuübersetzung von S. Weibel, 1994: »Es ergab sich ein langweiliges und endloses Gespräch zwischen ihnen«, nämlich dem Protagonisten Nagel und dem Mund namens Minute, der in der Kneipe, auf Drängen des Assessors, mit den Zähnen knirscht, für Geld vor den Leuten tanzt usw. Ihr Gespräch, keineswegs langweilig, sondern absurd ganz im Geiste Charms', berührt zahlreiche Themen, die Charms damals umtrieben wie die Geldnot, aber auch Mord und Verbrechen.

Knut Hamsun, 1859–1952, Nobelpreis für Literatur 1920, gehörte zu den Lieblingsautoren von Charms; die frühen Romane Hamsuns, *Hunger* 1890, *und Mysterien* 1892, waren 1892 bzw. 1910 in russischer Übersetzung erschienen, eine Werkausgabe lag 1909 im Petersburger Verlag v. Adolf Marks vor.

Die Uhr hat keine Zeiger – oft verwendetes Bild in Malerei und Literatur des 20. Jahrhunderts, so z.B. in G. Meyrinks Roman *Der Golem*, den Charms intensiv studiert hatte, vgl. A.Gerasimova und A. Nikitaev, *Charms und der Golem*, in Schreibheft 39.

Ecke Sadovaja – und Nevskij Prospekt, den die S. zwischen Fontanka und Griboedov-Kanal schneidet. Hier beschrieben Charms' Weg in die Stadt: vom Haus Nr. 11 der Nadeždinskaja – ab 1936: Majakovskaja – zum Nevskij, von dort nach rechts Richtung Zentrum, rechte Straßenseite.

Sakerdon Michajlovič – ursprünglich: Nikolaj Makarovič, Vor- und Vatersname des von Charms geschätzten Dichters N.M. Olejnikov, der am 3. Juli 1937 verhaftet worden und noch im selben Jahr, am 24. November, als »Volksfeind« erschossen worden war. Saker, latein. sacer: der Gottheit geweiht, heilig; sacerdos: der Priester.

Seite 378

Geschichte eines Wundertäters – vgl. hierzu Anm. zum Text *Wie ich Besuch von den Boten bekam*, den o.g. Aufsatz im Schreibheft 40, vgl. auch Ja.S. Druskin *Über Daniil Charms* in: Schrank.

Seite 382

einer aus Lehm – vgl. Meyrink, *Der Golem*.

Seite 386

Und zwischen uns – vgl. das Motto.

Seite 387

Varenje – russ. Spezialität, Konfitüre vergleichbar, aber von festerer Konsistenz, mit viel Zucker gekocht.

Michajlovskaja – so heute wieder genannte Straße, auf dem Weg zum »Schriftstellerhaus«, Griboedov-Kanal Nr. 9, in dem auch N.M. Olejnikov bis zu seiner Verhaftung gewohnt hatte.

Seite 388

Mečnikov – Ilja, Iljič, 1845–1916, Zoologe, Bakteriologe, Begründer der Phagocytentheorie, derzufolge den weißen Blutkörperchen die Aufgabe zufällt, die ins Blut eingedrungenen Bakterien zu fressen oder unschädlich zu machen.

Seite 392
glauben wollen und nicht glauben wollen – vgl. *Ein Mensch legte sich als Gläubiger schlafen* und Anm.
Unsterblichkeit – vgl. hierzu den *Traktat mehr oder weniger nach Lektüre Emersons.* Absatz V, sowie in den Notizbüchern die Eintragung vom Mai 1938: »Das Ziel jedes menschlichen Lebens ist das eine: Unsterblichkeit« usw.

Seite 393
Fontanka – nach den Griboedov-Kanal, den Nevskij stadtauswärts, der nächste Kanal, der das Zentrum umgibt.
Kvas – Erfrischungsgetränk, leicht alkoholhaltig, aus Obst oder Getreide gegoren.

Seite 395
Marja Vasiljevna – Vor- und Vatersname der Mutter Onkel Vanjas.
zu meiner Tante, die Wäsche bringen – Charms' Tante, N. I. Koljubakina, von Beruf Lehrerin, lebte in Detskoe, dem ehem. Carskoe Selo.

Seite 403
Lisij nos – Sommerhaus-Siedlung im Nordwesten Petersburg, am Finnischen Meerbusen gelegen [Carskoe Selo leigt in der südwestlichen Richtung].
Lanskaja, Novaja Derevnja – Stadtteile, damals Vororte Leningrads.
Buddhistische Pagode – von Charms bevorzugtes Ausflugsziel.

Seite 404
Ljachta, Olgino – wie Lisij nos.

Seite 407
Ritter – Q: MM VI, AG, DX 2. Dat. durch Charms: 21. Juni 1940. DE: Fälle.
Jufleva – unklar; russ. juft: Lehnwort Juchten; mögl. von juchnut': untergehen, verschwinden.
Zvjakina – russ. zvjakat': klimpern, klappern; übertr. Unfug reden, plappern.

Seite 408

Bjaševkina – vermutl. v. bešenyj, bešenstvo: Wildheit, Tobsucht, Raserei, Wut; bja: bäh.

Seite 409

Ich wollte mir die Ohren nicht zuhalten – Q: Jaccard. Dat.: 1940. Deutsche Erstveröffentlichung.

Limonin – russ. limon: die Zitrone.

Seite 410

Ja, sagte Kozlov – Q: MM VI, AA. Datierung übereinstimmend: 1940. DE: Fallen.

Tečorin – vgl. Pečorin, Lermontovs *Held unserer Zeit.*

Seite 411

Abenteuer eines Caterpillars – Q: MM VI, AG. Dat. AG: [16. August] 1940, MM mit Fragezeichen; Jaccard: 14. August 1940 DE: Fallen.

Mišurin – russ. mišura: das Rausch-, Flattergold. Möglicherweise Epitaph auf Ivan Vladimirovič Mičurin, 1855–1935, den Bauernsohn, Gärtner, »herausragenden sowjetischen Biologen und großen Umgestalter der Natur, dessen Werke den Grundstein legten für eine neue Etappe in der Entwicklung des Darwinismus« [Große Sowjetenzyklopädie, 1954].

Seite 412

Wie leicht sich der Mensch in Kleinigkeiten verliert – Q: MM VI, AG. divergierende Dat.: MM: 12. [Oktober] 1940, Ag: 17. August 1940: DE: Fälle. Ab Herbst 1940 benützte Charms zur Datierung seiner Texte ein verschlüsseltes Zeichensystem, bestehend aus den Symbolen der Tierkreiszeichen, aber auch anderen esoterischen, okkulten Zeichensystemen entlehnt. Entschlüsselt, bezeichnet Charms' Datierung neben dem kalendarischen Datum auch die Wochentage.

Seite 413

Lieber Aleksandr Ivanovič – Q: AG, DX 2. Datiert auf: 2. Hälfte der 30er Jahre. Der Brief dürfte nicht vor 1937 geschrieben sein; Vvedenskij lebte seit seiner Heirat mit G. V. Viktorova Ende 1936 in Charkov und kam nurmehr sporadisch, in geschäftlichen Dingen, nach Moskau und Petersburg. Vgl. M. Mejlach in: Schreibheft 40. – Deutsche Erstveröffentlichung.

Seite 414

Alle Menschen lieben das Geld – Q: MM VI, AG. DE: Fälle.

Seite 415

Fallen – Q: MM VI, AG, DX 2. Dat. übereinstimmend, bei MM: Abgeschlossen am [Sonnabend] 7. [September] 1940. A. Gerasimova teilt die Anmerkung des Autors mit: »Geschrieben in vier Tagen.« DE: Fälle.

Seite 417

Macht – Q: MM VI, AA, AG, DX 2. Dat. übereinstimmend: 29. September 1940. Der russische Titel [vlast']. Macht, auch: Regierung, Regiment. DE: Fälle.

Kathedrale der heiligen Mutter von Kazan – am Nevskij Prospekt, seit 1932 Staatliches Museum für Atheismus.

Oberst Dibič – Ivan Ivanovič, 1785–1831, dem Zaren ergebener General, Teilnehmer an allen Kriegen und Militäraktionen des Reichs, zuletzt an der Niederschlagung des Dekabristenaufstandes 1825 sowie der des Polnischen Aufstandes 1830/31.

Myšin – russ. myš: die Maus. Vgl. auch den folgenden Text.

Seite 420

Myšins Sieg – Q: MM VI, AA, AG, DX 2. Dat.: MM: [Dienstag] 8. [Oktober] 1940, so auch AG; AA und DX 2: 8. November 1940. DE: Fallen.

Myšin – vgl. Anm. zu voraufgehendem Text.

Kulygin – vgl. Čechov, *Drei Schwestern*. A. Gerasimova mutmaßt, es handle sich um die bereits erwähnte Person Kalugin; A. Aleksandrov, Charms habe versehentlich statt »Kalugin« öfter »Kulygin« geschrieben.

Seleznëva – russ. selezënka: die Milz; selezen': der Enterich, Erpel; sleza: die Träne.

Koršunov – russ. koršun: der Geier.

Seite 422

Parfaitement – im Original französisch.

Seite 423

Paschquill – Q: MM VI, AG; Dat. übereinstimmend: 12. Oktober 1940. DE: Fallen. – Ein Paschquill ist auch russ.: paskvil'.

Anton Isakovič Š. – A. I. Švarc, vgl. Anm. *Einmal ging ich in den Staatsverlag*.

Seite 424

Der Vortrag – Q: MM VI, AG; Dat. wie vorangehender Text. DE: Fälle.

Puškov – russ. puška: die Kanone.

Seite 426

Störung – Q: MM VI, AA, AG, DX 2. Dat. übereinstimmend: 12. Oktober 1940. DE: Fälle.

Pronin – russ. pronimat': durchstechen; pronzat': durchstoßen, durchbohren; prinikat': eindringen, durchdringen, usw.

Mazer – russ. mazat': einreiben, salben, bestreichen. Zu Beginn des Texts schreibt Charms den Namen einige Male mozer, wie Moser.

Seite 429

Symphonie Nr. 2 – Q: MM VI, AG, DX 2. Dat. bei MM: Nacht vom [Montag] auf [Dienstag] 9.–10. [Juni] 1941. Die Ziffer »Nr. 2« verweist auf denText *Beginn eines schönen Sommertags* im Zyklus *Fälle*, der ebenfalls mit »Symphonie« untertitelt ist. DE: Fälle.

Seite 430

Rehabilitierung – Q: MM VI, AG, DX 2. Dat. übereinstimmend, bei MM und in DX 2: [Dienstag] 10. [Juni] 1941. DE: Fälle.

Seite 435

Briefe an Tamara Aleksandrovna Mejer-Lipavskaja – Q: AA, DX 2, AG [und zusätzliche Manuskripte]. DE: Schreibheft 39.

T.A. Mejer-Lipaskaja – 1903–1982, erste Frau. A. I. Vvedenskij, den sie noch auf dem Gymnasium kennengelernt hatte, studierte mit Vvedenskij Sinologie, wegen ihrer Weigerung, der OGPU zuzuarbeiten, im dritten Studienjahr relegiert, arbeitete als Krankenschwester, studierte dann Fremdsprachen, heiratete nach ihrer Scheidung L. S. Lipavskij.

Pavel Lopov – fiktiver Name; russ. lop: ungetauftes Kind.

Leštukovskij – fiktive Namen.

Seite 436

Bobrikova – möglicherweise fiktiver Name, russ. bobrik: kleiner Biber.

Rognedovs – fiktiver Name; vgl. franz. rogneux: räudig, krätzig; rogner: abschneiden, beschneiden.

berüchtigte 20 Pfund – Vvedenskij liebte, wie Zeitgenossen berichten, magere Frauen, von Charms ist bekannt, daß er mollige Frauen vorzog.

Valentina Efimovna – Goldič, 1902–1968, verheiratete Kamenskaja, Textilmalerin, eine der besten Freundinnen von T.A. Mejer.

Seite 437

Kalašknikov – Pëtr Kalašnikov, Dichter, mit Charms befreundet und 1931 mit ihm verhaftet; von ihm bekannt sind bisher nur drei Gedichte und Auszüge aus seinem Tagebuch, die im Belastungs-Dossier der OGPU überdauert haben.

Jaša Druskin – Jaša: Diminutiv des Vornamens Jakov.

Lidija Alekseevna – nicht ermittelt.

Seite 439

Tamara Grigorjevna – Gabbe, 1903–1960, Redakteurin im Kinderbuchverlag, Autorin von Theaterstücken.

Valentina Efimovna – Goldič.

Aleksandra Grigorjevna – Gabbe, Schwester von T.G. Gabbe.

Leonid Saveljevič – Lipavskij.

Aleksandr Ivanovič – Vvedenskij, ident. mit Šurka.

Seite 440

Olejnikov – N.M. Olejnikov.

Tua – latin. deine.

Boba Levin – Dojfber, d.i. Boris Michajlovič Levin, 1904–1942, Dichter, Teilnehmer am Obèriu; von seinem Werk ist nichts überliefert.

Schreiben Sie mir an diese Stadtadresse – Charms schrieb diesen Brief in Carskoe Selo, vgl. Fußnote.

Tantchen – Natalja Ivanovna Koljubakina, 1868–1942 [?], Tante mütterlicherseits, Pädagogin, Direktorin des Gymnasiums in Carskoe Selo.

Seite 441

Wehnwucht – im russ.Text Wortspiel mit dem Begriff Sehnsucht [statt soskucilis' schreibt Charms »sokrjučilis'«; russ. krjuk: der Haken].

Lënja – Koseform des Vornamens Leonid.

Balnis – V. Balnis, Bekannter von Charms, arbeitete am Institut für Agrikultur.

Orlov-Säule – im Katharinenpark zu Carskoe Selo.

Seite 443

Valentina Efimovna – Goldič.

Jakov Semënovič – Druskin.

Seite 445

Kursk – Provinzstadt südl. Orël, etwa 50 000 Einwohner, Stadt, die Charms und Vvedenskij als Verbannungsort 1932 zugewiesen worden war; vgl. die Briefe an A. I. Panteleev.

Aleksandr Ivanovič – Vvedenskij.

♀ – in Charms' Zeichensystem: Donnerstag.

Seite 446

Valentina – Efimovna Goldič.

Leonid – Saveljevič Lipavskij.

Jakov – Semënovič Druskin.

Seite 447

Nikolaj – Makarovič Olejnikov.

Briefe an Raisa Poljakovskaja – Q: AA [ohne Zeichnung], DX 2, AG [Manuskript]; Jaccard. Deutsche Erstveröffentlichung.

Über die Empfängerin ist, über die Briefe hinaus, nichts bekannt. Ob einer der beiden Briefe expediert worden ist, ist unklar.

Zu diesem Brief vgl. die Briefe von Charms an die Schauspielerin in Klavdija Pugačëva, in die sich Charms in dem Augenblick verliebte, als diese beschlossen hatte, ein Engagement in Moskau anzunehmen. *Briefe aus Petersburg 1933*, Berlin, Friedenauer Presse, 1983.

Übersetzung des 2. Briefs, den nur Jaccard im Wortlaut mitteilt, aus dem Französischen, was läßlich erscheint, da er nur die Kurzfassung des ersten darstellt.

Sie können es für einen Scherz halten – vgl. w. u. »das Wortspiel«; der Diminutiv des Vornamens Raisa ist Raja, gleichlautend mit dem Genitiv des Hauptwortes »Paradies«, russ. raj.

Esther – Esther Rusakov, Tochter des Altbolševiken A. I. Rusakov, der 1917 aus dem französischen Exil nach Rußland zurückgekehrt war; 1906–1938, erste Frau von Charms.

Seite 452

Briefe an Aleksej Ivanovič Panteleev – Q: Michail Kuzmin i russkaja kul'tura, Leningrad 1990, publiz. b. A. Ustinov, DX 2.

Panteleev, Leonid Panteleev – Pseudonym f. Aleksej Ivanovič Eremeev, 1908–1987, Schriftsteller, verfaßte gemeinsam mit Grigorij Belych das erfolgreiche Buch *Die Republik Škid*, Leningrad 1927 [dt. *Schkid – die Republik der Strolche*]. Befreundet mit Charms.

DPZ – Dom Predvaritel'nogo Zaključenija: das Untersuchungsgefängnis, in Petersburg in der Špalernaja.

Samuil Jakovlevič – Maršak.

Don Juan – vgl. das Textfragment vorn im Band, sowie Anm.

Seite 453

zwei Traktate über die Zahlen – vgl. »Die Zahlen sind durch keine Anordnung gebunden«, in: Schrank.

Molodaja gvardija – ›Junge Garde‹, Verlag für Jugendliteatur, für den L. Panteleev eine Anthologie vorbereitete, die nie erschien.

Samuil Jakovlevič – Maršak, 1887–1964, Dichter für Kinder.

Lidija Korneevna – Čukovskaja, geb. 1907, Schriftstellerin, Tochter K.I. Čukovskijs, gab 1962 erstmals wieder ein Kinderbuch von D.I. Charms heraus.

Seite 454

Tuberkulose – vgl. »Ich bin allein« in: Schrank.

Bašilov – Aleksandr Alekseevič, »ein junger Buckliger, Schneider, der irgendwo JWD lebte. Wovon er lebte, weiß ich noch immer nicht. Er verfaßte Aphorismen, dachte sich irgendwelche schizophrenen Theorien aus.« [Erinnerungen A.I. Panteleev]; einen von Bašilovs Aphorismen erinnert Igor Bachterev: »Wären wir wie die Wälder, dann wär unser Leben heller.«

Tamara Grigorjevna – Gabbe.

Seite 455

Briefe an Boris Žitkov – Q: MM, DX 2, AG [Manuskript]. Deutsche Erstveröffentlichung.

Boris Žitkov – 1882–1938, Seemann und Schiffbauingenieur, lebte seit 1923 in Petersburg, einer der führenden Schriftsteller in der Kinderliteratur, publizierte zwischen 1924 und 1938 an die 60 Kinderbücher. Sein Roman über die Revolution von 1905, *Viktor Vavič*, den er als sein Hauptwerk ansah, wurde posthum 1941 gedruckt, von A. Fadeev verboten und auf seine Veranlassung eingestampft.

Stabat mater – im russ. Text latein.

John Bloy – so bei Charms, möglicherweise Lesefehler, John Blow, 1648–1708, engl. Komponist.

aus dem Ruslan – *Ruslan und Ljudmila,* Oper von Michail Glinka, nach Puškins berühmter Verserzählung.

Druskin – Ja. S. Druskin.

Nikolaj Andreevič – der auch im folgenden Brief erwähnt wird, nicht ermittelt.

Seite 456

Detizdat – sowjet. Abkürzung für Detskoe Izdatel'stvo, Kinderbuchverlag, der, nach dem Leningrader Vorbild, auch in Moskau existierte.

Olejnikovs Zeitschrift – unklar; A. Aleksandrov erklärt dies mit dem Titel ›Die Stehaufmännchen‹ [Lustige Seiten für kleine Kinder], Detzidat 1936; meint möglicherweise die von Olejnikov in Moskau vorbereitete Zeitschrift ›Sverčok‹ [Die Grille], deren erste Ausgabe Januar 1937 erschien und sofort ins Visier der Parteikritik geriet.

Busch übersetzt – Charms' freie Nachdichtung von *Plisch und Plum* erschien zu jener Zeit in der Zeitschrift ›Čiž‹, in den Ausgaben Nr. 8–12, vgl. Chronik.

Švarc – E. L. Švarc.

Obolenskaja – Ekaterina Michajlovna, Angestellte im Kinderbuchverlag in Moskau.

Seite 457

Spinner – im russ. Text »Idealist«.

Nikolaj Makarovič – Olejnikov.

Gerechtigkeit triumphiert – im russ. Text »pravda«: Wahrheit, zugleich auch Gerechtigkeit.

PERSONENREGISTER

Zur Transkription und Aussprache russischer Eigennamen

Die Transkription russischer Namen folgt der wissenschaftlichen, international üblichen Umschrift, die für spezifische Laute des kyrillischen Alphabets, zu deren genauerer Unterscheidung, diakritische Zeichen jener slavischen Sprachen benützt, die lateinisch schreiben – wie das Čechische, Slova-kische, Slovenische, Kroatische und teilweise das Serbische.

c immer ›ts‹ wie ein ›Zeichen‹; die Kombination ›ck‹ ist in jedem Fall getrennt zu sprechen: ›z-k‹.
č ›tsch‹, wie Čechov, Čarms
ch hartes, aspiriertes ›h‹, wie ich ›ach!‹
s immer stimmlos, scharfes ›s‹
š immer stimmlmos, scharfes ›sch‹, wie ›Asche‹
šč stimmloses weiches ›sch‹, nicht ›schtsch‹
v im Silbenlaut, vor Vokalen und stimmhaften Konsonanten wie ›w‹; im Silbenlaut, vor stimmlosen Konsonannten wie ›ff‹
z immer stimmhaftes, weiches ›s‹, wie ›Rose‹
ž immer stimmhaftes, weiches ›sch‹, wie in ›journal‹
ë wie ›jo‹, dieser Laut zieht automatisch die Betonung auf sich
è wie ›ä‹
o immer offenes ›o‹, wie in ›offen‹, nicht wie ›Ofen‹

ALPHABETISCHES VERZEICHNIS DER TITEL UND TEXTANFÄNGE